普通高等教育“十三五”规划教材

U0961410

现代礼仪教程

第2版

纪新青　雷焕贵　主编

中国农业大学出版社
·北京·

内 容 简 介

本书主要介绍现代社交活动中需要了解和掌握的礼仪规范。共分为 9 章内容，包括礼仪概述、个人礼仪、日常交际礼仪、通联礼仪、聚会礼仪、会务与仪典礼仪、餐饮礼仪、职业礼仪、涉外礼仪与国际礼宾活动及附录等。

本书整合了现代礼仪已有的研究成果和最新动态，突出其应用性和可操作性。既可作为普通高等院校本科、专科礼仪课程的教材，也适合需要掌握专业礼仪知识、从事礼宾服务的职业人士使用，还可供普通读者参考学习。

图书在版编目(CIP)数据

现代礼仪教程 / 纪新青，雷焕贵主编. —2 版. —北京：中国农业大学出版社，2019.12(2024.1 重印)

ISBN 978-7-5655-2311-3

Ⅰ. ①现…　Ⅱ. ①纪…②雷…　Ⅲ. ①礼仪-高等学校-教材　Ⅳ. ①K891.26

中国版本图书馆 CIP 数据核字(2019)第 266262 号

书　　名　现代礼仪教程　第 2 版

作　　者　纪新青　雷焕贵　主编

策划编辑　梁爱荣　　**责任编辑**　梁爱荣　刘彦龙

封面设计　郑　川　李尘工作室

出版发行　中国农业大学出版社

社　　址　北京市海淀区学清路甲 38 号　　**邮政编码**　100083

电　　话　发行部 010-62733489，1190　　读者服务部 010-62732336

编辑部 010-62732617，2618　　出　版　部 010-62733440

网　　址　http://www.caupress.cn　　**E-mail**　cbsszs@cau.edu.cn

经　　销　新华书店

印　　刷　北京鑫丰华彩印有限公司

版　　次　2019 年 12 月第 2 版　　2024 年 1 月第 2 次印刷

规　　格　787×980　16 开本　21 印张　390 千字

定　　价　56.00 元

第2版编委会

主　　编　纪新青　雷焕贵

副 主 编　王　芳　徐　敬　苑素梅

编写人员　（按姓氏拼音排序）

白萨茹拉　内蒙古农业大学

纪新青　山东农业大学

雷焕贵　山西农业大学

王　芳　海南大学政治与公共管理学院

汪应曼　海南大学旅游学院

徐　敬　山东农业大学

苑素梅　山东科技大学

郑冬梅　泰山学院

第1版编委会

主　　编　纪新青

副 主 编　王　芳　李桂艳　汪应曼

编写人员　（按姓氏拼音排序）

陈海鹰　海南大学应用科技学院
纪新青　山东农业大学
李桂艳　沈阳农业大学
雷焕贵　山西农业大学
姚海霞　沈阳农业大学
王　芳　海南大学政治与公共管理学院
汪应曼　海南大学旅游学院

第2版前言

古人云："礼者，敬人也。""敬人者，人恒敬之。""礼义廉耻，国之四维。""人无礼则不生，事无礼则不成，国无礼则不宁"。

礼仪是整个社会文明发展程度的反映和标志，对社会精神文明能产生广泛、持久和深刻的影响。现代礼仪经过不同历史时期的发展和扬弃，已形成一个国家和民族传统文化的重要组成部分，它不仅在现代社会的生产和生活中发挥着不可或缺的功能，而且还将在人类文明的持续发展进程中继续发挥重要作用。

党的二十大报告明确指出，育人的根本在于立德。礼仪修养是一个人道德品质和文化素养的直接体现。随着人们生活水平与文化水平的不断提高，越来越多的组织和个人对礼仪文化日益重视。人们越来越关注自己在社交场合的一言一行、一举一动、一颦一笑，希望以此展示个人素养，赢得交往对象对自己的尊重和信任，并帮助自己走上成功之路，即"有礼走遍天下，无礼寸步难行"。"先知礼，后守礼"，只有了解并熟练掌握现代礼仪规范，才能够在社交活动中做到礼貌周到、热情谦和，成为受人尊重与欢迎的人。

鉴于此，由山东农业大学、山西农业大学、海南大学、山东科技大学、内蒙古农业大学、泰山学院等高校长期从事礼仪教学、研究与培训的教师共同编写了《现代礼仪教程》一书。本书共分为9章，包括礼仪概述、个人礼仪、日常交往礼仪、通联礼仪、聚会礼仪、会务与仪典礼仪、餐饮礼仪、职业礼仪、涉外礼仪与国际礼宾活动，以及我国和世界主要国家和民族的礼俗、节日和禁忌。本书全面地反映了本学科的已有成果和最新动态，系统阐述现代礼仪的基本知识；坚持理论和实践相统一的原则，既注重理论高度，对礼仪实践进行概括和提升，又结合礼仪的时代发展特点，突出其应用性和可操作性。本书既可作为普通高等院校的专业必修课、公共课教材使用，也可作为政府机关、企事业单位工作人员岗位培训的辅助教材，同时也适用于各级、各类需要学习和了解现代礼仪知识的人员作为参考用书。

本书由山东农业大学纪新青教授负责制定编写提纲和全书统稿，徐敬协助统审工作。具体分工如下：纪新青（第3章、第7章），雷焕贵（第2章），王芳（第6章、第9章），徐敬（第5章、附录），苑素梅（第1章），白萨茹拉（第8章），汪应曼、郑冬梅（第4章）。

在编写过程中，我们参考和借鉴了国内外诸多现代礼仪专家、学者的研究成果，在出版过程中得到了中国农业大学出版社的大力支持，在此一并表示诚挚的感谢。

由于作者水平有限，书中难免有不妥之处，恳请诸位专家、同行和读者批评指正。

编　者

2024年1月

第1版前言

古人云:“礼者,敬人也。”“敬人者,人恒敬之。”“礼义廉耻,国之四维。”“人无礼则不生,事无礼则不成,国无礼则不宁。”

礼仪是整个社会文明发展程度的反映和标志,对社会精神文明能产生广泛、持久和深刻的影响。现代礼仪经过不同历史时期的发展和巩固,已成为一个国家或民族传统文化的重要组成部分,它不仅在现代社会的生产和生活中发挥着重要的功能,而且还将在人类文明的持续发展进程中继续发挥重要作用。

礼仪修养是一个人道德品质和文化素养的直接体现。随着生活水平与文化水平的不断提高,越来越多的组织和个人对礼仪文化愈加重视。人们越来越关注自己在社交场合的一言一行、一举一动、一颦一笑,希望以此展示个人素养,赢得交往对象对自己的尊重和信任,并帮助自己走上成功之路。只有了解并熟练掌握日常交际的礼仪规范,才能够在社交活动中做到礼貌周到、热情谦和,充分展示自身修养,成为受人尊重的人。即“先知礼,后守礼”。

鉴于此,山东农业大学、海南大学、沈阳农业大学、山西农业大学等高校长期从事礼仪教学、研究与培训的教师编写了《现代礼仪教程》一书,本书共分为 9 章,包括礼仪概述、个人礼仪、日常交往礼仪、通联礼仪、聚会礼仪、会务与仪典礼仪、餐饮礼仪、职业礼仪、涉外礼仪与国际礼宾活动,以及我国和世界主要国家和民族的礼俗、节日和禁忌。本书全面地反映了本学科的已有成果和最新动态,力求系统地阐述现代礼仪的基本知识;坚持理论和实践相统一的原则,既注重理论高度,对礼仪实践进行概括和提升,又结合礼仪的时代发展特点,突出其应用性和可操作性。本书既可作为普通高等院校的专业必修课、公共课教材使用,也可作为政府机关、企事业单位工作人员岗位培训的辅助教材,同时也适合各级、各类需要学习和了解现代礼仪知识的人员作为参考用书。

本书由山东农业大学纪新青教授负责制定编写提纲和全书统稿,具体分工如下:纪新青编写第三章,李桂艳编写第八章,汪应曼编写第四章、第五章,王芳编写

第六章、第九章，陈海鹰编写第一章、附录，雷焕贵编写第二章，姚海霞编写第七章。

在编写过程中，我们参考和借鉴了国内外诸多现代礼仪专家、学者的研究成果，在出版过程中得到了中国农业大学出版社的大力支持，在此一并表示诚挚的感谢。

由于作者水平有限，书中难免有不妥之处，恳请诸位专家、同行和读者批评指正。

编　者

2011 年 6 月

目　　录

第1章

礼 仪 概 述

人类文明源远流长，在人类文明史上，礼仪作为人类社会的行为规范，与人类社会同时产生、同步发展，并始终在人类社会生活中发挥着不可替代的重要作用。在现代社会，礼仪正通过发挥自身的独特的功能和优势，影响并指导着人们的生活，成为促进社会进步、创造良好社会风尚的重要手段。

1.1 礼仪的起源与发展

我们今天耳熟能详的礼仪规范，经历了漫长的发展阶段，在其演进过程中不断扬弃、融合和发展，日益成熟与完善。

1.1.1 礼仪的起源

追本溯源，礼仪最早始于原始社会，其产生与人际交往、民风民俗息息相关。

1.礼仪起源于原始社会

原始社会，人类还处在蒙昧时代，生产力水平极其低下，人们的思维尚处于初级阶段，对许多自然现象无法作出科学的解释，认为各种自然现象是受某种神秘的力量支配，于是，就将自然的力量神秘化、人格化为鬼神，认为一切不可解释的神秘奇迹和令人惶恐的灾祸现象，都是受鬼神的意志所驱使。为了去祸降福，原始先民把最好的食物虔诚地供奉给鬼神，并由此形成了庄严而隆重的祭祀仪式。这是最早、也是最简单的以祭天、敬神为主要内容的“礼”。

2.礼仪起源于人与人之间的交往

中国人认为礼仪起源于男女之间的交往。在古人眼里，男女有别，必须用礼来区分。传说华夏第一对夫妻伏羲和女娲在结婚时，伏羲"制嫁娶以俪皮为礼"，此后就有了礼。仰韶文化时期，人们已经开始注意尊卑有序、男女有别，长辈坐上席、晚辈坐下席，男子坐左边、女子坐右边。尧舜时代，国家已具雏形，民间交往礼仪得到进一步发展，拜、作揖、拱手等礼仪广泛运用于社交活动中。人们在交往中，难免有喜怒哀乐，礼的作用就在于"恰到好处"，避免不必要的伤害，于是便有了相应的各种礼仪规定。

西方人则认为礼仪起源于原始人类的交往活动，因为原始人的物品交往是通过一种"全面馈赠礼物的形式进行的"。

3.礼仪起源于民间的风俗

英国民俗学创始人汤姆斯(W. J. Thomas)将民俗称为"民间的智慧"。刘师培曾说:"上古之时，礼源于俗。"俗是礼的源头，自从有了人类社会，风俗就随之而产生。原始社会最早的社会习俗，其实就是共同生活的人们用以维护人际关系的"规矩"。这种"规矩"早已内化为人们的一种习惯，而不是一种单纯的具有强制性的"规矩"，当它上升为"礼"，就变成统治者所规定的行为准则，对外表现为一种"仪节"。礼仪在文化层面上超越了民俗原始的含义和价值取向，以更典范、更优雅的行为方式表达出主体的感情和动机。

可见，礼仪的起源不局限于一物一事，它是祭祀、交往、风俗等活动的综合产物。在中国，由于礼仪产生于蒙昧社会向文明社会的过渡阶段，渗透于生活的方方面面，因而其产生有着深刻的文化根源和社会基础。与此同时，西方人也十分重视礼仪，他们将礼仪视为一切"美德之源"，只不过，礼仪并未成为其民族文化的根本特征，只是仪式活动的总称。

1.1.2 礼仪的发展

礼仪是社会发展和进步的产物，是一个历史范畴。随着社会生产环境、生存环境和生活形态的变化，礼仪也在不断丰富和发展。

1.中国礼仪的发展历程

中华民族的礼仪文化绵延数千年，独具特色，博大精深，其发展历程曲折复杂，大体可归纳为以下几个阶段。

1)起源阶段(公元前3500年——公元前2000年夏朝建立前)

这一阶段主要处于原始社会，生产力水平低下，当时国家尚未出现，原始民族部落内部的一些风俗习惯开始形成，从生活的各个方面详细而又具体规定了民族成员之间的关系准则。这些简单、朴素、不成文的风俗习惯约束着氏族成员的行为。据考证，在黄河、长江中下游和辽西、燕山地区，出土的公元前 3500—公元前 2000 年的遗址上，都发现了“礼器”的遗迹。“礼器”的出现，意味着“礼制”的存在，原始先民留下的祭坛以及后来传入夏、商、周的祭礼的出现，都证明当时已出现了祭祀礼仪。

2)形成阶段(夏、商、周三代至两汉时期)

这一阶段，我国传统礼仪飞速发展以至成熟。夏礼最早出现，比较简朴。据《诗经》和《礼记》记载，当时已有学校，入学择春仲吉日；乡人于十月跻公堂，行饮酒之礼。礼器众多，宗庙器皿颇为讲究，一般雕刻成鸡、龙等形状。到了殷商时期，巫祀之礼发达，礼器复杂多样，肃穆神秘，用于礼乐的乐器也十分丰富。周代的礼仪则更为成熟完备，西周时期，我国历史上第一部记载“礼”的书籍——《周礼》产生，记载了先秦时期的社会风俗、文化、礼法诸制，内容丰富，堪称中国文化史宝库，标志着我国古代礼仪进入了形成阶段，历史上有名的“周公制礼”就发生在这一时期。当时的“国学”以“六艺”为基本的教学内容，其中礼仪教育位于首位。这表明，经过西周统治者的不断改造，礼仪被赋予宗法封建制的等级规定，形成了严密的礼制，成为一种政治制度和伦理体系。

春秋战国时代，周王室衰微，诸侯纷争，“礼崩乐坏”。此时，相继出现的孔子、孟子、荀子等思想家，发展和变革了我国的古代礼仪。孔子提出“克己复礼为仁”，主张恢复周礼，认为“不学礼，无以立”，将礼仪推到一个新高度。孟子则提出了封建社会人际关系的“五伦”准则，即“父子有亲，君臣有义，夫妇有别，长幼有序，朋友有信”。荀子则主张“隆法”“重礼”，提出礼法并用。这些礼制思想后来成为传统礼仪的核心内容。

在秦汉两朝，秦实行中央集权制，推行“书同文”“车同轨”“行同伦”，奠定了封建体制的基础。西汉时期，董仲舒在孔孟思想的基础上，把封建专制制度的理论系统化，把儒家礼仪具体概括为“三纲五常”。后来汉武帝采纳了董仲舒的主张，“罢黜百家，独尊儒术”，儒学所倡导的礼仪真正成为国家礼仪的主流。自此，中国传统礼仪基本形成。

3)发展阶段(三国魏晋南北朝、隋唐五代和两宋时期)

魏晋南北朝是中国传统礼仪的重要发展阶段，五礼成为国家层面的礼仪制度就发生在此时。五礼即“吉礼、凶礼、宾礼、军礼、嘉礼”。五礼“重根本、尚往来”的思想，既是对秦汉时期礼的继承，同时又具有鲜明的时代特征。在这一时期，曾经出现过玄学、佛教、道教对儒学礼仪的挑战，但统治者顺应形势，注重变革，传统礼仪并未受到重创。

隋唐时期，文化空前繁荣，为礼仪的发展注入了强大的活力。盛唐时期，《礼记》由“纪”上升为“经”，成为“礼经”三书之一。

随着宋代“程朱”理学的兴起，家庭礼仪教育研究成果突出，这是宋代礼仪发展的一个特点。北宋司马光的《家范》，南宋朱熹的《朱子家礼》等著作，都秉承传统家庭礼仪的教育精神，强调父母的言传身教，充分重视家庭在整个社会教育中的重要作用。此后，礼仪开始从朝廷典章制度中剥离出来，走向民间，其内涵外延开始发生变化。

4）衰亡阶段（元、明、清时期）

随着封建社会日薄西山，封建礼仪也日渐式微。元朝时期，北方少数民族入主中原，极大撼动了中国传统礼仪。朱元璋建立明朝后，十分注重礼制的推行，按贵贱等级差别将衣食住行礼仪规定得具体而严格，不允许有丝毫僭越之举。封建礼仪专制、残暴、僵化的一面愈发凸显。但从明朝中期嘉靖年起，掀起了一股逾越礼制的浪潮，引起全社会对封建礼制的反对，很大程度上冲击了封建礼教。到清朝，再度强化封建礼教的地位，特别是将满族礼俗与封建传统礼俗相结合，再次把封建礼教推向极端。清末，洋人的枪炮打开了中国的大门，西方礼仪文化随之涌入，封建礼教逐渐衰亡。

5）新生阶段

辛亥革命时期，孙中山组阁的南京临时政府颁布了一系列诸如“废除贱民身份”“革除前清官厅称呼”“剪辫易服”等法令文告，表明要与封建礼制彻底决裂，掀起了一股礼仪革新的新风尚。辛亥革命以后，民主、科学、自由、平等、博爱的观念逐渐深入人心，反帝反封建的新文化运动更是对传统礼教制度进行了狂风暴雨式的革命，为我国现代礼仪的产生打下了坚实的基础。

自1949年新中国成立之初到现在，现代礼仪的发展可分为三个阶段。

(1)礼仪的革新阶段（1949年新中国成立至1965年“文化大革命”前夕）。一些诸如“天赋神权”“愚忠愚孝”“三从四德”等封建礼教被逐步淘汰，“精忠报国”“尊老爱幼”等优秀传统礼仪被保留下来，沿用至今。在这一阶段，平等的人际关系也确立起来。

(2)礼仪的退化阶段（1966—1976年“文化大革命”时期）。受“左倾”错误思潮的影响，这一阶段，对传统文化特别是传统道德，采取只批判与扼杀，割裂传承的错误态度，使优秀的传统思想文化和道德遭受重大浩劫。许多传统的礼仪精华都被当作封建主义、资本主义、修正主义打入了冷宫。

(3)礼仪的复兴阶段(改革开放至今)。我国的礼仪建设进入了新的全面复兴的阶段。党的十一届三中全会以来,改革开放的春风吹遍了祖国大地,从推行文明礼貌用语到积极树立行业新风,从开展"18岁成人仪式教育活动"到制定市民文明公约,各行各业的礼仪规范纷纷出台,岗位培训、礼仪教育日趋兴盛。随着我国对外开放的进一步扩大和深化,我国现代礼仪增添了许多新的内容,学礼、懂礼、用礼蔚然成风。

2.西方礼仪的发展历程

西方礼仪对我国礼仪产生了很大影响,因此,了解西方礼仪的产生和发展,对我们全面掌握现代礼仪,促进国际交往意义重大。西方礼仪的发展可以归纳为以下几个时期。

1)古希腊、古罗马时期的礼仪

古希腊是西方文明的发源地,在当时的社会里,人们不仅遵从法律,也讲究礼仪。有无礼仪修养对贵族来说十分重要。作为一名贵族,"不许说谎,恪守信用,不准损人利己;在买卖交易中,宁可自己吃亏,不能诈骗他人的一分一厘"。古希腊这些礼仪的具体要求为西方文明奠定了基础。

公元前146年,古罗马开始统治西欧。古罗马在继承古希腊文化遗产的基础上,发展和创造了自己的文明范式。古罗马著名教育理论家昆体良在《雄辩术原理》一书中指出,一个人的道德、礼仪应该从婴幼儿时期开始。这一主张充分肯定了礼仪的作用。

2)中世纪时期的礼仪

在12—17世纪的欧洲社会,统治者极力宣传"上帝创造宇宙万物""社会上的一切制度和关系都是上帝安排的"。在这种理论指导下的封建等级制度,通过层层分封,在人与人之间形成上尊下卑的等级差别。与此相适应,在贵族中形成了封建社会特有的严格而烦琐的贵族礼仪、宫廷礼仪等。贵族还必须接受一种所谓的"骑士教育",对待贵妇人要有"骑士风度"。随着文艺复兴、宗教改革和启蒙运动的到来,这种对待贵妇人的礼仪范围逐步扩大,迄今已发展成为西方普遍遵从的"女士优先"的礼仪原则。

3)近现代时期的礼仪

文艺复兴时期,倡导"人文主义",主张以人为本,提倡人性,反对神性。随着资本主义制度的确立和发展,带有封建等级色彩的礼仪退出了历史舞台,资产阶级在改造封建社会礼仪形式的基础上,建立了一套反映资产阶级礼仪和思想原则的规范。

17 世纪以来，随着生产力的发展、教育的普及、文化的繁荣，现代社交生活已不是少数阶层专有的特权，各种具有现代文明特色的交际礼仪已广泛渗透于社会生活的每一个角落，对人类文明的发展奠定了良好的基础。

1.2 现代礼仪的界定与分类

界定现代礼仪的内涵与外延，掌握常见的礼仪分类，是学习礼仪的起点。

1.2.1 现代礼仪的界定

要全面理解现代礼仪，就要理清“礼”“礼貌”“礼节”“仪式”“仪表”“礼仪”等基本概念。

1. 礼

从礼的起源可以看出，“礼”最初的含义就是敬神的仪式。礼最早是由甲骨文中“禮”字演变而来的，意思是把盛了物品的盒子放在架子上，以供奉神灵。后来礼逐步引申成为古代社会的一种制度。无论对于国家、社会还是个人，礼都是不可缺少的。正如《荀子·修养》所言：“人无礼则不生，事无礼则不成，国家无礼则不宁。”

在中国古代典籍里，“礼”又通“理”。《礼记·仲尼燕居》中说：“礼者，理也。”《管子·心术上》说：“礼者，谓之有理。”中国传统文化中的“礼”，不仅可以“修身齐家治国平天下”，还能够认识事物之“理”，并循“礼”而行，使宇宙万物兴旺发达。

“礼”既是一种价值观，又是一种以礼节仪式为内容的风俗习惯。人们从出生到死亡都会举行一些特殊的仪式作为纪念，不同的纪念活动又有特殊的礼仪要求，且每一个时代的仪式和礼节，都会与时俱进，有所变化。

综上所述，所谓“礼”，就是由历史传统所形成的，以确立和维护社会秩序为核心内容的行为规范以及与之相适应的规章制度。

2. 礼貌

礼貌，是人类为维系社会正常生活而要求人们共同遵守的最基本的道德规范。它在长期共同生活和相互交往中逐渐形成，以风俗、习惯和传统等方式沿袭并固定下来。它既能体现时代风尚和人们的道德观念，又能体现人们的精神面貌和文明程度。

礼貌侧重于人内在的修养和品质，属于社会公德的范畴。礼貌主要由两部分组成，即礼貌行为和礼貌语言。礼貌行为是一种无声的语言，一般通过仪表、仪容、仪态来体现；礼貌语言是一种有声的语言，要求人们不讲脏话、说话和气，言谈得体。

在人际交往中讲究礼貌，不仅有助于建立相互尊重、友好合作的关系，还可以避免某些不必要的冲突。总之，礼貌的核心内容就是要求人们在交际过程中始终保持一种尊重他人的态度。

3. 礼节

礼节是个人对人或神表示尊重的形式，包括动作形式和语言形式。动作形式，如握手、鞠躬、磕头等；语言形式，如问候、道谢、祝颂等。一般来说，礼节产生于礼仪之前。人们从最初单调的、简单的交往礼节开始，逐步发展和形成一种约定俗成的规矩，即礼节程序。所以，礼节是礼仪的基础，礼仪是程序化的礼节，礼节是礼貌的具体表现，是礼貌本质的外化。礼貌概括了礼节所要求的全部道德规范。

4. 仪式

仪式是交际活动中遵循礼宾要求，围绕一定的主题，按照某种特定的程序进行的集体性的礼仪过程。仪式是一种隆重的礼节。在中国古代，仪式的应用范围很广。凡是重大活动，如帝王上朝、祭祀鬼神、庆祝节日等都要举行各种仪式。通过仪式，人们可以表达自己的思想、情感或愿望。近代以来，仪式的应用范围逐渐缩小，主要应用于重大的庆祝活动以及国际交往等。人与人之间交往的礼节更趋于简单、灵活和实用。这既体现出人与人之间关系的平等化，又表明社会在不断进步，文明程度在不断提高。

5. 仪表

仪表是指人的外表，它包括仪容、表情、举止、个人卫生等方面。仪表是一个人精神面貌的外在表现，它与人的道德修养、文化水平、审美情趣和文明程度密切相关。仪表是交际礼仪中必不可少的内容，它在交际活动中会给人留下深刻而难忘的第一印象，如果这种印象是美好的，则能为今后成功的交际打下坚实的基础，反之就可能影响今后交际活动的顺利进行，这种现象在心理学上称为“晕轮效应”。

6. 礼仪

礼仪的含义不是一成不变的，而是随着社会的发展而变化。我国古代对礼仪的理解可以归纳为两种：一是由官方专门规定并要求人们遵守执行的涉及政治、经济、文化、军事等方面的典章制度；二是公众在长期的社会交往过程中自发形成的做人的道德、行为准则以及各种的仪式。近代以来，礼仪的范畴逐步缩小，礼仪与政治体制、法律典章、伦理道德等逐步分离。到了现代社会，礼仪一般只包含礼节和仪式，是指现代社会中的规则、习俗和程序，以及表示礼貌、敬重的礼节和仪式。

7.现代礼仪

现代礼仪是指从尊重对方出发，调整并处理各种不同关系的约定俗成的形式。人们通过尊礼守礼，才能获得良好的合作关系，才能得到他人帮助和被群体接纳，才能得到社会的认可。对“现代礼仪”这一概念，需从以下六个方面加以认识和理解。

(1)现代礼仪是人类交往和社会发展的需要。没有社会交往，就没有社会的发展和进步。

(2)现代礼仪的目的，是为了建立和发展良好、和谐的社会交往关系，是人类精神文明的体现。

(3)现代礼仪的行为准则和交往规范是社会成员共同认可的，每个人都应自觉学习和遵守礼仪，按章办事。

(4)现代礼仪是一种情感互通的过程。在礼仪的实施过程中，交往双方都要表现出对对方的尊重、友好、平和、诚恳，这是尊重互换，情感互通的过程。

(5)现代礼仪的基本表现形式，主要包括仪表仪容、语言(书面、口头)、仪态三个方面。

(6)遵守现代礼仪是现代人实现自身价值的重要手段和途径。对个人来说，礼仪是一个人道德水平、文化修养、交际能力的外在表现；对社会来说，礼仪是一个国家文明程度、道德风尚和生活习惯的反映。

1.2.2 现代礼仪的分类

礼仪是一门综合性的学科，各分支礼仪的内容相互交融。由于礼仪存在交叉性，我们也可以从不同角度进行分类。

1.按社会生活分类

1)公共礼仪

公共礼仪是指人们置身于公共场合时所应遵守的礼仪规范，它是社交礼仪的重要组成部分，也是人们在交际应酬之中所应具备的基本素养。公共场合，又称公共场所，它指的是可供全体社会成员进行各种活动的公共活动空间。公用性和共享性是公共场合最显著的特点，它为全体社会成员服务，是全体社会成员进行社会活动的处所。人是社会的人，除了个人生活、家庭生活之外，人们还必不可少地要置身于公共场合，参与社会活动。在这种情况下与他人共处，彼此之间应该礼让、包容、理解、互助。

2）职业礼仪

职业礼仪是指为了顺应市场经济发展，基于提升从业人员职业形象的目的，要求不同行业的从业人员在素质、能力等方面具备的礼仪修养。通过职业礼仪的学习与实践，能够熟练运用人际交往的技巧，展示沟通艺术，增强工作能力，赢得服务对象的认可和尊重。

3）家庭礼仪

家庭礼仪是指在家庭生活中，在家庭成员之间沟通思想、交流信息、联络感情中逐渐形成的行为准则和礼节、仪式的总称。家庭礼仪是家庭和睦的保证，是社会和谐的基础。其基本特点主要表现在以血缘关系为基础、以感情联络为目的、以相互关心和包容为原则。

2. 按应用范围分类

1）政务礼仪

政务礼仪，也称国家公务员礼仪，是指国家机关工作人员在政务活动中形成的应共同遵守的行为规范和准则。公务人员代表着政府的形象，无论是执行公务还是日常生活，都应做到以礼为先，这样才能赢得公众的信任和尊敬。

2）商务礼仪

商务礼仪，主要指公司、企业的从业人员以及其他一切从事经济活动的人员，在经济往来中应遵守的礼仪。简而言之，商务礼仪就是商务活动中对商务人员的仪容仪表和言谈举止的礼仪要求。

3）服务礼仪

服务礼仪，是指各类服务行业的从业人员，在自己的工作岗位上应当遵守的礼仪。这种礼仪应用广泛，涉及餐饮、旅游、酒店服务等各类服务行业。通过树立强烈的服务意识，提高服务人员的服务品质，激发服务潜能，维持服务热忱，以促进服务质量的提高。

4）社交礼仪

社交礼仪，也称交际礼仪，指的是社会各界人士在日常交际应酬中应当遵守的礼仪。社交礼仪是一种道德行为规范，其目的是表示对交往对象的尊重，维护社会正常的生活秩序。

5）涉外礼仪

涉外礼仪是指在对外交际中，用以维护自身形象，对交往对象表示尊敬与友好的礼仪规范，它是人们参与国际交往需要遵守的惯例。涉外礼仪强调交往中的规范性、对象性和技巧性。

3.按表达方式分类

1)仪表礼仪

仪表礼仪是指一个人的仪表要与他的年龄、体形、职业和所处的场合吻合,表现出一种和谐,这种和谐能给人以美感,并增进交往对象相互之间的好感。

2)言谈礼仪

言谈礼仪是指通过恰当、有效的语言沟通,使交流双方心理认同,心心相悦,情感共鸣。在交谈过程中要注意态度谦虚诚恳、表情亲切自然、语调平和沉稳、语言准确规范。

3)服饰礼仪

服饰是一种文化,它能反映一个国家和民族的文化素养、精神文明与物质文明发展的程度。服饰也是一种无声的语言,它能显示一个人的社会地位、文化品位、审美意识以及生活态度等。当服饰与穿戴者的气质、个性、身份、年龄、职业以及环境、时间协调一致时,才能真正达到美的境界。

4)行为礼仪

交际场合的言谈举止皆有一定的规范,我们称这种规范为行为礼仪。俗话说的"坐有坐相,站有站相,走有走相",就是对人们行为礼仪的基本要求。

1.3 现代礼仪的功能、特征与原则

现代社会交往范围及交往内容日新月异,要达到互敬互让、互惠共赢的目标,就要了解礼仪的特征与原则,充分发挥礼仪的功能,为事业的发展、合作的成功添砖加瓦。

1.3.1 现代礼仪的功能

在现代社会,礼仪的功能主要表现为经济功能和教化功能。

1.经济功能

1)协调各方利益

在市场竞争中,市场主体都要追求和维护自身的经济利益,难免发生经济矛盾

和纠纷，有时甚至达到不可调和的地步。如果诉诸法律，无论成败，双方在声誉上都会受到影响。如果采用现代礼仪规范去协调彼此关系，本着互谅互让、协商解决的原则，就有可能不伤和气地圆满解决，两全其美。

2）协调内部各方关系

一般情况下，组织内部成员之间的交往活动，主要出于两个方面的需要：一是出于满足彼此的交往和感情需要；二是以提供信息、指令为目的。从第一需要出发，要营造一个良好、和谐的组织氛围，组织的领导要经常与内部公众进行双向信息交流。领导既要将本组织的发展目标、政策安排及涉及员工的切身利益的事项，向内部公众解释和商讨，又要经常征求员工对工作、生活方面的意见和建议，加强相互间的了解，尽量缩小组织内部员工之间的心理距离，以达到增进彼此感情的目的。要充分发挥现代礼仪的润滑、黏合和催化作用，协调组织内部的人际关系，增加组织的凝聚力和向心力，为组织的壮大与发展奠定基础。

3）促进与国际接轨

尊重国际礼仪、交际原则及各国人民的风俗习惯，是我国对外交往采取的一贯做法。它反映了我国维护世界和平、加强国际友好合作的真诚愿望。这既是我国改革开放四十多年来的伟大成果，也是中国走向世界的必然要求。在此情况下，需要更加深入地研究和践行涉外礼仪，让涉外礼仪为我国各项方针政策服务，为我国的经济发展服务，增强中国在国际上的影响力和竞争力。

2.教化功能

1）建设和谐美好的社会

礼仪有陶冶人的情操，规范社会成员行为的作用，它不仅反映出社会的精神面貌和文明程度，还具有教化功能。每个人都应让自己的言行符合社会期望和新时代要求，并按照社会的现实需要和社会效益来调整自己，选择符合社会主义核心价值观的言行，共同建设更加和谐美好的社会。

2）促进道德建设

礼仪的道德建设功能在于它能提高人们的自身修养。在人际交往中，礼仪往往是衡量一个人文明程度的准绳，它不仅反映着一个人的交际与应变能力，更反映了一个人的气质、阅历、道德和精神风貌。因此，我们每个人都要加强道德建设，用礼仪、礼节、礼貌来营造良好的社会秩序和社会风气，用礼仪促进社会的进步与发展。

3)塑造良好形象

礼仪不仅是人际交往的通行证，而且还是个人形象的名片。所谓形象，就是交往主体在对方心目中形成的综合化、系统化的印象。形象主要是通过礼仪风度来展现的，因此，礼仪对于表达感情、增进了解和树立形象来说，必不可少。同时，个人、组织还要与公众发生双向的信息交流，得体端庄的仪容仪表，温文尔雅的态度，严谨而又不失活泼的仪式等也是公众认识个人和组织的窗口，是提升良好形象不可或缺的手段。

4)提高个人修养

从国家和民族的角度讲，礼仪是国家、民族、社会风貌、道德水准、文明程度、公民素质的重要标志；从个人角度讲，通过礼仪教育，可以提高个人修养，使人温和有礼，自觉遵守公共秩序和劳动纪律，形成待人以礼、助人为乐的社会公德和优良品质，提高自身修养，追求更加高尚的精神生活。

1.3.2 现代礼仪的特征

共同性、差异性、传承性、规范性、社会性构成现代礼仪的五大特征。

1.共同性

礼仪是社会全体成员共同认可与普遍遵守的准则。礼仪虽然体现和展示一个国家、一个民族、一个地区的文化习俗，但同时大多数礼仪规范又具有共同性和普适性，如问候、打招呼、礼貌用语、庆典仪式、签字仪式等，很多礼仪礼节是世界通用、各国共同遵守的。

2.差异性

“十里不同风，百里不同俗”。由于各民族的文化传统、宗教信仰、民情风俗等存在差异，导致礼仪上也存在差异，主要体现在礼仪的民族性和地域性上。礼仪作为一种行为准则和规范是约定俗成的，但是对于礼仪的运用，会因实际条件的不同而存在差异性。具体体现在同一礼仪形式常常会因为时间、地点的不同而使其意义出现差异；礼仪的差异性还表现在同一礼仪形式，在不同的场合，面对不同的对象，也会存在差别。另外，同样意义的礼仪在不同民族、不同地区，可能也有不同的表现形式。

3.传承性

传承性是指礼仪在风俗习惯和传统的变化中慢慢积淀，逐渐形成了行为规范，在历史和社会发展中，表现为传承和发展。礼仪具有相对独立性，任何国家、民族的礼仪文化都是在其固有文化的基础上继承、发展而来的，是本国家、本民族传统文化的重要组成部分，形成了独具特色的礼仪文化和行为规范。

4. 规范性

规范性主要是指礼仪对具体的交际行为具有制约性，这种规范性反映的实质是被广泛认同的社会价值。礼仪规范性的内容就是遵守规则、契合情景、表现适度、郑重其事。总之，礼仪是律己敬人的行为模式，任何人都必须遵守人际交往的惯例，同时也要视具体的交际情境灵活应用，因为礼仪的规范性受礼仪环境的制约，不能一概而论。

5. 社会性

礼仪有广泛的社会性，贯穿于人类社会的始终，遍及社会的各个领域，渗透于各种社会关系之中，只要有人与人的关系存在，就会有作为人的行为准则和规范的礼仪存在。礼仪也会随着社会的发展、历史的进步而与时俱进，特别是在现代社会，随着各个国家、地区、民族之间交往的日益密切，礼仪也不断被赋予新的内容。

1.3.3　现代礼仪的原则

现代礼仪的原则主要包括尊重原则、大局原则、和谐原则和自律原则。

1. 尊重原则

礼仪的核心是律己敬人，孔子曰，“礼者，敬人也”，“修己以敬”，即尊敬是交往的基础。亚当·斯密也谈道，“对那些普遍的行为准则的尊重，恰当地说，即所谓的义务感，是人类生活的一项最重要的原则，是大多数人可以借以指导其行为的唯一原则”。礼仪实际上就是人们在尊重他人、尊重社会的意识支配下，在人与人交往中表现出来的礼貌与礼节，是基于对他人和社会需要的自觉认识而表现出来的行为。正所谓“敬人者，人恒敬之”，只有遵循礼仪的尊重原则，尊重他人，才能获得同等的尊重，达到和谐交往的目的。

2. 大局原则

所谓大局原则，是指人的一切行为和活动都要符合、服从大局，以大局为重。服从大局，是一个比较概括的说法。具体而言，服从大局包含局部服从整体、眼前利益服从长远利益、个人服从组织、集体利益服从国家利益等。

现代礼仪必须服务并服从建设社会主义现代化和实现民族复兴大业的大局，必须服从国家和民族的长远目标，表现出顾全大局的宽厚雅量与坚韧品质。

3. 和谐原则

礼仪是建立和谐社会的基本规范之一。从古至今,我国一直重视和谐,提倡以和为贵,把和谐思想贯彻到各行各业及生活的各个领域。商业经营中强调的和气生财,儒家思想倡导的中庸之道,其实质就是适中与和谐。建立一个和谐有序的社会,是当今全人类的共同追求。根据和谐的原则,将人的行为规范约束在一定的礼仪范畴中,使人们各就其位,各行其是,各尽其职,才能保障人类社会健康有序的发展。

4. 自律原则

礼仪规范由自我约束和对他人约束两部分组成。自我约束是个人培养礼仪修养的基础和出发点,学习、应用礼仪最重要的是自我对照、自我认识、“吾日三省吾身”。古人云“己所不欲,勿施于人”,若没有对自己的严格要求,而是待己宽,律人严,讲究礼仪则无从谈起,何谈自尊与尊人。

1.4 学习礼仪的方法与意义

学习礼仪,除了掌握礼仪的原则、功能之外,还要了解学习礼仪的方法与意义。

1.4.1 学习礼仪的方法

学习礼仪的方法多种多样,不仅使学习者在思想上和行为上受到熏陶和训练,还要将礼仪知识内化为自身的素质,能够分辨礼与非礼,美与丑,对与错等,熟练掌握各项礼仪技能。

1. 将学校教育与社会实践相结合

礼仪的实践性是由学习礼仪的特征而决定的。

(1) 学习礼仪要有侧重点　由于人与人之间的交往关系是错综复杂的,因而,在交往过程中碰到的礼仪问题也会呈现错综复杂的状况;同时,由于个人所处的环境、所受的影响以及所具有的生活经验、知识水平不同,因此在礼仪的把握上也会有所不同,所以,学习礼仪的侧重点也就不一样。

(2)学习礼仪具有重复性　学习礼仪不但要使人们形成对礼仪的认知,而且要求实现礼仪行为上的自觉。要做到这一点,必须经过长期反复的陶冶、磨炼、学习和实践。

(3)学习礼仪具有适应性　学习礼仪必须适应社会的客观状况和客观要求，在承认人与人之间平等关系的基础上，实现人与人之间的相互尊重、尊敬、关怀。

(4)学习礼仪具有渐进性　良好礼仪水平只有通过不断努力，循序渐进，才会逐渐提高。正是由于学习礼仪具有实践性的特征，因此，在学习礼仪方面，应该特别强调实践的作用，鼓励受教育者积极参加交往的实践活动，以培养自己的优秀的礼仪品质。

2.将礼仪知识与道德要求相结合

要坚持将学习礼仪贯穿于道德修养之中。虽然某些礼仪规范看似烦琐复杂，却能有效避免行为上的疏忽和漏洞。在学习礼仪中，应该把道德要求融入礼仪规范中，并将礼仪与一定的制度规范相结合，充分运用礼仪的道德教化功能，从行为举止、仪态容貌、服饰语言等方面规范自己的行为方式，并且将这些规范贯穿于日常生活中，按照"礼"的要求做符合道德的事情。

3.将礼仪规范与专业特点相结合

不同的行业，不同的场合，对礼仪的要求也不尽相同，因此，要把握礼仪的专业特点，选择相应的学习内容。礼仪学是一门博大精深的学问，它可以从社会学、伦理学、美学、民俗学等多个角度进行诠释。一般而言，我们需要掌握的礼仪基本知识包括：礼仪的概念、个人礼仪、社交礼仪、公务礼仪、商务礼仪、服务礼仪、涉外礼仪等等。就大学生而言，针对不同的专业，学习的侧重点也有所区别。如行政管理专业应加大政务礼仪的学习比重，旅游管理专业应加大服务礼仪和习俗礼仪的学习内容，商科类专业应加大商务礼仪和涉外礼仪的学习比重，等等。只有根据专业和行业的具体要求，将礼仪常识与专业特点及行业需求相结合，才能有的放矢地学习，取得事半功倍的效果。

4.将理论学习与技能训练相结合

中国礼仪与外国礼仪，传统礼仪与现代礼仪的发展轨迹、内涵、外延存在差异性。一方面，当今时代，许多传统的礼仪规范仍在起作用，不容违背；另一方面，新的礼仪规范层出不穷，不断变化。因此，必须通过礼仪基本理论学习，了解中外礼仪的发展沿革，了解现代礼仪的丰富内涵，掌握礼仪的功能和意义，形成对礼仪的全方位认识，才能真正做到学以致用。由于礼仪具有很强的实用性与可操作性，因此在掌握了礼仪理论和规范之后，还必须进行实操训练，掌握操作技能，如个人举止礼仪的技能训练、服饰搭配礼仪的训练、仪容修饰礼仪的训练、通信礼仪的技能训练、礼仪文书的技能训练等等。这种模拟实训的学习方式，能够取得良好的学习效果。

5.将传统礼仪与现代礼仪相结合

礼仪学习应以传统礼仪为基础，以现代礼仪为主导。在传统礼仪中，有许多观点、观念、礼节、习惯至今仍具有应用价值。例如，“礼”要以“诚”为基础，做人要真诚、待人要诚恳；协调和处理人际关系要讲究“适度”；举手投足、视听坐卧、衣着打扮要中规中矩等。这些规矩对现代社会人际关系的维系仍具有借鉴价值。新的时代，人们的交往愈加活跃与频繁，在人与人之间相互往来过程中，逐渐形成了许多既蕴含各国、各民族礼仪特点，又是不同国家、不同民族可以互相通晓的现代国际性的礼仪。在学习中要注重将传统礼仪与现代礼仪创造性地结合起来，并结合当今世界和中国的实际情况，创新发展各种礼仪规范和学说。在学习传统礼仪思想内涵及其精髓的基础上，精选普遍而适用的现代礼仪规范重点掌握，使自己既懂得传统之“礼”，又通晓现代之“礼”，妥善处理传统与现代、民族与世界的关系。

1.4.2 学习礼仪的意义

《论语》中说道：“不学礼，无以立。”美国著名成人教育家戴尔·卡耐基有句名言：“一个人事业的成功只有15%由他的专业技术所决定，另外85%则要靠良好的人际关系。”现代社会的发展拓展了人们交往的空间，每个人充实自我、展现自我、发展自我的舞台变得如此之大，在这个舞台上，礼仪是个人素养的体现，是人际关系的基础，同时也是交往成功的保证。

1.学习礼仪有利于提高素养

学习与践行礼仪，能够促进人类文化的延续和文明水准的提高。一个具备良好文化素养的民族，必定是一个循规守礼的民族。个人文明素养的形成，是遵照社会所提出的文明行为规范与行为模式不断实践、不断修正、逐渐提高的过程。当个人礼貌的言行成为习惯，待人接物彬彬有礼，文明素养就会在潜移默化中逐渐形成。

2.学习礼仪有利于奠定人际关系基础

藏族谚语道：“有枝有节的树容易攀登，知情达理的人容易接近。”人与人之间的交往，虽然不能仅凭表象去判断，但我们也不能否定表象的作用。有时，细节决定成败。比如，在商务活动中，服装和仪表往往成为判断一个人整体素质的参照物，肩上的头屑、皱皱巴巴的西装、衬衣领子与袖口上的污渍会让初次见面的交往对象不屑一顾。在交谈中，声调略低，平静而语速适中的说话方式让人备感亲切；而节奏太快、口不择言、咄咄逼人则会使人产生不悦与戒心。学习礼仪，遵循表示尊敬、友好的礼仪程序，有利于在人际交往中，通过礼貌的言行获得他人的好感，从而树立良好的社交形象，这是打开人际关系之门的金钥匙。

3.学习礼仪有利于促进交往成功

人际交往中，礼仪必不可少。在现代社会中，礼仪被称为人际关系的“润滑剂”“调节器”。良好的礼仪素养能指导和纠正人们的行为方式，促使人们在交往中敬人、自律、适度，从而在尊重他人的同时也能够获得他人发自内心的尊重；良好的礼仪素养可以弥补人际关系的裂痕，化解矛盾，密切已经疏远的人际关系。学习礼仪，会让你懂得如何称呼、介绍和问候；懂得如何着装，怎样待客；同时懂得如何同各种不同文化背景的人打交道，在不断变化的工作场所纵横捭阖，游刃有余，从而促进和保证交往的成功。

4.学习礼仪有利于调控自我行为

调控是社会控制的一种形式，礼仪就是行为调控的方式之一。礼仪对人们外部行为的调控，是通过它的导向功能和调节功能来实现的。在调节社会关系的过程中，礼仪以评价人们行为的独特方式，引导社会成员行之以礼、行之以善、行之以美；并以特有的感召力引导人们扬善抑恶、趋美避丑，把人们的思想和行为纳入社会所需要的轨道。礼仪具有操作性，可以用语言、文字、动作进行准确的描述和规定，也可以在社会交往中进行标准化操作。

5.学习礼仪有利于完善人格

人格既是内在美的核心，也是外在美的基础。学习礼仪可以帮助人们认识礼仪的意义和作用，从而将礼仪内化为人格素质。礼仪可以把道德精神与礼仪形象相结合，既可以“以德带礼”，又可以“以礼显德”。在社会生活和人际交往中，人们通过礼仪显现修养，表现素质。人的精神属于内心世界，它本身不能被直接地感知，而是要通过礼仪等行为展示出来。学习礼仪能够帮助人们塑造良好的外部形象，提升道德素质，进而形成完善的人格。

本章小结

一部人类文明史，也是一部礼仪文化的发展史。作为一个现代人，探寻人类祖先创造文明所走过的轨迹，了解礼仪的基本知识，有利于全面地学习和把握礼仪，夯实礼仪学习的基础。本章主要从纵横两个方面阐述了礼仪的基本知识，在纵向上探究了中外礼仪的历史渊源，在横向上考察了礼仪的理论基础和现实意义。主要内容包括：中西方礼仪的起源和发展；礼仪的界定及分类；礼仪的功能、特征和原则；学习礼仪的方法和意义。

思考与练习

1. 什么是礼仪？试述中西方礼仪的差异。
2. 礼仪有哪些基本构成要素？
3. 礼仪的功能、特征、原则是什么？
4. 如何学习礼仪？
5. 学习礼仪的意义是什么？

案例分析

某公司研发部的员工小张，周一上午去财务部办公大厅的窗口报销差旅费。在等候的时候，他随手把手中的一张无法报销的票据揉成团扔在了地上。

其他部门的同事看见了，窃窃私语："研发部的人素质真是……呵呵呵！"

恰巧有位客户来财务部交定金，他看到小张把纸团扔在地上，心里想："这个公司的员工如此行事，他们生产的产品质量会好吗？售后服务会有保障吗？还是先别交定金，回去再慎重考虑一下吧！"

此时，生产部刘经理正陪着几位欧洲客商参观公司，恰好路过这里，地上的纸团没有逃过外商的眼睛，结果外商指着地上的纸团问刘经理："这样的员工，能做出符合质量要求的产品吗？"

本来不费吹灰之力就能扔到垃圾桶里的一小团废纸，结果却使小张失去了同事的尊重，使公司失去了客户的信任，同时导致公司失去了外商数百万元的订单。

1. 一小团废纸为何引发同事及客户的不信任？
2. 如果你是经理，将如何避免类似情况再次发生？

第2章

个人礼仪

个人礼仪是社会个体的生活行为规范与待人处世的准则，是个人仪表、仪容、言谈、举止、待人接物等方面的个体形象的呈现，是个人道德品质、文化素养、教养良知等精神内涵的外在表现。其核心是尊重他人、与人友善、表里如一、内外一致。

个人礼仪对个体来说，是文明行为的道德规范与标准，就国家而论，则属于一种文化。它是构成精神文明的基本要素，也是一个国家文化与传统的象征，更是一国治国教民的经典。我国素有“礼仪之邦”的美誉，从古至今十分崇尚“礼”，也极为重视礼仪教化。《论语》中的“非礼勿视，非礼勿听，非礼勿言，非礼勿动”诠释了个人礼仪的至高境界。历代明君、圣贤均把礼仪视作一切的准绳，认为一切应以礼为治，以礼为教。可以说，个人礼仪不仅是衡量一个人道德水准高低和有无教养的尺度，也是衡量一个社会、一个国家文明程度的重要标志。

2.1 仪容礼仪

仪容是指人的外观、外貌，其重点则是指人的容貌。在人际交往中，每个人的仪容都会引起交往对象的特别关注，并影响对方对自己的整体评价。一个人得体的穿着，端庄的仪容体现了其较高的素养和品味。从礼仪的角度来讲，仪容不仅代表着个人形象，还代表着所在单位的形象。

礼仪对个人仪容的首要要求是仪容美。它的含义具体有三层。

首先，是要求仪容自然美。它是指仪容的先天条件好，天生丽质，形象俊美。尽管以貌取人不合情理，但天生丽质的容貌，无疑会令人赏心悦目，感觉愉快，具有与生俱来的亲近感。其次，是要求仪容修饰美。它是指依照规范、美化美容工具和个人条件，对仪容进行必要的修饰，扬长避短，塑造美好、得体的个人形象，在人际交往中显得重视对方，自尊自爱。再次，是要求仪容的内在美。它是指通过不断提高个人的文化素质、艺术修养和思想境界、道德水准，培养出高雅的气质与美好的心灵，使自己秀外慧中，表里如一。

真正的仪容美，应是上述三方面的高度统一。忽略其中任何一方面，都会使之失于偏颇。三者中，仪容的内在美是最高境界，自然美是人之愿景，而修饰美则是仪容礼仪关注和学习的重点。

2.1.1 头发与面容

1.头发

讲究仪容，必须从“头”做起。俗话说：“远看头，近看脚。”在人际往来中，首先映入交往对象眼帘的就是头发，所以应当自觉地做好日常护理。不论有无交际应酬活动，平日都要对自己的头发勤于梳洗，不要临阵磨枪，更不能忽略此点，疏于对头发的“管理”。

1）洗发

对头发勤于梳洗，有助于保养头发，消除异味和异物。蓬头垢面，满头汗馊、油味，发屑随处可见，是有损个人形象的。

2）理发

理发是指对头发进行适当的修整，并以将其剪短至一定程度为主要特征。在修剪自己的头发时，应注意以下三点：①定期理发。通常情况下，男士应半个月左右一次，女士可根据个人情况而定，但最长不应超过1个月。如果经年累月拒绝理发，个人的形象必将令人惨不忍睹。②慎选理发方式。具体说来，理发又分为剪、刮、洗、染、吹、烫等各种不同的方式。在人际交往中对其中的一些具体方式，需要三思而行。比如，打算把自己的头发染得更黑一些，是比较正常的。因为它既是“人之常情”，也符合中国人传统的审美习惯。然而若是执意把自己的黑头发染成黄、红、绿、蓝等各色，甚至将其染成数色并存的彩色，则未免与自己的身份不相符。③留意头发长度。为了显示出在人际交往中的精明干练，同时也是为了方便工作，通常提倡商务或公务人员将头发剪得短一些。具体而论，比如在商界，“长发男儿”是不受欢迎的。在理短发时，男士应做到：头发前不覆额，侧不掩耳，后不及领，并且面不留须。商界女士提倡剪短发，并且一般要求不宜超过肩部，更不允许将一头秀发随意地披散开来。不是说商界女士在工作中绝对不可以留披肩发，而是建议她们最好对其稍加处理，例如暂时将其盘起来，或者束起来。

3）梳发

就梳理头发来讲，在人际交往中应注意以下两点：一是要选择适当的工具，最好随身携带一把发梳，以备不时之需。二是要避免公开的操作。梳理头发是一种私人性质的活动，在外人面前梳理头发，使残发、发屑纷纷飘落的情景尽落他人的眼底，是极不雅观的。

4）护发与养发

护发是指对头发的保护。要保护好头发，就要有意识地使之免于接触强碱性或强酸性物质，并尽量防止长时间暴晒。洗头所用的洗发剂会使头发的养分受到一定的损失。为此，可在洗头之后，酌情采用适量的护发剂。

养发是指对头发的营养。如果说“护”是治表之法，那么“养”则重治本。真正要养护好头发，关键还是要从营养的调理与补充等方面着手。一般认为，辛辣刺激之物，若食用过量，将有损于头发。烟、酒对头发的危害，则尤为严重。如欲减少发屑，应少吃油性大的食物，多吃含碘丰富的食品；欲使头发乌黑发亮，则适宜多吃富含蛋白质和维生素，无毒无害的食物，尤其是要多吃核桃一类的坚果，或黑芝麻一类的“黑色食品”。

5）美发

在一般情况下，不宜使用彩色发胶、发膏美发。男士不宜使用任何发饰。女士在有必要使用发卡、发绳、发带或发箍时，应使之朴实无华。其色彩宜为蓝、灰、棕、黑，并且不带任何花饰。绝不要在工作岗位上佩戴彩色或带有卡通、动物、花卉图案的发饰。

人们在修饰头发时，往往会有意识地运用某些技术手段对其进行美化，这就是所谓美发。美发不仅要美观大方，而且要自然，不宜不合时宜或雕琢痕迹过重。在通常情况下，美发有四种形式，分别是：①烫发。即运用物理手段或化学手段，将头发做成适当的形状。决定烫发之前，要看与本人发质、年龄、职业是否合适。②染发。发色不理想，或是白发多，可使用染发剂令其变色。对中国人而言，将头发染黑无可非议，而若想将其染成其他色彩，甚至染成多色彩发，则须三思而行。③做发。即运用发油、发露、发乳、发胶、摩丝等美发用品，将头发塑造成一定形状，或对其进行护理。做发的要求与烫发大体相似。④假发。头发有先天或后天缺陷者，均可选戴假发。选择假发，一是要使用方便，二是要天衣无缝，不可过分俗气。

6）发型

头发的形状是人种分类的传统根据之一。头发的长度、颜色和发型都是肉眼所能观察到的，一般分为 5 种类型，即直发、波发、卷发、羊毛状卷发及小螺旋形发。

黄色人种的头发是直而不卷的，长而粗，颜色为黑褐色或黑色，如中国人、美洲印第安人，一般认为因纽特人（爱斯基摩人）的头发是最硬的。黑色人种的头发是黑褐色或黑色的羊毛卷发以及小螺旋形发，头发是短粗而卷曲的，如非洲的尼格罗人；小螺旋形发则是布须曼人和霍屯督人所特有的。白色人种的头发常见波状发和卷发，颜色从灰白色（斯堪的纳维亚人）、不同程度的褐色一直到黑色（希腊人、南意大利人），偶然还有红色的；在长度上，波状发和卷发处于中等长度。

（1）女士发型　发型永远是女士谈不完的话题，也一直是女士关注的“头”等大事。直发、卷发、长发、短发、披肩发、束发等不一而足，可根据场合、职业、气质等尝试不同的发型。

（2）男士发型　男子发型由于留发较短，发型变化不及女子多，但通过修剪、吹风梳理或烫发、梳理，也能梳理出多种多样、美观大方、具有男性魅力的发型。男子的发型一般是以头发顶部至发际线处的长度为依据，分为短发型、中长发型、长发型、超长发型。

7）发型与脸型搭配

（1）长脸型　要用优雅可爱的发式来缓解由于脸长而形成的严肃感。在发型的轮廓上，要压抑发顶的丰隆，顶部应平伏，前发宜下垂，使脸部变得圆一些，同时，还要使两侧的发容量增加，以弥补脸颊欠丰满的不足。对于脸型狭长的女性来说，将头发做成卷曲波浪式，可增加优雅的品位，应选择松动而飘逸，整齐中带点乱的发型。

（2）圆脸型　应增加发顶的高度，使脸型稍稍拉长，给人以协调、自然的美感。在梳妆时要避免面颊两侧的头发隆起，否则会使颧骨部位显得更宽。宜侧分头缝，梳理垂直向下的发型，直发的纵向线条可以在视觉上减弱圆脸的宽度。

（3）方脸型　这种脸型的梳妆要点是以圆破方，以柔克刚，使脸型的不足得到弥补。可将头发编成发辫盘在脑后，使人们的视觉由于线条的圆润而减弱对脸部方正线条的注意。前额不宜留齐整的刘海，也不宜全部暴露额部，可以用不对称的刘海破掉宽直的前额边缘线，同时又可增加纵长感。两耳边的头发不要有太大的变化，避免留齐至腮帮的直短发。

（4）菱形脸　整个脸型的上半部为正三角形形状，下半部为倒三角形形状。用发型矫正这种脸型时，上半部可按正三角形脸型的方法处理，下半部则按倒三角形脸型的方法处理。一般将额上部的头发拉宽，额下部的头发逐步紧缩，靠近颧骨处可设计一种大弯形的卷曲或波浪式的发束，以遮盖其凸出的缺点。

（5）正三角形脸型　根据发型与脸型的比例关系，梳理时要将耳朵以上部分的发丝蓬松起来，用喷发胶或定型剂可以达到这种效果，这样能增加额部的宽度，从而使两腮的宽度相应的减弱。

(6)倒三角形脸型　在梳理时要注意扬长避短,便可达到整洁、美观、大方的效果。适合选择侧分头缝的不对称发式,露出饱满的前额,发梢处可略微粗乱一些,这样能将年轻女性纯情、甜美、可爱等特点直率地表现出来。

8)禁忌

(1)忌洗头时用指甲挠头皮　指甲中有许多细菌,一旦娇嫩的头皮被抓破,容易诱发感染。抹洗发水时要用指腹轻轻推头皮,既去污又活血。

(2)忌护发素涂在发根　由于洗发时头发毛囊打开,护发素涂在发根上,其中的化学物质容易渗入并堵塞毛囊,同时也会刺激头皮。建议先理顺头发,沿耳朵附近往发尖方向涂抹发梢,一定不要让护发素碰到头皮。

(3)忌湿着头发睡觉　头发湿的时候毛鳞片张开,此时头发很娇弱,不耐摩擦。如果在头发半湿半干的状态下睡觉,会导致角质层变薄,令头发变得干燥。

(4)忌不梳头直接洗　"皮之不存,毛将焉附",头皮对于头发来说非常重要。洗头前,先用蘸湿的梳子梳头,令附着头皮的污垢和灰尘浮于表面,才能同时洗净头皮和头发。为避免伤到头皮,建议使用宽齿缝、圆头的梳子。

(5)忌洗完头马上外出。

2.面容

讲究仪容,面容最重要。

仪容在很大程度上指的就是面容。"手如柔荑,肤如凝脂,领如蝤蛴,齿如瓠犀。螓首蛾眉,巧笑倩兮,美目盼兮"(《诗经·卫风·硕人》),充分体现了容貌在人际交往中的重要性。

修饰面容,首先要洗脸,使之干净清爽,无油污、汗渍、泪痕及不洁之物。每天仅在早上起床后洗一次脸远远不够。午休、用餐、出汗、劳动及外出后,最好再洗一次脸。具体到脸的各个不同部位,还有一些不尽相同的规定。

1)眼睛

(1)保洁　这里主要是指眼部分泌物的及时清除问题。眼部是被别人注意最多的地方,所以时刻要注意眼部的清洁,还要注意避免在他人面前不停地擦拭眼睛。另外,若眼睛患有传染病,应自觉回避社交活动,免得影响到他人。

(2)眼屎　当我们早晨起床对着镜子洗漱时,会发现眼睛的眼角上总是会有些眼屎,有时多一些,有时少一些。在商务活动和人际交往中,一定要注意眼屎的清洁,保持好的形象。

(3)修眉　如果感到自己的眉形或眉毛不美观,可进行必要的修饰。但不提倡文眉，更不要剃去所有眉毛，刻意标新立异。

(4)眼镜　戴眼镜不仅要美观、舒适、方便、安全，还应随时对其进行揩拭或清洗。有些男士喜欢戴墨镜。墨镜主要适合在户外活动时佩戴，以防止紫外线损伤眼睛，在室内时最好不要佩戴。

2)耳朵

在洗澡、洗头、洗脸时，不要忘记清洗一下耳朵。必要之时，还需清除耳孔之中不洁的分泌物。但切记不能在他人面前这么做。

3)鼻子

平时，应注意保持鼻腔清洁，不要让异物堵塞鼻孔，或是让鼻涕流淌。不要随处吸鼻子、擤鼻涕，更不要在他人面前挖鼻孔。参加社交应酬之前，勿忘检查一下鼻毛是否长出鼻孔之外。一旦出现这种情况，应及时修剪。

4)嘴巴

牙齿洁白，口腔无异味，是修饰的基本要求。要做到这一点，一定要坚持饭后刷牙，以去除异物、异味；要经常采用爽口液、牙签、洗牙等方式方法保护牙齿；在重要应酬之前要忌烟、酒、葱、蒜、韭菜、臭豆腐之类气味刺鼻的东西。

口臭，是指从口腔或鼻、鼻窦、咽等器官散发出的臭气，它严重影响人们的社会交往和心理健康。口臭分为生理性口臭和病理性口臭，据统计，80%～90%的口臭是来源于口腔。在人际交往和商务活动中尽量保持口腔卫生，如有必要应用口香糖或口腔清洁剂等消除口腔异味，以便获得最佳的形象效果。

人体之内发出的所有声音，如咳嗽、清嗓、哈欠、喷嚏、吐痰等，都是不雅之声，在社交场合应禁止出现。但要注意，禁止异响，重在自律，而不必强求于人。在大庭广众之下，若他人不慎制造了异响，最明智的做法是视若不见。若本人不慎为之，不要显得若无其事，要尽快道歉。

唇间长有胡须，是男子的生理特点。男士若无特殊宗教信仰和民族习惯，最好不要蓄须，并应及时剃去胡须。青年男子尤其不要蓄须，否则既稀疏难看，又显得邋里邋遢。若女士因内分泌失调而长出类似胡须的汗毛，则应及时治疗，并予以清除。

5)脖颈

脖颈与头部相连，属于面容的自然延伸部分。修饰脖颈，一是要防止其皮肤过早老化，与面容产生较大反差。二是要使之保持清洁卫生。只顾脸面，不顾脖颈，泾渭分明，是面容修饰的最大败笔。

2.1.2　眼神与微笑

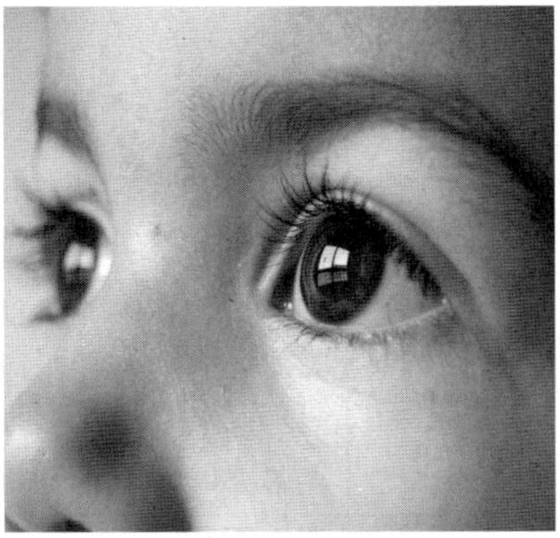

眼睛是心灵的窗户。眼睛在与人交往中起着至关重要的作用。心理学家认为最能准确表达人的感情和内心活动的是眼睛和眼神。

1. 眼神

眼神属于表情范围。各种表情中，特别是眼、眉、嘴等的形态变化最易为他人注目。眼神是心灵的语言，要注意别人用眼睛说话，通常眼神的交流总是在先。因此，眼神要尽量让别人看起来柔和、友好。眼神受情感制约，人的眼睛的表现力极为丰富和微妙，只有把握好自己的内心情感，眼神才能充分发挥作用。

在正确把握眼神交流的同时，还要学会读懂对方的眼神语言，了解其内心活动。不同的眼神，可以表达不同的思想感情（表 2-1）。兴奋、喜悦、悲苦、愁怨、恐惧、失望、猜疑、烦闷等情感均可以从眼神中一览无遗。例如：眼神和表情和谐统一——很感兴趣，思想专注，谈兴正浓；对方的眼神长时间停止接触或游移不定——对交谈不感兴趣，应转换或终止话题；相互正视片刻——坦诚；相互瞪眼——敌意；斜扫一眼——鄙夷；上下打量——挑衅；白眼——反感；眼睛眨个不停——疑问；双目大睁、呆视——吃惊；眯着眼看——高兴或轻视；行注目礼——尊敬；左顾右盼、低眉偷窥——困窘；对来访者，只招呼而不看对方——工作忙不愿接待，等等。

2. 注视

眼神交流时，应神情专注，重在表现倾听、尊敬和理解。但注视不等于凝视。如果像鲁迅笔下的祥林嫂那样以“眼珠间或一轮，还可以表示她是一个活物”的方式注视对方，一定不会有好的交流效果。当然，两眼也不能在某一区域上下翻飞、左顾右盼，否则对方会觉得莫名其妙、不知所措。用眼神注视对方时，应是自然、稳重、柔和的，而不能死死盯住对方某一部位，或不停地在对方身上“扫描”。交谈过程中可能出现双方眼神对视的情况，这时最好稳重一点，不必惊慌，也不必躲闪，自然地对视 1～3 秒，然后再缓缓移开。那种一触及对方眼神就慌忙移开的做法是拘谨、小气、胆怯的表现，会影响谈话的正常进行，引起对方猜疑，也很不礼貌。

注视的区间界限也不是绝对的，应根据谈话的性质，选择更恰当的注视区间。

表 2-1　眼神交流分类及内涵

眼神类型	直视型	直视与长时间的凝视可理解为对私人占有空间和个人势力圈的侵犯,极不礼貌,使人有压迫感。初次见面或不太熟悉的男性用这种眼神看女性,会使女性感到很不自然,以至产生反感。若女性用这种眼神看男性,则有失稳重
	游移型	与对方谈话时,眼神四处游移,容易给人心神不定、不够坦率和诚实的感觉,不利于双方的交谈
	柔视型	直视对方,但眼神不是火辣辣的,有神又不失柔和。这种眼神给人一种自信和亲切的感觉。这种人善于运用眼神,容易与人相处且富有修养
	热情型	眼神充满活力,给人以活泼、开朗和蓬勃向上的感觉。这种眼神运用得当,可以使对方情绪渐涨,提高谈话兴趣;但如果不分对象,不分场合,一味热情相望,也可能产生相反的效果
	他视型	与对方讲话,眼睛却望着别处,容易使人产生误解,是不尊重他人的注视形式
	斜视型	眼神不是从眼睛正中而是从眼角视向对方。这种眼神极为失礼,让人感到被轻视、不够尊重或心术不正
	无神型	眼神疲软,视线下垂,不时视向自己的鼻尖,这种眼神透出冷漠之感,往往会使谈话者毫无兴致

(1)公务注视区间　是指在进行业务洽谈、商务谈判、布置任务等谈话时采用的注视区间。这一区间一般是以两眼为底线,以前额上部为顶点所连接成的三角区域。由于注视这一部位能造成严肃认真、居高临下、压住对方的效果,所以常为企图处于优势的商人、外交人员、指挥员所采用,以便帮助他们掌握谈话的主动权和控制权。

(2)社交注视区间　指人们在普通的社交场合中采用的注视区间。其范围是以两眼为上限,以下颚为顶点所连接成的倒三角区域。由于注视这一区域容易形成平等感,因此,常在茶话会、舞会、酒会、联欢会以及其他一般社交场合使用。注视谈话者这一区域,会让对方轻松自然,因此,他们能比较自由地将自己的观点、见解发表出来。

(3)亲密注视区间　指具有亲密关系的人在交谈时采用的注视区间。主要是对方的双眼、嘴部和胸部。恋人之间,至爱亲朋之间,注视这些区域能够激发感情、表达爱意。

眼神反映的形象内容丰富而深奥,描述眼神的词汇是非常丰富的,它们能够活生生地勾画出一个个精彩的表情,如神采奕奕、炯炯有神、虎视眈眈、虎目圆睁、望眼欲穿、含情脉脉、眉目传情、眼若秋波、左顾右盼、东张西望、视而不见、眼神犀利、眼中无神等。如果你想树立一个有魅力的形象,你会选择哪种眼神呢?

心理学家做了这样一个实验：让采访者用三种眼神与实验者进行对话：①“聚精会神、专注”的眼神。②“时看时不看、躲闪”的眼神。③“几乎不看”的眼神。实验结果表明，实验者把具有“聚精会神的眼神”的人列为是对自己最有兴趣、最专注的人，因而实验者也对这些采访者产生好感，对他们的评价也最高。不善于用眼神沟通的人，常常被认为对别人不感兴趣，也可能造成不必要的误解。

3. 眼神交流的注意事项

(1)不要戴着墨镜或变色镜与人交谈。这样非但对方看不到你的眼睛，无法进行眼神交流，而且还给人以居高临下之感，很容易与对方产生隔阂，引发不悦。

(2)见面时，不论是见到熟悉的人，或是初次见面的人，不论是偶然见面，或是约定见面，首先要睁大眼睛，以闪烁光芒的眼神正视对方片刻，面带微笑，显示出喜悦热情。对初次见面的人，还应头部微微一点，行注目礼，表示出尊敬和礼貌。

(3)在集体场合开始发言讲话时，要用眼神扫视全场，表示“我要讲了，请予以注意”。

(4)在与人交谈时，应当不断地通过各种眼神与对方交流，调整交谈的气氛。交谈中应始终保持眼神的接触，这是表示对话题很感兴趣，长时间回避对方眼神而左顾右盼，是不感兴趣的表示。不要不停眨眼，不要怒目圆睁，不要眼神呆滞。最忌讳眼神闪烁，盯住对方或逼视、斜视、瞟视，这会使对方产生不信任感。

(5)注视他人时，应以对方面部中心为圆心，以肩部为半径，这个视线范围就是眼神交流的范围。应当注意，交流中的注视，绝不是把瞳孔的焦距收束，紧紧盯住对方的眼睛，这种逼视的眼神是失礼的，也会使对方感到尴尬。交谈时正确的眼神应该是自始至终都在注视，并非紧盯。瞳孔的焦距应呈散射状态，用眼神笼罩对方，同时辅以真挚、热诚的面部表情。

(6)交谈中，随着话题、内容的变换，做出及时恰当的反应。或惊、或喜、或微笑，或沉思，用眼神流露出会意的万千情意，会使整个交谈融洽、和谐、生动、有趣。

(7)交谈和会见结束时，眼神要抬起，表示谈话的结束。道别时，仍用眼神注视着对方的眼睛，面部表现出惜别之意。

4. 微笑礼仪

1)微笑的魅力

在日常人际交往中，最能迅速传递给对方信息的，是你的面部表情。想要带给别人美好的印象和好感，其实并非完全取决于一个人的长相。微笑，一种令人感觉愉快的面部表情，展示着你的诚意，象征着你的友善，即刻会缩短你与对方的心理距离，为沟通和交往营造出和谐氛围。

微笑是人际交往的润滑剂，是消除芥蒂、化解矛盾、排遣紧张、缓解压力、慰藉他人、结交朋友的有效方式。见面时握手、问候、交换名片、交谈需要微笑；政务人员、商务人员和服务行业人员需要微笑。其实人人都需要微笑，微笑的作用主要有以下几方面：①微笑强化第一印象。第一印象又称首因效应、首次效应或者优先效应，是指人们第一次与某物或某人接触时留下的深刻印象。第一印象形成的时间短，持续的时间长，给人的印象最深。心理学研究发现，与一个人初次会面，45秒内就能产生第一印象。第一印象主要是依靠性别、年龄、体态、姿势、谈吐、面部表情、衣着打扮等来判断一个人的内在素养和个性特征。而初次见面时面带微笑，就可能获得热情、善良、友好、诚挚的第一印象。②微笑表现真挚友善的礼貌态度。自然大方、真实亲切和不加修饰的微笑能起到尊重他人、增进友爱、推动沟通、体现热情、愉悦心情的作用。微笑应发自内心，渗透情感，表里如一。③微笑表现自信乐观的良好修养。微笑是一个人心态的标志，表示对自己充满信心，对别人以诚相待。微笑的表情让人愉快舒心，施加正面和良性的影响，它告诉对方你是善意的使者，是能信赖、能依靠的对象。④微笑化解交往矛盾。俗话说，"伸手不打笑脸人"，当面对一张微笑的脸，再大的怒火也会在不觉间熄灭。微笑就像温暖的春风可以化解严冬的冰冻。所以，在人与人的相处之中，微笑是至关重要的，它虽然不是动听的语言，却比任何语言都更加有力。⑤微笑表现敬业精神。敬业是中国人民的传统美德，是积极向上的人生态度的体现。在众多服务行业中，大多数都要求从业者微笑服务。它是敬业精神的一种体现，也是人际交往成功的法宝。

2)微笑的特点

首先，微笑是动态的。

微笑是所有表情中最美的一种。一瞬间的微笑是最美的，但是如果将这个瞬间定格，让其保持在整个交往活动过程中，就失去了表情的灵动性，失去了生机。正确的微笑应该体现出动态的特点。其要点在于：①把握微笑的展现时机。什么时候展现出笑容是至关重要的。应该在与交往对象眼神接触的瞬间展现微笑，表达友好。如果与对方眼神接触的瞬间仍然延续之前的表情，即使是微笑也会让人感觉有些虚伪，是做作的姿态。②把握微笑的层次变化。在整个交往过程中微笑的程度要有所变化，需要保持微笑，但要有收有放。微笑的程度有很多层次，有浅浅一笑、眼中含笑，也有热情的微笑、开朗的微笑。③注意微笑维持的长度。当我们与他人交谈时，这个过程可能是几分钟也可能是几小时。为了表达良好积极的情绪，为了展现自信与涵养，在整个过程中可能要求我们始终保持微笑。如何控制表情，也是一个人修养的体现。在交往过程中，眼神停留在对方身上的时间应该占整个过程的1/3～2/3，这段时间里与对方眼神接触时，应该展现出你灿烂的笑容。其余的时间段内，应该适当的将笑容稍微收拢，保持亲和的态度就可以了。

其次，微笑是自然的。

中国的古代礼仪习惯是笑不露齿。也有很多礼仪培训教材中提到，微笑要露出6～8颗牙。可见，微笑是一种个性化的表情，不应该以技术化、标准化的形式加以规定，对微笑要求表现得整齐划一是不符合礼仪的。每个人要训练自己感人的微笑，不是尝试露出几颗牙，嘴角上提到什么位置，眼睛变化成哪种形状，而是要发现自己最美的瞬间，展现自己独特的气质，笑出幸福的心态。

微笑要诚恳和发自内心，做到“诚于中而形于外”，切不可故作笑颜，假意奉承。在生活中用善良、包容的心对待他人，用敬业奉献的热情对待工作。只有调整好自己的心态，才能够表现出表里如一的微笑。

再次，微笑是协调的。

笑是眉、眼、鼻、口、齿以及面部肌肉所进行的协调行动。“发自内心的微笑，会自然调动人的五官：眼睛略眯起、有神，眉毛上扬并稍弯，鼻翼张开，脸肌收拢，嘴角上翘。做到眼到、眉到、鼻到、肌到、嘴到，才会亲切可人，打动人心。”微笑训练中有一种方法就是将眼睛以下的部分挡住，练习微笑，要求从眼中要看出笑的表情，这就是所谓的“眼中含笑”。这种训练方法的目的就在于：微笑时要调动多部位器官协调动作，来形成微笑的表情。

5.微笑的简易训练法

有魅力的微笑是天生的，但依靠自身的努力也完全可以拥有。因此演员或空姐通过微笑练习，能练出迷人的微笑，你也可以独处时揽镜自我训练。

笑脸中最重要的是嘴型。因为嘴型如何动，嘴角朝哪个方向，形成的微笑也不同。面部肌肉跟其他的肌肉一样，使用得越多，越可以形成正确的移动。用门牙轻轻地咬住木筷子，把嘴角对准木筷子，两边都要翘起，并观察连接嘴唇两端的线是否与木筷子在同一水平线上，保持这个状态10秒。在这一状态下，轻轻地拿走木筷子之后，维持那种状态。认真练习，就会发现只有自己才拥有的有魅力的微笑。一旦寻找到满意的微笑，就要至少维持那个表情30秒。

应该强调的是，“笑容”是上苍给每个人最公平的恩典，无论学历高低、年龄大小、社会地位高低、个性强弱、脸部轮廓如何，只要自己去挖掘，都可以拥有。但是，如何才能使笑容给人以甜美，而不是矫揉造作之感呢？还要“解读笑容”。“笑脸”和“笑的脸”在内心的感觉是不一样的，发自内心的笑脸也是从内心接受对方的表情，而“笑的脸”则是心中不以为然，而又不得不笑的脸，这是皮笑肉不笑的笑容，看到的人都会难以接受。所以说，微笑不能单纯从动作分解出发，要给人一张灿烂的笑脸，必须将“心”融入其中，有真诚的心态、心地和心境，即“笑由心生”。

2.1.3 手臂与腿部

1. 手臂

手臂是肢体中使用最多、动作最多的部分，要完成各种各样的手语、手势，而且，其动作还被附加了多种多样的含义。如果手臂的“形象”不佳，整体形象将大打折扣。

1）手掌

手掌是手臂的中心部位，也是手语的关键部位。对它的修饰必须注意：

（1）干净　在日常生活中，手是接触他人和物体最多的地方，应当勤洗。餐前便后、外出回来及接触到各种东西后，都应及时洗手。在人际交往中，应使其干净、光洁、细腻，既非粗糙不堪，又不要过分艳丽。

（2）修剪指甲　指甲应定期修剪，长度以不超过指尖为宜。修指甲时，指甲沟附近的“暴皮”要同时剪去，尤其是指甲里面的污垢，一经发现要及时清理，不然一伸手就让别人看到指甲里的污垢是非常不雅观的事情。特别值得提出的是，在任何公共场合修剪指甲，都是不文明的举止。

（3）健康　对于手部要悉心呵护，发现死皮后，应立即将其修剪掉，但不要当众进行。手部皮肤粗糙、红肿、皲裂，要及时护理、治疗。若长癣、生疮、发炎、破损、变形，不仅要治疗，还要避免接触他人。

2）肩臂

在正式的政务、商务、学术、外交活动中，手臂，尤其是肩部，不应当裸露在衣服之外。由于个人生理条件不同，个别女性手臂上汗毛生长得过浓或过长。这种情况，最好采用适当的方法脱毛。在他人面前，尤其是外人或异性面前，腋毛是不应为对方所见的，否则即为失礼。它属于个人隐私，女士要特别注意这一点。

2. 腿部

腿部在近距离之内为他人所注目，在修饰仪容时自然不能忽略。

1）腿部

男士成年以后，腿部的汗毛大都较重，所以在正式场合，不允许男士暴露腿部，即不允许男士穿短裤或卷起裤管。女士在正式场合穿裙子时，不允许光着大腿不穿袜子,尤其不允许袜子以外的部分暴露出裙子之外。女士的腿部汗毛如果过于浓密,应脱去或剃掉,或选择穿深色丝袜加以遮掩。没有剃掉或脱掉过于浓密的汗毛之前,切忌穿浅色的透明丝袜。在正式场合,女士可以穿长裤、裙子,但不得穿短裤,或是暴露大部分大腿的超短裙。

2)脚部

注意保持脚部的卫生,坚持每天洗脚。鞋、袜要勤洗勤换,袜子最好每日一换,以防止有异味。在正式的社交场合,不允许光着脚穿鞋子,也不允许穿那种使脚部过于暴露的鞋子(如拖鞋、凉鞋)。在非正式场合光脚穿鞋子时,要确保脚干净、清洁。脚趾甲要勤于修剪,最好每周修剪一次。趾部通常不应露出鞋外。

2.1.4 化妆礼仪

化妆是修饰仪容的一种高级方法。它是指采用化妆品按一定技法对自己进行修饰、装扮,使自己变得更加靓丽、端庄。对一般人而言,化妆最实际的目的是扬长避短,使自己更加光彩照人。在人际交往中,进行适当的化妆既是自尊的表现,也意味着对交往对象的尊重。

在现代社会,化妆不只是女士的专利,男士也有必要进行适当的化妆。要学会化妆,首先必须对化妆品的种类、化妆品的用法、化妆的程序和化妆的重点,有一定程度的正确认识。否则,就可能“画虎不成反类犬”,自认为化妆水平甚佳,其实会贻笑大方。

1.化妆的内容

在人际交往中,化妆的重点一般包括护肤、美发、修眉、画眼、修饰唇形等。

(1)皮肤　应当对自己面部与手部的皮肤百般爱护,除多加清洗和使用适当的化妆品外,有条件的人还应定期进行皮肤按摩。在选择润肤品时,一定要考虑它是否适合自己。务必使皮肤保持清爽、卫生、光洁、细腻。

(2)头发　在美发方面,应强调爱护头发。不要因疏于护理,而让它发干、发黄、发脆、开叉,或是脱落。对中国人而言,一头乌黑发亮的黑发与黄皮肤、黑眼睛一样,都是应当为之自豪的民族特色。因此,不允许在人际交往中有意将一头乌发染成其他颜色,也不允许戴其他色彩的假发套。

(3)眉毛　不管是男士还是女士,不少人的眉形都有一定的缺陷。比如,眉毛稀疏、眉棱不清、眉毛残缺等。有些人,因眉毛过分高扬,看上去十分凶狠;还有人天生一对“倒八字”眉,让人觉得城府颇深。必要时,应对眉毛进行修剪或补描。一般来说，男士的眉毛尽量不要描画。女士可以描眉，但最好不要文眉。女士在修眉或描眉时，不要把眉毛修得过细或过粗、过短或过长、过弯或过直，也不要使之下拖或上吊。

(4)眼睛　画眼一般只限于女士。如在正式场合露面，商界女士在画眼时，只需画眼线，涂眼影，上睫毛膏。画眼线时，不宜过于浓重。涂眼影时，切勿过量使用只有西方人适用的蓝色眼影。上睫毛膏时，也不要用得过量，让它把睫毛粘成一撮，那样未见其美，反显其脏。

(5)嘴唇　修饰唇形时，男士可使用无色唇膏，或润唇膏，以保持嘴唇的丰满圆润。女士用唇膏时，一定要先用唇笔画出轮廓。不要乱涂一气，也不要轻易“吃”唇膏。

2.化妆礼仪规范

化妆必须了解并认真遵守如下基本礼仪规范。

1)化妆的浓、淡要视时间、场合而定，在人际交往中应当淡妆上岗

通常化妆有晨妆、晚妆、上班妆、社交妆、舞会妆、少女妆、主妇妆、结婚妆等多种形式，它们在浓淡的程度和化妆品的选择使用方面，都有一定的差异。在商界，一般要求职员上班时间应化淡妆，实际上就是限定在工作岗位上不仅要化妆，而且只宜选择工作妆这一具体形式。因此，有人将这一规定简洁地叫作“淡妆上岗”。

男士所化的工作妆，一定包括美发定型；清洁面部与手部，并使用护肤品进行保护等几项内容。女士所化的工作妆，在以上基础上，还要使用相应的化妆品略施粉黛、淡扫蛾眉、轻点红唇，恰到好处地强化可以充分展现女性光彩与魅力的面颊、眉眼与唇部。

应当强调，与晨妆的明朗、晚妆的亮丽、社交妆的美艳、舞会妆的浓郁、少女妆的妩媚、主妇妆的柔美、结婚妆的清纯俱不相同，工作妆强调一个“淡”字。它要求着妆者化妆后若有若无，好似自然天成，清淡而传神。目的在于不过分地突出商务人员的性别特性，不过分地引人瞩目。一位商界女士在工作场合，妆化得过于浓艳，往往会使人觉得她过分招摇和粗俗。在西方，这种妆型的女士还有“应召女郎”之嫌。

2)应当避免过量地使用芳香型化妆品

在工作岗位上，使用任何化妆品都不能过量。对于芳香型化妆品，尤其是香水，更应当铭记这一点。其实，化妆与为人处世一样，含蓄一些才有魅力。通常，身上的香味在一米内能被对方闻到，不算是过量。如果香味能传到三米之外，则肯定是使用过量了。

3)应当力戒与他人探讨化妆问题

在工作岗位上随便与他人一起切磋化妆术的人，谁都会觉得他不务正业。在工作岗位上，不允许介绍自己化妆的心得，也不允许评价、议论他人妆容的得失。每个人的审美观未必一样，所以不值得在这方面替别人“忧心忡忡”，否则很可能“费力不讨好”。

4)应当力戒妆面出现残缺

在工作岗位上，假如化了彩妆，那么就要有始有终，努力维护其妆面的完整性。对于用唇膏、眼影、腮红、指甲油等化妆品所覆盖过的妆面，尤其要“常备不懈”。用餐之后、饮水之后、休息之后、出汗之后，一定要及时补妆。

妆面一旦出现残缺，不仅会直接损伤自身形象，更会让人觉得你是一个做事缺乏条理、为人懒惰、邋里邋遢、不善自理的人。所以，在人际交往中尤其是白领丽人必须努力避免。

5)应当避免当众化妆或补妆

常常可以见到一些女士，不管置身于何处，只要稍有闲暇，便会掏出化妆盒来，一边“顾影自怜”，一边“发现问题，就地解决”，补一点香粉，涂两下唇膏，描几笔眉形。她们珍惜自我形象这一点固然没错，但若当众进行，尤其是在工作岗位上当众如此，则是很不庄重的，并且还会使人觉得她们对待工作用心不专，只把自己当成了一种“摆设”或是“花瓶”。

不是不允许商务人员在工作岗位上进行必要的化妆或补妆，只是不允许商务人员当众这样做。许多单位里，一般都设有专门的化妆间，它就是为有必要随时化妆或补妆的人所预备的。

特别需要提到一点，就是活跃于商界的女士千万不要当着一般关系的异性的面，为自己化妆或补妆。有人可能要讲：“我不觉得那样做有什么不对，其实有一些男士很爱看小姐化妆呀。”这种说法，其实是不够自尊自爱的。

2.2 举止礼仪

举止，是一种非文字语言，也就是不说话的“语言”，指的是人们在外观上可以明显被觉察到的活动、动作，以及在活动、动作之中身体各部分所呈现出的姿态。所谓举手投足之间彰显个人素质，站立行走之间彰显个人魅力。在社会交往中，一个人的举止既体现其道德修养、文化水平，又能表现出他与别人交往是否有诚意，更关系到一个人形象的塑造，甚至会影响国家民族的形象。

举止在人际交往中的功能表现在以下5个方面：①表露功能。它可以表达口语难以表达的信息，使双方免于受窘。②替代功能。它可以代替口语，直接与对方交流，沟通。③辅助功能。它可以辅助口语，使人言行一致，思想得以强化，表达得更清楚、更深刻。④适应功能。它可以适应本人的心理、生理需要。⑤调节功能。它可以发出暗示，调节双方关系，使对方做出积极反应。

从容潇洒的动作，给人以清新明快的感觉；端庄含蓄的行为，给人以深沉稳健的印象。拥有优雅的举止不仅能赢得喝彩，也能赢得尊重。因此，我们在交往中应该使自己成为举止优美的人，做到彬彬有礼，落落大方，遵守一般的进退礼节，尽量避免各种不礼貌、不文明、不优雅的举止习惯。

2.2.1 站姿

站姿，又称站相，指人在站立时所呈现出的具体姿态。通常，它是一种静态姿势。优美的站姿，是培养仪态美的起点，也是培养其他动态美的基础。

1. 正确的站姿

正确的站立姿势应该是：身体与地面垂直，重心放在两个前脚掌。抬头前望，头正颈直，双目平视；挺胸收腹，腰直肩平；脚尖分开，脚跟略微收拢，男士两腿大致与肩同宽，女士呈“丁”字形，重心落于后腿；两臂自然下垂，两腿相靠站立，手指自然弯曲，双手放于身体两侧，或者双手相握，握指、握掌、握腕均可，看上去似乎有一根绳子，自上而下，把全身拉直(图2-1)。若站立时间较长，脚和手的姿势、方向可以交替。

图2-1 正确的站姿

站姿应精神饱满，挺拔俊美，稳重大方。站姿最要紧的是头正、肩平、身直。在国际商务场合保持身体正直，表示尊敬和恭顺。政务人员和商务人员应经常训练站姿，体会正确体态，养成良好习惯。

2. 站立时的注意事项

(1)非正式场合，双足的位置较自由，既可并之，也可一前一后，自然成形。肌肉放松，但应保持身体的挺直。

(2)穿礼服或旗袍，可让双脚之间前后距离约5厘米，以一只脚为重心，不要双脚并拢。

(3)向人问候或做介绍时,不论握手或鞠躬,双足应并立,相距约10厘米,膝盖要挺直。

总之,站姿应该自然、轻松、优美,不论呈何种姿势,改变的只是脚的位置和角度,而身体要保持绝对的端正挺拔,这便是古人所谓之“站如松”。

站姿禁忌:①两脚之间分得太开;②交叉两腿而站;③一个肩高一个肩低;④松腹含胸;⑤一只脚在地下不停地划弧线;⑥交腿斜靠在马路旁的树干、招牌、墙壁、栏杆上;⑦不停地摇摆身子,扭捏作态;⑧与他人勾肩搭背地站着;⑨膝盖伸不直。

2.2.2　坐姿

坐姿即人在就座后所呈现出的姿态,它是一种静态姿势。在社交应酬中,坐姿往往是人们采用最多的姿势。端庄优美的坐姿,会给人以文雅、稳重、自然大方的美感。这是体态美的重要内容。

1.正确的坐姿

腰背挺直,肩放松。女子两膝并拢,男子膝部可分开一些,但不要过大,一般不超过肩宽。双手相交自然放在腹部、膝上或椅子扶手上。两脚平落地面。结合具体情况,应注意以下几点。

(1)入座时,人走到座位前,转身背对,从容坐下,然后把双足脚跟并拢。两脚呈内、外八字的姿态都不雅观,应尽量避免。女子入座要优雅,用手把裙子拢一下再坐,起立时,右脚先向后收半步,站起,向前走一步,再转身走出去。

(2)两腿交叠而坐时,悬空的小腿要向回收,并将脚尖屈向下。这样才给人高贵、大方的感觉。切忌脚尖向天,更不可上下抖动。

(3)在正式场合,入座要轻柔和缓,起立要端庄稳重,不可猛起猛坐。

(4)穿裙装的女士坐沙发时要注意臀部位置。若沙发的座位又大又深,坐下来时不要太靠里面,保证双腿能着地。女子入座后双腿应完全并拢,尤其是膝部以上,必须完全并拢。

(5)通常男士入座后,人体重心要垂直向下,腰部挺起,上身垂直,切忌给人以“瘫倒在椅子上”的感觉。男士在第一次见面时要坐沙发的1/3处,双腿微开。坐时,大腿与小腿基本上成直角,两膝应并拢,或微微分开,两脚平放地面,两脚间距与肩同宽,手自然放在双膝上或椅子扶手上。需要侧坐时,应上体与腿同时转向一侧,头部向着前方。叠腿和用手把叠起的腿扣住的方式,是绝对禁止的。叠腿、晃动足尖会显得目中无人和傲慢无礼,也是不允许的。此外,不能将两腿叉开,伸得很远，或是把脚藏在座椅下，甚至用脚勾着座椅的腿，这都是无礼的举动，会给他人传递错误的信息，造成不必要的麻烦。

坐姿正确，还应当是在允许入座时，方才入座，这就要求在适当之时、合礼之处就座。比如，不应先于主人、主宾入座，除非你自己就是主人、主宾；不能在迎送、问候、介绍、握手、交换名片时坐着不动；入座时还要养成整理衣饰、轻轻坐下的好习惯。

坐姿禁忌：①久坐；②弯腰驼背；③趴在桌上；④跷二郎腿。

2. 女士常见坐姿

通常女士坐姿的区别主要在于坐定之后腿位与脚位的不同。

(1)双腿垂直式　具体要求：双腿垂直于地面，双脚的脚跟、膝盖直至大腿部要并拢在一起，双手自然放在双腿上(图 2-2)。这是正式场合最基本的坐姿，给人以诚恳、认真的印象。须注意这种坐姿脊背一定要伸直，头部摆正，目视前方。如两膝张开，会给人很散漫的印象。

(2)双腿叠放式　这种坐姿要求上下交叠的膝盖之间不可分开，两腿交叠呈一直线，这样才会造成纤细的感觉。双脚的置放可视座椅的高矮而定，既可以垂直，也可与地面呈 45°角斜放(图 2-3)。脚尖不应翘起，更不应直指他人，采用这种坐姿时，切勿双手抱膝，更不能两膝分开。穿超短裙时应慎用。

(3)双腿斜放式　坐在较低的椅子上时，双脚垂直放置的话，膝盖可能会高过腰，不雅观。这时最好采用双腿斜放式，即双腿并拢之后，双脚同时向右侧或左侧斜放，并且与地面形成 45°左右的夹角(图 2-4)。这样，就座者的身体就会呈现优美的 S 形。当坐沙发时，这种姿势最实用。须注意两膝不宜分开，小腿间也不要有距离。

图 2-2　双腿垂直式

图 2-3　双腿叠放式

图 2-4　双腿斜放式

(4)双脚交叉式　双腿并拢,双脚在踝部交叉之后略向左侧或右侧斜放,如图 2-5 所示。采用这种坐姿时,膝部不宜打开,也不宜将交叉的双脚大幅度地分开,或是向前方直伸出去,否则可能会影响到从前面通过的人。记住:不造成对别人的困扰是礼仪中最基本的一项原则。

(5)双脚内收式　两条小腿向后侧屈回,双脚脚掌着地,膝盖以上并拢,两脚稍微张开,如图 2-6 所示。这也是变化的坐姿之一,尤其在自己并不受注目的场合,这种坐姿显得轻松自然。

(6)脚跟盘收式　椅子较低时,除了可斜坐之外,还可以将脚跟盘起,往椅子下面靠,如图 2-7 所示。但像沙发这样下面没有空间的椅子,就不可采取这种姿势,若是柜台或酒吧内的高脚椅,就可以采取这种坐姿。

图 2-5　双腿交叉式

图 2-6　双脚内收式

图 2-7　脚跟盘收式

另外,女士在乘坐小汽车时也应注意坐车的姿势。要想在汽车上显得稳健、端庄、大方,做起来并不难。上车前应首先背对车门,款款坐下,待坐稳后,头和身体进入车内,最后再将并拢的双腿一并收入车内,如图 2-8 所示。然后方才转身,面对行车的正前方向,同时调整坐姿,整理衣裙。坐好之后,两脚亦应靠拢。下车的姿势也不能忽略,一般应待车门打开后,转身面对车门,同时将并拢的双腿慢慢移出车外,等双腿同时落地踏稳,再缓缓将身体移出车外。

女士坐姿禁忌:①头部乱晃;②上身不直;③手部错位;④腿部失态;⑤脚部乱动;⑥打开双腿。

2.2.3　行姿

行姿,亦称走姿,是指人在行走过程中所呈现的姿势,它是一种动态姿势。走,作为人类行为的重要内容,历来为人们所重视。对行姿总的要求是:轻松、矫健、优

图 2-8　上车姿势

美、匀速，不慌不忙、稳重大方。

1. 正确的行姿

行走的姿态以优雅、端庄的站姿为基础。正确的行姿是：步履自然、轻盈、稳健，胸要挺，头要抬，肩要松，两眼平视，面带微笑。“行如风”就是用“风行水上”来形容那种轻快自然的步态。

2. 行走时的注意事项

(1)最基本的行姿是使自己的脊背和腰部伸展放松，并使脚跟首先着地。注意行走时移动的中心是腰部，而不是胸部，所以行走应被首先视为腰动，要用腰力，走出韵律感，膝盖和脚踝都应轻松自如。

(2)行走时腿应伸直，因此在走动时务必要使膝盖向后方伸直。通过后腿将身体的重心移送至前脚，促使身体前移。行走时的注意力应集中于后脚，而不是向前跨出的那只脚。

(3)行走时双肩要放松，双臂要伸直，手指要自然并拢并略微弯曲，自然摆动双臂，幅度不可太大，前后摆动的幅度不要超过 30°。切忌做左右式的摇摆。

(4)行走时要有一定的节奏。男性步伐应矫健、稳重、刚毅、洒脱，尽显阳刚之气，步伐频率每分钟约 100 步，步幅(前后脚之间的距离)约 25 厘米；女士走姿应表现轻盈和阴柔之美，步伐频率每分钟约 90 步，步幅约 20 厘米。

(5)行走时应保持身体的挺直端正，忌左顾右盼，左摇右摆。

在日常生活中，人与人不同，走路姿态不可能呈现一个模式；个人的行姿在很多情况下还与其年龄、职业、着装及所处场合有关。不同的服装样式，在举止步态上，应有区别。一般来讲，以直线条为主的服装特点是舒展、矫健、庄重、大方，而以曲线条为主的服装特点是妩媚、柔美、优雅、飘逸。了解了这些，就要根据着装来调整自己的步态，达到举止与服装的和谐。如穿着西装要注意挺拔，保持后背平正，两腿直立，走路的步幅可略大些，手臂放松、伸直摆动，行走时男士不要晃肩，女士肩、胯都不要左右摇动。而穿旗袍就要走出女性柔美的风韵，要求身体挺拔，胸微含，下颌微收，忌塌腰撅臀。穿旗袍无论是配以平底鞋还是高跟鞋，走路的幅度都不宜大，两脚跟前后要走在一条线上，脚尖略外开，呈“柳叶步”，手臂在体侧摆动，幅度也不宜过大，肩胯部可随着脚步和身体重心的转移稍稍左右摆动。也就是说，每一处都要保持轻柔、高雅的姿态。又如，男士若想给人以严肃、威严的印象，就应挺起腰板，摆平头部，步伐大而稳健；若想给人以儒雅、谦和的印象，则可以放慢、放轻脚步；若希望让人觉得你年轻、富有活力，就尽可能地增加步履节奏感。无论怎样，都不要拖沓萎靡。

在一些具体实践中，行姿也有不少特殊之处。比如，与人告辞时，不宜立即扭头便走，给人以后背。为了表示对在场的其他人的敬意，在离去时，可采用后退法，其要领是：目视他人，双脚轻擦地面，向后小步幅地退三四步，然后转身离去。重要场合，要避免多人一起并排行走。如遇领导、贵宾、尊长，应礼让先行。在楼道、走廊等道路狭窄之处需要为他人让行时，应采用侧行步，即面向对方，双肩一前一后，侧身慢行。这样做，是为了对人表示“礼让三分”，也是意在避免与人争抢道路，发生身体碰撞或将自己的背部正对着对方。

作为社会中的一员，应当懂得稳重大方和不妨碍他人的重要性，所以在公共场合，即使遇上急事，也轻易不要表演“百米冲刺”。稍微快走几步是许可的，但走路不要用力过猛。尤其是女士，在穿着带有金属跟的高跟鞋行走时，更不要忘记这一点。这种声音对你可能没什么，对别人来说则绝对是噪音。

3.行姿禁忌

行走时忌东张西望，两臂自然前后摆动，挺胸收腹，双脚脚尖应朝正前方落脚，不要向内或向外歪。女性应步伐轻盈，男士应步履稳健。不要拖着脚走，不要大摇大摆，不要在马路上乱逛。

忌站在行人众多的街道上和熟人站着闲聊，应边走边谈。在街上遇到熟人、朋友，应与之打招呼，不能不理不睬，也不能太过于热情，大声尖叫，惊动旁人。

男女两人同行，忌勾肩搭背。女方应走在街道内侧，男方走在街道外侧；一男二女同行，男方也应走在街道外侧，不能走在二女中间或内侧。

在人行道上应顺着人流行走，不要逆行；不要硬从走在前面的行人边挤过去，如确有急事须超越的，应对前面的行人说声“对不起”，再从他身边走过去；不要在人流中突然停止不前，以免妨碍后面的人前进；走路时如无意中碰到别人，应说“对不起”；应给手拿大件物品的行人让路；应在儿童和带小孩的妇女后慢行，可在适当的时候再超过她们。

2.2.4 蹲姿

日常生活中，路上拾遗和自我照顾需要蹲姿，服务行业工作人员因整理环境和提供服务也特别需要蹲姿。不可想象，一位衣冠楚楚的先生或女士，在众目睽睽之下，猫腰撅臀地去捡东西。从仪态美的角度看，也是很不雅观的。与站姿、坐姿和走姿一样，蹲姿也有礼仪的要求，即蹲也要有“蹲相”。

1. 正确的蹲姿

(1)下蹲捡物时，应自然、得体、大方，不遮遮掩掩。

(2)下蹲时，两腿合力支撑身体，避免滑倒。

(3)下蹲时，应使头、胸、膝关节在一个角度上，使蹲姿优美。

(4)女士无论采用哪种蹲姿，都要将双腿靠紧，臀部向下。

蹲姿的要点是：迅速、美观、大方。若用右手捡物品，可以先走到物品的左边，右脚向后退半步后再蹲下来。脊背保持挺直，臀部一定要蹲下来，避免弯腰翘臀的姿势。

2. 蹲姿实例

1)交叉式蹲姿

下蹲时右脚在前，左脚在后。右小腿垂直于地面，全脚着地。左腿在后与右腿交叉重叠，左膝由后面伸向右侧，左脚跟抬起，脚掌着地。两腿前后靠紧，合力支撑身体。臀部向下，上身稍前倾(图 2-9)。

2)高低式蹲姿

下蹲时右脚在前，左脚稍后，不重叠。两腿靠紧向下蹲，右脚全脚着地，小腿基本垂直于地面，左脚跟提起，脚掌着地。左膝低于右膝，左膝内侧靠于右小腿内侧，形成右膝高左膝低的姿态，臀部向下，基本上以左腿支撑身体(图 2-10)。

男士可选用第二种姿态，两腿之间可有适当距离，而女士无论是采用哪种蹲姿，都要切记将双腿靠紧，臀部向下，穿旗袍或短裙时需更加留意，以免尴尬。

图 2-9 交叉式蹲姿

图 2-10 高低式蹲姿

3.蹲姿禁忌

(1)忌弯腰捡拾物品 两腿叉开,臀部向后撅起,是很不雅观的姿态。两腿分开平衡下蹲,其姿态也不优雅。

(2)下蹲时内衣忌"露、透" 女士在穿裙装下蹲时,要特别注意遮掩,瞻前顾后,以免隐私暴露,有碍观瞻。

在公共场所的蹲姿还应注意,不要行进中突然止步蹲下,不要与他人距离太近,以免影响他人。不要正面或背对他人下蹲,而应侧面面对,否则不太礼貌。也不要蹲在高于地平面处。

2.2.5 手势

手势也称手姿。由于手是人身体上最为灵活自如的一个部位,所以手势是体语中最丰富,最有表现力的。手势,实际所指的就是人的两只手臂所做的动作。其中,双手的动作是其核心所在。古罗马政治家西赛马说过:"手势恰如人体的一种语言,这种语言甚至连野蛮人都能理解。"法国大画家德拉克洛瓦则指出:"手应当像脸一样富有表情。"恰当地运用手势,能够交流思想,沟通感情,展示风度。相反,倘若错误地运用或滥用手势,将会招来很大的麻烦。

基本的手姿有:垂放、背手、持物、鼓掌、夸奖、提示等。

1.手势的分类

根据手势语义来划分,习惯上可以分为四类。

(1)情意手势 表达动作者的情感,使其内含丰富。例如人们常用握手、鼓掌表达动作者的情感。

(2)象征手势　表示某种抽象的信念，让他人予以理解。例如，一些人用手抚心口，表示对天发誓；法庭作证将手掌高高举起，表示下面所说的每句话真实无误。

(3)形象手势　在交往中模仿某种事物，给人一种具体、形象的感觉。例如以拇指与食指或其他指尖摩擦，通常暗示对金钱的期望，在想借钱、要钱及点钞票时常做出这种手势。

(4)指示手势　指示具体事物的手势。如在接待宾客时，单臂挥摆以示请进、请坐。

2.不同地区的手势

手势因国家地区、民族传统、文化背景以及礼仪习俗的迥异而不同。即使相同的手势，含义也千差万别，有的甚至大相径庭。仅以手势中的竖起大拇指，其余四指握拢为例，在我国表示顺利或夸奖别人；在英、美等国表示要求搭车；在德国表示数字“1”；在日本表示数字“5”；在澳大利亚则代表骂人。再如，用拇指和食指弯曲合成一个圆圈，其余三指朝上，在我国表示“零”；在美国表示“OK”，是赞扬和允许之意；在法国则解释为“毫无价值”之意；在日本表示“金钱”；而在地中海国家则是某种下流动作的表示。

超越区域文化界限的手势，若运用不慎，轻者造成笑话，重者惹人恼怒，甚至反目成仇。在人际交往中，运用手势必须了解和掌握对方国家和地域的文化差异，以及特定的手势所表达的特定意思，以免犯忌。换言之，对不了解的不用，不要依样画瓢，贻笑大方；对自己了解、别人不了解的也不用，以免造成误会。

随着世界交流的增加，有些手势已逐渐被大家所认可，成为通用的手势语。如用食指与中指伸出，张开形成“V”字形，表示“胜利”；在马路上伸出一只手臂是招呼出租汽车；等等。

手势的运用还要考虑对方的地域习惯。如美国人、法国人用手势较多，北欧人很少使用手势。过多的无意识的手势会令人心烦意乱，有时甚至被认为是粗鲁放肆的表现。与亚洲人交谈，也应尽量少用手势。

3.手势的注意事项

手势美是一种动态美，能够自然、大方、得体、恰当地运用手势来表达情意，会为交际形象增辉。做手势应注意：

(1)手势动作幅度不宜过大，上限不超过对方视线，下限不低于自己胸前。

(2)手势不要重复，次数不宜频繁。

(3)不能用手指他人或自己的鼻尖。谈到自己时应用手掌轻按左胸，那样显得端庄、大方、可信。

(4)不应用大拇指指自己，用食指指点他人，那样既缺乏礼貌，又不尊重别人。

(5)手势动作要准确到位，恰如其分地表达正确意思，不可误操作，弄得对方一头雾水。

(6)指示时应掌心向上，手指并拢，不要手指分开或呈弯曲状。

(7)手臂不要过于弯曲，动作要舒展，也不要僵直、缺乏弧度，那样显得生硬。

总之，手势的运用要优雅、含蓄和得体。运用手势忌不自信、不明确，简单含混，缺乏热情，或与全身配合不协调。

2.3 服饰礼仪

服饰是一个人外在美的表现，也是一个人精神面貌的体现。服饰是一门艺术、一种文化、一种“语言”，是一个人给他人第一印象的重要组成部分，也是评价个人礼仪的一个重要因素。正确得体的着装，不仅能体现个人的精神面貌和文化修养，给人留下良好印象，而且还能够提高其与人交往的能力。

2.3.1 服装的色彩与款式

1.服装的色彩

色彩对人的视觉刺激是最敏感的、最领先的。在对某人的服饰造型和质料尚未有明确印象时，色彩在不知不觉中作为第一可视物引起了他人的注意。所以说，服饰色彩的影响力和感染力远远超过款式造型及质料等其他因素。

1)色彩的分类与属性

一种颜色区别于其他颜色的独特的相貌特征，就是所谓的色相，亦即色彩本身的名称。其中红、黄、蓝为“三原色”，也称为母色。颜色因色相不同可以产生寒冷或温暖的感觉。由此大致可把颜色分为暖色调、冷色调和中和色调。暖色调包括红色、橙色、黄色；冷色调包括紫色、蓝色、绿色；中和色调包括白色、黑色、灰色。一般而言，暖色给人兴奋、热烈、扩张之感，冷色给人清素、文雅、收敛之感，中和色给人平和、稳重、可靠的感觉。

色彩不仅给人视觉感官的享受，而且还能影响人的心理，所以在观察不同色彩时，往往会产生不同的联想。虽然人们对颜色的联想会因生活经历的差异有所不同，但这种联想具有相当程度的共性。如红色代表热情奔放、感情丰富和精力充沛，带给人希望、信心和力量，在我国，还是吉祥、喜庆的象征；黄色鲜明而高贵，自古以来就是财富和权威的象征；橙色代表活泼、热闹、光明；紫色代表神秘和忧郁，往往具有悲哀、抑郁的意味，同时也是象征高贵、雍容、权力、威严的颜色；绿色被誉为生命之色，代表希望与活力；蓝色是高深莫测而严肃的颜色，使人感到清新、自然和安宁；白色则象征着纯洁和神圣；黑色高贵、深沉，给人以庄重、凝练、肃穆和洒脱的感觉；灰色标志着稳重和可靠，给人以平凡、朴实之感。在选择服装色彩时，必须了解一些常用色的主要特征、情感倾向与象征意义。

2)服饰配色的技巧

常言道："没有不美的色彩，只有不美的搭配。"服饰配色有以下几种常见的配色法：①统一色相配，即相同色调或近似色调相搭配。如浅蓝配深蓝、墨绿配浅绿、咖啡配米色等。在同色搭配时，宜上浅下深、上明下暗，这样服饰整体上就有一种稳重踏实之感。②对比色相配，色差较大的不同色彩搭配，如白色配黑色、浅红配青绿等。③点缀配色，即以某种色相为主色，配以醒目的其他小块色相为点缀，起到烘托作用。如黑色的套服配红色的围巾。男士常穿的深色西服系上色彩鲜艳的领带，露出白色的衣领、袖口，就是典型的点缀配色法。

最后要强调一点，服装的色彩虽然多种多样，但要遵守服装穿着的"三色"原则，也就是服饰颜色不能超过三种。

3)服饰色彩选择应考虑的因素

在选择服饰色彩的时候，不仅要考虑色彩之间的搭配，还要考虑色彩与着装者的年龄、体形、肤色、性格、职业以及季节等因素是否相配。

(1)年龄　不论年轻人还是年长者都有权利打扮自己，但是在打扮时要注意，不同年龄的人有不同的着装要求。年轻人的穿着可以鲜艳、活泼和随意些，体现年轻人朝气蓬勃的青春美；而中老年人的着装则要注意庄重、雅致、含蓄，体现其成熟和端庄，充分表现出成熟之美。无论何种年龄段，只要着装与年龄相协调，都可以显示出独特的韵味。

(2)体形　人的体形各异，高矮胖瘦各得其所，但是不同的体形着装应有所区别。对于高大的人而言，选择深色、单色为宜，太亮、太淡、太花的色彩都有一种扩张感，使着装者显得更高更大；对于较矮的人而言，服色宜稍淡，因为上下色彩一致可以造成修长之感；对于较胖的人而言，应以冷色调为好，过于强烈的色调就更显得胖；对于偏瘦的人而言，应以明亮柔和为宜，太深太暗的色彩反而更显瘦弱。

(3)肤色　肤色影响服饰搭配的效果，反过来说，服饰的色彩同样作用于人的肤色，使肤色发生一些变化。一般认为，肤色发黄或略黑、皮肤粗糙的人，在选择服装色彩时应慎重。服装色彩的调子过深，会加深肤色偏黑的感觉，使肤色毫无生气；服装色彩的调子过浅的服色，会反衬出肤色的黝黑，同样会令人显得暗淡无光。这种肤色的人最适宜选用的是与肤色对比不强的粉色系、蓝绿色。最忌色泽明亮的黄、橙、蓝、紫或色调极暗的褐色、黑色等。肤色略带灰黄，则不宜选用米黄、土黄、灰色的服色，否则会显得精神不振。肤色发红，则应配以稍冷或浅色的色彩，但不宜使用浅绿和蓝绿色，因为这种强烈的色彩对比会使肤色显得发紫。

(4)季节　季节的变化对服装色彩选择有天然的制约作用，比如，春天以淡色服装为宜，不宜穿色彩浓重或黑色的衣服，否则会给人沉重的感觉。

(5)性格　不同的性格可由不同的色彩来表现。性格内向的人，一般喜欢选择较为沉着的颜色，如青、灰、蓝、黑等；性格外向的人，一般宜选用暖色或色彩纯度高的服色为佳，如红、橙、黄、玫瑰色等。

(6)职业　不同的职业有不同的着装要求。如法官的服装色彩一般为黑色，以显示其庄重、威严；银行职员的服装色彩一般选用深色，给客户稳重、可信任的感觉。

2.服装的款式

服装的款式指的是服装的种类、式样及造型。在现代社会，美观、大方、时髦的款式可谓日新月异，层出不穷，但总的设计原则都是显示人体美，或者通过款式的设计来弥补人体比例的不协调。在社交场合，对服装款式的选择有着很高的要求。一般来说，最重要的是要使之合乎身份、扬长避短、契合体型、提升形象，并且体现对交往对象的尊敬。

服装通常可以分为便服和事业服两大类。相比较而言，前者用在非正式场合，后者用在较为正式的场合；前者比较注重自我感觉，显得方便、舒适、轻松；后者较为注意社会的看法和他人的评价，显得谨慎和迎合。下面介绍这两类服装的特点和功能。

1)便服

(1)家居服　特点是舒适、宽松、随意。可用于做一般性的家务劳动，或接待较熟悉的朋友，不宜进办公室。

(2)休闲服　轻松、随便，便于运动，色彩比较艳丽、明快，常同旅游鞋、运动鞋和便装鞋组合，形成一种活泼、好动、向上的情绪。主要适用于旅游、参观、度假、娱乐等。

(3)街市服　是逛街、购物、外出时穿的服装，比办公服随便、轻松，但又比家居服正规华丽，比休闲服更都市化，是时装流行的先驱。在生活中，这类服装与休闲服没有严格的区分。

2)事业服

(1)办公服　上班时穿的服装,有严肃性和庄重感,其色彩不能过分艳丽、耀眼,不过分强调装饰点缀,裙子不能过短,上身不能过紧,领口不能过低,开衩不能过高,面料不能过透。

(2)职业服　一般是某个职业的标记。如:空中小姐的制服、铁路制服、公检法制服、解放军军装等。此外,许多酒店、大企业也有自己的职业服。主要作用是突出职业特点,体现团体风貌、易于识别等。

(3)社交服　又称下午服或鸡尾酒服,主要用于聚会、社交等场合。社交服款式新潮,面料华丽,具有浪漫情调,这类服装也称高级时装。

(4)宴礼服　用于参加非常隆重的活动、宴会和晚间的一些正式的、高级别的社交活动。其特点是面料上乘,做工精美,高贵华丽。如男性的黑色燕尾服(配领结)、女性无领无袖的长裙(配长纱手套)。

2.3.2　服装的面料与饰物

1.服装的面料

面料就是用来制作服装的材料,作为服装三要素之一,面料不仅可以诠释服装的风格和特性,而且直接左右着服装的色彩、造型的表现效果。

服装的面料可谓五花八门、日新月异。但从总体上讲,优质、高档的面料,大都具有穿着舒适、吸汗透气、悬垂挺括、视觉高贵、触觉柔美等几个方面的特点。正式社交场合的服装,宜选择纯棉、纯毛、纯丝、纯麻制品,用这四种纯天然质地的面料制作的服装,档次都比较高。

2.饰物

饰物,指的是与服装同时使用的、发挥装饰作用的物品,包括首饰、手表、领带、帽子、手套、包袋、眼镜、钢笔等。其中最重要的应是首饰、手表和领带。

与人类须臾不可分离的服装有所不同,饰物的实用价值不强,可以用,也可以不用。它对于人们的穿着打扮,只起着辅助、烘托、陪衬、美化的作用。然而,从审美的角度来看,它较之于服装更能装饰、美化人体,因此,它与服装、化妆一道被列为人们用以装饰、美化自身的三大方法之一。所以,有人将饰物视为服装的一个有机组成部分,即“服饰”。

在社交场合,饰物不仅引人注目,而且还发挥着一定的交际功能。首先,它是一种无声的语言,可借以表达使用者的知识、阅历、教养和审美品位。其次,它是一种有意的暗示,可以暗示使用者的地位、身份、财富和婚恋状态。

1)首饰

首饰泛指各类没有任何实际用途的饰物。倘若对首饰礼仪一无所知,难免会弄巧成拙、招人笑话。

(1)首饰佩戴规则

数量规则:以少为佳,最多也不多于三种。

同质同色规则:若同时佩戴两件或两件以上的首饰,应力求同色,争取同质。戴镶嵌首饰时,应使其与主色调、镶嵌物、托架力求一致。

身份规则:首饰应符合本人的身份,与自己的性别、年龄、职业、工作环境一致。

体形规则:选择首饰时应充分正视自身的形体特色,努力用佩戴的首饰为自己扬长避短。

季节规则:所戴首饰要合乎时令。金色、深色首饰适于冷季;银色、艳色首饰则适合暖季。

搭配规则:首饰的佩戴要兼顾服装的质地、色彩、款式,使整体协调、般配。

习俗规则:不同的地区、不同民族在佩戴首饰时习惯做法不同。对此一要了解,二要尊重。

(2)首饰佩戴方法　首饰的种类很多,就使用的部位而论,有头饰、颈饰、胸饰、手饰、足饰等。就具体品种而言,有戒指、项链、挂件、耳环、手链、手镯、脚链、胸针、领针等。因此佩戴方法,除必须遵守上面的通用的佩戴规则外,不同首饰,还有着各自不同的要求。

戒指:又叫指环,一般讲究戴在左手,而且最好仅戴一枚,至多可戴两枚。戴两枚戒指时,可戴在一只手的两个相邻的手指上,也可以戴在两只手对应的手指上。拇指通常不戴戒指。一个手指上不应戴多枚戒指。表示已婚的结婚戒指戴在左手无名指上。

项链:通常所佩戴的项链不应多于一条,但可将一条长项链折成数圈佩戴。项链的粗细,应与脖子粗细相匹配。项链的长度有区分,其中短项链适合佩戴低领上装,中长项链可广泛使用,长项链适合于一般社交场合,特长项链适合于隆重社交场合。男士佩戴的项链一般不应外露。

挂件:又叫项链坠,多与项链配套使用。挂件要与项链般配,在整体上协调一致。在正式场合不要选择过分怪异的挂件,也不要同时使用两个或两个以上的挂件。

耳环:分为耳环、耳链、耳钉、耳坠等。一般情况下,耳环仅为女性所用,并且讲究成对使用。不宜在一只耳朵上同时戴多只耳环。在国外,男子也可戴耳环,但习惯做法是左耳上戴一只,右耳不戴。双耳都戴的话,会被人认为是同性恋。

佩戴耳环应兼顾脸型。不要选择与脸型相似形状的耳环,因为同型相斥,这样会使脸型方面的短处被强化、夸大。若无特殊要求,不要同时戴链形耳环、项链与胸针。因为三者都集中在齐胸一线,显得过分张扬,繁杂凌乱。

手镯:佩戴手镯,强调的是手腕与手臂的美丽。如果两者都不够美则应慎戴手镯。手镯可以只戴一只,也可以同时戴两只。戴一只时,通常应戴于左手。戴两只时,可一只手戴一只,也可以都戴在左手上。男人一般不戴手镯。

手链:一般手链应只戴一条,并戴于左手。在一只手上戴多条手链,双手同时戴手链,手链与手镯同时佩戴,是不允许的。手链、手镯均不能与手表同戴在一只手腕上。

脚链:主要适用于非正式场合。脚链一般只戴一条。如果穿丝袜,应戴在袜子外面。

胸针:又称为胸花,多为女士所用。别胸针的部位很有讲究。穿西装时,应别在左侧衣领上。穿无领上衣时,则应别在左侧胸前。发型偏向一侧时,胸针应当居另一侧。其具体高度,应在从上往下数的第一、二粒纽扣之间。

领针:专用于别在西式上装左侧衣领上的饰物,是胸针的一个分支,男女皆可选用。佩戴领针,数量以一枚为限,且不宜与胸针、纪念章、奖章、企业徽记等同时使用。在正式场合,不要佩戴有广告作用的领针。

2)手表

手表又叫腕表,是佩戴在手腕上用以计时的工具。在社交场合佩戴手表,通常意味着时间观念强、作风严谨。在正规的社交场合,手表形同首饰。对于只有戒指一种首饰可戴的男士而言,更是备受重视。与首饰相同的是,在社交场合人们所戴的手表往往体现其地位、身份和财富状况。因此,在人际交往中所戴的手表,尤其是男士所戴的手表,大都引人注目。

(1)手表的分类　在社交场合是依据手表的价格来分类的。按照这个标准,手表可分为豪华表(价格在 10 000 元人民币以上)、高档表(价格在 2 000～10 000 元人民币)、中档表(价格在 500～2 000 元人民币)和低档表(价格在 500 元人民币以下)四类。选择手表时,既要量力而行,还要顾及个人的职业、场合、交往的对象以及服饰等一系列相关因素。

(2)手表的造型　手表的造型与其身价、档次有关。在正式场合所戴的手表,造型方面应当庄重、保守，避免怪异、新潮，男士尤其是年龄大的男士更要注意这一点。造型新奇的手表，一般只适用于少女和儿童。正圆形、椭圆形、正方形、长方形及菱形手表，是正式场合佩戴的首选。

(3)手表的色彩　在正式场合所戴的手表，色彩要清晰、高贵、典雅，宜选择单色或双色手表。金色、银色、黑色是最理想的选择。不应选择三色或三色以上的手表。

(4)手表的图案　除数字、商标、厂名、品牌外，手表上没有必要出现其他图案。

(5)手表的功能　计时是手表最主要的功能。正式场合所戴的手表，必须精确，最好能精确到秒，其他功能则可有可无。

3)领带

西装翻领的"V"字区最显眼，领带处于这个区域的中心部位，如果搭配得当可以起到画龙点睛的作用，使人更显潇洒和飘逸。可以说，领带是西装的灵魂。

(1)领带的选择

面料：领带的面料有丝质、羊毛质、丝涤混纺、化纤、缎类等多种。在正式场合，领带最好是真丝或羊毛质地。

色彩与图案：领带颜色的选择可以从两个方面考虑：①西装的颜色，可以选择与西装颜色一致，但深浅有别的领带，也可以选择与西装颜色成对比色的领带。②出席的场合。在较正式的场合，领带颜色不宜过于鲜艳，以单色无图案为好，单色有条纹、圆点、方格等规则的几何图形也可。

长度及宽窄：领带的长度一般为130～150 cm，系好后下端的大箭头应正好抵达皮带扣的上端。太长显得笨拙，太短显傻气。领带的宽窄应根据衬衣领子的宽窄选择。

(2)领带的系法　领带最主要的部位是领带结，打领带水平的高低就反映在领带结上。立体、紧凑、正中是打领带的基本要求。领带的系法主要有三种，如图2-11所示。为了防止领带来回摆动，可以用领带夹固定，领带夹的位置应在衬衣第三和第四个纽扣之间。穿西装背心或羊毛衫时领带应置于其内。

总之，服饰美是款式美、质料美和色彩美三者完美统一的体现，形、质、色三者相互衬托、相互依存，构成了服饰美统一的整体。在生活中，服装与服装、服装与饰物、饰物与饰物之间应色调和谐，层次分明。饰物只能起到"画龙点睛"的作用，而不应喧宾夺主。服饰色彩在统一的基础上应寻求变化，肤与服、服与饰、饰与饰之间在变化的基础上应寻求平衡的完美。

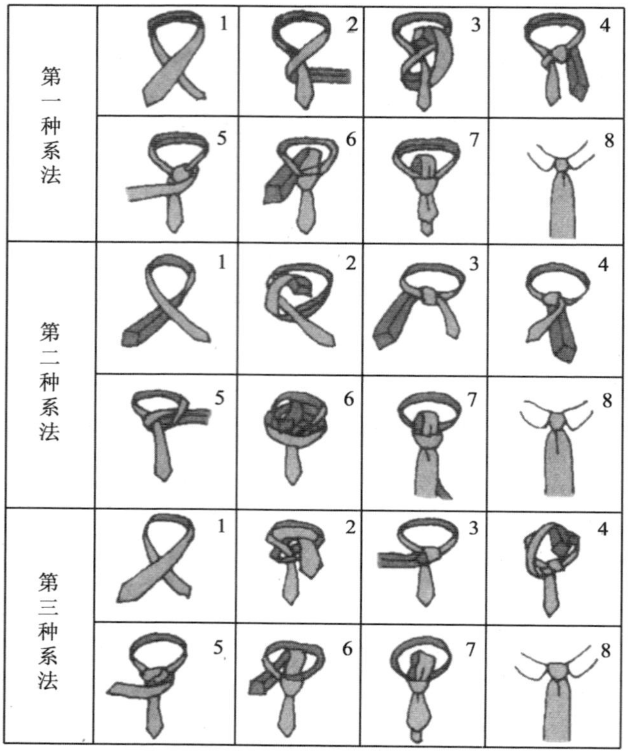

图 2-11　领带的系法

2.3.3　男子西装的着装规范

西装，又称西服、洋服，起源于欧洲，目前是全世界公认的正规服装。西装使人感到庄重、严肃、大方，是男士在正式场合着装的最优选择。西装有着独特的着装标准，男士要想使自己所穿的西装真正称心合意，就要了解西装在选择、穿着和搭配上相关的礼仪规范和要求。

1. 西装的选择

挑选一套面料上乘、做工精细、款式大方、适合于多种场合穿着的西装，需要关注面料、色彩、图案、款式、造型、尺寸等方面的细节。

(1)面料　鉴于西装适用于多种场合，且往往在正式场合充当正装或礼服，其面料的选择应力求高档，多数情况下，毛料是首选面料。

(2)色彩　西装的色彩必须庄重、正统,不宜过于亮丽和花哨。据此,适合于男士在正式场合穿的西装的颜色,应当首推藏蓝(青)色。除此之外,还可以选择灰色、棕色或黑色的西装。按照惯例,男士在正式场合不宜穿色彩过于鲜艳或发光发亮的西装。越是正式的场合,越要求穿纯色的西装。

(3)图案　男士要求看上去成熟稳重,故一般以穿纯色无图案的西装为好。

(4)款式　西装的具体款式有两种最常见的分类方法。一是按照西装的件数来划分,西装有单件与套装之分。西装套装又分为两件套和三件套。在非正式场合如旅游、参观或节假日,可以穿单件西装或西装式便装。在比较正式的场合,如会见、访问、会谈、宴会、庆典仪式、婚丧仪式等活动中应穿正式的套装。在参加高层次的商务活动时,以穿三件套的西服为好,因为它看起来要更加正式一些。二是按照西装上衣的纽扣数量来划分,西装上衣有单排扣与双排扣之分。一般认为,单排扣的西装上衣比较时尚,而双排扣的西装上衣则较为传统。

(5)造型　又称西装的版型,指的是西装的外观形状。目前,世界上西服主要有欧式、英式、美式、日式等四种版型。欧式西服洒脱大气,剪裁得体;英式西装庄重、保守;美式西服宽大飘逸;日式西服则贴身凝重。男士应根据自己的身材和气质来选择西装。一般来说,欧式西服要求身材高大魁梧,美式西服穿起来稍显散漫。比较而言,英式西服和日式西服可能更适合于中国人穿着。

(6)尺寸　穿着西装要大小合身,宽松适度。在任何场合,所穿的西装过大或是过小,过松或是过紧,过肥或是过瘦,都会影响整体效果,有损个人形象。

2.西装的着装规范

(1)袖口商标应取下　名牌西装上衣的左袖上一般都有一个商标,在衣服穿着之前,切记应将此商标拆去。

(2)尺寸合体　西装的上衣长度,应为颈部到脚跟距离的1/2,穿上后下摆应超过虎口;西装袖子的长度以达到手腕为宜;系上扣子后上身应稍有宽度。裤脚接触脚背,盖住约1厘米的鞋帮;裤子的腰围应在系好扣子、拉上拉链后能插入一个手掌宽度;臀围合体,可以自如地做下蹲和抬腿动作。

(3)系扣规范　双排扣西装庄重成熟,穿着时一般应把扣子系好,以突出其稳重的着装风格。单排扣西装有一粒扣、两粒扣、三粒扣等。无论哪种,在穿着时既可以系扣子,也可以不系,系住扣子显得端庄,不系扣子显得潇洒。但如果系扣子要注意系扣子的规范,两粒扣西装系上边一粒表示正规,不要只系下边一粒扣子,有这样一种说法:"系上扣是正规,两个都系是土气,只系下扣是流气。"三粒扣西装可以系中间一粒,或者系上面两粒,其他系法均不合适。

(4)保持挺括　穿着西装时,搭配的内衣要单薄,除了衬衣之外,最多再穿一件羊毛衫。如果天气寒冷,可以外加风衣、大衣等,但不能在西装里边穿棉袄之类过厚的衣服。

西装衣袋使用是否合适,直接影响西装穿着的外观效果。上衣胸部的衣袋是装饰袋,除了可以装手帕外,不放其他物品。左胸内侧衣袋可以装钞票夹、记事本、笔,右胸内侧衣袋可以装名片、香烟,上衣两侧的衣袋一般不应装物品。西裤腰左边有一小袋是放手表的,西裤后兜可以装手帕、零用钱,但不能装香烟、打火机之类的东西,否则衣袋鼓鼓囊囊,容易破坏西裤的臀围线,影响整体美观。

(5)讲究程序　一般应先梳头,然后按顺序穿衬衫、西裤、皮鞋,再系领带,最后穿西装上衣。

3.西装的搭配

1)选好衬衫

衬衫是西装的一个点缀,具有美化着装的功能,一般以浅色为宜。白色衬衫最佳,可以搭配所有颜色的西装,也适合各种场合。艳色西服宜配灰色、黑色、白色衬衫;暗色西装内宜衬浅色衬衫。注意,花衬衣在正式场合是不能穿的。

衬衫的袖子应比西装袖子长1～2.5厘米,这样既可避免西装袖子磨损,又能起到衬托作用。

衬衫最重要的是领口,领子要硬挺平整,软领子衬衫是不适合配西装穿的。衬衫领应高于西装领1厘米左右。这样,西装穿好后,露出的衬衣领部分与袖口露出部分相呼应,会显得更干净、利索、活泼和有生机。系领带时,领扣和袖扣必须系上。衬衫的下摆不能露在外面,必须塞进裤内。无论是衬衫还是西装袖子都不能翻起。

2)配好领带

领带是西装的灵魂,配的好可以起到画龙点睛的作用,使人更显潇洒和飘逸。在正式场合,领带质地以真丝为佳。领带的色调应与西装、衬衣的颜色和谐一致,但西服、衬衫、领带的颜色不能过于接近。打好的领带,宽的一片在上面盖住窄的一片,领带的打法和其他注意事项参见饰物部分。

3)服装与鞋袜的搭配

(1)鞋的选择　“西装革履”说的就是服装与鞋的搭配。漂亮的服装还要有得体的鞋与之相配。无论男士还是女士,穿西装不能配旅游鞋、布鞋和球鞋,必须穿皮鞋。男士在正式场合以穿黑色、深咖啡色皮鞋为宜,它们可以与黑色、灰色、藏青色以及深咖啡色西装相搭配。穿白色、米色西装时可以搭配白色皮鞋,穿黑色皮鞋也符合礼节要求。有些隆重的庆典仪式对男士皮鞋的颜色、样式要求很严格,一般只能穿黑色系鞋带的皮鞋，而不能穿咖啡色、无鞋带皮鞋。鞋尖儿太长、太宽，鞋跟太高，鞋面缀花等时髦款式都不适合在正式场合穿用，而传统、保守型皮鞋较为高贵，适合各种场合。

(2)袜子的选择　男士袜子是裤子与皮鞋之间衔接的桥梁，袜子一定要与西裤、皮鞋融为一体，不能“格外耀眼”。标准的西装袜以黑、褐、灰、藏蓝等几种单色为主，袜子上可以有简单的提花。男士袜子的材质多是纯棉或弹性纤维，冬季为了保暖可增加羊毛或羊绒。为了防止袜边露出裤脚影响美观，袜筒一般要长到小腿处。

4)男士饰品

男士饰品不宜多，重在表现个人的风格和品位。在正式场合，一块造型凝重的高档手表是男士饰品的第一选择，它能使人感到你是一位务实、时间观念强、训练有素的人。已婚男士还可以戴上一枚婚戒，它能提升你的形象，让人觉得你是一位对社会、家庭有责任感的人。

5)男士服饰搭配的“三色原则”

“三色原则”是在国外经典商务礼仪规范中被强调的原则，国内著名的礼仪专家也多次强调过这一原则。简单来说，“三色原则”就是男士身上的色系不应超过3种，很接近的色彩视为同一种。男士正装的色彩应该是深色系的。附件中的皮带、皮鞋和公文包，应当保持同一个颜色。黑色是这些皮具的首选，其次是咖啡色。另外应注意，穿正装的男士应当梳剪干净的短发，中国的审美观认为，男士不可染发，除非从事的是娱乐和艺术等行业。

4.西装着装忌讳

西装着装应注意以下禁忌：①忌西裤过短；②忌衬衫放在西裤外面；③忌衬衫不扣扣子；④忌西服袖子长于衬衫袖子；⑤忌西服的上衣口袋和裤袋内鼓鼓囊囊；⑥忌领带太短；⑦忌西服上装两个扣子都扣上；⑧忌穿西服配便鞋。

2.3.4 女士裙装的着装规范

俗话说“男穿牌子，女穿样子”。女士在穿着上比男士有更多选择空间。尽管如此，女士在从事公务活动时，还是应该遵守穿戴礼仪，做到大方得体，并符合身份与职业。女性职业装以裙装为主，正式场合要以典雅大方的套装为主。传统礼服、民族服装适合在一些娱乐场合穿着。服装不能过于华丽和时髦，更不能“薄、透、露、短”。

1.女性裙装的选择

(1)面料　正式场合的套裙必须选用质地上乘的纯天然面料，上衣、裙子和背心等必须选用同种面料。面料要求不起皱、不起毛、不起球，匀称平整，柔软丰厚，悬垂挺括，手感较好。

(2)色彩　应以冷色调为主，借以体现出着装者的典雅、端庄与稳重。还需使之与正在风行一时的各种“流行色”保持一定距离，以示自己的传统与持重。套裙的全部色彩至多不要超过两种，不然，就会显得杂乱无章。

(3)尺寸　女士的套裙要求上衣不宜过长，最短可以齐腰；下裙不宜过短，最长则可以达到小腿的中部。一般裙子下摆恰好抵达着装者小腿肚子上的最丰满处，是最为标准的。上衣的袖长以恰恰盖住着装者的手腕为好。以宽窄而论，套裙之中的上衣有紧身式与松身式两种。一般认为，紧身式上衣显得较为传统，松身式上衣则更加时髦一些。上衣或裙子均不可过于肥大或包身过紧。

2.穿着到位

女士在正式场合穿套裙时，上衣的衣扣必须全部系上。不要将其部分或全部解开，更不要当着别人的面随便将上衣脱下。上衣的领子要完全翻好，有袋盖的盖子要拉出来盖住衣袋。不要将上衣披在身上，或者搭在身上。

裙子要穿得端端正正，上下对齐。应将衬衫下摆掖入衬裙裙腰与套裙裙腰之间，切不可将其掖入衬裙裙腰之内。

穿着套裙还需要考虑年龄、体型、气质、职业等特点。年纪较大或较胖的女性可穿一般款式，颜色可略深些；肤色较深的人不适宜选择蓝、绿色或黑色。

3.妆饰

套裙上不宜添加过多的点缀。一般而言，以贴布、绣花、花边、金线、彩条、扣链、亮片、珍珠、皮革等点缀或装饰的套裙，都不适宜穿在白领女士的身上。

另外在穿套裙时，既不可以不化妆，也不可以化浓妆。

一般职业工作者佩戴与个人工作有关的首饰要慎重，也不宜佩戴过度张扬的耳环、手镯、脚链等首饰。

4.搭配

衬衫应轻薄柔软，色彩与外套和谐。内衣的轮廓最好不要从外面显露出来。

衬裙应为白色或肉色，不宜有任何图案。裙腰不可高于套裙裙腰而暴露于外。

女士所穿的用以与套裙配套的鞋子，宜为皮鞋，并以棕色或黑色牛皮鞋为上品。

袜子不可随意乱穿。袜子可以是尼龙丝袜或羊毛袜。千万不要将健美裤、九分裤等当成袜子来穿。国际上通常认为袜子是内衣的一部分，因此，绝不可露出袜边。为避免这种尴尬，女士要穿长到大腿的长筒袜或连裤袜，绝不能穿那种半长不短的丝袜，这样做还不如不穿。

5.女士裙装的忌讳

女士裙装的忌讳有以下六点：①忌穿黑皮裙（国际上认为黑皮裙不庄重）；②忌光脚，要穿一双包脚的鞋，以把脚易磨的前后部分都包住；③忌光腿，不能穿半截袜子，应以连裤袜为宜；④忌在裙子下加健美裤，专业术语形容为“三截腿”；⑤忌“透”，夏天穿裙装时应有衬裙、内衣，忌色彩鲜艳的内裤；⑥忌“露”，文胸肩带和衬裙边以及长筒袜边绝不能露出来。

此外，还要注意不穿脱线袜子，不要穿过厚的袜子，更不要在长袜内穿棉毛裤。

2.3.5 服饰的“TPO”原则

一个人的穿着打扮不但要与自己的体型相适应，而且还须时刻注意所处的具体环境，以及该环境对着装者提出的具体要求。简而言之，就是要遵守服饰的“TPO”原则。

“TPO”原则是人们着装的总原则。“TPO”在英语中是 Time（时间）、Place（地点）、Object（目的）三个单词首字母的缩写。是指人们在服装穿着、首饰佩戴、配件选择等与穿着打扮相关联的一切问题上，要注意与时间、地点、目的相协调。

1.时间

这里的时间包含两个含义。第一个含义要考虑春夏秋冬四季变化对着装的心理和生理的影响。如夏天的服饰应以简洁、凉爽、大方为原则，冬天的服饰以保暖、轻快、简洁为原则。服饰颜色的搭配也应考虑季节的变化，春装配色求鲜艳，秋装配色求丰富，夏装配色求清凉，冬装配色则求稳重。女士佩戴金属首饰也应因时间而有所不同，纯黄金制作的首饰，主要适合于秋冬等较为寒冷的季节佩戴，而纯白金、纯白银制作的首饰，则比较适合于春、夏等温暖的季节佩戴。第二个含义是指时间的差异，就是指着装要顺应时代的潮流和节奏，既不要过分复古，也不要过分新奇，否则会拉大与公众的心理距离，令人侧目。

2.地点

不同的地点需要不同的装束与之相协调。要根据不同国家、不同地区所处的地理位置和自然条件的要求来着装。例如，在气候炎热的地方，服装以浅色或冷色调为主；在寒冷的地区，服装则以深色或暖色调为主。

3. 目的

从目的上讲，人们着装往往体现其一定的意愿，即以自己的着装留给他人的印象如何为标准，即着装是有一定预期的。着装应适应自己扮演的社会角色，服装的款式在表现服装的目的性方面发挥着一定的作用。着装者自尊还是敬人，颓废还是消沉，放肆还是嚣张，皆可由着装得知。一个人身着款式庄重的服装前去应聘新职、洽谈生意，说明他郑重其事、渴望成功。而在这类场合，若选择款式暴露、性感的服装，则表示自视甚高，对求职、业务的重视远不及对其本人的重视。

社交时的穿着打扮，基本要求是新潮、有个性。同样以女性为例，参加社交活动，可以穿时装、旗袍和连衣裙，还可佩戴与时装相搭配的各种首饰。参加正式宴会，着装应庄重，避免轻佻。对中国女性而言，最经典的社交装应是旗袍。

休闲装要穿得宽松、舒适、随意，棉制的衬衣、T 恤、牛仔装是野外郊游的首选，可以使你显得轻松和惬意。

2.4 出行礼仪

居家、上班、出行是生活与工作的常态，但是由于所处场景与环境不同，礼仪要求也有差异，所谓“内外有别”。

2.4.1 行路礼仪

行路，包括步行及采用汽车、火车、轮船、飞机等交通工具出行。从礼仪上讲，行路亦需要自尊自爱，以礼待人。

1. 街道行走礼仪

（1）行走路线要固定　一个人独步街头，应尽量沿直线行走。如果不是寻找失物，就不要在行进中左顾右盼，东张西望。

（2）遵守行走规则　步行要走人行道，行人靠右，并且让出盲道。过马路宁停三分，不抢一秒，尤其是不能闯红灯，既危险又妨碍其他交通工具正常行驶。走人行横道、天桥或地下通道，切忌图快捷翻越绿化带和隔离栏。

（3）行走也要有风度　男女同行的时候，男士应该主动走在靠近街心的一边，让女士在自己的右侧行走。恋人同行，不要勾肩搭背、搂搂抱抱，女士只能轻挽住男士手臂。街上行走时，随带物品最好提在右手上，若有同龄男士在，应主动代劳。

(4)约束不良行为　行走时不要吃食物,不要在路上久驻攀谈或是围观看热闹,更不能成群结队在街上喧哗打闹。

2.上下台阶礼仪

(1)行走讲究次序　上下台阶应一步一阶,不可并排而行挡住后人;上楼梯时,应让尊者或女士走在前面;下楼梯时,尊者或女士应走在一人之后。

(2)上下台阶注意安全　雨天地面潮湿,台阶容易湿滑,上下台阶不可推搡前面的行人或硬行抢道。

2.4.2 乘车礼仪

有人说,一个国家的国民素质最能在乘公共交通工具时体现出来。下面简单介绍一下乘坐几种常用交通工具的礼仪。

1.乘坐公交车礼仪

(1)上车前应排队候车;上车时要先下后上,礼让老弱妇孺;上车后应主动购票、刷卡或自动投币。

(2)进入车内要向里面走,不要站在车门处,影响他人上下车。后下车的应主动给先下车的乘客让路。应主动给老、弱、残、孕及带小孩的乘客让座。

(3)不应在车上谈论公事或涉及他人隐私之事。即使是情侣也不要搂搂抱抱,做不雅的动作。

(4)搭乘观光巴士,车上切勿喧哗,干扰司机驾车,危及乘客安全。

2.乘坐火车礼仪

(1)候车时不要喧哗,不要躺在座位上,不要随地吐痰或乱扔垃圾。

(2)进站、检票及上车时,不要拥挤、插队,要礼让老弱妇孺,站台候车要在安全线后。

(3)行李必须包扎捆牢,放在行李架上,不要堆放在过道或小桌上。

(4)应对号入座,不要侵占他人座位;不要东倒西歪,靠在他人身上;不要把脚搭到对面座上。卧铺车厢中,应让妇孺老弱睡下铺。

(5)禁止在车厢内吸烟。如果需要,应到指定地点进行,以免影响他人。

(6)旅客间谈话音量应该控制。如携带幼童,应限制其随意奔跑或大声喧哗。

(7)在自己座位上用完餐,餐具要收拾干净。若在餐车进餐,用餐时间不宜过久。

(8)使用卫生间,不宜久占,用后要保持清洁。火车是公共场所,无论大人小孩都需要敲门进入卫生间。等候时如果人多,必须排队循序使用。

(9)在到达目的地前半小时即应为下车做准备。下车前,应与邻人道别。

(10)如果是团体行动,上下车时还须遵守行进礼仪,位低者先上后下,位高者后上先下。

3.乘坐出租车

(1)打出租车时,最好选择安全适当的地点搭车,不要妨碍交通。

(2)如不知道明确的路径,上车后不要胡乱指挥。

(3)避免与司机长时间攀谈,干扰其安全驾驶;也不应一上车就催促司机,给司机造成压力。

(4)有些地区的出租车不可以随意乱停,必须停在停靠站内,乘客对此应予以配合。

(5)下车前,要提前通知司机;下车时,应与司机道别。

4.乘坐地铁礼仪

(1)进入地铁站后,靠右行走。搭乘电动扶梯时应面向行进方向靠右站立,以免阻挡后面赶路的人。

(2)按月台指示线,自觉排队。上地铁时,应有秩序地先下后上,礼让老弱妇孺。

(3)进入车厢要向里面走,不要站在车门处。应主动给老、弱、残、孕及带小孩的乘客让座。

(4)地铁车厢内应保持安静,车厢内不可吃东西或喝饮料,应保持车厢清洁。

5.驾车礼仪

随着物质生活水平不断提高,私家车的数量急剧增加,越来越多的人出行时选择以车代步,驾车外出时应该注意驾车礼仪。

(1)车辆行驶中要各行其道,礼让三先(先慢、先让、先停)。

车辆在通过没有信号控制的人行横道时,要注意避让来往行人。车辆出入胡同或门口时,必须减速慢行,注意行人安全。遇有儿童列队通过未画人行横道的道路时,要减速让行。

支路车让干路车,左转弯的让直行或右转弯的车先行;让警车、消防车、救护车、工程抢险车先行;超车一定要看好时机,左侧超车;超车后要迅速回到自己的车道行驶。

(2)驾驶时一定要遵守行驶速度的规定,不要打开车窗将果皮废纸等垃圾随手扔向窗外。

(3)机动车驾驶者与外界的信息交换方式只能使用灯光和鸣笛。

转弯或变更车道要开转向灯示意。使用远光灯、近光灯、示宽灯、尾灯等以路灯开关时间为准。会车时,要暂时关闭远光灯。同向行驶的车辆,后车要关闭远光灯。

汽车的喇叭就像学校的铃声一样,要正确使用喇叭:一声短“嘀”表示打招呼;两声短“嘀、嘀”,表示提醒;一短一长“嘀、嘀——”表示紧急提醒别人“有危险”;一声长“嘀——”意在催促前面的人让路;另外连续按鸣不准超过三次,不要用喇叭唤人。

(4)随着机动车数量的增加,停车难的问题也日益突出。车辆必须在停车场或准许停放车辆的地点依次停放。不准在车行道、人行道或其他妨碍交通的地点任意停放。

(5)宾主同行时,主方车辆应先行带路,客方车辆在后边跟随。如果宾主双方的车都不止一辆,主方与客方车队内部的先后顺序均应按前尊后卑的原则排列。主方还应派一辆车在车队最后负责收尾工作。

另外,驾车时还要注意一些细节,不要给别人造成麻烦,给自己带来危险。下雨天,路面积水,看到路旁有行人,就要放慢车速,平稳通过,以防脏水溅行人身上。遇到儿童、老年人、残疾人要提前减速,留有一定的安全距离,缓缓驶过。

6.工作期间乘车礼仪

工作中,同一单位的同事一起出行公干,不同单位的宾主双方同车出行,这是工作中几乎每天都会发生的事情。小小车厢内,怎样做才符合礼仪原则呢?主要是取决于座次的尊卑安排。

一般来说,车中的座位遵循前卑后尊、左卑右尊的原则。以最常见的双排五座小轿车为例:除了驾驶座之外,最尊贵的座位是靠右后门的座位,这是属于上级和客人的位置。次之,是靠左后门的位置。再次,就是后排中座。最后才是副驾驶座。

前卑后尊、左卑右尊的原则同样适用于其他种类的轿车。如三排七座的小轿车,其座位尊卑顺序依次为右后座、左后座、后排中座、二排右座、二排左座、副驾驶座、驾驶座。车型再大一些的轿车,位置尊卑就要视具体情况灵活对待。要注意小轿车的后中座一般不安排坐人,因为中间位子一般没有靠枕,脚下还有汽车底盘的隆起,坐上去很不舒服。所以,除非万不得已,中间一般不坐人。

上述情况适用于车辆由专门司机驾驶。如果由主人亲自驾车,座位的尊卑顺序就会发生变化。最主要的就是副驾驶座的尊卑变换。当主人亲自驾车时,副驾驶座成为最尊贵的位置。即使后排坐得下,客方也应派一人陪同主人坐在前面,而且，通常是由客方级别最高者奉陪，其余人在后排按尊卑次序就座。

关于副驾驶座还要注意，一般女士不在副驾驶座上就座。但如果夫妇二人都在车上，而且是丈夫驾车，那么，副驾驶座就非其妻子莫属。另外，一个职员与上级同车外出，即使后座上有足够的位置，也要主动在副驾驶座上就座，千万不要给上级留下你要与他平起平坐的印象。

乘车时，上下车的动作及自己在车子行进途中的行为举止也要加以注意。坐在副驾驶座上的人要抢先一步为坐在后排的人拉开车门。正确的开门姿势应该是：用双手或右手拉开车门，站在门后，左手拉住车门，右手顺车门框上边缘划至车门上框中间，以防上车者不小心碰到头部。待其上车坐稳后，用双手轻轻将车门合拢关严。这样，既礼貌又可以防止动作过猛，夹伤乘客。对于信奉佛教的人，只为其开门关门即可，不要用手为其封门。因为佛教徒认为其头顶有佛光保佑，很忌讳别人用手在其头顶做动作。下车时，位卑者要先行下车为尊者开门，动作大体与上边所述相同。

注意，为他人开关车门后如需要绕行到车的另一侧上车，这时，要从车后绕过去，千万不能从车头处绕过去。

2.4.3 乘船礼仪

(1)不得携带易爆易燃品、易腐蚀物品、枪支弹药、腐烂性物品、家畜动物以及其他违禁品。应自觉接受有关人员对人体和行李的安全检查，不要对安检加以非议或拒绝。

(2)要按次序排队上下船，不要拥挤；要礼让老弱妇孺。

(3)乘客可在甲板上散步、观景，但不可闯入别人的房间，更不可游逛到“旅客止步”的场所。

(4)不能随意在舱内的走道和甲板上奔跑追逐，不要随意触摸船上的各种开关和设施。

(5)白天不要在船舷上舞动花衣服和手绢，晚上不要拿手电筒乱照，避免被其他船只误会。

(6)船长是客轮的首长，没有要事不要去打扰；应对客轮上的服务人员表示尊重。

(7)没有受到邀请，不要冒昧探访他人客舱；在凌晨、正午、深夜等时间，不要探访其他客舱的朋友。

(8)途中如遇难以预料的意外，要听从指挥，不要惊慌失措，或是慌不择路，或是跳水而逃。

2.4.4 乘飞机礼仪

飞机搭载国内外人员往来于世界各国，是最能展现国际礼仪的地方。乘坐飞机时，要遵守乘机礼仪，这也是维护乘客安全的需要。

首先需要了解一些乘飞机的常识。飞机从始发城市到终点城市飞行一次为一个航班。每一个航班都有自己的航班号。国际航班号由航空公司的英文字母代码和三个阿拉伯数字组成。国内航班号由航空公司的英文字母代码和四个阿拉伯数字组成。末尾是奇数，表示去程航班；末尾是偶数，表示回程航班。免费托运的行李，除了美国外，其他国家都是头等舱 30 千克，经济舱 20 千克，超重部分需付相当昂贵的运费，故行李以简单为宜。

(1)候机礼仪　乘坐国内航班应提前 90 分钟到达机场，乘坐国际航班应提前 120 分钟到达，以便办理登机手续。在办理手续时，要耐心等待，认真配合例行的安全检查。

(2)安全管制　飞机上不得携带枪支、弹药、刀具及其他易燃、易爆、剧毒或放射性物品。另外注意，过安检时，指甲刀、饮料等不可放在随身背包里；机舱内严禁使用手机及可能干扰无线信号的物品，如：手提电脑、调频收音机、电子玩具等。

(3)登机礼仪　进入机舱时，当空中小姐或是机长礼貌迎客的时候，应该友好地回应。

(4)对号入座　一旦拿到了登机牌，登机后就要对号入座，如同行者无法毗邻而坐，应请空服员代为协调，勿未经同意就坐在他人位置上。

(5)行李要安置妥当　小背包要放在行李置物柜内，小件物品要放好，以免掉落。手提包可放在椅座下方，勿占用走道。

(6)服从乘务人员管理　飞机在飞行时一定要遵守有关安全乘机的各项规定。登机后，乘务员会先示范救生衣的使用，并且提醒乘客椅背竖直和安全带扣紧。不要乱动飞机上的各种设施，不要在飞机上做大幅度的运动。飞机升空或降落前，乘务人员都要巡视、检查乘客的安全带是否系好、小桌是否收起、座位是否端正，此刻必须服从指挥。遇到重大干扰气流时候，也要听从空服员的指示行动。

(7)机上用餐礼仪　用餐时，将椅背竖直，放下前座背后的小桌，以方便服务人员将盘放上。用餐时间，不要在座位间进出行动。用餐期间，无论个人是否需要用餐，均应将椅背竖直，以便后座乘客可以顺利用餐。

(8)卫生间的使用　若有多人等候，应排队按次序进行；使用后要冲水；卫生间内禁止吸烟。

(9)下机礼仪　离开座位时,如需经过其他乘客,应先打声招呼。毛毯应稍整理后搁在椅座上。下飞机时,对乘务人员的送别,应该礼貌地回应。

2.4.5　宾馆住宿礼仪

宾馆是四方游客在异乡的家,它为旅途中的人们提供了休息整顿的场所、安全舒适的住宿环境以及周到的服务。当我们成为住宿客人时,也应该注意在外住宿的礼仪。这些礼仪不但体现了我们个人的素质和教养,也在很大程度上方便了我们的出行。

1.客房预定

由于宾馆在接待上具有明显的旺季与淡季之分,为了确保自己在住宿方面称心如意,可以提前预订房间,既方便了自己,又利于宾馆的管理。我们可以通过电话、上网等预订方式预订宾馆。无论选择何种方式,都须说明住宿要求以及入住和停留的时间、入住人数、房间类型等,并问清房费。

2.遵守店规

当我们享受着旅途带来的愉快心情时,也不要忘记遵守宾馆的住宿规定。一般星级酒店,尤其是高档酒店都有以下规定:不允许两名成年异性共用一室,除非是夫妻或者是一家人;不允许住客在自己的客房内留宿外来人士;不提倡素不相识的客人相互登门拜访;等等,客人应自觉遵守。

3.爱护公共财物

在宾馆里一般都备有一份客房财产明细清单,上面列有为旅客提供服务的各种硬件设施和所必需的各种物品。这是旅馆的公共财物,每位旅客都必须爱护,不随便拿走宾馆的公共物品,如有损坏应及时告知服务员,以便及时处理。

4.尊重他人

要牢记走廊是宾馆的公共场合,因此不要表现得像在自己家中一样,甚至穿着睡衣转来转去。不允许衣冠不整地出入公共场所,也不要乱跑乱跳。在住宿过程中,对于其他的房客应以礼相待。在通过走廊、进入电梯或是接受服务时应懂得礼待他人,尤其是专门为自己服务的酒店工作人员,更应予以充分的尊重和体谅。如果你连续住上几天,不妨通知客房服务员,你的床单和牙刷不必每天都换,牙膏和洗发水也可以等用完再换新的,这样的客人一定会受到宾馆的尊重和欢迎。离开宾馆时,应及时到服务台结账,与工作人员道别。

5. 保持肃静

宾馆是专供人们住宿休息的场所，保持肃静被视为基本规则之一。在公共场所，应注意降低自己说话的音量，轻轻地走路。即使是在自己的房间里，也要注意保持安静，不应该大声说话和吵闹，不要将电视机的音量调得太大，或长时间打电话，以免与周围环境不和谐，影响他人休息。

6. 讲究卫生

在宾馆里，包括在客房之内，最好不要吸烟。住进客房后应讲究卫生，不要到处乱扔果皮、纸屑，应将废弃物扔进纸篓。个人物品尽量摆放得整齐有序。在洗手间，不要把水弄得到处都是。淋浴的时候，浴帘的下部要放到浴缸里面，否则浴室的地面将难以下脚。不要在宾馆的公共场所里悬挂私人衣物，自觉维护好宾馆的卫生。

本章小结

个人礼仪是一个人仪容、仪貌、仪态、举止、行为的整体规范。举手投足之间彰显个人素质，一颦一笑之间彰显个人魅力，于细微处见精神，在人际交往中的个人礼仪显得尤为重要。一个人的仪表不仅可以体现出他的文化修养，还可以反映出其审美趣味。面容整洁、穿着得体、举止优雅，不仅能提高个人的整体素养，还有助于人际交往。本章从个人礼仪的细微处入手，从头到脚，从梳洗到养护，从着装到佩饰，从举手到投足，从站立到坐卧，从出行到住宿进行了一系列详细的阐述，以提高在人际交往中的整体形象。

思考与练习

1. 仪容礼仪需要注意哪些方面？
2. 简述微笑的魅力。
3. 着装的“TPO”原则是指什么？
4. 仪态礼仪的规范有哪些？在人际交往中的礼仪举止应注重哪些细节？
5. 行走礼仪包括哪些内容？
6. 乘机礼仪有哪些？
7. 外出住宾馆须注意的礼仪有哪些？

案例分析

案例一:微笑的魅力

飞机起飞前,一位乘客请空姐给他倒一杯水吃药,空姐很有礼貌地说:"先生,为了您的安全,请稍等片刻,等飞机进入平稳飞行后,我会立刻把水给您送过来,好吗?"15分钟后,飞机早已进入平稳飞行状态。突然,乘客服务铃急促地响了起来,空姐猛然意识到:糟了,由于太忙,她忘记给那位乘客倒水了。当空姐来到客舱,看见按响服务铃的果然是刚才那位乘客,她小心翼翼地把水送到那位乘客眼前,微笑着说:"先生,实在对不起,由于我的疏忽,延误了您吃药的时间,我感到非常抱歉。"这位乘客抬起左手,指着手表说道:"怎么回事,有你这样服务的吗?你看看,都过了多久了?"空姐手里端着水,心里感到很委屈,但是,无论她怎么解释,这位挑剔的乘客都不肯原谅她的疏忽。接下来的飞行途中,为了弥补自己的过失,每次去客舱给乘客服务时,空姐都会特意走到那位乘客面前,面带微笑地询问他是否需要水,或者别的什么帮助,然而,那位乘客余怒未消,摆出不合作的样子,并不理会空姐。

临到目的地前,那位乘客要求空姐把留言本给他送过去,很显然,他要投诉这名空姐,此时空姐心里很委屈,但是仍然不失职业道德,显得非常有礼貌,而且面带微笑地说道:"先生,请允许我再次向您表示真诚的歉意,无论您提出什么意见,我都会欣然接受您的批评!"那位乘客脸色一紧,嘴巴准备说什么,可是没有开口,他接过留言本,开始在本子上写了起来。等到飞机安全降落,所有的乘客陆续离开后,空姐本以为这下完了,没想到,等她打开留言本,却惊奇地发现,那位乘客在本子上写下的并不是投诉信,相反,这是一封热情洋溢的表扬信。

是什么使得这位挑剔的乘客最终放弃了投诉呢?在信中,空姐读到这样一句话:"在整个过程中,你表现出的真诚的歉意,特别是你的12次微笑深深打动了我,使我最终决定将投诉信写成表扬信!你的服务质量很高,下次如果有机会,我还将乘坐你们的航班。"

1. 微笑有何作用?

2. 微笑时应注意什么?

案例二:穿衣服别出洋相

记得有一次国外的朋友请我去看歌剧。我满心欢喜穿了一套白色的礼服美美地准时赴约。因为有好几个人,我们约定先到他家会合再一起出发。到了他家,我一看，不好！其他人都穿得很随便。我穿着礼服显得格格不入，甚至笨头笨脑。原来这天的歌剧在一个运动场演出。大家都将坐在草地上。可以说是一次正规但轻松的演出，所以不用穿礼服。都怪自己没有问一问朋友，结果出了洋相。

说起洋相这个词儿，里面所包含的东西真可谓概括了中国近百年的变迁。出洋相就是出丑的意思。原来从前我们中国人觉得露出了洋人的样子就是出了丑。很明显，这个词儿刚出现的时候，中国人的审美观是以中国文化为本位，一切不符合中国文化的都是不好的、丑的。但是经过了近百年的起伏变迁，中国人的审美品位有了很大提高。穿不穿洋服我没有什么特别的看法，但是我觉得有些中国人穿西服还是不地道，给人一种穿错了衣服的感觉。就好像我们第一次看见穿唐装的外国人一样，说不出的别扭。

经常听到同胞们说洋人穿衣服随便，可能因为这样的想法他们穿洋服的时候也就随便了。其实这就大错特错了。洋人穿衣是有很多规范的，一般来讲场合决定了穿的服装是否合适。正式的场合不能乱穿不说，就是平常的场合也是有约定俗成的一套穿衣规则。譬如洋朋友请吃饭，虽然跟英女王请吃饭的重要性不同，穿牛仔裤还是显得不是很尊重主人家，就是不穿西装也最起码该穿西裤。但是如果是好朋友一起去麦当劳又不一样了。所以那次的歌剧，我虽然穿的是很好的白礼服，但因为场合不对还是出了洋相——穿得过于隆重了。

回国以后，我发觉这问题好像又有不一样的看法了。不少人好像是采取了洋为中用的政策，西服还是照着自己的规矩穿。我家旁边工地上的工人基本上就都是穿西装上衣和泥的。我提到他们不是我歧视，觉得工人不该穿西装上衣和泥，而是因为我对中国人穿西服要不要自创一套规范还没有想到答案。在国内我还经常看见一些人穿着睡衣在街上跑，最好玩的一次在上海，在南京东路上，看到两夫妻都穿着睡衣在逛街。头发梳得一丝不苟，戴着太阳镜，脚上还穿着皮鞋！在国外睡衣是绝不能在外人面前穿的。很多外国人觉得穿着睡衣跟没穿衣服没什么分别，他宁愿你看到他穿着内衣，也不愿意让你看到他穿着睡衣。这样的偏执实在也有些奇怪，但他们的习惯就是这样。所以大家千万别穿着睡衣就到洋邻居家串门借糖借盐，否则女主人一定会觉得中国男人不文明。（转自21世纪秘书网）

1. 读了这篇文章你有何感想？

2. 你对着装的“TPO”原则是如何理解的？

第3章

日常交际礼仪

中华民族素有"礼仪之邦"的美称，待人接物、言谈举止，往往反映一个人的素质和修养，体现着文明与教养的程度。随着生活水平与文化水平的不断提高，人们越来越关注自己在社交场合的一言一行、一举一动、一颦一笑，希望借此展示个人素养，赢得交往对象对自己的尊重和信任，帮助自己走上成功之路。

良好的个人礼仪修养贯穿于日常交往活动始终，主要体现在称呼、介绍、握手及言谈礼仪中。只有了解并熟练掌握日常交际的礼仪规范，才能够在社交活动中礼貌周到、热情谦和，充分展示自身修养，成为受人欢迎的人。

3.1 称呼礼仪

在日常交往中，路遇行人、登门拜访、给人写信、打电话、发邮件，遇到的第一个问题就是如何称呼他人，准确的称呼是迈入社交之门的第一道门槛。称呼指的是人们在日常交往应酬中所采用的彼此之间的称谓语。在人际交往中，选择准确、适当的称呼，既反映着自身的教养及对交往对象的尊敬程度，也体现着双方关系发展所达到的程度，更反映了良好的社会风尚。

3.1.1 不同社交场合的称呼

社交场合不同，对他人的称呼亦不同，根据家庭交往、社交活动、公务活动及涉外活动等不同场合，称呼他人的具体礼仪要求也不同。

1.家庭交往

家庭交往指的是与自己有血缘、地缘和姻亲关系的对象交往沟通时使用的称呼。

中国有着源远流长的文化，在家庭称谓中，有些传统的称谓一直延续至今，在一些社交场合仍然使用，对这类称谓，我们应该有所了解。

1）对本人亲属及对交往对象亲属的称呼

亲属，就是与本人有直接或间接血缘关系的人。在日常生活中，对亲属的称呼是约定俗成、人所共知的。

在与外人交谈时，对自己的亲属一般应采用谦称。比如，称辈分比自己高或年龄比自己大的亲属，可在称呼前加"家"字，如"家父""家母""家兄""家姊"；称年龄比自己小、辈分比自己低的亲属，可在称呼前加"舍"，如"舍弟""舍妹""舍侄"；称自己的子女，可在称呼前加"小"字，如"小儿""小女""小婿""小媳"等。

对他人的亲属，则应采用敬称。对长辈，应前加"尊"字，如"尊母""尊兄"；对平辈或晚辈，应在称呼前加"贤"字，如"贤妹""贤弟""贤侄"；在他人亲属的称呼前加"令"字，一般可不分辈分与长幼，如"令堂""令尊""令兄""令爱""令郎"。这类延续至今的谦称和敬称，使用时有一个诀窍，即"家大、舍小、令外人。"

2）对朋友和熟人的称呼

对朋友、熟人，可以称"你"或"您"。以"您"称呼他人，是为了表示自己的恭敬之意。

3）以姓名称呼

平辈的朋友、熟人，彼此间可直呼其姓名，长辈对晚辈也可以这样称呼，但晚辈对长辈却不能如此称呼。为了表示亲切，可免称其名，在被称呼者的姓前加上"老""大"或"小"字相称，如"老马""大李""小王"。对关系极为亲密的同性朋友、熟人，可不称其姓而直呼其名，如"若琳""晓鹏""宜丹"等。但不可对异性这样称呼，因为只有其家人、恋人和至爱亲朋之间才允许这样亲密的称呼。

4）拟亲属称呼

先生、女士的称呼虽好，但目前在中国普通老百姓中并未广泛使用。我们可以借鉴百姓多年流传下来的习惯称呼方法，如"拟亲属称呼"，就是一种被普遍采用的喜闻乐见的称呼方式。

所谓"拟亲属"就是假设对方与自己有一定亲属关系，再根据性别、年龄加以类比。比如，对年长男子叫"大爷"，对年长女子叫"大娘"，对中年的男子、女子叫"大哥、大嫂"，对较年轻的女子叫"大姐"，对显然比自己小的男子叫"大兄弟"，对高寿者称"老爷爷""老奶奶"，也可以在这些称呼前加上姓氏，如："王爷爷""宋奶奶"等。虽然称呼者与被称呼者并不存在亲属关系，但这些称呼却都是亲属称谓，因此称之为“拟亲属称呼”。

拟亲属称呼的最大优点是在称呼中溶进了强烈的亲情色彩，显得亲切融洽，易于交流。试比较“先生，请问去水立方坐几路汽车？”与“大爷，劳您驾这儿有上鸟巢的车吗？”两种问询方式，在欧美，前者更合适，但在中国后者更恰当，包含更多的人情味。

使用拟亲属称呼时，注意宁可将自己的辈分放低，也不可将对方低称。相反，把对方称高了是有益的。一个三四十岁的男子可以称二十来岁的女子为“大姐”，称“妹子”则有占人便宜的嫌疑；老妇人称年轻女子为“闺女”，显得亲切，而中年人对显然是自己子女年龄的儿童或少年，只可叫“小弟弟”“小妹妹”，自己特意放低辈分显得谦逊。

2.社交活动

社交活动与公务活动有时很难明确区分与界定，为明确表述，本章的社交活动主要指的是公务之余，在购物、问路、参加舞会和宴请、假日游园等场合对他人的称谓。

中国社交场合的称呼以1949年中华人民共和国成立为起始，20世纪五六十年代，彼此之间称呼“同志”，意为志同道合者，当时，这是政治色彩比较浓厚的称呼。“文化大革命”结束后，彼此之间称呼“师傅”，“师傅”可以称呼几乎所有阶层与行业的人。“师傅”传统上是特指有技艺的人，如此宽泛的使用，一则有失准确，二则有失文雅。

一般而言，在社交场合，对朋友、熟人的称呼，要做到亲切、友好，不失敬意，通常有以下几种称呼的方式。

1）以敬称称呼

通常使用的敬称有“您”“您老”“您老人家”“君”“公”等。称呼长辈时，应用“您”或“您老”“您老人家”等。对德高望重的年长者、资深人士称呼时，可在其姓氏后加“公”或“老”。如“周公”“德老”。

对有身份者和年长者，也可以“先生”相称，在“先生”前加上被称呼者的姓氏。如“李先生”“季先生”等。不过，有一个特殊情况需要引起注意，在中国、日本及亚洲的其他国家，对于地位很高或成就突出的女性也以“先生”相称，如何香凝先生、宋庆龄先生、杨绛先生、冰心先生、周小燕先生等。

对文艺界、教育界的人士，以及有成就、有身份者，可称其为“老师”，并将“老师”一词加在其姓氏后，如“李老师”“张老师”等。

2）以拟亲属称呼

对邻居、年长者、至交，有时可以用拟亲属称呼。如“爷爷”“大妈”“叔叔”“阿姨”。在这类称呼前也可加上姓氏，如“王大爷”“李阿姨”等。

3)以姓名称呼

以姓名称呼一般有以下几种情况。

平辈之间、熟人之间，可以直接用姓名来称呼对方。如“李通”“王月”等。但要注意，这类直呼姓名的称呼只能用在长辈对晚辈或平辈之间，而晚辈是不能对长辈直呼其名的。在这种称呼方式中，为了表示亲切，也可以在被称呼者的姓氏前分别加上“老”字或“大”“小”字，而不呼其名。如对年长者，可称其“老李”；对同辈，可称其“大刘”；对年幼者，可称其“小杨”等。

对同性的朋友、熟人，如果关系极为密切，可以不称其姓，而直呼其名。如“志鹏”“雨桐”等。而对异性，则一般不能这样称呼，要直接称呼其姓名，如“张志建”“王玉华”等。如果对异性只呼其名，不称其姓，那就意味着彼此不是家人，就是恋人、配偶或者非常亲密的朋友。否则，会让人感到失礼与唐突。

4)以“老师”称呼

近几年，在一些层次较高的交往中，比较流行“老师”的尊称。因为事实上彼此不存在师生关系，所以这是一个含有敬意的泛尊称。它的最大优点是适应性强，凡是对比自己年龄大的(或相仿)、有一定文化水平的人，不分性别，叫一声“老师”，显得文雅而礼貌。而且它比“老某”客气，比“某先生”亲切，比“某师傅”文雅，比“某同志”亲近，所以很多人喜欢如此称呼。

当然，“老师”本是对以教师为职业的人的专用称呼，对于不从事教师职业的人，如果不管什么情况，见面就叫“老师”，有时也不甚得体。所以要区别不同的对象和场合，不可一概而论。

5)西式泛尊称

改革开放以来，随着东西方文化的交流与融合，西式称呼成为一种得体而优雅的时尚，被中国人广泛接受和使用。具体而言，一般称男子为先生，没有大小之分，前面冠以姓氏或姓名。对于女子的称呼，要求则比较严格，“夫人”只适用于已婚女子，“小姐”一般适用于未婚女子，如果在某一社交场合，你不能准确判断某女士的婚姻状况，可以称其为“女士”或“小姐”。当然，这些称呼前可冠以姓氏或姓名。

3.公务交往

公务交往包括政务活动与商务活动，指的是因公而与他人进行的交往，如洽商、谈判、展业、营销等活动。公务交往中的称呼可以分为职务性称呼、职称性称呼、学衔性称呼、行业性称呼等。

1)职务性称呼

在工作中,为表示身份有别、敬意有加,人们常以交往对象的职务相称,具体可分为以下三种情形:①仅称呼职务:如“董事长”“总经理”等。②职务前加姓氏:如“王总经理”“张主任”等。③职务前加上姓名,适用于极为正式的场合。如“李红市长”等。

2)职称性称呼

对有职称的人,尤其是具有中级、高级职称者,可以在公务交往中直接以其职称相称,也可分为三种情形:①仅称呼职称。如“教授”“律师”“工程师”等。②在职称前加上姓氏。如“赵主编”“叶工程师”。也可简化,如“叶工程师”简称为“叶工”。③在职称前加上姓名,适用于正式场合。如“杨振宁教授”等。

3)学衔性称呼

称呼学衔,可以增加被称呼者的权威性,同时有助于增强现场的学术气氛。称呼学衔,有以下四种情形:①仅称学衔。如“博士”。②在学衔前加姓氏。如“刘博士”。③在学衔前加姓名。如“刘凯博士”。④将学衔具体化,说明其所属学科,并在其后加上姓名。如“法学博士刘凯”,这样称呼最为正式。

4)行业性称呼

在工作中,直接以职业作为称呼。如:教员称“老师”,教练员称“教练”,会计师称“会计”,医师称为“医生”或“大夫”等。在一般情况下,在此类称呼前,均可加上姓氏或姓名,如“吴老师”“王玉教练”“张会计”“孙医生”“李林大夫”等。

5)姓名性称呼

在工作岗位上称呼姓名,一般限于同事、熟人之间。有以下三种情况:①可以直呼其名;②只呼其姓,要在姓氏前加上“老、大、小”等前缀;③只称其名,不呼其姓,通常限于同性之间,尤其是上级称呼下级。

最后强调两点:一是礼仪的特点之一就是它的发展性,随着时代的发展而处于动态的变化中,当然称呼也不例外。如“同志”“小姐”的称谓,现在又有了其他的含义,“同志”在国外指同性恋者;“小姐”在国内某些场合指从事特殊职业的女子,因此,在社交场合要谨慎使用。二是根据中国的实际情况灵活掌握使用技巧,即称呼职衔时就高不就低。因为行政职务都有相应的副职,如副校长、副处长、副院长等,在正职不在现场等具体情况下可以把“副”字去掉。

4.涉外交往

在国际交往中,称呼的问题,因国家和民族的不同,称呼上也有一些差异。一般而论，在国际交往中，以下三种称呼最为通用。

1)称行政职务

一般在正式的官方交往中使用。对地位高的官方人士，一般为部长以上的高级官员，按国家情况称阁下、职衔或先生。如“部长阁下”“总统阁下”“主席先生阁下”“总理阁下”“总理先生阁下”“大使先生阁下”等。但美国、墨西哥、德国等国没有称“阁下”的习惯，因此在这些国家可称先生。对有地位的女士可称夫人，对有高级官衔的妇女，也可称“阁下”。君主制国家，按习惯称国王、皇后为“陛下”，称王子、公主、亲王等为“殿下”。对有公、侯、伯、子、男等爵位的人士既可称爵位，也可称阁下，有时也称先生。

2)称技术职称和学衔

对医生、教授、法官、律师以及有博士学位的人士，均可单独称“医生”“教授”“法官”“律师”“博士”等。同时可以加上姓氏，也可加先生。如“卡特教授”“法官先生”“律师先生”“博士先生”“马丁博士先生”等。

对军人一般称军衔，或军衔加先生，知道姓名的可冠以姓或名。如“上校先生”“莫利少校”“维尔斯中尉先生”等。有的国家对将军、元帅等高级军官称“阁下”。

对教会中的神职人员，一般可称教会的职称，或姓名加职称，或职称加先生。如“福特神父”“传教士先生”“牧师先生”等。有时主教以上的神职人员也可称“阁下”。

凡与我国以“同志”相称的国家，对各种人员均可称同志，有职衔的可加职衔。如“主席同志”“议长同志”“大使同志”“秘书同志”“上校同志”“司机同志”“服务员同志”等，或姓名加同志。有的国家还有一些习惯称呼，如称“公民”等。

3)泛尊称

在国际交往中可使用泛尊称，即先生、小姐、夫人、女士等称呼。这些称呼可冠以姓名、职称、衔称等。如“布莱克先生”“议员先生”“市长先生”“上校先生”“玛丽小姐”“秘书小姐”“护士小姐”“怀特夫人”“珍妮女士”等。

3.1.2 称呼禁忌

在人际交往中，使用称呼时，一定要避免以下几种情况。

(1)忌用错误的称呼　①误读。一般表现为念错被称呼者的姓名，有的人取的名字不是常用字，有的是多音字，对文化水平不高的人容易产生误读现象。在这种情况下，一定要不耻下问，虚心请教他人，否则，闹出笑话事小，造成被称呼者心中不悦，不仅会影响人际交往，甚至会影响业务往来。②误会。指对被称呼者的年纪、辈分、婚否以及与其他人的关系做出错误的判断。比如，将未婚女子称为“夫人”，就属于误会。

（2）忌用庸俗低级的称呼　在人际交往中，有些称呼在正式场合切勿使用。如“兄弟”“朋友”“哥们”“姐们”“小鬼”“小蜜”“伙计”等，这样称呼显得庸俗低级。

（3）忌用绰号作为称呼　对于关系一般的人，切勿自作主张给对方起绰号，一般的绰号普遍带有明显的侮辱性，如“大胖子”“瘦猴子”“老罗锅”“四眼”（指戴眼镜）等。另外，还要注意，不要随便拿别人的姓名乱开玩笑。要尊重一个人，必须首先学会尊重他的姓名。每一个正常人，都极为看重自己的姓名，对此，在人际交往中一定要切记。

（4）忌用过时的称呼　如拙荆、贱内等。

（5）忌用不通行的称呼　如胖金哥、胖金妹等。

（6）忌用不当的行业称呼　如扫大街的、看大门的、教书的、看病的等。

3.2 介绍礼仪

在社交活动中，介绍是一个常见而重要的问题，是人与人沟通的出发点。人际交往始于介绍，介绍意在说明情况。既然是说明情况，自我介绍也好，为别人介绍也好，介绍业务也好，都就是向外人说明情况。

以何人担当介绍人为依据来划分，介绍可以分为三大类：自我介绍、他人介绍和集体介绍。

3.2.1　自我介绍

当今社会日益开放，交往的圈子越来越广，交往的频率越来越高，自我介绍也显得越来越重要。在某些社交场合，你想认识某一个人，又苦于没有一个合适的中间人做介绍，那么，最好的方式就是进行自我介绍，这种自我介绍叫作主动性的自我介绍。在某些社交场合，人们有时会应其他人的要求，将本人某些方面的具体情况进行简单介绍，这种自我介绍叫作被动性的自我介绍。不论是主动性的自我介绍还是被动性的自我介绍，在人际交往中，都是经常被采用的介绍方式。由于没有彼此双方都认识的中间人作介绍，交往双方彼此的信任程度是很低的，因此，为赢得交往对象的接受与认可，礼貌是至关重要的。

根据社交礼仪的具体规范，进行自我介绍时，应该注意自我介绍的时机、内容和分寸等方面的问题。

1. 自我介绍的时机

自我介绍的时机涉及具体的时间、地点、场合、当事人、旁观者、现场气氛等多种因素。一般情况下，下列时机，有必要进行一番自我介绍。

(1)在社交场合，与不认识者相处时。

(2)在社交场合，有不认识者表现出对结识自己感兴趣时。

(3)在社交场合，有不相识者请求自己做自我介绍时。

(4)在公共聚会上，与身边的陌生人共处时。

(5)在公共聚会上，打算介入陌生人组成的交际圈时。

(6)交往对象因为健忘而记不清自己，或担心这种情况可能出现时。

(7)有求于人，而对方对自己不甚了解，或一无所知时。

(8)拜访熟人遇到不相识者挡驾，或是对方不在，需要请不相识者代为转告时。

(9)前往陌生单位，进行业务联系时。

(10)在出差、旅行途中，与他人不期而遇，并且有必要与之建立临时接触时。

(11)因业务需要，在公共场合进行业务推广时。

(12)初次利用大众传媒向公众进行自我推荐、自我宣传时。

(13)初次前往他人住所、办公室，进行登门拜访时。

(14)应聘求职时。

(15)应聘求学时。

2. 自我介绍的内容

自我介绍的内容指的是自我介绍时所表述的主体部分及具体形式。进行自我介绍的时机不同，自我介绍的内容各异，应该兼顾实际需要、所处场景等因素，要有一定的针对性。依照自我介绍时表述的内容不同，自我介绍可以分为以下五种形式。

1)应酬式

应酬式自我介绍，适用于某些公共场合和一般性的社交场合，如旅行途中、宴会厅里、舞会之上、通电话时。它的对象主要是进行一般性接触的人。进行自我介绍主要是为了确认身份。这种自我介绍要简洁，少而精，通常只包括姓名一项即可。例如：

“你好，我叫章强。”

“你好，我是刘洋。”

2)工作式

工作式的自我介绍,也称公务式自我介绍,主要用于工作场合,以职衔和负责的具体工作作为自我介绍的中心内容。工作式的自我介绍的内容应包括本人姓名、供职单位及其部门、担任的职务或负责的具体工作等。例如:

"你好,我叫齐勇,是华瑞电脑公司的销售经理。"

"你好,我叫丛波,在北京大学中文系教古代文学。"

3)交流式

交流式的自我介绍,主要适用于社交活动中,它是一种刻意寻求与交往对象进行深入交流与沟通并与自己建立联系的自我介绍。交流式自我介绍的内容,一般应包括介绍者的姓名、工作、籍贯、学历、兴趣及与交往对象的某些熟人的关系等。当然无须时时处处面面俱到,应该依据具体情况灵活确定。例如:

"你好,我叫顾勇,我在伟达电脑公司上班。我是王波的高中同学,都是广东人。"

"你好,我叫李斌,是王波的同事,也在中山大学中文系,我教中国传统文化。"

4)礼仪式

礼仪式的自我介绍,适用于讲座、报告、演出、庆典、仪式等一些正规而隆重的场合。它是一种意在表示对交往对象友好、敬意的自我介绍。礼仪式的自我介绍的内容,包括姓名、单位、职务等,同时还应加入一些适当的谦辞、敬辞,以示自己礼待交往对象。例如:

"各位来宾,大家好!我叫张先,我是绿石谷公司的销售经理。我代表本公司热烈欢迎大家光临我们的展览会,谢谢大家的支持!"

5)问答式

问答式的自我介绍,一般适用于应试、应聘和公务交往。在普通的交际应酬场合,经常发生,并不鲜见。问答式自我介绍的内容,应该是有问必答。例如:

甲问:"先生,您好!请问怎么称呼您?(请问您贵姓)"

乙答:"您好!先生,我叫李林。"

主考官问:"考生你好,请介绍一下你的基本情况。"

应聘者:"考官您好!我叫李洋,今年26岁,山东青岛市人,汉族,中共党员,未婚。毕业于北京师范大学数学系。"

3.自我介绍的注意事项

进行自我介绍时,还有以下问题需要注意。

1)注意时机

要抓住时机,在适当的场合进行自我介绍,如对方有空闲、情绪较好、对本人有兴趣时,这样就不会打扰对方。自我介绍时还要简洁,尽可能节省时间,以半分钟左右为宜。为了节省时间,作自我介绍时,还可利用名片、介绍信等加以辅助。

2)讲究态度

进行自我介绍时,态度一定要自然、友善、亲切、随和。应落落大方,彬彬有礼。既不能唯唯诺诺,又不能虚张声势,轻浮夸张。语气要自然大方,语速要正常,语音要清晰。

3)真实诚恳

进行自我介绍时所表述的各项内容,一定要实事求是,真实可信。忌过分谦虚,一味贬低自己去讨好别人,也忌自吹自擂,夸大其词。

总之,当本人希望结识他人,或他人希望结识本人,或本人认为有必要令他人了解或认识自己的时候,自我介绍就会成为重要的交往方式。自我介绍常常会成为社交活动的组成部分,承担着拓展交际范围、扩大交往圈子的重任。

3.2.2　他人介绍

他人介绍,又称第三者介绍,是为彼此不相识的双方引见、介绍的一种交际方式。他人介绍,通常是双向的,即对被介绍的双方各自作一番介绍。有时,也会进行单向的他人介绍,即只将被介绍者中某一方介绍给另一方。

为他人做介绍,需要把握下列要点。

1.了解介绍的先后顺序

在为他人作介绍时,先介绍谁后介绍谁,有一定的规矩。

根据社交礼仪规范,在处理为他人做介绍的问题上,必须遵守“尊者优先了解”的规则。先要确定双方地位的尊卑,然后先介绍位卑者,后介绍位尊者。这样,可使位尊者优先了解位卑者的情况。

根据规则,为他人作介绍时的礼仪顺序大致有以下几种:①介绍上级与下级认识时,应先介绍下级,后介绍上级。②介绍长辈与晚辈认识时,应先介绍晚辈,后介绍长辈。③介绍年长者与年幼者认识时,应先介绍年幼者,后介绍年长者。④介绍女士与男士认识时,应先介绍男士,后介绍女士。⑤介绍已婚者与未婚者认识时,应先介绍未婚者,后介绍已婚者。⑥介绍同事、朋友与家人认识时,应先介绍家人,后介绍同事、朋友。⑦介绍客人和主人认识时,应先介绍主人,后介绍客人。⑧介绍先到者与后来者认识时，应先介绍后来者，后介绍先到者。

2.掌握介绍的方式

由于实际需要的不同，为他人作介绍时的方式也不尽相同。

1）一般式

也称标准式，以介绍双方的姓名、单位、职务等为主，适用于正式场合。如："请允许我来为两位引见一下。这位是雅秀公司营销部主任李皓女士，这位是新河集团副总江觅女士。"

2）简单式

只介绍双方姓名一项，甚至只提到双方姓氏而已，适用一般的社交场合。如："我来为大家介绍一下：这位是谢总，这位是徐总。希望大家合作愉快。"

3）附加式

附加式也可以叫强调式，用于强调其中一位被介绍者与介绍者之间的关系，以期引起另一位被介绍者的重视。如："大家好！这位是新月公司的业务主管张先生，这是小儿刘放，请各位多多关照。"

4）引见式

介绍者所要做的，是将被介绍的双方引到一起即可，适用普通场合。如："你们好！两位认识一下吧。大家其实都曾经在一个公司共事，只是不在一个部门。接下来的事情，请自己说吧。"

5）推荐式

介绍者经过精心准备将某人举荐给他人，介绍时会对前者的优点加以重点介绍。通常适用于比较正规的场合。如："这位是张峰先生，这位是海天公司的赵海天董事长。张峰先生是经济学博士，管理学专家。赵总，我想您一定有兴趣和他聊聊吧。"

6）礼仪式

这是一种最为正规的他人介绍方式，适用于正式场合。其语气、表达、称呼上都更为规范和谦恭。如："孙女士您好！请允许我把北京远方公司的执行总裁姚滨先生介绍给您。姚先生，这位就是广东润发集团的人力资源部经理孙晓女士。"

3.注意介绍的细节

在社交活动中，东道主、长者、家庭聚会的女主人、专职人员，在正式活动中地位、身份较高者或主要负责人，熟悉双方者，指定介绍者，都可以适当地为他人进行介绍。

在介绍他人时，介绍者与被介绍者都要注意一些礼仪细节。

(1)介绍者要注意自己的姿态。作为介绍者，无论介绍哪一方，都应手势动作文雅。目前社交场合以右为尊、以右为上，因此最好伸出右手手掌，手心向上偏左，四指并拢，拇指微张，胳膊略向外伸，指向被介绍的一方，并向另一方点头微笑，上体略前倾，手臂与身体呈 50°～60°。千万不能用手指指点，显得极不礼貌。在介绍一方时，应微笑着用自己的视线把另一方的注意力引导过来，态度热情友好，语言清晰明快。

(2)介绍者为被介绍者作介绍之前，要先询问双方是否有认识对方的意向。

(3)被介绍者在介绍者询问自己是否有意认识某人时，一般应欣然表示接受。如果实在不愿意，应向介绍者说明缘由，取得谅解。

(4)当介绍者走上前来为被介绍者进行介绍时，被介绍者双方均应起身站立，面带微笑，大方坦荡地目视介绍者或者对方。

(5)一般情况下，被介绍者应起立，站姿应优雅端庄。女士、长者有时可不站起来，但应欠身致意。

(6)在介绍时，先称呼谁的名字，是表示对谁的尊重。如果你要为科长与处长作介绍，应该这样说："王处长，您好，请允许我来介绍一下，这位是滨海市质检局的刘科长；刘科长，这位是省质检局的王处长。"如果你要为博导和年轻的研究生作介绍，可以这样说："王教授，您好，我来介绍一下，这位是新分来的研究生刘辉；刘辉，这位是本校资深博导王教授。"

(7)巧妙地引导话题。为他人作介绍时，还可以简要地提供一些彼此的背景情况，应简洁明了，不能含糊其词。同时，介绍人还有一个任务，那就是积极寻找话题，让被介绍的双方有话可说，不至于冷场。根据心理学家和语言学家的研究表明，两个陌生人要在短时间内能够彼此信任，融洽交流，有两个突破点，第一看是否有相同的籍贯，是否是同乡。既然是同乡，那么乡音亲切、习俗一致，有许多可谈的话题。第二看是否有相同的兴趣爱好，如足球、垂钓、旅游、音乐、攀岩等。

介绍他人认识，是人际沟通的重要部分。良好的合作，可能就是从这一刻开始。

3.2.3　集体介绍

集体介绍是他人介绍的一种特殊形式，被介绍者一方或双方都不止一人，大体可分两种情况：一是为一人和多人作介绍；二是为多人和多人作介绍。

1. 集体介绍的时机

(1)规模较大的社交聚会，有多方参加，各方均可能有多人。

(2)大型的公务活动,参加者不止一方,而各方不止一人。

(3)涉外交往活动,参加活动的宾主双方皆不止一人。

(4)正式的大型宴会,主人一方人员与来宾均不止一人。

(5)演讲、报告、比赛,参加者不止一人。

(6)会见、会谈,各方参加者不止一人。

(7)婚礼、生日宴会,当事人与来宾双方均不止一人。

(8)举行会议,应邀前来的与会者不止一人。

(9)接待参观、访问者,来宾不止一人。

2.集体介绍的顺序

进行集体介绍的顺序可参照他人介绍的顺序,也可酌情处理。但注意越是正式、大型的交际活动,越要注意介绍的顺序。

(1)少数服从多数。当被介绍者双方地位、身份大致相同时,应先介绍人数较少的一方。若被介绍者双方地位、身份存在差异,位尊者虽人数较少或只有一人,也应最后加以介绍。

(2)单向介绍。在演讲、报告、比赛、会议、会见时,往往只需要将主角介绍给广大参加者。

(3)人数多一方的介绍。若一方人数较多,可采取笼统的方式进行介绍。如:“这是我的家人”“这是我的同学”等。

(4)人数较多各方的介绍。若被介绍的不止两方,需要对被介绍的各方进行位次排列。排列的方法是:①以其负责人身份高低为准;②以其单位规模大小为准;③以单位名称的英文字母顺序先后为准;④以抵达时间的先后顺序为准;⑤以座次顺序为准;⑥以距介绍者的远近为准。

3.集体介绍的注意事项

集体介绍的注意事项与他人介绍的注意事项基本相似。除此之外,还应再注意以下两点:①不要使用容易产生歧义的简称,在首次介绍时要准确地使用全称,第二次方可用简称。②集体介绍很正规,介绍时要庄重、亲切,切忌开玩笑。

3.3 握手礼仪

握手是一种国际上通用的礼节,通常称为见面礼或告别礼,因为它常常发生在见面之初或告别之时。也是表示祝贺、感谢、安慰时的常见礼节。握手是一个简单的手势动作，虽然只有短短的几秒钟，但是它的寓意却非常丰富。关于握手，美国著名的盲聋女作家海伦·凯勒有一段名言："我接触的手虽然无言，却极富表现力，有的人握手能拒人于千里之外，而有的人的手则充满阳光，他们伸出来与你相握时，你会感到很温暖。"实际情况也是这样，握手的时间、力度、手语、表情等，都在无声地告诉对方你对他的礼遇和态度。同时显露自己的个性，给人留下不同印象；当然，也可通过握手了解对方的个性，从而赢得交际的主动。

3.3.1　握手的起源

握手的起源有两种说法，一种说法是：史前时期，人类的祖先以打猎为生，世界对他们来说充满危险，因此，当陌生人相遇时，如果双方都怀有诚意，便伸出一只手，手心向前，向对方表示自己的手中没有石头或武器，走近之后，两人互相摸摸右手，以示友好。另一种说法是：中世纪时，骑士们都穿着铠甲，全身披挂后，除两只眼睛外，其余的都包裹在铠甲里，随时准备冲向对方。如果表示友好，互相走近时就应脱去右手的甲胄，伸出右手，表示没有武器，互相握手，这是和平友好的象征。这种方式沿袭下来，便成为今天社交场合人们表示友好的握手礼。

3.3.2　握手的时机

何时宜行握手礼？这是一个非常复杂而微妙的问题，它通常取决于交往双方的关系、现场的气氛以及当事人个人的心情等多种因素，所以往往不可一概而论。不过一个人若是希望在人际交往中令自己显得彬彬有礼，那么就该明确：何时应当与人握手，何时不必与人握手。

1.必须握手的场合

一般情况下，下列场合应该握手。

(1)遇到较长时间没见面的熟人，应与之握手，以示为久别重逢而高兴。

(2)比较正式的场合与认识的人道别，应与之握手，以示惜别之意。

(3)在以本人作为东道主的社交场合，迎接或送别来访者时，应与之握手，以示欢迎或欢送。

(4)拜访他人后，在辞行的时候，应与之握手，以示再会之意。

(5)被介绍给不认识的人时，应与之握手，以示本人乐于结识对方。

(6)在社交场合，偶然遇上亲朋故旧或上司的时候，应与之握手，以示高兴与问候。

(7)别人给予你一定的支持、鼓励或帮助时,应与之握手,以示真诚感谢之意。

(8)对他人表示感谢、慰问、恭喜、祝贺时,应与之握手。

(9)对别人表示理解、支持、肯定时,应与之握手。

(10)得知别人患病、失恋、失业、降职或遭受其他困难和不幸时,应与之握手,以示安慰与鼓励。

(11)给别人赠送礼品或颁发奖品时,应与之握手,以示祝贺之意。

(12)他人给自己赠送礼品或颁发奖品时,应与之握手,以示感谢之意。

(13)应邀参加社交活动,如宴会、舞会之后,应与主人握手,以示谢意。

(14)在重要社交场合,如宴会、舞会开始前与结束后,主人应与来宾握手,以示欢迎与道别。

2.不必与人握手的场合

在下述情况下,因各种原因不宜同交往对象握手:

(1)对方手部负伤。

(2)对方手部负重。

(3)对方手中忙于其他事。

(4)对方与自己距离较远。

(5)对方所处环境不适合握手。

3.3.3 伸手的先后次序

在正式的场合行握手礼的时候,谁先伸手谁后伸手也有一定之规。倘若对此一无所知,在与他人握手时轻率地抢先伸出手去而得不到对方的回应,则场面尴尬。

1.遵循“尊者为先”原则

根据礼仪规范,握手时双方伸手的先后次序,应当在遵守“尊者为先”原则的前提下,具体情况具体对待。“尊者为先”原则的含义是:在两人握手时,各自应首先确定握手双方彼此身份的尊卑,然后以此决定伸手的先后。通常应由位尊者首先伸出手来,即尊者先行。位卑者只能在位尊者伸手后予以响应,而决不可贸然抢先伸手,不然,就是违反礼仪的举动。握手时强调要遵守“尊者为先”原则,既是为了恰到好处地体现对位尊者的尊重,也是为了维护在握手之后的寒暄应酬中位尊者的自尊。因为握手往往意味着进一步交往的开始,如果位尊者不想与位卑者深交,则可不必伸手与之相握。

2.常见的握手的先后次序

具体而言,握手时双方伸手的先后次序大体包括以下几种情况:

(1)年长者与年幼者握手,应由年长者首先伸出手来,年幼者方可接握。

(2)长辈与晚辈握手,应由长辈首先伸出手来,晚辈方可接握。

(3)老师与学生握手,应由老师首先伸出手来,学生方可接握。

(4)同龄或同地位的女士与男士握手,应由女士首先伸出手来,男士方可接握。

(5)已婚者与未婚者握手,应由已婚者首先伸出手来,未婚者方可接握。

(6)社交场合的先到者与后来者握手,应由先到者首先伸出手来,后来者方可接握。

(7)上级与下级握手,应由上级首先伸出手来,下级方可接握。

(8)职位、身份高者与职位、身份低者握手,应由职位、身份高者首先伸出手来,职位、身份低者方可接握。

3.特殊情况下的握手次序

若是一个人需要与多人握手,则握手时亦应讲究先后次序,由尊而卑,即先年长者后年幼者,先长辈后晚辈,先老师后学生,先女士后男士,先已婚者后未婚者,先上级后下级,先职位、身份高者后职位、身份低者。在社交、休闲场合,则主要取决于双方的具体年纪、性别、婚否。在接待来访者时,这一问题往往变得较为特殊一些。当客人抵达时,通常应由主人首先伸出手来与客人相握。而在客人告辞时,则应由客人首先伸出手来与主人相握。前者意在表示“欢迎”,后者则表示“再见”。若这一次序颠倒,则极易让人产生误解。

应当强调的是,上述握手时的先后次序可用以律己,却不必苛求于人。如当自己处于尊者之位,而位卑者抢先伸手要来相握时,最得体的做法,是要积极与之配合,立即伸出自己的手去配合对方。若过分拘泥于礼仪,对其视若不见、置之不理,使其进退两难、当场尴尬,则会失礼于对方。

3.3.4 握手的方式

握手的标准方式是:行礼时行至距握手对象约一米处,双腿立正,上身略向前倾,伸出右手,四指并拢,拇指张开,虎口相对,与对方相握。握手时,应用力适度,上下稍许晃动几次,随后松开手,恢复原状。

具体来说,握手时应加以注意以下问题。

1.神态

与人握手时,应当神态专注、热情、友好、自然。在正常的情况下,与人握手时应面带微笑,平视对方双眼,不能左顾右盼,把对方扫出自己的视线之外。在握手时,切勿显得自己三心二意、敷衍了事、漫不经心、傲慢冷淡。如果自己迟迟不握他人早已伸出的手,或是一边握手,一边东张西望、目中无人,甚至忙于跟其他人打招呼,都是极不应该的。

2.姿势

向他人行握手礼时,只要有可能,应起身站立,坐着与人握手是不合适的。除非年龄很大、地位很高、身体很差或女士,可以不站起来,但是也应欠身示意,并说声"对不起"。握手之时,双方均应主动地向对方靠拢。若双方距离过大,就会显得像是一方有意讨好或冷落一方。若双方握手时距离过小,手臂难以伸直,则给人拘谨局促之感。握手时最好的做法,是双方将要相握的右手手掌掌心向左,拇指张开,手掌与地面成垂直状态,伸直相握后相互形成一个直角。

3.手语

在握手时,手语即手的姿势至关重要。常见的手语有以下两种。

1)单手相握

以右手单手与人相握,是最常用的握手方式。进而言之,单手与人相握时,手掌垂直于地面则最为适当。它称为平等式握手,意在表示自己不卑不亢。与人握手时掌心向上,意在表示自己谦恭、谨慎,这一方式叫作友善式握手,但不是适用于所有交往对象,一般适用于德高望重者。与人握手时掌心向下,则表示自己感觉甚佳、自高自大,有傲慢之意。这一方式叫作控制式握手,此种方式,往往最不可取。

2)双手相握

双手相握,即用右手握住对方右手后,再以左手握住对方右手的手背。这种方式适用于久别重逢、遭遇大难后及亲朋故旧之间,可用以表达自己的深厚情意。一般而言,此种方式的握手不适用于初识者或异性,因为它有可能被理解为讨好或失态。这一方式,有时亦称手套式握手。双手相握时,左手除握住对方右手手背外,还有人以左手握住对方右手手腕、握住对方右手手臂、按住或拥住对方右肩。这些做法若非面对至交,则最好不要滥用。

4.力度

与人握手之时,为了向交往对象表示热情友好,应当稍许用力,大致握力以在两千克左右为宜。与亲朋故旧握手时，所用的力量可以稍微大一些，甚至可以上下或左右摇晃几下；而在与异性、初次相识者、上级、老年人等交往对象握手时，则力度宜小不宜大，宜轻不宜重。总之，在与他人握手时，不可以毫不用力，不然就会使对方感到缺乏热忱与朝气，但也不宜矫枉过正。如果在握手时拼命用力，不将对方握得龇牙咧嘴不肯罢休，则难免有示威或挑衅之嫌。

5.时间

在一般情况下，与他人握手的时间不宜过短或过长。大体来讲，握手的全部时间应控制在 3 秒以内，握上一两下即可。握手时两手稍触即分，则时间过短，好似在走过场，又像是对对方怀有戒意。而与他人握手时间过久，尤其是拉住异性或初次见面者的手长久不放，则显得有些虚情假意，甚至会有占人便宜之嫌。

3.3.5　握手的禁忌

在人际交往中，握手虽然司空见惯，看似寻常，但是由于它可被用来传递多种信息，因此在行握手礼时应努力做到合乎规范，需要特别注意以下几点：

(1)不要用左手与他人握手。尤其是在与阿拉伯人、印度人打交道时要牢记此点，因为在他们看来左手是不洁的。

(2)不要在握手时争先恐后。多人或多方握手时，应当注意握手的秩序，并依次而行。与基督教信徒交往时，要避免两人握手时与另外两人相握的手形成交叉状。这种形状又称十字架式握手或交叉式握手，在基督教信徒眼中是很不吉利的。

(3)不要在握手时戴着手套。只有女士在社交场合戴着薄纱手套与人握手，才是被允许的。

(4)不论在室内外，都不要在握手时戴着墨镜。患有眼疾或眼部有缺陷者例外。

(5)不要在握手时将另外一只手插在衣袋里，否则，会显得自己傲慢无礼。

(6)不要在握手时左手依旧拿着东西而不肯放下。例如，仍然拿着香烟、报刊、公文包等。

(7)不要在握手时面无表情或不置一词，那样显得你根本无视对方的存在，而纯粹是为了应付。

(8)不要在握手时长篇大论。切莫与人握手时点头哈腰，滥用热情，显得过分客套，过分的客套会令对方不自在。

(9)不要在握手时仅仅握住对方的手指尖，称为抓指尖式握手。现在时尚的握手的做法是，男子之间握手要握住对方的整个手掌；男子与女士握手要握女士的手指部分，但是不能圈握；女士之间的握手有两种方式：或参阅男子之间的握手，或握手掌与手指之间的位置。

(10)不要在握手时只递给对方一截冷冰冰的手指尖。这种握手方式在国外叫作死鱼式握手，被公认是冷漠失礼的做法。

(11)不要在握手时把对方的手拉过来、推过去，或者上下左右抖个没完。

(12)不要以肮脏不洁或患有传染性疾病的手与他人相握。那样的话，会令对方进退两难。

(13)不要在与人握手之后立即揩拭或擦洗自己的手掌。那样的话，会令对方认为你嫌恶他。

(14)不要拒绝与他人握手。在任何情况下，都不应该这么做。

(15)如果你不掌握握手的主动权，要等别人先伸出手来，你才能够接握。那么，你应该用眼的余光留意对方的右手，一旦发现对方有握手的意向，应马上伸手接握。否则，无视别人伸出的手，也是非常失礼的。

3.4 名片礼仪

名片，是当代社会人际交往中一种最常用的介绍性媒介。由于它印制规范、文字简洁、使用方便、便于携带、易于保存，而且不讲尊卑、不分职业、不论男女老幼均可拥有和使用，因此它的用途十分广泛，颇受社会各界的欢迎。

名片是一个人身份的象征，你对待名片的态度也体现了对交往对象的态度，不能掉以轻心。

在社交场合与他人进行交际应酬时，都离不开名片的使用。而名片的使用是否正确，已成为影响人际交往成功与否的一个重要因素之一。要正确使用名片，就要对名片的来历、类别、制作方式、用途和交换方式等礼仪予以充分的了解，遵守相应的规范和惯例。

3.4.1 名片的起源与沿革

名片起源于交往，而且是文明时代的交往，因为名片离不开文字。

原始社会没有名片。那时人烟稀少，环境险恶，人们生存艰难，交往很少，文字还没有正式形成，早期的结绳记事也只存在于同一部落内部，部落之间没有往来。

到了奴隶社会，尽管出现了简单的文字，但经济尚不发达，绝大部分人都固守在土地上，奴隶没有受教育的权利；少量世袭奴隶主，形成小的统治群体，由于统治圈子长期变化不大，也没有形成名片的条件。

名片的最早出现始于封建社会。据清代学者赵翼在其著作《该余丛考》中记载："古人通名，本用削本书字，汉时谓之谒，汉末谓之刺，汉以后则虽用纸，而仍相沿曰刺。"秦始皇统一中国后，统一全国文字，分封了诸侯王。咸阳成了中国的中心，各路诸侯王每隔一定时间就要进京述职。诸侯王为了拉近与朝廷当权者的关系，经常联络感情，于是开始出现了最早的名片——"谒"，所谓"谒"，就是拜访者把名字和其他介绍文字写在竹片或木片上（当时纸还没发明），作为给被拜访者的见面介绍文书，也就是现在的名片。

到了汉代，"谒"的使用越来越普遍。进入东汉末期，"谒"又被改称为"刺"，由于东汉蔡伦发明的纸张开始普遍采用，于是"刺"由竹木片改成了更便于携带的纸张。

唐宋时期，中国封建社会进入了全盛期，带动了社会经济与文化大发展。唐初科举制度开始实行，每次科举考试后，新科及第考生都要四处拜访前科及第、位高权重者，并拜为师，以便将来被提携。要拜访老师，必须先递"门状"，这时的"刺"名称也就被"门状"代替了。

到了明代，统治者沿袭了唐宋的科举制度，并使之平民化。人们交往的机会增加了，学生见老师，小官见大官都要先递上介绍自己的"名帖"，即唐宋时的"门状"，"名帖"这时才与"名"字有了联系。明代的"名帖"为长方形，一般长七寸、宽三寸，递帖人的名字要写满整个帖面。如递帖给长者或上司，"名帖"上所书名字要大，"名帖"上名字大表示谦恭，"名帖"上名字小会被视为狂傲。

清朝才正式有"名片"称呼。清朝的名片，开始向小型化发展，特别是在官场，官小使用较大的名片以示谦恭，官大使用较小的名片以示地位显赫。

到了近代，名片主要用于商业，早期只用于少数特权阶层的交往，后来才开始走向平民化。早期名片与近现代名片的主要区别是用手写而不是印刷。

民国时期，中西商业交往频繁，并开始接受西方文化，名片沿用了西方广泛应用的黄金分割来制作长方形名片。由于电话没有普及，名片的内容很简单，开始用铅字印刷，作为时髦的高档消费品，只有身份地位高的人才能拥有。

新中国成立后，由于计划经济盛行，人口流动少，一切服从国家安排，名片使用减少，盖有单位图章的介绍信开始流行，并取代了名片。一张介绍信可以重复使用，并且盖过章的介绍信值得信赖。

改革开放后，由计划经济向市场经济转变，人们重新关注经济利益和市场，业务繁忙，介绍信显得极为不方便，于是名片得以广泛使用。

3.4.2 名片的类别

根据名片用途、内容及使用场合的不同，在日常生活和工作中使用的名片可以分为社交名片和公务名片两类；而根据名片主人数量和身份的不同，名片又可分为社交名片、夫妇联名名片、公务名片和集体名片四类。在不同的场合，根据不同的需要，面对不同的交往对象，应当使用不同的名片。

1.社交名片

社交名片，亦称私用名片，指的是在工作之余，以私人身份在社交场合进行交际应酬时所使用的名片。一般而言，社交名片为个人名片。社交名片的基本内容包括两个部分：一是本人姓名，以大号字体印在名片正中央，姓名之后无须添加任何公务性职衔。二是联络方式，以较小字体印在名片右下方。具体内容包括家庭住址、邮政编码、住宅电话、邮箱等，一般不宜将自己的手机号留在名片上。社交名片只用于社交场合，通常与公务无关，因此一般不印有工作单位以及行政职务，以示“公私有别”。如果本人不喜欢被外界打扰，则可根据具体情况对自己的联络方式的内容有所删减，如可删去住宅电话一项。必要时，可以不印任何联络方式，而仅留姓名一项内容。

2.夫妇联名名片

在社交场合，人们往往会携同其配偶一起参加交际应酬。此时与他人交换名片，如果夫妇俩各自为政，先后与人交换，显然较为麻烦；而如果夫妇中只选一个“代表”与人交换名片，则会失礼于人。在这种情况下，使用夫妇联名名片，即夫妇名片是最合适的。夫妇名片实质是社交名片的一种特例，名片上的基本内容同样只包括姓名和联系方式两项，或只有姓名一项。所不同的是，夫妇名片同时印有夫妇两人的姓名。一般而言，两人姓名印刷成一行，而不宜印成上下两行，夫妇名片较多地应用于两人联名赠送礼品或投寄问候信函的场合。但若以某一方名义使用名片时，不要因此而涂去另一方姓名，涂抹名片是一种很不得体的做法，此时还是使用个人名片为好。

3.公务名片

公务名片，指正式用于公务活动之中的名片。值得注意的是，身边如果没有公务名片，可用社交名片代替，但如果没有社交名片，则不能用公务名片代替。一张标准的公务名片，按惯例应由具体归属、本人称呼、联络方式等三项基本内容构成。一是具体归属。它由供职的单位、所在的部门等内容组成，二者均应采用正式的全称。但一张名片上所列的单位或部门不宜多于两个。如果确实有两个以上的供职单位和部门，或同时承担着不同的社会职务，则应分别印制不同的名片，并根据交往对象、交际内容的不同分发不同的名片。二是本人称呼。它应由本人姓名、行政职务、技术职务、学术头衔等构成。但后面两项内容，尤其学术头衔往往可有可无。名片上所列的行政职务一般不宜多于两个，且应与同一名片上的具体归属相对应。三是联络方式。它通常由单位地址、邮政编码、办公电话等内容构成，家庭住址、住宅电话和手机号码则不宜列出。至于传真号码、互联网址等内容则应根据具体情况，决定是否印于其上。单位的联络方式同样应与同一名片上所列的具体归属相对应。上述三项内容既要完整无缺，又应排列美观。通常，具体归属与联络方式应以大小相似的小号字体分别印于名片的左上角与右下角；本人姓名应以大号字体印于名片正中央；职务学衔则应以较小字体印于姓名的右侧。

4.集体名片

集体名片，实际是公务名片的一个变种，它通常是指某一政府部门，尤其是那些对外交往较为频繁的政府部门，其主要成员集体对外使用的名片。集体名片在基本内容构成上与公务名片没有任何区别，其特殊之处在于在名片上应列出某一集体的每一位主要成员的具体称呼，并按职务高低自上而下依次排列。使用集体名片不仅可以节省费用，而且还有助于维护和宣传集体形象。

3.4.3 名片的制作

名片制作是否规范，往往会影响交往对象对本人的看法，进而影响双方的进一步交流与合作。一张粗制滥造的名片显然不会让人对名片主人产生好感和接近之意，在订制名片时应当对下述问题予以关注。

1.规格材料

各国名片的规格是不尽相同的。目前我国通行的名片规格为9厘米×5.5厘米，而在国际上，较为流行的名片规格则为10厘米×6厘米。在一般情况下，应该以前一种规格订制名片，如果参与的公务活动多为涉外性质，则可采用后一种规格。夫妇名片和集体名片可在原有基础上再扩大一些。若无特殊原因，不必制作过大或过小的名片，更无必要将名片做成折叠式或书本式。名片通常应以耐折、耐磨、美观、大方、便宜的纸张作为首选材料，如白卡纸，再生纸等。选用布料、塑料、真皮、化纤、木材、钢材甚至黄金、白金、白银等材料制作名片是毫无必要的，将纸质名片烫金、镀边、压花、过塑、薰香，也是不合适的。

2. 色彩图案

名片宜选用单一色彩的纸张，并且以米白、米黄、浅蓝、浅灰等庄重朴实的色彩为佳，切勿选用过多过杂的色彩，让人眼花缭乱，妨碍信息的接收。也不宜采用红色、紫色、绿色、黑色、金色、银色的纸张制作名片。一般而言，名片上除了文字符号外不宜添加任何没有实际效用的图案，如果本单位有象征性的标志图案，如校徽、厂徽等，则可将其印于归属一项的前面，但不可过大或过于突兀。将照片、漫画、花卉等内容印在名片上，会给人以华而不实之感，有损个人形象。

3. 文字版式

名片在正常情况下应采用标准的汉字简化字，如无特殊原因，不得使用繁体字。从事民族工作或涉外工作的人则可酌情使用少数民族文字或外语。汉字、少数民族文字或外语同时印刷时，应将汉字印于一面，而将少数民族文字或某种外文印于另一面，不要在同一面上混合使用不同文字，一张名片上不宜使用两种以上文字。以汉字印制名片时，一般采用楷体或仿宋体，尽量不要采用行书、草书、篆书等不易识别的字体；以外文（主要采用英文）印制名片时，一般采用黑体字。在涉外交往中使用的名片亦可采用罗马体，但很少用草体。不论采用何种字体，文字印刷都要清晰易识，不可模糊难辨，不宜自行手写名片，不能在印刷的名片上以笔增减、修改内容。名片上文字的排列版式大体有两种：一是横式，即文字排列的行序为自上而下，字序为自左而右；二是竖式，即文字排列的行序为自右而左，字序为自上而下。一般而言，采用简化汉字的名片宜用横式。同一张名片上，既可以两面均印有文字不同而本意相似的内容，也可以空出一面，而只在一面印有内容，没有必要在名片的另一面印上名言警句。名片两面的内容相同时，不可使其一面为横式，一面为竖式。

4. 印法与费用

名片最好不要随意自行制作，也不要采用复印、影印、油印等方式制作。使用名片意在便于沟通交流，而不是为了炫耀。因此在制作名片时，应当尽可能地降低其制作成本。

3.4.4 名片的用途

在现实生活中，名片是一种不可或缺的交往工具，名片的基本用途有如下几种。

1.常规用途

1)介绍自己

初次与交往对象见面时,除了必要的口头自我介绍外,还可以名片作为辅助的介绍工具。这样不仅能向对方明确身份,而且还可以节省时间,强化效果。

2)结交他人

在人际交往中,如欲结识某人,可用本人名片表示结交之意。因为主动递交名片给初识之人,既意味着信任友好,又暗含"可以交个朋友吗?"之意。在这种情况下,对方一般会"礼尚往来",将其名片也递过来,从而完成双方结识的第一步。

3)保持联系

名片都印有联络方式,利用他人在名片上提供的联络方式,可与对方取得并保持经常性联系,加深交往。

4)通报变更

如果本人单位变换、职务调整、电话号码改变或者乔迁新居后,都会重新制作自己的名片。向认识的交往对象递交新名片,就能把本人的最新情况通报给对方,以一种更简单的方式避免联系上的错误。

2.特殊用途

在社交场合,尤其是国际交往中,人们往往以名片代替一封简洁的信函使用,此即名片的特殊用途。具体做法是:在社交名片的左下角写上一行字或一句短语,然后放入信封寄交他人。如果是本人亲自递交或托人带给他人,要用铅笔书写;如果采用邮寄方式,则应用钢笔书写。书写时多采用法文缩略语,较常见的法文缩略语及其对应含义如下。

n. b. 意为"注意";p. c. 意为"谨唁",凭吊,追悼时用;p. f. 意为"祝贺",庆祝节日时用;p. m. 意为"备忘",提请对方注意某事时使用;p. r. 意为"谨谢",接受礼物,款待,祝词之后,或者收到别人庆祝,吊唁之类名片后使用;p. p. 意为"介绍",向对方介绍某人时用;p. p. c. 意为"辞行",调离、离任时,向同事告别时使用;p. p. n. 意为"慰问",问候病人时用;p. f. n. a. 意为"新年愉快"。

名片代替信函使用时,往往有不同的使用方法和注意事项。

(1)充当礼单　以私人身份向他人馈送礼品时,可将本人的社交名片充当礼单,置于礼品包装之内。但最好是将其装在一个与名片大小相当的信封里,信封上写收礼者姓名,信封可以不封口。名片上可根据实际情况简单留言。

(2)介绍相识　如欲向自己相识之人介绍某人,亦可使用名片。具体做法是:

在自己名片的左下角写上“p. p.”,然后在后面附上被介绍人的名片,并由被介绍人交给对方,或直接邮寄给对方。在把名片交给被介绍人之后,应当先用电话告诉对方:有人将拿着自己的名片去见对方,否则就会使对方有点摸不着头脑,而被介绍者也会因为对方没接到任何通知而感到尴尬。

(3)简短留言　如拜访某人而没有见到,或需要向某人传达某事而对方不在时,可留下自己的名片,并在名片上简单写上具体事由,然后委托他人转交。

(4)拜会他人　在初次前往他人工作单位或私人居所进行正式拜访时,可先把本人名片交于对方的门卫、秘书或家人,然后由其转交给拜访之人,意即“我是×××,我可以拜访您吗?”,对方确认了拜访者的身份后,再决定双方是否见面。

3.4.5 名片的交换

名片的交换是名片礼仪中的核心内容,如何交换名片,往往是其个人修养的一种反映,也是对交往对象尊重与否的直接体现,因此交换名片务必要遵守一定之规。

1. 携带名片

参加正式的社交活动时,应随身携带自己的名片,以备交往之用。名片的携带应注意以下三点:

(1)足量适用　携带的名片一定要数量充足,确保够用。所带名片要分门别类,根据不同交往对象使用不同名片。

(2)完好无损　名片要保持干净整洁,切不可出现折皱、破烂、肮脏、污损、涂改的情况。

(3)放置到位　名片应统一置于名片夹、公文包或上衣口袋之内,在办公室时还可放于名片架或办公桌上,切不可随便放在钱包、裤袋之内。放置名片的位置要固定,以免需要名片时东找西寻,显得毫无准备。

2. 递交名片

在递交名片时,要注意以下几个要点:

(1)观察意愿　除非自己想主动与人结识,否则名片务必要在交往双方均有结识对方并欲建立联系的意愿的前提下发送。这种愿望往往会通过“幸会”“认识你很高兴”等一类谦语以及表情、体姿等非语言符号体现出来。如果双方或一方并没有这种愿望,则无须发送名片,否则会有故意炫耀,强加于人之嫌。

(2)把握时机　发送名片要掌握适宜的时机,只有在确有必要时发送名片,才会令名片发挥功效。发送名片一般应选择初识之际或分别之时，不宜过早或过迟。不要在用餐、跳舞之时发送名片，也不要在大庭广众之下向多位陌生人发送名片。

(3)讲究顺序 双方交换名片时，应当首先由位低者向位高者发送名片，再由后者回复前者。但在多人之间递交名片时，不宜以职务高低决定发送顺序，切勿跳跃式进行发送，甚至遗漏其中某些人。最佳方法是由近而远，或由外而里，按顺时针或逆时针方向依次发送。

(4)先打招呼 递上名片前，应当先向接受名片者打个招呼，令对方有所准备。既可以先作一下自我介绍，也可以说声“对不起，可否与您交换一下名片?”之类的提示语。

(5)表现谦恭 对于递交名片这一过程，应当表现得郑重其事。要起身站立，主动走向对方，面含微笑，上身前倾15°左右，以双手持握名片，举至胸前，并将名片正面面对对方，同时说声：“请您多多指教”“欢迎光临”等礼节性用语，切勿以左手持握名片。递交名片的整个过程应当谦逊有礼，郑重大方。

3.接受名片

接受他人名片时，主要应做到以下几点：

(1)态度谦和 接受他人名片时，不论有多忙，都要暂停手中一切事情，并起身站立相迎，面含微笑，视具体对象，使用双手或单手接过名片。如果用单手，最好用右手，而不得使用左手。

(2)认真阅读 接过名片后，先向对方致谢，然后至少要用一分钟时间将其从头至尾默读一遍，遇有显示对方荣耀的职务、头衔不妨轻读出声，以示尊重和敬佩。若对方名片上的内容有所不明，可当场请教对方。

(3)精心存放 接到他人名片后，切勿将其随意乱丢乱放、乱揉乱折，而应将其谨慎地置于名片夹、公文包、办公桌或上衣口袋之内，且应与本人名片区别放置。

(4)有来有往 接受了他人的名片后，一般应当即刻回敬对方一张自己的名片，如果没有名片、名片用完了或者忘记带名片时，则应向对方作出合理解释并致以歉意，切莫毫无反应。

4.索要名片

依照惯例，最好不要直接开口向他人索要名片。但若想主动结识对方或者有其他原因有必要索取对方名片时，可采取下列办法。

(1)互换法 即以名片换名片。在主动递上自己的名片后，对方按常理会回给自己一张他的名片。如果担心对方不回送，可在递上名片时言明此意：“能否有幸与您交换一下名片?”

(2)暗示法　即用含蓄的语言暗示对方。例如,向尊长索要名片时可说:“请问今后如何向您请教?”向平辈或晚辈表达此意时可说:“请问今后怎样与您联络?”面对他人的索要,一般不应直接加以拒绝。如确有必要这么做,则需注意分寸。最好向对方表示自己的名片刚用完,或者说自己忘记带名片。但若自己手里正拿着名片或刚与他人交换过名片,显然不能以此为理由。

3.5 言谈礼仪

言谈礼仪是指人们在交谈中所应该注意的礼节、仪态,它是个人形象塑造的重要组成部分。社交场合中言谈是最为重要的沟通手段,是双方信息沟通的桥梁和思想感情交流的渠道,在人际交往中占据着最基本、最重要的位置。言谈作为一种表达方式,能随着时间、场合、对象、气氛的不同,表达出各种各样的信息和丰富多彩的思想感情,具有不可替代的重要作用。若想通过言谈达到交流的预期目的,必须掌握言谈中的一些基本规则和技巧。

3.5.1　言谈的作用与原则

在学习言谈技巧之前,有必要先了解言谈的作用与原则。

1.作用

在社交场合,言谈起着交流信息、沟通感情,增长知识的重要的作用。

1)言谈是交流信息和表达思想情感的重要工具

言谈作为一种社会现象,是和人类的劳动、生活、交际活动一起发展起来的。尽管有正常发音系统的人都能开口说话,然而效果却大不一样。所谓“酒逢知己千杯少,话不投机半句多”,恰好说明了言谈的优劣直接决定着言谈的效果。与人进行一次成功的谈话,不仅能获得知识和信息,而且会得到精神的愉悦和满足。否则,会影响自身形象,甚至令人生厌。

2)言谈是建立良好人际关系的重要途径

言谈是连接人与人之间思想感情的桥梁,是增进友谊、加强团结的一种动力。在相互的交谈中,彼此之间不断深化了解,由认识到熟悉到成为知己,使自己的社交面越来越广,逐渐建立起丰富的人脉关系,痛苦有人与你分担,欢乐有人与你分享。

3)言谈是学习知识和增长才干的重要方式

善于同有思想、有修养的人交谈,能学到很多有用的知识,“与君一席谈,胜读十年书”,就是对言谈作用最好的总结。英国文豪萧伯纳曾说过:“你有一个苹果,我有一个苹果,我们彼此交换一下,一人还是一个苹果;你有一个思想,我有一个思想,我们彼此交换一下,一个人就拥有两个思想。”可见,广泛地交谈可以使人见贤思齐,增强认知能力及处理问题和解决问题的能力。

由此可见,掌握交谈的礼仪要求,提高交谈的语言艺术,对于提升自身素养,融入社交场合,具有极其重要的作用。

2.言谈的原则

社交场合的交谈,应掌握基本的原则。

1)相互尊重的原则

交谈是双方思想感情交流的双向活动,要取得满意的交谈效果,就必须顾及对方的心理需求。交谈中,来自对方的尊重是任何人都渴望得到的。交谈双方无论地位高低、年纪大小、长辈晚辈,在人格上都是平等的。所以,谈话时,要把对方作为平等的交流对象,在心理上、用词上、语调上,体现出对对方的尊重。尽量使用敬语、谦语等礼貌语,尤其是谈到自己时要谦虚,谈到对方时要尊重。

2)真诚坦率的原则

真诚是做人的美德,也是言谈的原则。交谈双方态度要认真、诚恳,有了直率诚笃,才能有融洽的交谈环境,才能奠定言谈成功的基础。应该认真对待交谈的主题,双方坦诚相见,直抒胸臆,恰当委婉地表达各自的观点和看法。真心实意的交流是自信的展示,也是彼此信任的表现,只有用自己的真情与对方进行感情的共鸣和互动,言谈才能取得满意的效果。

3.5.2　言谈的语言要求

通过言谈达到交流的预期目的,应以“礼”取胜。优雅的言谈,要注意以下几点。

1.语言要文明

作为有教养的人,在交谈中,一定要使用文明语言,杜绝采用以下用语。

(1)荤话　把绯闻、色情、“荤段子”挂在嘴边,只会显得趣味低级。

(2)气话　说话时意气用事,发牢骚,口不择言或指桑骂槐,很容易伤害人、得罪人。

(3)怪话　说话怪声怪气、黑白颠倒，让人难生好感。

(4)黑话　一说话就显得匪气十足，令人反感、厌恶并生戒备之心。

(5)脏话　不骂人就不会说话，非但不文明，而且自我贬低，十分无聊。

(6)粗话　动辄口中吐出“老头儿”“老娘们”“小妞”等称呼，显得有失身份。

2.语言要礼貌

在社交场合应多使用敬语、谦语、雅语等礼貌用语。

1)敬语

敬语主要指的是在人际交往活动中蕴涵着的对他人表示敬重、礼让、客气等内容的语言表达方式。敬语是谈吐文雅的重要体现，是展示谈话人风度和魅力的必不可少的基本要素之一，是尊重他人并获得他人尊重的必要条件，是人际交往达到和谐融洽境界的推动因素。如第二人称中的“您”字，代词“阁下”“尊夫人”“贵方”等。

敬语使用的场合是：①比较正规的社交场合。②与师长或身份、地位较高的人的交谈。③与人初次打交道或会见不太熟悉的人。④会议、谈判等公务场合等。

2)谦语

谦语亦称“谦辞”，它与“敬语”相对应，是向人表示自谦的一种词语。谦语常用的方法是在别人面前谦称本人或自己的亲属。例如，称自己为“愚”“敝”“小”，称家人为“家严”“家慈”“家兄”等。自谦和敬人，是一个不可分割的统一体。尽管日常生活中谦语使用不多，但其精神无处不在。只要你在日常用语中表现出你的谦虚和诚恳，人们自然会尊重你，所谓“敬人者，人恒敬之”。

3)雅语

雅语是指一些比较文雅的词语，常在一些正规的场合以及一些有长辈和女性在场的情况下，被用来替代那些比较随便、甚至粗俗的话语。在待人接物中，如果你正在奉茶招待客人，应说：“请用茶”。如果用点心招待，可以说“请用点心”。假如你先于别人结束用餐，应向其他人打招呼说：“请大家慢用。”雅语的使用不是机械的、固定的，要善于随机应变。只要你的言谈举止彬彬有礼，人们就会对你的个人修养留下较好的印象。

4)常用礼貌用语

礼貌是人们在频繁的交往中彼此表示尊重与友好的行为规范，礼貌用语则是尊重他人的具体表现。在社交场合中，礼貌用语十分重要。多说礼貌用语不仅表示尊重别人，而且表明自身修养；多用礼貌用语，不仅有利于双方融洽气氛，而且有益于交际。常用的礼貌用语包括书面化的礼貌用语和口语化的礼貌用语两种。

(1)书面化的礼貌语。

初次见面应说:幸会	看望别人应说:拜访
等候别人应说:恭候	请人勿送应用:留步
对方来信应称:惠书	麻烦别人应说:打扰
请人帮忙应说:烦请	求给方便应说:借光
托人办事应说:拜托	请人指教应说:请教
他人指点应称:赐教	请人解答应用:请问
赞人见解应用:高见	归还原物应说:奉还
求人原谅应说:包涵	欢迎顾客应说:光顾
老人年龄应说:高寿	好久不见应说:久违
客人来到应用:光临	中途先走应说:失陪
与人分别应说:告辞	赠送作品应用:雅正

(2)口语化的礼貌语　口语化的礼貌语包括“请”“谢谢”“对不起”“你好”“再见”等。

①“请”字开路。不论在欧美国家,还是在中国,日常生活中“请”字不绝于耳。当一个人需要别人帮忙时,总是“请”字开路。当要从人群中穿过时,要说“请让一下”;当坐汽车嫌空气闷热时,要说“请开一下窗户”;当乘车要在中途下车时,要说“请停一下车”;当上下火车时,乘务员要对乘客说“请出示您的车票”。在机场,海关人员要对旅客说“请出示您的护照”。在饭店,顾客要对服务员说“请你给我一杯咖啡”或“请你给我来一份牛肉面”;服务员要对顾客说“请稍等”“请买单”。在旅店,旅客对服务员说“请给我一个单人间”;服务员会对旅客说“请办理住店手续”。在商店,顾客会对营业员说“请给我一瓶纯净水”“请递给我那把蓝色的太阳伞”;营业员会对顾客说“请走好,欢迎再次光临”。总之,不管何时何地,也不管何人何事,只要你需要别人帮忙时,必须“请”字开路。

②“谢谢”压阵。凡是他人给你服务、做事和帮忙,无论对你的帮助是大是小,都要真诚地说声“谢谢”。当顾客买到称心如意的东西时要说声“谢谢”。售货员对付款的顾客要说声“谢谢”。服务员为就餐者送来一杯咖啡时,就餐者要说“谢谢”。而旅客付给服务小费时,服务员也要说声“谢谢”。在海关、车站、码头,当旅客应要求出示证件后,工作人员都要说“谢谢”。在学校,学生回答问题后,老师要说“谢谢”。在街上,向人问路后要说“谢谢”。到亲友家做客,当主人端来咖啡或茶时,要说“谢谢”。甚至家庭成员之间,包括长辈请求晚辈帮个忙,同样也要说“谢谢”。当人们称谢时,接受者也要用“不用谢”“别客气”“没关系”“这算不了什么”等礼貌用

语回敬，以示尊重对方。

③“对不起”不离口。无论何时何地因何事打扰别人，都必须说声“对不起”。当一个人要经过别人的面前时，要说“对不起”。在公共汽车上，不小心踩了别人的脚，要说“对不起”。在提前离开宴会时要说“对不起”。在公共场合，无意之中打了个饱嗝、喷嚏、哈欠时要说“对不起”。在中途离开会议时要说“对不起”。约会、上课、上班迟到了要说“对不起”。当一方说“对不起”时，另一方也应用“别客气”“没关系”“请便”之类的礼貌用语来应答，以示相互尊重与谅解。

④“你好”天天讲。根据具体时间可演变为“上午好”“下午好”“晚上好”“晚安”之类的问候语。新知故友和街坊四邻相遇时，要相互打招呼，同事之间每天在办公室见面时要相互问候，同学之间在学校碰面时要相互问候一声，甚至家庭成员在早晨见面和晚上睡觉前都要相互道一声早安或晚安。

⑤“再见”告别说。再见是一句道别的礼貌语。在交谈结束之时、与人作别之际，主动地道上一句“再见”，可以表达惜别之意与恭敬之心。

除此之外，口语化的礼貌语还包括：

拜托语：请您多关照、您受累了、麻烦您了。

赞赏语：太好了、真棒、美极了！

挂念语：身体好吗？怎么样了？近来好吗？

祝福语：托您的福、一路平安、寿比南山，福如东海。

祝贺语：祝你节日愉快、恭喜、恭贺、恭祝。

征询语：您有什么事情？需要我帮您做什么？如果您不介意的话，我可以进来吗？

婉谢语：很遗憾，不能帮您的忙；谢谢您的好意，但我还有许多工作。

3.语言要准确

在交谈中，语言必须准确，否则不利于各方之间的沟通和交流，需要注意的问题主要有：

1)发音准确

交谈之中，要求发音准确，其含义有三：一是发音要标准。不能读错音、念错字，让人见笑或误会。二是发音要清晰。要令人听得一清二楚，而不是口齿不清、含含糊糊、模棱两可。三是音量要适中。音量过大令人震耳欲聋，过小则让人听来费劲，都不合适。

2)语速适度

语速，即讲话的速度。在讲话时，对其应加以适当控制，使之保持匀速，快慢适中。交谈过程中,语速过快、过慢或忽快忽慢,都会影响谈话的效果。

3)语气谦和

在交谈中,讲话的口气一定要亲切谦和、平等待人。不要端架子、摆派头,不要以上压下、以大欺小、官气十足、倚老卖老、盛气凌人,也不要随便教训和指责别人。

4)内容简明

交谈时,应力求言简意赅、简单明白、节省时间、少讲废话。不要没话找话、短话长说、啰里啰唆、废话连篇、节外生枝、任意发挥、不着边际,让人听起来不明不白。

5)少用土语

交谈对象若非家人、乡亲,则最好在交谈之中不采用对方有可能听不懂的方言、土语。那样做,就是对对方不尊重。在多方交谈中,即便只有一个人听不懂,也不要采用方言、土语交谈,以免使此人产生被排挤和受冷落之感。

6)慎用外语

在国内一般性质的交谈中,应当讲中文,并且要讲普通话。若无外宾在场,则最好慎用外语。与国人交谈时使用外语,并不能证明自己水平高,反而有卖弄招摇之嫌。

3.5.3 言谈中对话题的要求

1.宜谈的话题

在交谈之中,以下五类话题都是适宜选择的:

1)既定的主题

既定的主题,即交谈双方业已约定,或者其中某一方先期准备好的主题。例如求人帮助、征求意见、传递信息、讨论问题、研究工作等一类的交谈,往往都属于主题既定的交谈。选择这类主题,最好双方事先商定,至少也要得到对方的认可,它多适用于正式交谈。

2)高雅的主题

高雅的主题,即内容文明、优雅,格调高尚、脱俗的话题。例如文学、艺术、哲学、历史、考古、地理、建筑等,都属于高雅的主题。它适用于各类交谈,但要求面对知音,忌讳不懂装懂,或班门弄斧。

3)轻松的主题

轻松的主题,即谈论起来令人轻松愉快、身心放松、饶有情趣、不觉劳累或厌烦的话题。例如文艺演出、流行时尚、美容美发、体育比赛、电影电视、休闲娱乐、旅游观光、名胜古迹、风土人情、名人轶事、烹饪小吃、天气状况,等等。它适用于非正式交谈,并允许各抒己见、任意发挥。

4)时尚的主题

时尚的主题,即以此时、此刻、此地正在流行的事物作为谈论的中心。此类话题适合于各种交谈,但其变化较快,在具体的把握上有一定难度。

5)擅长的主题

擅长的主题,是指交谈的双方,尤其是交谈对象有研究、有兴趣、有可谈之处的主题。须知话题选择之道,在于以交谈对象为中心。例如,与医生交谈,宜谈健身祛病;与学者交谈,宜谈治学之道;与作家交谈,宜谈文学创作;等等。选择谈话双方都擅长的主题适用于各种交谈,但忌讳以己之长对人之短,否则话不投机半句多。因为交谈是意在双向交流的谈话,故不可只有一家之言,否则难以形成共鸣。

2.忌谈的话题

在各种交谈之中,有下列主题忌谈。

1)个人隐私

个人隐私,即个人不希望他人了解之事。在交谈中,若双方是初次交往,则有关对方的年龄、收入、婚恋、家庭、健康、经历等一类涉及个人隐私的主题,切勿加以谈论。

2)捉弄对方

在交谈中,切不可对交谈对象尖酸刻薄、油腔滑调、乱开玩笑、口无遮拦,要么挖苦对方之短,要么调侃取笑对方,成心要让对方出丑或是下不了台。俗话说:伤人之言,重于刀枪剑戟。以此类捉弄人的主题为中心展开交谈,定将损害双方关系。

3)非议旁人

有人极其喜欢在交谈之中传播闲言碎语、制造是非、无中生有、造谣生事,非议其他不在场的人。其实,人们都知道,来说是非者,必是是非人。非议旁人,并不证明自己待人诚恳,反倒证明自己缺乏教养,是搬弄是非之人。

4)倾向错误

在谈话之中,涉及倾向错误的主题,例如违背社会伦理道德、生活堕落、思想反动、政治错误、违法乱纪之类的主题,亦应避免。

5)令人反感

有时,在交谈中因为不慎,会涉及一些令交谈对象感到伤感、不快的话题,以及令对方不感兴趣的话题,这就是所谓令人反感的主题。不幸碰上这种情况出现,应立即转移话题,必要时要向对方道歉,千万不要没有眼色,将错就错、一意孤行。这类话题,常见的有凶杀、惨案、灾祸、疾病、死亡、挫折、失败等。

3.5.4　言谈中对声音的要求

声音在言谈中的地位相当重要,言谈情感的表现主要集中在有声语言上,以声达意,以声传情。言谈礼仪要求人们在讲话时要用富有魅力的声音,给人以美的享受。要使自己说话的声音充满魅力,起码要做到两点:一要关注自己说话的声音。二要持之以恒地有意识地练习自己说话的声音,同时应注意以下几个方面。

1)音量不宜过高

讲话时声音不宜过高,太大的音量容易使你成为交谈中气势逼人的角色,也容易让人反感。音量大到让人听清即可,明朗、愉快的语调最吸引人,放低声音比提高嗓门或声嘶力竭听起来更让人感到舒适。所以语调偏高、音尖的人应该设法练习变低声调。

2)音量不宜过低

声音太低、太弱也不易让人听清楚,容易造成误听等障碍;音量太小也会使你显得不够自信与权威,容易被人忽视。而且讲话要用自己真实的声音,不能娇声娇气、假声假气、嗲声嗲气。

3)说话的语调要柔和

在社交场合,谈吐语气要柔和。在讲话时保持抑扬顿挫的音调,要让人觉得自己对正在交谈的话题很有兴趣。要尽可能避免粗犷尖硬的语调,要以理服人,而不是以声势压人,心平气和更能诚服于人。当然,也不能用平淡乏味的声音进行交谈,这会让人产生昏昏欲睡的感觉。

4)说话的速度要适中

讲话时,要依据实际情况的需要及时调整快慢,讲话速度最好不要过快(特别是有分量的谈话内容),应尽可能娓娓道来,给人留下稳健郑重的印象,也给自己留下思考的余地。说话时速度也不能过慢,否则与你交谈的人就会失去耐心和兴趣。

3.5.5 言谈的方式

交谈的方式，即人们在与他人进行交谈时所采用的具体的形式。交谈方式的选择恰当与否，对于能否正确进行人际沟通、恰当表达个人思想、友善传递敬人之意都起着相当关键的作用。

1.倾泻式交谈

倾泻式交谈，就是人们通常所说的"打开天窗说亮话"。无所不言，言无不尽，将自己的所有想法和见解统统讲出来，以便让对方较为全面客观地了解自己的内心世界。倾泻式交谈方式的基本特征是以我为主，畅所欲言。采用倾泻式交谈方式，易赢得对方的信任，而且可以因势利导地掌握交谈主动权，控制交谈走向。但此种交谈方式会给人以不稳重之感，有可能泄密，而且还会被人误以为是在和对方"套近乎"。

2.静听式交谈

静听式交谈，即在交谈时有意识地少说多听，以听为主。当别人说话时，除了予以必要的配合，自己主要是洗耳恭听，在听的过程中努力了解对方思路，理清头绪，赢得时间，以静制动。静听式交谈的长处在于它既是表示谦恭之意的手段，亦可后发制人，变被动为主动。但此种方式并非要人自始至终一言不发，而要求以自己的片言只语、神情举止去鼓励、配合对方。否则就会给人以居官自傲、自命不凡之感。

3.启发式交谈

启发式交谈，即交谈一方主动与那些拙于辞令的谈话对象进行合作，在话题的选择或谈话的走向上对对方多方引导、循循善诱，或者抛砖引玉，鼓励对方采用恰当方式阐述己见。在采用此种交谈方式时，切勿居高临下，企图以此控制对方，也不可存心误导、愚弄对方。

4.跳跃式交谈

跳跃式交谈，即在交谈中，倘若一方或双方对某一话题感到厌倦、不合时宜、无人呼应或难以回答时，及时地谈论另外一些较为适当的、双方都感兴趣的话题。跳跃式交谈的长处在于可使交谈者避免冷场的尴尬，使交谈能够顺利进行。跳跃式交谈虽可对交谈话题一换再换，但交谈者切勿单凭个人兴趣，频繁跳换话题，让对方无所适从。要使双方处于平等的地位，共同选择适当的内容。

5. 评判式交谈

评判式交谈，即在谈话中听取了他人的观点、见解后，在适当时刻，以适当方法，恰如其分地进行插话，来发表自己对此问题的主要看法。此种方式的主要特征是在当面肯定、否定或补充、完善对方的发言内容。在涉及根本性、方向性、原则性问题的交谈中，有必要采取评判式方式。采用这种方式的关键是要注意适时与适度，同时要重视与对方彼此尊重、彼此理解、彼此沟通。切不可处处以“仲裁者”自居，不让他人发表意见，或是不负责任地信口开河，对他人见解妄加评论，甚至成心与他人唱反调，或粗暴无礼地打断别人的谈话。

6. 扩展式交谈

扩展式交谈，即围绕着大家共同关心的主题，进行由此及彼、由表及里的探讨，以便开阔思路、加深印象、提高认识或达成一致。扩展式交谈的目标在于使各方各抒己见，交换意见，以求集思广益。扩展式交谈方式能使参与交谈的有关各方统一思想，达成共识，或者交换意见，完善各自观点。在进行扩展式交谈时，一定要注意就事论事，以理服人，善于听取他人意见，切不可自命不凡、强词夺理。

3.5.6　言谈中应掌握的技巧

在一切使人喜悦的艺术中，说话的艺术占第一位，只有通过它才能使被钝化的感官获得新的乐趣。言谈礼仪就是通过优化语言来提高表达效果的，这就是言谈技巧。其具体方法可因人、因时、因地而异，主要有：委婉法、幽默法、模糊法和暗示法。

1. 委婉——含蓄、智慧之光

委婉是一种既温和婉转又能清晰明确地表达思想的谈话艺术。它的显著特点是“言在此而意在彼”，能够诱导对方去领会你的谈话，去寻找言外之意。从心理学的角度来看，委婉含蓄的话，不论是提出自己的看法还是劝说对方，都能比较适应对方心理上的自尊感，使对方容易赞同、接受你的说法。

下面的几个例子就是同一种意思的两种表达方法。

谁？——哪一位？

不来！——对不起，不能来。

不能干！——对不起，我不能做。

什么事？——请问您有什么事？

如果不行就算了。——如果您觉得为难的话，那就不麻烦您了。

这些话，意思差不多，但是说法稍有不同，给人感觉却大不一样，前者过于直白唐突，后者则委婉动听了许多，让人很容易接受。

2.幽默——机敏、修养的代表

幽默是在一定的语言条件下，通过语言反常组合来实现的。它是一个人智慧的展示，充满着敏锐、机智、友善和诙谐。幽默有折射与引申、有喻世的针砭和讽刺，让人在笑声中反省自己，感悟真谛，启迪心智，融洽气氛。只有知识修养高、机智、聪慧的人才富有幽默感。要成为一个富有幽默感的人，必须要有自信、乐观、豁达、积极向上的性格；要有真诚善良、成人之美的品质和丰富渊博的知识。但要记住：幽默只是生活中的调味品和润滑剂，使用时亦应因时因地而异，在庄重或悲伤的场合，面对女士、上级及陌生人，应该谨慎使用。

3.模糊——精明的交际语言

模糊性是语言的基本特征之一。在自然语言中，句子所使用的词大部分是模糊词，如汉语中的概数词上下、左右、前后、多少、多日、多次等，副词马上、非常、刚刚、永远、略微等。时间名词拂晓、白天、黄昏、深夜、现在、过去等，都是模糊词。在言谈中对于非原则性的问题，使用模糊性语言有利于营造良好的交谈氛围，照顾交谈对象的情绪。

4.暗示——批评与提醒的最佳选择

暗示是一种信号化的刺激，表示"不公开地、隐蔽地给人以启示"。从社会心理学角度来看，暗示是在无对抗的条件下用含蓄、间接的方法对人的心理和行为产生影响。暗示法是通过语言、行为或其他符号把自己的意向传递给他人，并引起反应的方法。如某处挂一标牌："此处放自行车将被放气拔气门芯"，用幽默的语言暗示人们此处不能存放自行车。暗示法可以通过人的语言、表情来施授，也可以通过情境（视觉符号、声音符号）施授。暗示法是交际语言中行之有效的艺术。

3.5.7 言谈中的禁忌

成功的交谈是建立良好人际关系的重要保证。我们提倡更有效的交谈，提倡交谈艺术，首先要做到的就是不能误入"雷区"。否则，会引起他人的反感、排斥，不利于交往。所以，掌握交谈礼仪，注意以下交谈禁忌非常重要。

1）恶语伤人

在社交活动中，不应说气话、过激话、影射的话甚至脏话，否则，前期做了再多的铺垫，此时亦前功尽弃，交往对象会认为你没有素质，没有和你继续往来、合作的意愿。

2)传播小道消息

社交活动中,他人的私生活、没有正式披露的消息,都不应主观臆断,妄下结论,并以此作为谈资。

3)说话高高在上

不管你身份有多高、背景有多硬、资历有多深,在交往中,都必须放下架子,平等地与他人交谈,切不可给人以高高在上、目中无人的感觉,更不能以训斥的口吻说话。

4)过于卖弄自己

夸海口、说大话、吹牛皮的人,常常是外强中干的人,而且他们的目的只不过是为了引起大家的关注,以满足自己的虚荣心。交往贵在讲求诚信,自己不能办到的事情,胡乱吹嘘,会有华而不实的印象。卖弄自己,显示自己才华横溢,知识渊博,对方会有相形见绌的难堪,这也不利于交往。

5)心神不宁

当你听他人说话时,思想要集中,不要左顾右盼,心不在焉;或者面带倦容、呵欠连天、搓手跺脚、接听电话,让人觉得你对这次的谈话不感兴趣。

6)不良仪态

挠头摸脑、手中摆弄东西、用手指点别人、抖动腿部、挖鼻孔、揉鼻子、挖耳朵、剔牙、打哈欠、伸懒腰、倚靠墙或门站立,站时手插在上衣或裤子口袋里,说话时不看对方、坐时躺靠在椅背上,边说话边干其他事,离对方太近,等等。

7)嘲弄对方

他人在谈话时出现了失误或者不妥,不应嘲笑,特别是在人多的场合尤其不能这样,否则会伤害对方的自尊心,从而对你产生反感。

8)不给对方讲话机会

有些人讲话不看对象,不管对方是否喜欢听,只是自己不停顿、不间断地说,不给他人插话参与交谈的机会。甚至在他人说话的时候,总是打断对方抢话说。

9)反驳对方观点

每个人对事物都有不同的见解,可能他人说的话不一定都正确、客观,只要不是原则性错误,则没有必要直接反驳,否则会使人觉得没面子而恼羞成怒。即使有争辩,也应尽可能礼让对方。

10)轻易下断言

有时交谈的问题较为复杂,各自都有自己的观点,一定要把对方的话听完,再发表意见。千万不要只听开头,就急着解释他人提出的问题,即使你对这些问题比较了解,也要等对方把话讲完,这既是基本礼貌,也是为了全面了解对方的意见。

11)冷场

冷场是交谈中让人非常尴尬的事情,特别是对于来访者来说,冷场就像给人脸色看一样使人坐立不宁。不论交谈的主题与自己是否有关,自己是否有兴趣,都要热情投入、积极配合。万一因他人原因导致冷场,应该努力"救场",转移旧话题,引出新话题。如果有冷场的情况,接待者一定要积极寻找话题。

12)过度关注部分人

交谈中,如果交谈对象是多人,千万要注意尽可能均衡地照顾到对方的每一个人,不要只关注其中部分人而冷落了其他人。即使其他人不重要,也要用适当的方式表示你很在意他们。比如用一个话题唤起大家的兴趣,让每个人都发表自己的意见,用眼神和其他人做停顿式交流,即用自己的眼神关注对方的眼神几秒钟,而不是简单的扫视。

3.5.8 做一个好的倾听者

英国政治家丘吉尔说:"所谓勇气,需要挺身直言;所谓勇气,也需要静坐倾听。"倾听是对别人最好的尊敬。专心地听别人讲话,是你所能给予别人的最有效、也是最好的赞美。不管说话者是上司、下属、亲人或者朋友,倾听的功效都是同样的,甚至超出了你的能言善辩。

1)要有良好的精神状态

良好的精神状态是保证倾听质量的重要前提,如果沟通的一方萎靡不振,是不会取得好的倾听效果的,只能使沟通质量大打折扣。要努力维持大脑的警觉,而保持身体警觉则有助于使大脑处于兴奋状态。

2)及时用动作和表情给予呼应

谈话时,应善于运用自己的姿态、表情、插入语和感叹词。如微笑、点头等动作和表情给予呼应,会使谈话更加地融洽。

3)使用开放性动作

开放性动作是一种信息传递方式,代表着接受、容纳、兴趣与信任。这会让说话者感到你已经做好准备，积极适应他的思路，理解他所说的话，并给予及时的回应。它传达给他人的是一种肯定、信任、关心乃至鼓励的信息。

4)必要的沉默

沉默是人际交往中的一种手段，它看似一种状态，实际蕴含着丰富的信息。它就像乐谱上的休止符，运用得当，则含义无穷，真正可以达到“此时无声胜有声”的效果。但沉默一定要运用得当，不可不分场合，故作高深而滥用沉默。而且，沉默一定要与体态语相辅相成，才能获得最佳的效果。

5)适时适度的提问

适时适度地提出问题是一种倾听的方法，它能够给讲话者以鼓励，有助于双方的相互沟通。

总之，倾听需要做到耳到、眼到、心到。当你通过巧妙的应答把别人引向你所需要的方向或层次，你就可以轻松掌握谈话的主动权了。

本章小结

本章主要介绍了日常社交场合的称呼礼仪、介绍礼仪、握手礼仪、名片礼仪和言谈礼仪，从时机、场合、对象、方式、禁忌等方面提出了具体的礼仪要求。这些日常礼仪时时处处体现在我们的社交活动中，只有认真学习并灵活运用，才能够成为彬彬有礼、被人尊重、受人欢迎的人。

思考与练习

实训题1.在一次商务谈判中，请你(第三方)介绍主方总经理(男)与客方女秘书认识。

实训题2.在一次周末沙龙上，请你为两名女士做介绍，一名已婚，一名未婚。

实训题3.在一次业务活动中，请你(第三方)为主方总经理(男)与客方业务科长(男)做介绍，双方皆有名片，要相互递送。

实训题4.在一次联谊舞会上，请你(第三方)为客方总经理(男)介绍舞伴。

实训题5.请你用5分钟的时间演讲，说明言谈在交际中的重要性。要求脱稿、使用普通话、流畅、准确、语速适中。

实训题6.请以你的同学为对象，运用所学的话题开启技巧，让他(她)在你面前“自如、畅快的倾吐”。(交流对象:陌生异性、同性;熟悉同性、异性)

案例分析

案例一:礼仪创造成功的机会

夏日炎炎,章老师带领学生前往青山集团实习。青山集团李总是章老师的大学同学。工作人员为每位同学倒开水,其间有位女生表示自己只喝绿茶,学生在有空调的大会议室坐着,坦然接受工作人员的服务,几乎没有人对服务人员道谢。当李总办完事情回来后,因迟到向学生表示歉意,学生中则无人应答,有的左顾右盼,有的窃窃私语。当工作人员送来笔记本,李总亲自逐一双手递送给学生时,学生们大多单手随意接过,没有起身、没有点头示意,也没有致谢。只有林山同学起身双手接过工作人员递过来的茶和老总递来的笔记本时客气地说了声:"谢谢您,辛苦了!"最后,只有林山收到了这家公司的录用通知。有的同学很疑惑甚至不服:"他的成绩并没有我好,凭什么让他去而不让我去?"章老师说:"我给你们创造了同等的机会,是你们自己没有把握住,是你们自己在第一次面见李总时就放弃了机会。"

请问:

1. 什么原因致使这些同学失去机会?
2. 这些同学有哪些行为是不合乎日常礼仪的?

案例二:称"老外"让人不开心

一天,有位斯里兰卡客人来到南京的一家宾馆准备住宿。前厅服务人员为了确认客人的身份,在办理相关手续及核对证件时花费了较多时间。看到客人等得有些不耐烦了,服务人员便用中文跟陪同客人的女士解释,希望能够得到对方的谅解。谈话中,服务人员习惯性地用了"老外"这个词来称呼客人。谁料这位女士听到这个称呼后立刻沉下脸来,表示了极大的不满。原来这位女士不是别人,正是客人的妻子。见此情形,这位服务员立即赔礼道歉,但客人的心情已经大受影响,始终不能释怀,还对这家宾馆产生了不良印象。

(资料来源:付桂萍.做派:在商务活动中合乎情境地展示自己[M].长沙:湖南人民出版社,2013)

请问:

1. 本案例中的服务员有何不当之处?
2. 在社交场合应如何恰当称呼他人?

第4章

通 联 礼 仪

在这个飞速发展的时代，随着人际交往的日渐频繁，通联礼仪也显得尤为重要。通联礼仪是指人们在进行通讯、联络时所应遵守的基本行为规范，主要包括电话礼仪、书信礼仪、网络礼仪及馈赠礼仪等方面。遵守通联礼仪是维持良好人际关系的重要前提。

4.1 电话礼仪

在日常生活中，人们往往能够通过电话交流，就能大略判断对方的为人、性格等各方面特征，因而，掌握礼貌的接打电话方法，对于树立良好形象有很大的帮助。

4.1.1 办公电话

电话交流在现代社交活动中应用非常广泛，尤其是在商务往来中，办公电话使用文明用语，反映出职场人士的素质、严谨的工作作风及效率。无论是打电话还是接电话，都应做到语调热情、大方自然、声量适中、表达清楚、简明扼要、文明礼貌。

1.办公电话的接听礼仪

接听电话要遵循“响铃不过三”的原则。也就是说，要在电话铃响三声之内接起电话，不要故意延误。拿起听筒以后，不要再和周围人闲扯。接起电话后，应该主动“自报家门”。例如，接起电话后应该这样说“您好，我是×××公司×××，请问您找谁?” 在接电话时，切忌本人信息只字不提，只是一味地询问对方：“你叫什么名字?”“你是哪个单位的?”“你找谁?”这种做法会让对方极不舒服，也是没有礼貌的一种体现。

办公电话有时会接到打错的电话，遇到这种情况，首先应该仔细听清对方要找什么单位和什么人。如果确实打错了，应该询问对方要打的是什么号码，然后把本人的电话号码告诉对方。在接到打错的电话时，要有耐心。即使对方再三询问，也不要不耐烦。当接到打错的电话时，不能冲话筒嚷嚷“你找谁？你打错了！”，然后“啪”地一摔，挂上电话。

如果打来的电话刚好是找自己的，那么，按照正常的交谈礼仪与对方通话。当对方讲话时，要安静仔细地听，不要随意打断、纠正和补充对方。在倾听时，还应当时常说一两个字，比方说“好的”“知道”等。若是对方在说话时，自己这方没有任何反应，会令对方感到你没有用心听。当然，办公电话一定要随时做好电话记录。

办公电话接打中，一般由发话人先结束谈话。如果对方话还没讲完，自己便挂断电话是很不礼貌的。如果电话来得不是时候，自己正有事忙着，而对方谈兴甚浓，一时还不想挂断电话，则可以委婉地告诉对方：“真想和您多谈谈，可现在我有急事要处理，明天我打电话给您好吗？”等，这样既可以终止过长的谈话，也不会伤害另一方的情感。

2. 办公电话拨打需要注意的问题

首先，在主动拨打电话之前，先简要拟定电话内容，这样可以节省打电话的时间，同时这也是一个非常好的习惯。因为你并不知道接电话的人正在干什么，在通话之前做到心中有数，可以有效地节省时间，并能够提高电话沟通的效率。电话内容大致拟定好之后，应该做简单的寒暄，然后直奔主题，不要闲聊天，东拉西扯，偏离你要表达的主题。

其次，选择适当的通话时间。一般情况下，选择通话时间遵循“不在早上 8 点之前、晚上 10 点以后、三餐时间给他人打电话”。也就是说，白天应在 8 点以后（节假日最好在 9 点以后），夜间则要在 10 点以前，以免干扰受话人及其家人的睡眠；三餐时间免打电话主要考虑给对方一个舒心放松的就餐心情。

再次，查清对方的电话号码，正确拨号。万一拨错了，应向受话者表示歉意，不要一声不吭将电话挂断了事。拨号以后，如果只听铃响，没有人接，应耐心等待片刻，待铃声响六七次后再挂断。否则，如对方正巧不在电话机旁，匆匆赶来接时，电话已挂断了，这也是失礼的。

电话接通后，可以询问核实一下对方的号码或单位，然后再报出受话人的姓名。当对方询问本人姓名时，一般应告诉对方，如果自己不说，反问对方“你是谁”，是失礼的行为。万一受话人不在，而又不便说出自己的姓名时应该婉转地回答。比如说：“我是他（她）的朋友，我明天再打电话来吧。”

最后，控制通话时间。在用电话进行沟通的时候，一般应该把时间控制在 3 分钟以内，最长也不要超过 5 分钟。即便这一次沟通没有完全表达出你的意思，最好约定下次打电话的时间或面谈的时间，避免在电话中占用的时间过长。打电话时一定要态度友善、语调温和、讲究礼貌，从而有利于双方的沟通。切不可表现出粗鲁和暴躁的态度。谈话结束后，应该礼貌地向对方道一声“再见”“谢谢”，切忌贸然挂断电话。

4.1.2　移动电话

手机比固定电话更方便，机随人行。因此，随着人的身体可以自由移动的这类电话，我们就把它形象地称为移动电话。

1. 使用手机的 4 个要求

移动电话日益普及，成为人们随身必备、使用频繁的通信工具。在日常交往中，使用手机通信时应注意以下 4 个方面的礼仪规范。

1）手机的放置

手机的使用者，应当将其放置在适当之处。在正式的场合，切不可有意识地将其展示于人。比如，把它们握在手中、别在衣服外面、放在自己身边，或是有意当众对其进行摆弄。按照惯例，外出之际随身携带手机的最佳位置有两个：一是公文包里，二是上衣口袋之内。穿套装、套裙之时，切勿将其挂在腰带上，或是女性以一种很时尚的方式佩戴在手腕等处。

2）公众场合讲究公德

使用手机时一定要讲究社会公德，避免自己的行为骚扰到其他人。在要求安静的公共场所活动时，尽量不要使用手机，应使之静音或转为震动。需要与他人通话时，应寻找无人之处，避免当众大声接打电话。公共场所乃是公有共享之处，在那里最得体的做法是人人都要自觉保持肃静。在需要相对安静的公共场所里，手机铃声显得极不合时宜，在那种场合与他人进行当众通话，是对他人不尊重的一种表现，同时，公众也在排斥这类人。

在工作岗位上，应注意不使自己的手机有碍工作、有碍别人。在写字间里办公时，尽量不要让手机铃声过于洪亮。尤其是在开会、会客、上课、谈判、签约等重要活动时，必须自觉提前采取措施，将手机关闭或设置成静音震动状态。必要时，暂时将其关机，如遇重大事件，而自己又没有办法亲自接听电话时，可委托他人代为保管。

3)注重电话隐私

法律保护每个人的通信自由。但在通信自由之中,秘密性,即通信属于个人私事和个人秘密是其重要内容之一。使用手机时,对此亦应予以重视。一般而言,手机号码不宜随便告之于人。即便在名片上,也不宜包含此项内容。因此,不应当随便打探他人的手机号码,更不应当不负责任地将别人的手机号码转告他人,或是对外界广而告之。相同的原因,借用别人的手机,也应该在电话主人的视线范围内拨打电话。

4)手机使用中的安全性

使用手机时,对于有关的安全事项绝对不可马虎大意。在任何时候,都不可有碍自己或他人的安全。按照常规,在驾驶车辆时,不宜忙里偷闲,使用手机通话,否则有可能导致交通事故。乘坐客机时,必须自觉关闭本人随身携带的手机,因为它们所发出的电子信号,会干扰飞机的导航系统。在加油站或是医院里停留期间,也不宜开启手机,因为可能酿成火灾,或影响医疗仪器设备的正常使用。此外,在一切标有文字或图示禁用手机的地方,均须严格遵守关机的有关规定。

2.使用个性化铃声的注意事项

个性化的铃声越来越受到大多数人尤其是年轻人的喜爱,形成一种个性化手机铃声的潮流,这与电视报纸等媒体全方位大力宣传个性化铃声分不开。这些个性化铃声为生活增添了色彩,人们选择它无可非议。但是过于个性化的铃声应注意使用场合。在办公室和一些严肃的场合,不合适的铃声不断响起,对周围人是一种干扰。如果确实喜欢用,就应当适时将铃声调整到震动状态。现在很多公司都租用写字楼作为办公室,几十人在同一工作平台区工作,有些人的手机铃声怪异,当大家埋头工作时突然传出"你妈妈喊你回家吃饭!"等搞笑声音,这对于办公区的其他人来说是不小的干扰。设置个性化铃声应该注意以下问题。

1)铃声内容不能有不文明的内容

从铃声内容来说,不能有不文明的内容,否则会显得不雅,让拨打者尴尬。

2)铃声不能给公众传导错误信息

曾经发生这样一件令人啼笑皆非的事。一辆豪华旅游车里突然传出一阵急迫的呼救声"抓贼呀,抓偷手机的贼!"刚巧有巡逻此地的边防官兵经过,听到呼救声后,急忙将这辆旅游车拦住,官兵上车查看,根本没有偷手机的贼,乘客们全都在呼呼大睡,原来这"呼救"声是从一名熟睡的乘客手机里发出的。可想而知,如果这样的铃声到处都有的话,对公众秩序将造成极大的影响。

3)铃声要和身份相匹配

相对来说,过于个性化的铃声与年轻人的身份比较匹配,一些年长者或者有一定身份的人如果选择与自己身份不太匹配的铃声,会损害自己的形象。

4)铃声音量不能太大

无论是座机还是手机铃声,都不能调得过大,以离开座位 2 米可以听见为宜。在医院、幼儿园等场所,过大的铃声会对公众的听觉形成强烈冲击,实不可取。

3.不要用手机偷拍

目前,照相是手机的基本功能,不要因为拍得方便就随意拍照。在用手机拍照或者录像时,应该征得对方的同意。不要在车厢、剧院、餐馆等地方用手机对着他人拍照。如果对方允许你将拍照存于你的手机里,也不能未经对方同意将他(她)的照片转发给其他人欣赏,甚至到网络上广为传播。

4.2 书信礼仪

书信是一种向特定对象传递信息、交流思想感情的应用文书。“信”在古文中有音讯、消息之义,如“阳气极於上,阴信萌乎下”(扬雄:《太玄经·应》);另外,“信”也有托人所传之言可信的意思,不论是托人捎的口信,还是通过邮差邮递的书信,以及近年出现的邮寄录音带、录像带、电子邮件等都具有这种含义。

用语言文字向特定对象传递信息和进行思想感情交流的书信,一是有运用文字述说事情原委和表达自己思想感情的能力;二是具备相应的书写工具;三是有人进行传递。亲笔给亲戚朋友写信,不仅可以传达自己的思想感情,而且能给收信人以“见字如见面”的亲切之感。

4.2.1 书信程式与封文

我国历史文化悠久,人们的社会交往和思想感情交流,大多通过一定的礼仪形式和一定的文化活动方式来进行。在实际生活中,每个人都经常使用一系列的应用文,如传统的书信、名片、柬帖、启事、题诗、题词、对联等,再如现代的传真、特快专递、电子邮件等。这些应用写作包含着丰富的礼仪内容,具有中华民族浓厚的文化色彩。

书信由笺文和封文两部分构成。

完整的书信应该是笺文、封文俱全，并且将笺文装入写好封文的信封内，然后将口封好付寄。

笺文即写在信笺上的文字，也就是寄信人对收信人的称呼、问候、对话、祝颂等。笺文是书信内容的主体，书信的繁简、俗雅及其他方面的风格特征，几乎都由内容决定。

封文即写在信封上的文字，也就是收信人的地址、姓名和寄信人的地址、姓名等。封文是写给邮递人员看的，使邮递人员知道信从哪里来，寄往何处去。万一投递找不到收信人，还能将信退给寄信人。国内邮寄信函、国际邮寄信函与托人代转的信函，其封文有着不同的具体格式内容。封文的项目包括：

①收信人的地址；②收信人的姓名；③发信人的地址、姓名。

邮寄书信是将笺文封好投寄邮局进行传递的，因此，封文中的礼貌语言还涉及邮递员与收信人的关系。许多人习惯在收信人的名字之后加上私人关系称谓，如“某某某 父亲收”“某某某 爱妻收”，这是错误的用法。

封文中收信人姓名下的称呼不同于笺文中的称谓，它不是发信人对收信人的称呼，而是邮递员（送信人）对收信人的称呼。称呼的选用依收信人的社会职位而定。一般来讲，对无职衔的高龄尊长称“老先生”“女士”；对有职衔者可称职衔，也可称“老先生”或“先生”，对女性则称“女士”；对普通长辈及平辈，有职衔者可称职衔，也可称“同志”“先生”“女士”；对晚辈一般不称职衔，而称“先生”“女士”。

（1）国内邮寄信函　在交付邮寄的国内信函信封上，应先在左上角写清收信者所在地的邮编，然后另起一行书写收信者的详细地址。收信者姓名应以稍大字体书写于信封的正中央。信封的右下方，应写清寄信者的地址、姓名（有时可只写姓氏）以及邮编。

（2）国际邮寄信函　在交付邮寄的国际信函的信封上，收信者的姓名、地址和邮编应写在信封正面的中央偏右下方；寄信者的姓名、地址和邮编则应写在信封正面的左上方或信封背面的上半部。书写的具体顺序应是姓名、地址、邮编、国名。书写地址时应自小而大，与国内写法相反。书写时应尽量使各行文字左右对齐。

（3）邮编与邮票　为便于邮局作业，寄信人务必使用带有邮政编码的标准信封。书写要清晰工整，一字一格。直式信封的邮票应贴于信封的左上角，横式信封的邮票则应贴在右上角。

4.2.2　通信技巧

通信时，除了发信人在写信时要遵守书信程式以外，通信双方在写信、发信以及收信等具体环节上，均有许多技巧与规范应该掌握。

1.写信

在写信时，写信人应注意的主要问题是，要尽可能地使书信礼貌、完整、清楚、正确、简洁。因为这五点要求在英文里均以字母“C”开头，故而它们又被称为写信的“5C 原则”。

1)礼貌

写信时，写信人要像真正面对收信人一样，以必要的礼貌，向对方表达自己的恭敬之意。其中的一个重要做法就是要尽量多使用谦辞或敬语。例如，在信文前段称呼收信人时，可使用诸如“尊敬的”“敬爱的”一类的尊称词。对对方的问候必不可少，对对方亲友亦应依礼致意。在信文后段，还应使用规范的祝福语等。

2)完整

在写信时，为了避免传输错误信息，必须使书信的基本内容“按部就班”，完整无缺。例如，在信文中提到收到对方来信，或是在末尾落款时，不可一笔带过，而应准确到具体日期，一般要求写明几月几日，必要时还须写明何年何月何日何时。在书写封文时，双方的邮编不可缺少。另外，在书写收信人及发信人地址时，要力求完整，而不宜采用简称。唯有如此，方能确保书信被及时送达，或是因故被退还时不至于丢失。

3)清楚

书写信函时，必须使之清晰可辨。要做到这一点，须注意以下 4 点：①字迹应当清楚，切勿潦里潦草，乱涂乱改；②要选择耐折、耐磨、吸墨、不洇、不残、不破的信笺、信封，切勿不加选择，随意乱用；③要选用字迹清楚的笔具与墨水。在任何时候都不要用铅笔、圆珠笔、水彩笔写信，红色、紫色、纯蓝等色彩的墨水也最好别用；④要层次明、条理清、有头有尾。切勿天马行空，不知所云。

4)正确

在写信时，不论是称呼、叙事，还是遣词造句，都必须做到正确无误。在信中，不要出现错字、别字、漏字、代用字或自造字，也不要为了省事而用汉语拼音或外文替代不会写的字。

5)简洁

写信如同写作文一样,同样讲究言简意赅,适可而止。在一般情况下,写信应当言罢即止,切勿无休无止、空耗笔墨、浪费时间。当然应当避免书信走向另一个极端,过分地惜墨如金而使书信通篇冰冷乏味。

2.发信

写毕书信之后,写信者在准备寄发信件时还有一系列的事情要做。在发信之时,应遵循如下礼仪规范。

1)折叠

写好信文将信笺装入信封时,不可令其过大或过小。在折叠信笺时,既不要随手乱折,也没有必要上缠下绕,边角对插,过分神秘。

折叠信笺的常规方法有4种:一是先将信笺三等分纵向折叠,然后再将其横折,并令其两端一高一低。此法叫作"以低示已法",意在表示谦恭之意。二是在折叠信笺时,有意将收信人姓名外露。此法叫作"外露姓名法",可令收信人产生亲切感。三是先将信笺纵向对折,随即在折线处再往里卷折1～2厘米宽,最后再将其横向对折。此法叫作"公函折信法",多用于因公通信。四是将信笺先横向对折两次,然后再将其纵向折叠到可以装入信封之中的长度。此法称为"随意折叠法",适用于日常通信之时。

折好信笺,将其正式装入信封时,要注意的问题是:一定要将其推至信封的顶端,并且令其与信封的封口之处留有大约1厘米的距离。这样做的好处是,收信人将来拆阅书信时,因为发信人早已"留有余地",信笺便不易被"伤筋动骨",影响阅读了。

2)信件中的附件

有些时候,发信人在信封之内往往还要装入其他一些书信的附件。在处理这一问题时,应当注意三点。第一,要符合有关方面的具体规定。不要违规乱装违禁物品。第二,要保持信封的平整、美观。不要因所装附件过多,而令其膨胀不堪。第三,要向收信人交代明确。在信文之中,要对附件的数量写得一清二楚,必要时还可要求收信人"收到即告",免得对方"查无实据"。

3)邮资

通过邮局寄发的信件,应自觉按规定交付足够的邮资,不要缺资、欠资。需要自己在信封上贴邮票的话,将其端端正正地贴好,而切勿"见缝插针",随便乱贴邮票。贴一枚邮票时,按惯例应将其贴在信封正面(横式信封)右上角的指定之处。

在一般情况下,最好不要在一封信上贴多枚邮票。非得这么做时,则须将其一并贴在信封背面的封口之处。

4)封闭

根据现行的习惯做法,通过邮局寄达的信件,其信封必须一律封口。而托请他人代交的信件,其信封原则上不宜封闭。之所以要这样做,在前者,是为了恪守个人隐私,保障通信秘密;在后者,则主要是表示对托带者的信任与尊重。

3.收信

接到他人来信后,收信人在礼仪方面有下列 4 点需要注意。

1)收信守法

我国现行宪法中明文规定:“中华人民共和国公民的通信自由和通信秘密受法律保护。”任何扣留、私拆、偷阅他人信件的行为,都是触犯法律的。因此,在人际交往中接触书信,尤其是替他人收取书信时,要具有良好的法律意识,切勿违法,即使自己扣留、私拆、偷阅他人的信件仅仅是为了跟别人开玩笑,也是绝对不许可的。

2)拆信完好

收到他人来信通常先要拆启,才能进行阅读。拆阅他人信件时的具体做法是否得当,不仅涉及来信能否完整无缺的问题,而且也间接体现着收信人的个人修养。拆信时一要确保信封完好,二要注意信封拆启后的美观。拆信的最佳之处当推信封的封口处。有可能的话,最好利用刀、剪拆信,而不要直接下手去撕。

3)保存得当

收到他人来信后,切勿乱扔、乱塞。未经发信人本人允许,千万不要随便将对方的来信公开发表,或是到处进行传阅。这样做对对方是非常不尊重的。对于需要长期保存的书信,可整理在一起或装订成册,然后妥为收藏。对于无须保留的书信,可集中起来用火焚毁,或用碎纸机进行破坏性处理。但是不宜将其作为垃圾扔掉,或是当成废纸卖掉。

4)回复及时

在一般情况下,收到他人来信之后应尽快回复对方的来信。及时复信不仅仅是一种对对方表示尊重的礼貌,也是做人应当具备的一种美德。对于他人的来信只收不复,或者能拖便拖,得过且过,不但会令发信人担心他的来信是否丢失,而且还有可能会延误正事。有人在回复他人来信时,总喜欢说什么“因为太忙,迟复为歉,希望见谅”云云。其实,这种说法根本站不住脚。因为只要牵挂对方,再忙的人也能挤出回一封信的时间来。“忙”不能成为迟复他人来信的理由。若是对他人的来信一拖了事,或者干脆不作答复,让对方觉得自己杳无音信,则更是通信之大忌。

对于他人的来信，不仅要及时给予回复，而且在复信中还应当善解人意地对对方来信中需要回应的问题一一作答。特别需要注意的是，对于他人来信之中提及的问题，如有可能应当及时在复信中给予答复。对于确需延后回答或不能解答的问题，在复信时要说明具体原因，或者是将延后回答所需要的大致时间及时相告于对方。不要避而不谈，或是含糊作答。

对于他人在来信之中求助于自己的问题，如果能够出手相助最好尽力而为。由于种种原因难于相助于人的话，亦应及时复信，并在信中申明具体困难，向对方致歉，或请求对方予以谅解。

此外，随着社会的发展，人与社会的关系也在进行重新建构，书信的运用除传统用法，即公函私函之外，一个新的发展动向便是原先私函类中因为个人需要而向政府机构、企事业单位、知名学者等所发的事务性的信件，这一类信件的使用量逐渐增多，我们将其称为个人公文。

这一类信件同传统信件中的私信有很大不同，它不是亲友之间的通信，与收信人很可能不认识，通信的目的是事务性的；它同事务性公函也不同，公函是机构之间的通信，个人公文的发信人与公函主体不一样。同时，在某一类公函中，有时也不以公函名义发信，而往往以私人名义进行联系和沟通，待取得一致之后，才进入公文运行程序。如某公司有可能同另一公司进行某种合作，但两家公司在此之前从未打过交道，彼此也互不认识，在这种情况下，如果直接进行联系会显得唐突和冒昧，在没有更好的联系办法的情况之下，先以公司经理的名义与对方经理联系再决定下一步的行动，是比较恰当的选择。

4.3 网络礼仪

网络是现代科学技术的结晶，随着网络时代的到来，人们即使身在天涯海角，即刻也可以联系上对方，将人与人的距离迅速拉近到只用手指按键两秒即可。当然，强大的网络世界也有网络的规则，最基本的规则可以概括为两条："自由"与"自律"。越是自由的时代，越要珍惜自由，否则，将被这越来越"自由"的世界淹没。

网络礼仪教育是每一个网民的必修课，之所以强调网络礼仪，是因为在网上沟通过程中，人们通过你的言谈来判断你是什么样的人，一些人不太关心自己在网上的表现，是由于他们仅仅把网络作为一种游戏，而另外一些人则以超越真实生活的认真态度对待网络交流。上网正好提供了这样一个机会，使人们有机会去体验不同的社会角色。强烈的好奇心和冒险精神是人类的共性，促使他们不断地探险或尝试新的生活。网络可使人们有机会进入与现实生活迥然不同的景象。如同任何一种沟通方式一样，网上交流同样需要道德、规范、文明和礼貌。

4.3.1　网络礼仪及网络交往原则

在因特网上人与人之间的交流，由于各种环境因素的影响，对方未必可以完全正确理解你所表达的意思，很容易陷入“言者无意，听者有心”的困境。所以，网络虽然是一个“不受制约”的地方，但适当的规范是必需的，毕竟面对的是和你一样有血有肉有感情有思想的人，必须注意自己的言行举止。Internet 是一个协作的环境，牢记这一点非常重要。如果人们滥用 Internet，协作精神就会处于危险的崩溃边缘。所以，熟悉网络礼仪是网络使用者在网络中成长的第一步。

1.人本主义原则

互联网把来自五湖四海人们联在一起，这是高科技的优点，因此要记住“人的存在”，人本主义是首要原则，要防止粗暴和无礼，那些当着人家面说不出口的话在网上也不要说。不要随意评论对方的长相、宗教信仰、智商、生活方式和饮食习惯等。此外，网络交往初期过于亲切热情的举动会令人难以接受，甚至会让人产生恐惧感。所以，互相尊重与相互理解十分必要。

2.网上网下行为一致的原则

在现实生活中大多数人都遵纪守法，在网络上也应如此。网上的道德和法律与现实生活是相同的，千万不能认为在网上面对电脑就可以随心所欲。据说一名学生发了一封电子邮件给他的老师，信件开头就是“Hi”，然后直呼他的名字。老师说，从信件用词看，这名学生的英文水平不低，可是，怎么就不懂基本的通信礼仪呢？为了证实自己的猜测，他回信要求这名学生打印或手写一封信给他。对比两封信，老师感慨不已：这名懂得通信礼仪的学生为什么在虚拟世界里不遵守呢？他再次回信提醒这名学生，传统的通信道德礼仪完全适用于现代的网络世界。

虚拟世界，礼仪同样存在，甚至要求我们做得更好。切不可认为在虚拟世界里，别人看不见你本人，你就可以随随便便，殊不知，从电子信件的字里行间最能看出人的礼仪水准。如果你的电子邮件简明扼要，开头结尾与通信者身份相符，便是自身修养的表现。

3.尊重他人原则

同样是网站，不同的论坛有不同的规则与侧重点。聊天一般是许多人在一起交流，应该注意不要发表污秽的言论、不发表过长的言论、不要重复某一句话。针对某一个人时，要先标明对方的姓名或者邀请他到单独的聊天室。回复电子信件时，请适当附带上原文，这样别人知道你是为什么而回复的，要注意不要把原文全部附带，而只需要附带上回复的那段，正确而简短地书写邮件，不要加入过多无谓的感情词句，每一封信都要标明一个主题。

让自己在网友中留下好印象，是尊重他人的体现，也是获得他人尊重的开始。因为网络的匿名性质，别人无法从你的外观来判断，因此一言一语成为别人对你印象的唯一判断依据。如果你对某个方面不是很熟悉，就需要学习一下再发言，无的放矢、不得要领只能落个"灌水"帽子。同样，发帖以前应该仔细检查自己的语法和用词，切不可故意挑衅和使用脏话。当需要向别人提问题时，先自己花些时间去搜索和研究，尽可能不浪费他人的时间。网络是学习和交流经验的场所，除了回答问题以外，还包括当你提了一个有意思的问题而得到很多回答，分享知识是网络的乐趣。向他人询问时，要态度诚恳，每次尽量只询问一个问题，不要笼统地写上问题，也不要在对方暂时没有回复时，再次发送询问信件。

网络交往中，观点上有争议是很正常的事情，要心平气和，要以理服人。不管论坛还是聊天室，五湖四海的人们共聚一起，意见总有分歧，矛盾总会存在，争论是为了寻求真理。争论时不要进行人身攻击，如果收到一些恶作剧式的来信骚扰，可考虑与网络管理人员联系，切不可因一时气愤，对其他用户进行无差别的报复，将愤怒转嫁他人是愚蠢和不成熟的表现。

4. 不随意公开个人信息，尊重他人隐私原则

编写个人档案，个人信息可以公开多少只能由自己权衡。一般情况下不要随意公开自己的 E-mail、真实姓名、地址、电话号码等个人信息，就算你觉得彼此已成为好朋友，还是应该谨慎。对于他人的个人信息，也应注意保密，以免给他人带来伤害，别人与你用电子邮件或私聊的记录应该是隐私的一部分。如果你认识某个人用笔名上网，在论坛未经本人同意将他的真名公开也是不负责的行为，如果无意看到别人的电子邮件或秘密，也不应该到处传播。

5. 必要的情感表达原则

由于在网上与对方交流通过键盘来实现，对方在听不到你的声音也看不到本人时，容易对你所说的话产生误解，甚至把你的幽默当成讽刺挖苦。为此，聪明的网友们发明了情感符号来帮助表达自己的真实情绪。在网络世界里，人们用标点符号组成一些情感符号，把它夹在文字中间，增强表达效果。这些符号构成了一张脸，比如/ :)表示微笑、眨眼笑；/ :(表示难过；/ :D 表示大笑；/TP 表示调皮；/ :@表示愤怒；/ :Q 表示窘迫；/ :S 表示害怕；/ :}表示热烈笑脸等。聊天对话中加入一张笑脸或一个悲伤的表情可以迅速拉近交流者之间的距离，特别是在一句讥讽的评语后加上一个眨眼笑脸的符号，对方就知道原来你是在开玩笑。

6.学习有关法规的原则

网上交流不得有违反《计算机信息网络国际联网安全保护管理办法》《互联网信息服务管理办法》《互联网电子公告服务管理规定》《维护互联网安全的决定》等法律法规的言行,禁止盗用他人的ID与密码的行为;禁止中伤、诽谤他人的行为;禁止妨碍网络系统的行为;禁止侵害他人隐私的行为;禁止网上劝诱等商业行为;禁止宗教、政治方面的劝诱行为;禁止违反公德的行为等。

彼此尊重、容许异议、宽以待人、保持平静、与人分享、帮助新手、诙谐幽默一定会使我们的网络生活十分愉快。

此外,网络缩略语有网络技术、网络交流、网络游戏之分,掌握尽可能多的缩略语,会增加沟通的乐趣。

【网络缩略语之“中文缩写指南”】

★ZT:①“转帖”的缩写。②“猪头”的缩写,引申有ZT3,猪头三;ZT4,猪头四。例句:青眉郑重告诉侠客社区的侠友们,ZT一定要注明。

★BT:①Bit Torrent的缩写,是一种P2P(点对点)共享软件,中文译名“比特流”或“变态下载”。②“变态”的缩写。

★PP:①“片片”的缩写,片片指代照片。②“屁屁”的缩写,屁屁指代臀部。

★GG:哥哥的缩写,指代男性,有时候女生用来指代自己的男友。与之相对的是MM、妹妹或者美眉的缩写,指代女性,有时候男生用来指代自己的女友。

★NB:牛×的缩写,北京方言里用来表示叹为观止之意。

★JJ:姐姐的缩写。

★DD:①弟弟的缩写,偶尔有引申义。②东东的缩写,指代东西。

★GF:Girl Friend,女友。与之相对的是BF,Boy Friend,男友。

★PLMM:漂亮美眉的缩写。

★PPMM:PLMM的升级版,漂漂美眉。

★RPWT:人品问题的缩写,来自猫扑论坛。一般来说,只要遇上了不可解之事,统统可归结为其有RPWT。

★人品帖:测试你是否有RPWT的帖子,帖子题目很劲爆,只要你被骗进去,就说明你有RPWT。

★PF:佩服的缩写。

★SL:色狼的缩写。

★KH:葵花,代指练《葵花宝典》的高手。

★KHBD:葵花宝典。

★PXJF:辟邪剑法,源于KHBD,KH专用的剑法。

★ BS:鄙视的缩写,也可写作B4。例句:你要是ZT不注明,青眉会BS你,全论坛的人都会B4你的。

★ PMP:拍马屁。

★ PMPMP:拼命拍马屁。

★ MPJ:“马屁精”的缩写。

★ BC:“白痴”的缩写。也是“白菜”的缩写,在网上,如果人家说你很白菜,那么就是形容你BC。

★ ODBC:“哦,大白痴”的缩写。

★ XB:小白的缩写。

★ YY:意淫的缩写,出自《红楼梦》第六回,精神上行淫。在网络上其意得到进一步推广,凡信心极度膨胀的小说,统称为YY小说。

★ ZE:“贼恶”的缩写,即真恶心,东北地区的方言发音。

★ SE:“少恶”即“少恶心”的缩写。

★ XHW:小黑屋的缩写,来自猫扑。在猫扑,违反规则是要被关小黑屋的。

★ FB:腐败的缩写,现在通常指出去吃喝一顿好的。

★ BXCM:冰雪聪明。

★ FQ:愤青。

★ BD:笨蛋。

★ JJWW:叽叽歪歪。

★ CJ:纯洁。

★ HC:花痴。

★ BH:剽悍。出自新东方罗胖子的名言:剽悍的人生不需要解释。

【网络缩略语之“英文缩写指南”】

★ DIY:Do It Yourself的缩写,自己动手做的意思。

★ SOHO:Small Office Home Officer的简称,意思是“在家办公”。

★ BUG:原意是“臭虫”,后来把跟电脑有关的故障都称之为“BUG”。

★ I服了U:我服了你……周星驰片子里的经典台词。

★ 伊妹儿:E-mail的音译,电子邮件的意思,也可简称为“妹儿”。

★ CU:See You的缩写带音译,再见。

★ IC:I See的缩写带音译,我知道了。

★ Q:Cute的音译,可爱。

★ FT:分特,Faint的缩写,昏倒、晕厥之意。

★ SP:support,支持。

★ BTW:By the way,顺便说一句。
★ BRB:Be right back,马上回来。
★ TTYL:Talk to you later,回头再谈。
★ BBL:Be back later,过会儿就回。
★ PPL:people,人们。

【网络缩略语之“音译术语指南”】

★ 3166:沙哟娜拉,日语,再见。
★ 886:拜拜喽,再见。
★ 3Q:Thank You,谢谢。
★ 7456:气死我了。
★ 9494:就是就是。
★ 818:八卦一下,出自论坛社区。
★ 616:遛一遛。通常回帖时贴教猫教花等图片时,通称“遛一遛”。
★ 8:不。
★ 54:“无视”的谐音,即漠视一个人,对其表达最大的不屑。
★ 4242:是啊是啊。
★ 稀饭:喜欢。
★ 木有:没有。同样用法的还有“米有”。
★ 粉:很。来自闽南方言。
★ 表:“不要”速读连音,据说来自上海人的发音。
★ 白烂:来自闽南语“白卵”,意指一个人既笨又啰唆,还很麻烦,含贬义。
★ 素:台湾普通话“是”的读音。与之对应的有“8素”。
★ 酱紫:“这样子”速读连音,也作“绛紫”。
★ 酷:也说“裤”“库”,cool的音译。
★ 偶:台湾普通话“我”的读音。
★ 虾米:啥,什么之意,来自闽南语发音。
★ 口耐:也说“可耐”,可爱之意。
★ 滴:的,地。
★ 介个:这个。
★ 奔四:“笨死”的谐音。
★ 果酱:过奖。
★ 口年:可怜。
★ 好康:好看。来自闽南方言。

★ 筒子:同志。

★ 厚厚、吼吼、咔咔、kaka、嘻嘻等:表示笑声,通常当作语气助词用。

4.3.2 网络聊天礼仪

当今世界,随着科学技术的突飞猛进,全世界掀起了网络革命的浪潮,目前网络已经走进千家万户,它给人们带来了快捷和便利。伴随着人际沟通的日益频繁,网络聊天成为当今时代的热门话题。聊天可以丰富人们的生活,拓展人们的视野,开阔人们的思维,拉近人与人之间的距离,促进相互沟通。当然,网络聊天需要遵循基本的礼仪要求。

1.网络聊天场所的选择

当你的QQ登录成功后,你即将投身于聊天的革命当中,你要搞革命,必须先选择合适的战地,也就是聊天的场所,你必须要慎重地选择。提到聊天场所,大多数人选择网吧和家庭,少部分人选择办公室等。其实,合适的聊天场所是在家里。

2.QQ聊天10种礼貌方式

我们常常挂在网上,常常用QQ、邮件等来跟朋友或是陌生人聊天。QQ聊天应保持礼貌的10种方式。

①如果你很忙,就不要在线。设置一个忙碌状态或隐身。

②不要打扰忙碌的人。如果对方是忙碌状态,不要和他闲聊。有重要的事,最好一句话说完。不要以一个"hi"开始对话。

③尽量回复别人的消息。如果你确实很忙无法照应,那就告诉对方并设置忙碌状态。

④不要在QQ上设置自动回复。最令人讨厌的一种情形是:设置了自动回复还找别人说话,你这边看着是正常的,对方每条发出的消息都会收到一个无意义的回复。

⑤发网址的时候上标题或简介。

⑥不要发连锁消息。含有诅咒性质、欺诈性质、谣言性质、无脑性质的连锁信息,一条足以使自己人品降到最低。

⑦保持安全意识。防止IM中毒而自动发消息干扰他人。

⑧不要刨根问底。对于IM上的网友,户籍民警方式的询问往往不招人喜欢。

⑨保持聊天记录。如果记性不好,那就靠记录。

⑩退出那些你屏蔽已久的QQ群。如果你对某个群没有兴趣,不妨退出。

3.QQ聊天礼仪的四要素

1)语言要文明

在聊天时使用文明语言，是QQ交流的基本礼仪。例如，使用“您好”“大家好”“很高兴认识您”“很高兴见到您”“对不起，我打错字了”“我有点儿事，要离开一会儿”“我要下线了，以后再聊好吗？”“再见”等文明用语，会使聊天很愉快，给对方留下良好印象。

在聊天中，忌用侮辱、谩骂、恶毒、肮脏、下流的不文明语言。使用不文明语言，不但会使对方感到不愉快，还会降低自己的人格，很难在网络上交到好友。

2)要尊重对方

网络聊天，双方(或多方)的人格是平等的。不管你在现实生活中是厅级领导、百万富翁、明星大腕、耄耋老者，还是平民百姓、退休工人、低保对象、稚子顽童，在网络上都是以普通网民(网友)的身份出现的。只有尊重对方，才能赢得对方的尊重。如果能够确认对方是长者、女性，则更要尊重。

3)隐私要保守

社交礼仪在QQ聊天中同样适用，一般不要追问涉及对方隐私的问题，如对方的姓名、工作单位、家庭住址、职务级别、经济状况等，尤其不要问女性的年龄、身高、体重、婚姻等。

如果有必要知道对方的情况，应该首先把自己的情况告知对方。例如，男士想知道对方女士的年龄，应该主动告诉对方：我今年35岁(或者我是××年××月出生的)。如果对方愿意回答的话，一般情况下可以得到满意答复；如果对方不愿意回答，多数情况下可以得到“您是哥哥”“你是弟弟”或者“你得管我叫姐姐”之类的答复。如果遇到对方有意避而不答的情况，也不要继续追问。

聊天时，经常会遇到对方询问涉及个人隐私和秘密的情况，如果不想告诉对方，要“婉言谢绝”。做到既不伤害对方自尊，又能保守个人秘密。

4)表情要慎用

恰到好处地使用QQ表情、图片、动漫等，可以使聊天图文并茂、情景交融、妙趣横生。尤其是使用自制的图片更能体现个性、提高品位。但是，在使用表情图片时一定要注意加以选择，要适合话题、适合情景、适合气氛，多使用祝福的表情图片，忌用带有侮辱性、低级下流的表情图片。表意不明、容易造成误解的表情图片则尽量不要使用。

4.QQ八不准

一不准上线不问好；
二不准忘掉自我做介绍；
三不准直接问人姓和名；
四不准脏话随口来骂人；
五不准聊天没有奔主题；
六不准错字连篇来哄人；
七不准多人聊天忙和急；
八不准下线不爱说再见。

4.3.3 电子邮件的礼仪

科技在不断进步，因特网横空出世，继电话、电报、邮寄录音带、录像带等之后，电子邮件(E-mail)这一交流信息的手段，正被越来越多的人广泛使用。文字通信的习惯日渐荒废之时，电子邮件和手机短信息的使用，使写信又成时尚。

1.电子邮件交往的八项注意

朋友之间使用电子邮件交流，要注意下列约定俗成的最基本的8条规矩。

1)进入正题

要从收件人的名字开始，这是规矩。要简单地称呼“王先生”，而不是夸张地说“亲爱的王先生”。但单说一个“你好！”又显得太随便。除非你跟对方有大量的邮件往来，一般避免直奔主题，在进入主题之前适当的客气话是必要的。

2)谦逊有礼

千万不要用大写字母写信。在因特网上，这种做法会被理解为喊叫。电子邮件是现时交流，稍不注意就会显得失礼。

3)你想好了吗？

如果想也不想就点了“发送”，你有可能抱憾终生。信写好后，且慢点击“发送”，先要想两遍，如果收信人是你，你愿意收到自己正准备发出的这样一封信吗？你是否真能履行承诺或者完全承担自己发信后带来的后果？

4)查看你的邮件

要注意查看你的新邮件。没有一个明白事理的人会把信件丢在一边不拆不看，或者对电话留言装作没听见，对电子邮件也是一样。

5)别当"技术暴君"

因特网上,有些铁杆网迷往往对那些掌握电脑技术没有他们好的人表现出极端的鄙视。其实,一个有修养的人从不蔑视那些不懂新功能的使用者;而且要弄清了对方确有收阅电子邮件和打开附件的相应配置,再把邮件发过去。跟不上网络的步伐,这不是罪过,虚拟世界的专家也有在现实生活里一窍不通的时候。

6)避免"群发"邮件

如果看到自己刚收到的电子邮件也被发信者同时发给了其他一些人,谁也不会觉得自己很受重视。也许"群发"适用于好笑的故事和聚会的邀请,但不适用于普通的信件。你希望把同一个邮件发给你所有的交往对象吗?那就用"密送"功能。除非你的众多笔友彼此也是朋友或同事。

7)送上一句温馨的话语

一封令人愉快的电子邮件,哪怕只是祝贺或者表达友情的寥寥数语,也足以给人带来一整天的好心情。

8)别用电子邮件绝交

你想通过电子邮件断绝关系吗?如果你觉得写信比面对面好说,那还是选择手书一封比较有礼貌的信。即使是绝交,也应有一份尊重。电子邮件太快,因此有轻慢和蔑视之嫌。

2.使用电子邮件的规则

电子邮件的写法并无严格的规定,但有一些常识性规则,可使沟通更加顺畅。以下从信件易读规则、寄发注意事项两方面,对一些有代表性的电子邮件礼节作简单说明。

1)信件易读规则

回信时,最好先在开头引用来信的要点。因为有人每天寄出许多信,如果你在回信中只表示"前几天你委托的事已知道",对方无法立刻明白你指的是哪一件事。不过,引用的原则是只抓重点,而且必须控制在最小的范围内。对方的来信如果很长,你却全文引用,并在最后加上一句"以上,我已了解",只会令收到回信的人不知所云。

虽然电子邮件是讲究简洁及功能性的通信工具,但人与人之间的沟通,不可能总是直切正题。在简洁中,还必须遵守基本的礼节。就像我们遇见熟人会自然地互相问候,电子邮件沟通也一样,除了和很熟的朋友联络时需要特意营造随意的笔调之外,一般信件都是以简单的问候语开场,然后再进入正题。当然,问候语不必像传统书信的前言般冗长，只要加上适当的称呼即可。

此外，“简洁”虽然是电子邮件的主要特征，但同时也须牢记“简洁并非永远是美德”。有求于对方时不能单方面声明自己的要求，必须根据自己与对方的关系或请求事项的内容，以适当的方式客气地表达自己的需求，并最后加上一句“致谢”，这是最基本的网络礼节。

注意文化、习惯的差异。目前，通过网络可瞬间和世界任何国家交换电子邮件，我们很容易因简便而陷入错觉，以为在电脑另一端的人，也和自己有相同的想法和行为。实际上在电脑另一端的人，从每天生活的细节到对生意的看法，甚至扩大到人生观、世界观、价值观或行为标准与我们可能截然不同。因此，发电子邮件到国外时，不论是私人信件或商业信件，都必须注意彼此在文化、习惯上的差异。

2)寄发电子邮件前的注意事项

(1)润色文字　电子邮件在发送前，应该对文字作适当的润色，至少不要有明显的文法或拼写错误。当然，我们书写的英文在内容上必须正确，这是首要条件。其次是没有语意暧昧之处，避免可能导致误解的字句或不必要的叙述。

(2)48 小时原则　Internet 上有一项“48 小时原则”，这是一项不成文的规定，如果你对来信感兴趣，就应该在 48 个小时内给予回复。如果在 48 小时内没有收到回信，就可以判断对方对来信不感兴趣。如果对方信上写着“敬请回信”时，通常表示对方希望你在几小时到一天之内回信。

(3)慎对转发信件　E-mail 是很容易被引用或转发的，但不可以因操作简便，就不分对象将来信到处引用或转发。不过，私人信件和商务信件处理的方法不同。私人信件应避免引用或转寄，但商务信件中，只要内容与业务有直接的联系，便应该看作公司内部相关人员可以共享的信息。

4.3.4 短信礼仪

手机短信已成为人们日常生活中沟通交流、表达祝福的重要方式。手机短信可以传递出发信者的文化素养，也体现了发信者与收信者之间的关系，短信内容要针对发送对象选择合适的措辞，比如对朋友、恋人、领导、长辈等不同关系的人在措辞的亲密程度、尊敬的程度及短信内容等方面是有很大区别的。手机短信要注意的基本礼仪主要包括以下 10 个方面。

①在需要保持安静的公共场所，或在与人交流时，将短信接受提示音调至静音或震动状态。

②不在与他人谈话时查看或编发短信。

③编发短信用字用语规范准确、表意清晰。短信内容后最好留姓名，以使接收方知晓发送人。

④不编发有违法规或不健康的短信，不随意转发不确定的消息。收到不良短信可建议或告诫发送者停止发送。

⑤祝福类的短信不要套用现成的短信或抄袭别人的，尽可能自己编写，若确实觉得某条短信内容不错，引用其中几句也可，但绝不能完全抄袭。

⑥收到领导、老师、长辈的短信一定要在第一时间回复，以示尊重。不可拖拉，更不可不回复。

⑦发短信送祝福是加深收发信双方友谊或情感的重要途径，建议发送此类短信不要群发(特别是你认为重要的人)，一定要输入对方名字(或对对方的称谓)，以示对收信方的尊重。对方在短信中看到自己的名字或对自己单独的称呼时，会知道你这条短信是单独给他(她)发送的，对方会很重视这份祝福。

⑧第一次发送短信时，要在短信内容的开始或最后写上自己的姓名或昵称。内容结构简单就好，比如“你好！我是阿花，你前几天在××给了我邮件地址”。

⑨从 12 月 31 日到 1 月 1 日的交叉点上，有很多人在这个时候使用电话拜年，因此手机通话和短信也会陷入严重阻塞，这几乎成了每年的惯例。因此，想要发送贺年短信的时候，不如把时间错开一点来发送。建议可在元旦的白天这种通信比较畅通的时间段发送。

⑩短信都有“群发”的功能，可以同时向很多人发送相同内容的短信。在通知聚会的场所和时间的时候，这是相当方便的功能。群发的时候要注意不要写只适用于部分人的内容，也不要写进特定的某人的信息。

4.3.5　微信礼仪

如今，我们已经进入微信时代。与 QQ 相比，微信增加了许多便捷功能，已经成为我们工作、生活必不可少的沟通工具，在微信上会聊天、懂礼仪也成为人们需要掌握的技能和必备素养。

1. 微信聊天礼仪

1)及时回复他人的微信

及时回复微信是基本礼貌，如果没能及时回复，也要在方便的时候向对方解释原因，并表示歉意。

2)能打字的尽量别发语音

特别是汇报工作或者有其他重要且复杂的事项需要与他人沟通时不要发语音。如果对方在开会或者在上课,很可能不方便听语音,而文字表达总是一目了然,也节省阅读时间。假使对方有空,如果接连着收到5、6条时长1分钟的微信,也是难以接受的。

3)不要狂轰滥炸

在微信群里聊天时,你可以扮演话题引导者和气氛活跃者的角色,但要把握好度,不要一天24小时经常"狂轰滥炸"一番,发一些没有营养的"垃圾信息",不停刷屏。

4)不要发广告及强求别人点赞

尽量不要在微信群里发广告,以及强行要求群成员点赞等。

5)注意发送的内容

不要发没有根据、有伤风化、低级趣味的内容。不造谣、不传谣、不信谣,不煽动他人情绪,远离不良信息。

6)不要随意拉别人进群

不要随意拉别人进微信群,除非是为对方解决问题排忧解难。因为你的朋友被你莫名其妙地拉进群后,他们有可能立刻会接到很多要求加为朋友的验证请求,而有些人并不愿意和很多陌生人建立联系。

7)注意发消息的时间

不要在半夜或黎明发,别人休息时间里不要发,因为提示消息会打扰别人休息,同时别人在这个时候也不一定会有暇及时回复你。如果对方不回复,不要连续发。

2.微信群的礼仪

1)能私聊的不群聊

在微信群交流中,如果是两个人对话较多,就不要在群里持续交流,可以加进通讯录私聊,避免扰众。

2)不发或少发语音,多用文字

微信群交流尽量用文字不要用语音,因为没有多少人会点开语音听你讲什么。

3)内容要精简明确

在群里尽量不要发太长、需要几屏才能看完的文字,这样别人要想看其他人说什么，就需要费力越过你发的文字才行。同时内容要明确，不要含糊不清。

4）不要滥用表情包

群聊切记不要连续使用表情包轰炸，群聊是聊天的地方，不是个人的情绪发泄地。有话就说，无话则安静地看别人说。

5）微信红包有礼有节

如果红包是指定要发给某个人的，请私下发红包给别人，不要在群里面发；发红包时，一定要写清楚你发红包的用途和用意；不要强行要求别人发红包；不要只抢不发。

4.4 馈赠礼仪

馈赠作为社交活动的重要手段之一，受到古今中外人士的普遍肯定。馈赠作为一种非语言的重要交际方式，是以物的形式出现，以物表情，礼载于物，起到寄情言意的“无声胜有声”的作用。

4.4.1 馈赠的目的与原则

得体的馈赠，恰似无声的使者，给交际活动锦上添花，给人们之间的感情和友谊注入新的活力。然而送给谁（WHO），为什么送（WHY），如何送（HOW），送什么（WHAT），何时送（WHEN），在什么场合送（WHERE），是一个既老又新的问题。因此，人们只有在明确馈赠目的和遵循馈赠基本原则的前提下，在明确以上“6W”的基础上，才能真正发挥馈赠在交际中的重要作用。

任何馈赠都有目的，或为结交友谊，或为祝颂庆贺，或为酬宾谢客等。

1.馈赠的目的

1）以交际为目的的馈赠

这是一种为达到交际目的而进行的馈赠，有两个特点：一是送礼的目的与交际目的的一致性。无论是个人还是组织机构，在社交中为达到一定目的，针对交往中的关键人物和部门，通过赠送一定礼品，以促使交际目的达到。二是礼品的内容与送礼者的形象一致。礼品选择的一个非常重要的原则，就是要使礼品能反映送礼者的寓意和思想感情倾向，并使寓意和思想倾向与送礼者的形象有机地结合起来。

2）以巩固和维系人际关系为目的的馈赠

这类馈赠，即人们常说的"人情礼"。无论是个人之间或是组织机构之间的交往，必然产生各类关系和各种感情。人与生俱来的社会性，又要求人们必须重视这些关系和感情，因而，围绕着如何巩固和维系人际关系和感情，人们采取了许多办法，其中之一就是馈赠。这类馈赠，强调礼尚往来，以"来而不往非礼也"为基本准则。因此，无论从礼品的种类、价值的轻重、档次的高低、包装的精美、蕴含的情义等方面都呈现多样性和复杂性。这类馈赠在民间交际中具有重要的特殊作用。

3）以酬谢为目的的馈赠

这类馈赠是为答谢他人的帮助而进行的，因此在礼品的选择上十分强调其物质价值。礼品的贵贱厚薄，首先取决于他人帮助的性质。帮助的性质分为物质的和精神的两类。一般来说，物质的帮助往往是有形的，能估量的；而精神的帮助则是无形的，难以估量的，但其作用又相当巨大。其次取决于帮助的目的。是慷慨无私，还是另有所图，或是公私兼顾。只有那种真正无私的帮助，才是值得真心酬谢的。再次取决于帮助的时机。一般情况下，危难之中见真情。因此，得到帮助的时机是日后酬谢他人的最重要的衡量标准。

4）以公关为目的的馈赠

这种馈赠，表面上看来不求回报，而实质上其索取的回报往往更深地隐藏在其后的交往中，或是金钱，或是权势，或是其他功利，是一种为达到某种目的而用礼品的形式进行的活动。多发生在对经济、政治利益的追求和其他利益的追逐活动中。

馈赠作为社交活动的重要手段之一，为古今中外人士普遍肯定。大凡送礼之人，都希望自己所送礼品能寄托和表达对受礼者的敬意和祝颂，并使交往锦上添花。

2. 馈赠的原则

认真研究和把握馈赠的基本原则，是馈赠活动得以顺利进行的重要前提条件。

1）轻重原则

礼品有贵贱厚薄之分，有轻重雅俗之别。礼品的贵贱厚薄，往往是衡量交往人的诚意和情感浓烈程度的重要标志。然而礼品的贵贱与其价值并不总成正比。因为礼物是言情寄意表礼的，是人们情感的寄托物，人情无价而物有价，有价的物只能寓情于其身，而无法等同于情。也就是说，就礼品的价值含量而言，礼品既有其物质的价值含量，也有其精神的价值含量。"千里送鹅毛"的故事，在我国妇孺皆知，被标榜为"礼轻情意重"的楷模和学习典范。"折柳相送"也常为文人津津乐道。

我们提倡"君子之交淡如水"，提倡"礼轻情意重"。一般情况下，我们既要注意礼轻情意重，又要入乡随俗地择定轻重不同的礼物。

2）时机原则

就馈赠的时机而言，及时适宜是最重要的。中国人很讲究"雨中送伞""雪中送炭"，即要注重送礼的时效性，因为只有在最需要时得到的才是最珍贵和最难忘的。我国是一个节日较多的国家，在传统节日相互赠送相应的礼品，会使双方感情更为融洽。另外，在对方的某些纪念日，以礼品相送也会起到很好的作用。

因此，要注意把握好馈赠的时机，包括时间的选择和机会的择定。一般来说，时间贵在及时，超前滞后都达不到馈赠的目的；机会贵在事由和情感及其他需要的程度。"门可罗雀"时和"门庭若市"时，人们对馈赠的感受会有天壤之别。所以，对于处境困难者的馈赠，其所表达的情感就更显真挚和高尚。

3）效用原则

同一切物品一样，当礼以物的形式出现时，礼物本身也就具有了价值和实用价值。就礼品本身的实用价值而言，人们经济状况不同、文化程度不同、追求不同，对于礼品的实用性要求也就不同。一般说来，物质生活水平的高低，决定了人们精神追求的不同，在物质生活较为贫寒时，人们多倾向选择实用性的礼品，如食品、水果、衣料、现金等；在生活水平较高时，人们则倾向于选择艺术欣赏价值较高、趣味性较强和具有思想性、纪念性的物品为礼品。因此，应视受礼者的物质生活水平有针对性地选择礼品。

4）投好避忌的原则

由于民族、生活习惯、生活经历、宗教信仰以及性格、爱好的不同，不同的人对同一礼品的态度是不同的，或喜爱或忌讳或厌恶，等等，因此我们要把握投其所好、避其禁忌的原则。

馈赠前一定要了解受礼者的喜好，尤其是禁忌。例如，中国人普遍有"好事成双"的说法，因而凡是大贺大喜之事，所送之礼，均好双忌单，但广东人则忌讳"4"这个偶数，因为在广东话中，"4"听起来就像是"死"，是不吉利的。再如，白色虽有纯洁无瑕之意，但中国人比较忌讳，因为在中国，白色常是悲哀之色和贫穷之色；同样，黑色也被视为不吉利，是凶灾之色、哀丧之色；而红色，则是喜庆、祥和、欢庆的象征，受到人们的普遍喜爱。另外，我国人民还常常讲究给老人不能送"钟"，给夫妻或情人不能送"梨"，因为"送钟"与"送终""梨"与"离"谐音，是不吉利的。

4.4.2 馈赠的时机

大多数礼品赠送者认为,选择送礼时间相当重要。选择春节、元旦、中秋、圣诞节仍然是最流行的做法,但也有选择新公司的成立日、公司成立纪念日、大客户的生日、某重要部门的领导需要公关时;感谢某人提供你获得生意的信息时、感谢一个同事或朋友把一个商业机会介绍给你时、感谢某人不计利益地在工作上帮助你时;恭喜某人高升,你的下属或是有业务上往来的人结婚、生子、生日、重病初愈等时机。

有些公司习惯当面把礼品送给客户,如展销会、促销日以及订货会等。美国某制造公司的发言人说:"我们选择与生产线有关的礼品,在客户参观工厂时,我们公司用礼品来吸引他们。我们送的礼品能使他们回想起参观活动,而且赠送的礼品能带回家。牛排餐刀对我们来说是极好的礼品,因为它是我们自己生产的材料做成的。在推销订货会上我们把不锈钢钢笔作为礼品赠送,笔上刻有公司标识,这将使客户永远记住我们的公司,他们为随身带着这样一只高质量钢笔而自豪。"

商务送礼因它独特的性质所限制,最令人头疼的事,莫过于因对方不愿接受而婉言推却、严词拒绝,或事后回礼,这都令送礼者十分尴尬。那么,怎样才能防患于未然呢?关键在于借口找得好不好,送礼的理由说的圆不圆,你的聪明才智应该多用在这个方面。商务送礼通常有以下方法可供参考。

(1)借花献佛　如果你送土特产品,可以说是老家人捎来的,目的是分一些给对方尝尝鲜。东西不多,自己没花钱,又不是特意买的。这样的话一般受礼者那种因害怕你目的性太强的拒礼心态可望缓和,会收下你的礼品。

(2)暗度陈仓　如果你送的是酒一类的东西,不妨假借说是别人送你两瓶酒,来和对方对饮共酌,这样喝一瓶送一瓶,礼送了,关系也近了,还不露痕迹,岂不妙哉!

(3)借马引路　有时你想给人送礼,而对方却又与你拉不上关系,你不妨选择对方的生日、婚礼或升职、乔迁之时,邀上对方的几位熟人同去送礼祝贺,那样受礼者便不好拒收了。当事后知道这个主意是你出的时候,必然改变对你的看法。这样,借助大家的力量达到送礼联谊目的,实为上策。

送礼既然是一门艺术,自有其约定俗成的规矩,送给谁、送什么、怎么送都很有奥妙,绝不能瞎送、胡送、滥送。以对方能够愉快接受为尺度,选择轻重适当的礼物,争取做到少花钱,多办事;多花钱,办好事。

4.4.3　馈赠的礼品

礼尚往来是我国传统的礼节。在社交活动中，为了沟通、巩固和不断地加深相互之间的感情，根据具体情况接受或向有关人员赠送礼物，是一种常见的礼节。如何根据赠礼性质、送礼对象等挑选礼品，是一门学问。一般说来，在我国的传统交往活动中，多以食品、点心、水果、衣料、现金等作为礼品。礼品的雅俗贵贱是以礼品本身的商品价值及实用价值来衡量的。但在现代都市里，国人送礼的趣味、价值取向等也有了一定的变化。真正高级的礼品往往不再以金钱标准来衡量，而倾向于充分考虑受礼者的实际，以实用性为基础，兼顾艺术性、趣味性、纪念性等方面。例如，对于喜欢文学的人，送一套文学名著；对于喜欢棋牌的人，送上一套棋谱；对于爱好美术的人，送上一套画册，都是现代常见的恰到好处的礼品。挑选礼品时不仅要考虑质，还要考虑量。大多数中国人认为偶数表示圆满、吉祥，因而选送礼物时讲究成双成对，尽量避免奇数；也有个别地方在某些特定关系上要送“三色礼”“七样全”的，要根据当地的风俗习惯进行选择。

此外，选礼品时要考虑不要犯了对方的禁忌。例如，为台湾朋友选择礼品时，应记住台湾人特有的禁忌。送手巾有“送巾断根”之嫌；送扇子，就犯了“送扇，无相见”之忌；送剪刀就意味着“一刀两断”；等等。

礼品选好后，应检查一下上面是否有价格标签，如果有，应及时取下。也可以将发票连同礼物一同送上，那是商品附带有保修单等，方便日后退换和修理。礼品一般在相见时或分手道别时赠送，送礼者应起身，用双手捧送，双目注视对方，边送边说上几句祝福与问候的话。如“祝您生日快乐”“祝您两位百年好合”等。接受礼品时要表示谦让，如“您太客气了”“又让您破费了”等，同时向对方表示感谢，并诚心诚意地接受礼物，切不可随手一扔或是满不在乎，这样会损伤对方的自尊心。接受礼物后，要在适当的时候回赠对方一份礼物。

4.4.4　接受馈赠

接受了礼物并不一定都要立即还礼，对方有同样事情可以庆贺时，送去礼物表示心意就可以了。我们大多数人都很幸运地接受过礼品，不过，这并不说明我们总能礼貌得体地接受礼品。收礼的准则，不可不知。

收礼时应注意的礼仪。接过礼物，不管礼物是否符合自己的心意，都应表示对这份礼物的重视，尽快打开包装欣赏一番。如果觉得送礼者另有所图，应向他暗示送礼不妥的原因和拒收的理由，态度可以坚决但是方式要委婉。

返礼时的做法。接受了他人的馈赠，应在日后适当的时候准备礼物馈赠对方。如果自己经济条件不好，也可回送小的礼品做纪念。结婚时收到的贺礼，当日请他参加婚宴就是回礼。对当天有事未能参加婚宴的，主人可带小礼物拜访致谢。

表示感谢。许多人都把这个既简单又重要的步骤忘得一干二净。他们可能会对礼品本身赞不绝口，甚至激动万分。但是“谢谢您”这三个实实在在的字眼却不会从他们口中听到，而这正是表达谢意的关键所在。它表明你谢的不是礼物本身，而是对方送礼物给你的这一举动。

让对方感受到你的愉快。重视别人送的礼物。千万不要拿礼物开玩笑。你不难找到一些恭维话，如“哦，多精致的手工！”“这么罕见的颜色。”“我从没见过这样的东西！”或只是一句“你想得真周到。”

写感谢信。在口头表达感谢之外，别忘了写封感谢信。它表明你花了一些时间，就像送礼人花费时间来挑选礼物一样。你不仅可以对礼品本身表示感谢，也可以对礼品的外在含义表示感谢。

拒绝礼品。一般情况下，不论你怎样看待送你的这件礼物，最好表示谢意并接受它。当然，有时候也有必要拒收礼品。这可能是由于礼品的价格过于昂贵，也可能是由于你不便接受礼物。拒收礼物时，必须在 24 小时之内迅速做出反应。

4.5 送花礼仪

送花，是现代赠送礼仪中越来越受人们欢迎的特殊形式。送花人要清楚送花的形式、送花的时机以及鲜花的寓意，才不会在一味追求新方式时，闹出笑话或产生误会。

4.5.1 送花的形式

本人送花。这是送花的最基本形式。不但可以和受赠者一同分享喜悦，还可以亲自解说送花的缘由和含意，使效果得到升华。

他人转送。一般这是不得已而为之的形式。有时由亲友转送鲜花也有独到的好处。比如说，代送鲜花的亲友通常与受赠者并不陌生，可以同时担任赠送者的最佳信使，细致而周详地向对方传递有关信息，有时甚至可以说出送花者难以启齿的事。

雇人代送。当你难以分身的时候，或者为了刻意营造一种气氛时，可以委托花店或快递，替你上门送花，也可以把祝福的话一同带去。

4.5.2　送花的时机

例行的时机。如喜礼、贺礼、节庆礼、嘉奖礼、慰问礼、丧葬礼、祭奠礼等。这些时机，送花总是没错的。

做客时送。用鲜花作为礼物送给主人，既脱俗，又能让主人乐于接受。

迎送时送。当别人远行或远道而来时，赠送一束花，可以巧妙地表达自己的亲情、友情或爱情。

纪念时送。在重要的私人纪念日，如订婚日，爱人的生辰日、结婚日送花给对方。

道歉时送。需要向别人道歉时，可以采用约定俗成的方式给对方送花，也可以附上一张道歉卡。

求爱时送。向自己的意中人表白爱意，如果以花为媒，对方会立即明白你的心意。

4.5.3　花语

花语是各国、各民族根据各种植物，尤其是花卉的特点、习性和传说典故，赋予的各种不同的人性化象征意义；是指人们用花来表达某种感情与愿望，在一定的历史条件下逐渐约定俗成的、为一定范围人群所公认的信息交流形式。在不同的风俗习惯里，同一品种的花，在寓意上可能完全不同。选送花的时候一定要注意民俗寓意，不能弄巧成拙。

1. 常见花语

玫瑰花语：爱情、爱与美、容光焕发、爱。

百合花语：清新脱俗的百合有如婀娜多姿的美丽佳人，不问尘事，只可远观而不可亵玩。

菊花花语：清净、高洁、我爱你、真情。

郁金香花语：走出孤独，自然会邂逅永恒的爱情。

康乃馨花语：爱、美丽、尊敬，是所有女性的神圣之花，美好典雅的典范。

丁香花语：光辉。

竹子花语：富贵、永恒。

莲花花语：清白、坚贞纯洁、忠贞的爱情、孤傲、冰清玉洁、自由脱俗。

2.数字花语

1朵玫瑰代表——我的心中只有你
2朵玫瑰代表——这世界只有我俩
3朵玫瑰代表——我爱你
4朵玫瑰代表——至死不渝
5朵玫瑰代表——由衷欣赏
6朵玫瑰代表——互敬、互爱、互谅
7朵玫瑰代表——我偷偷地爱着你
8朵玫瑰代表——感谢你的关怀、扶持及鼓励
9朵玫瑰代表——长久
10朵玫瑰代表——十全十美，无懈可击
11朵玫瑰代表——一生一世只爱你一个
12朵玫瑰代表——对你的爱与日俱增
13朵玫瑰代表——你是我暗恋的人
14朵玫瑰代表——骄傲
15朵玫瑰代表——对你感到歉意
16朵玫瑰代表——多变不安的爱情
17朵玫瑰代表——绝望无可挽回的爱
18朵玫瑰代表——真诚与坦白
19朵玫瑰代表——忍耐与期待
20朵玫瑰代表——我仅一颗赤诚的心
21朵玫瑰代表——真诚的爱
22朵玫瑰代表——祝你好运
25朵玫瑰代表——祝你幸福
30朵玫瑰代表——信是有缘
40朵玫瑰代表——誓死不渝的爱情
50朵玫瑰代表——邂逅不期而遇
99朵玫瑰代表——天长地久
100朵玫瑰代表——百分之百的爱
101朵玫瑰代表——最爱
108朵玫瑰代表——求婚
144朵玫瑰代表——爱你生生世世

365 朵玫瑰代表——天天想你
999 朵玫瑰代表——天长地久
1001 朵玫瑰代表——直到永远
1314 朵玫瑰代表——爱你一生一世

不同的习俗，对于花的色彩也有不同理解。比如在我国，我们都喜爱红色的花，特别是结婚时，送红色的鲜花，显得喜庆而热烈。而西方人认为把白色鲜花送给新娘，才是最合适的。中国人喜欢菊花，而在西方，黄菊代表死亡，只能在丧葬活动中使用。中国人赞赏荷花“出淤泥而不染”的性格，但在日本，荷花却表示死亡。在广东、海南、港澳地区，金橘、桃花表示“吉”“红火”的意思，而梅花、茉莉和牡丹花却表示“霉运”“没利”“失业”的意思。

对于花的数量也不同理解。在中国，喜庆活动中送花要送双数，意思是“好事成双”，忌讳送单数。因为读音的原因，在中国，特别是沿海地区，送 4 枝花给别人是不妥的，因为 4 的发音和“死”相近。在西方国家里，送花讲究单数，送 1 枝花表示“一见钟情”，送 11 枝表示“一心一意”，送 99 枝表示“天长地久”等，但“13”这个数字是不可以用的。

本章小结

本章对电话礼仪、书信礼仪、网络礼仪、馈赠礼仪等 4 个方面的通联礼仪进行了介绍。电话礼仪主要掌握固定电话和移动电话的接打规范；书信礼仪要特别注意封文中收信人姓名后的称呼不同于笺文中的称谓，它不是发信人对收信人的称呼，而是邮递员(送信人)对收信人的称呼。网络礼仪最基本的规则可以概括为两条：“自由”与“自律”。馈赠作为一种非语言的重要交际方式，是以物的形式出现，以物表情达意，礼载于物，起到寄情言意“此时无声胜有声”的作用。送花是人们借花来表达感情与愿望，不同的习俗，对于花的颜色与数量有不同的理解，需要入乡随俗，给予尊重。

思考与练习

1. 使用手机时需要注意的礼仪规范是什么？
2. 微信聊天礼仪有哪些基本要求？
3. 馈赠的基本原则是什么？
4. 常见的送花形式和送花时机有哪些？

案例分析

知名化妆品企业绿山集团办公室新招聘一名应届大学生李晓，其工作内容是接打电话。办公室张主任对李晓进行了工作交接和基本的电话礼仪培训，最后强调说：接打电话，你记住最关键一条，尊者先挂。从此以后，李晓每次接打电话，对方不说再见，李晓绝不挂机。但是，稍后其他业务单位反馈回来的信息，却是人们对绿山集团办公室的不满和不解：绿山办公室的人咋了？我们尊重你们是大公司，把挂电话的机会让给你们，可是你们绿山集团接打电话的人，最后结束通话时总要静默 1 分钟左右才挂机，搞得我们无所适从。

请问：

1. 绿山集团的李晓为何成为接打电话时不受欢迎的人？
2. 为何“尊者先挂”不是“放之四海而皆准”的原则？

第5章

聚 会 礼 仪

聚会，也称“沙龙”，是法语 salon 的译音，其原意是指“会客室”“客厅”。从沙龙的起源来看，17 世纪的一些西欧贵族和社会名流，常常聚集在某些私人客厅讨论文学、艺术、时事政治等问题，并达到交流思想，扩大交际的目的。所以从这个意义上讲，聚会，是指人们为了一定的目的，或是为了从事某种活动而聚集、会合在一起的社会集会形式。因交际应酬而举行的聚会，称为社交聚会，是一种典型的群体性社交活动。

在现代社会中，人们所进行的社交聚会表现为丰富多样的形式和内容。其中，最常见的聚会包括：朋友相约做客拜访、聚会宴请，舞会、茶话会，观看文艺晚会或演出等。这些社交聚会形式，有的是为了协调和处理公共事务，可称之为公务聚会；另外一种聚会，则纯属私人性质，可称之为私人聚会；可以说所有的社交聚会，都包含在这两种大范畴之内。正因为聚会的形式多种多样，内容丰富灵活，可以广泛地交流信息，沟通感情，结识朋友，增进友谊，所以深受各阶层人士的喜爱和欢迎，并已成为现代社会中主要的人际交往方式。

所有群体性的社交聚会活动，都有着不同的特点和规则，只有懂得、熟悉并掌握各自相应的礼仪规范和要求，才能在各种形式的聚会场合自如地扮演好自身角色，拉近与其他参与者的距离，增进彼此的感情和认同，进而树立良好的个人形象，达到社会交际的最佳效果。

5.1 做客与待客礼仪

“有朋自远方来，不亦乐乎。”拜访做客、接待、迎送，这是日常生活中最基本、最常见的人际交往方式，也是联络感情、增进友谊的一种有效方法。因此它和我们的日常工作、生活息息相关，也是人们群体性社交活动的基础。虽然这些活动形式非常普遍，但也因此更能像一面镜子一样映照出每个参与者的品德、修养和礼仪规范，衡量着人们的社交水平和处理人际关系的能力。所以从这个角度出发，熟悉并掌握这些日常社交活动的礼仪规范，无论对于职场还是生活交际来说，都是非常有意义和有必要的，对于提高自身的礼仪修养和社交能力，都必然起到积极的作用和影响。

5.1.1 拜访

拜访，又叫作拜会、做客。它是指个人或单位代表以客人的身份，有一定目的地前往他人的工作单位或住所，会晤、探望对方，进行接触、交流和沟通的一种社交方式。不论在国内还是国外，公务还是私人，拜访都是人们在社交中最经常采用的一种方式。

拜访，是一种对对方恭敬地拜会和访问，所以必须讲究礼仪。首先应根据拜访的目的不同，分别做一些必要的准备。根据不同的目的，拜访一般可分为事务性拜访和礼节性拜访。

事务性拜访是指为了某一项具体事务而进行的有特定目的的拜访，这个“事务”可以是公务的，也可以是私人的，这类拜访的具体时间可以根据双方协商沟通的合适时间进行。

礼节性拜访是指亲朋好友之间或熟人之间，为了巩固原有关系，并进一步发展彼此的情谊而进行的拜访。众所周知，人际关系的维系需要有一定的接触机会和接触频率，因此礼节性拜访一般没有具体事务的目的，它是建立在维持良好的人际关系的基础上，主要是为了不使亲朋好友之间的情谊逐渐淡漠甚至中断，继续保持亲切友好的关系，就需要相互之间多走动，上门拜访做客问候一下。礼节性拜访的时机往往比较固定，比如节假日，双方或双方家庭的重要事件发生日或纪念日等。

无论是公务关系还是私人关系，礼节性拜访在社交活动中是更为重要的交际活动方式。从拜访前的预约，到登门拜访的地点、时间安排、个人仪表、交谈内容等各个方面，事无巨细都要事先做好计划，做到心中有数，并按规范讲究的礼仪要求行事。

1. 事先预约

拜访，首先要在宾主双方都方便的情况下进行，这是社交活动的常识，也是做客之道的首要原则。所以在前往亲友居所、工作场所及其他场所拜访之前，一定要做到“有约在先”，并选择好宾主双方都比较合适的会面时间和地点。

随着当今生活节奏的加快和人们对个人生活空间的重视，很少有人会欢迎不速之客。如果只凭自己的一厢情愿冒昧前去打扰，看似只有喝喝茶、聊聊天、吃个饭这么简单，但对主人来说，则可能由于你的不约而至而完全打乱了原本的日程安排，对工作和生活都造成了诸多不便之处。尤其是与外国友人的交往中，不约而至可以说是"失礼之至"的，绝对不受欢迎。而且，对于拜访者本人来说，事先不预约很有可能劳而无功。因为没有事先告知，所以无论去对方住所还是工作单位，扑空（吃闭门羹）和徒劳而返的概率就变得很高了。所以不论何种拜访，都要提前预约，这既是对对方的尊重，也是予自己的方便。

预约的方式主要有：电话联系、发送信函或电子邮件。如果是比较熟悉的关系，可以直接打电话或发短信预约，这也是最常用、方便的预约方式；如果是公务拜访，最好先发送正式邮件，再辅助以电话沟通。若是初次公务拜访，最好带上介绍信。

当自己主动提出拜访他人的请求时，措辞一定要礼貌客气，应当多使用商量的口气来提出问题，并将决定权交给拜访者。比如可以说："我想在您方便的时候去看看您（拜访您一下），不知道是否合适。"如果被拜访者首先表达了正式欢迎我们前去做客的意愿，我们通常不要拒绝，万一需要拒绝，要向对方摆出充分正式、正当的理由，让对方信服，并表达歉意。

1）预约时间地点，守时守约

约定拜访的时间和地点，一定要"客随主便"。如果是公务拜访，应该选在被访者的工作时间，尽量不要放在星期一上午和星期五的下午，也不要选在上班后半小时内和下班前半小时，还要避开对方午饭和午休的时间，除非对方主动选择这些时间。如果是非公务的前往家中拜访，一般可以选在节假日的下午或平时的晚饭后，要避开一日三餐的时间、午休时间、深夜和凌晨的时间，这些时间都不适宜登门拜访。此外，要注意预约时就确定人数，尤其在公务拜访中，一定要约定参加的人员和身份，以便让对方准备好接待的规格等事项，便于对接沟通，以免使对方陷于被动。

一旦双方约定好了拜访的时间和地点后，就不可以轻易变动了。若因特殊原因不能如期赴约，务必提前电话告知对方，向对方郑重说明原因并诚恳道歉，等下次见面时，应当再次致歉。如果是公务拜访，主要拜访人因事缺席，也应事先告知对方并说明原因。拜访时应准时到达，如期而至。从社交礼仪的角度来看，早到和迟到一样，都是失礼的行为。因为约定时间未到，被拜访者可能正忙于准备工作，也可能在忙于手头工作，此刻做一名"不速之客"，会让对方措手不及造成妨碍。如果迟到，让拜访人等待，是很浪费时间和不礼貌的，考虑到有可能发生的交通拥堵或其他影响因素，可约定一个较为灵活的，有一定弹性的拜访时间，比如“我在十点到十点半之间到达”“我大约在八点前到达”等，以免因与约定时间有差距而给对方留下不守时、不守信的印象。如果预约了拜访的确切时间，拜访者到达应当不超过约定时间的“正负”5 分钟。如果因害怕迟到而早到了 10 分钟，则不宜急于上前敲门，可利用提前的时间在门外稍事休息，或者整理一下自己的衣饰和发型，等到了时间再敲门进去。

2）注意个人仪容仪表

仪容仪表，是一个人精神面貌的外在体现。一个人的卫生习惯、服饰着装、发型与整体的整洁、端庄、大方的仪表有着密切的关系。所以在正式拜访之前，一定要准备好自己的服饰，审视好自己的仪表，以表示对被拜访者的尊重。衣冠不整、蓬头垢面、浑身异味、穿着邋遢，都是十分失礼的，也直接关系到个人给对方的印象，对交往将十分不利。

具体来说，拜访者的着装服饰不但要与自身的气质、身份等条件相适应，还必须时刻注意拜访的环境、场合对人着装的要求，即在拜访前要优先考虑时间、地点、被拜访者身份、拜访目的这几个重要因素，从而努力使自己的穿着打扮与之保持协调一致。整体呈现出自然得体，协调大方的风格。公务拜访，最好穿正装、套装，而穿着牛仔装、运动装、短衣短裤，都会显得不职业、不正式，忽视了对对方的敬重。即使是好友之间的拜访，也应适当注意一下仪表，不要穿背心、裤衩、睡衣、拖鞋等。

女士在前往对方办公室或住所做客时，可以化妆和佩戴首饰，但不要化浓妆、戴过多和复杂的首饰，不要喷气味浓郁的香水，这样避免与被拜访者及其家人之间的“距离”过大，失去亲切感，甚至令对方感到不舒服。上门拜访时，首先要整理一下自己的衣服、发型，掸落身上的灰尘、头屑，并且把鞋子擦干净，然后再按门铃或敲门求进。

2. 考虑周到，用心准备

一般的拜访做客，都有一定的目的，需要和对方商量、沟通什么事情，需要请对方帮忙办理什么事情，如何与对方交谈等，事先都应当做一下认真的设想和安排。

拜访对方或看望亲朋好友，为了拉近彼此的距离、增进感情，可以为被拜访者及其家人带去一些礼物。可以是有纪念意义的，也可以是具有实用价值的，礼物需要在拜访前事先准备好。在挑选礼物时，应当有意识地避开价格过高或过低的礼品，免得让被拜访者觉得太过昂贵承受不起，或价值低廉被人轻视。并且在拜访时，不要将自用、自购的物品一同带入对方室内，免得让对方“空欢喜”。

如果被拜访者是异性朋友，并且是前往他（她）的家中、住所拜访，那么我们在准备和赠送礼物时，原则上应当以其配偶、子女或父母为受礼对象。这样不仅会让被拜访者觉得很有面子，也更容易为其家人所接受，从而奠定和谐的拜访氛围，更能凸显出拜访者的用心和细心，是一举多得的事情。

如果是公务拜访，而且是初次见面，那么拜访者还应当准备好名片。名片的存放和递接，应当符合名片礼仪的要求。要注意，名片应当放在容易拿取的地方，男士可以放在西装上衣或衬衣的口袋里，也可以放在名片夹里或手提包中；女士则可将名片放在随身手提包容易取出的地方。

3. 进门有礼

无论到对方住所还是办公场所拜访，在进门之前务必先敲门或按门铃，以便通报自己的到来。有门铃的先按门铃，按门铃时间不要太长，时间2～3秒即可，若间隔十几秒仍未见反应，可以再以同样时长按响2～3次，中间要有间隔，切忌长时间连续不断地按铃，直至主人开门方才终止，吵得令人心烦。没有门铃的，先敲门，敲门时用食指，或用中指和食指的指关节有节奏地轻叩房门3下，间隔十几秒室内如果仍没有反应，可以再重复叩响2～3次，注意力度要适中，不可用整个手掌拍门，更不能用拳头擂响，甚至用脚踢。

数次按门铃或敲门后，主人仍无应声，应自觉转身离去。切不可连续不断地按门铃或敲门，也不要在门外高声喊叫或者发牢骚，或在门前徘徊不走，以及东张西望向室内窥探。如果未经主人开门相让，即使你判断屋内有人或者房门虚掩着，也不可以擅自推门贸然而入；而要询问“某某先生（女士、小姐）在吗？我可以进来吗？”待得到对方许可后方能进门。

如果按门铃或敲门后，听到主人在室内有应声，如“谁啊？”或“你找哪位？”等，通常应当通报自己的姓名和身份，而不能只回答“是我！”，除非你和主人是非常熟悉的关系。

如果是主人亲自开门迎接，应侧身立于右边门框一侧，待开门后再向前半步，与主人相对，并热情问好。如果开门者是你不认识的人，并向你询问“请问你找谁？”或“你有什么事情吗？”的时候，应当恭敬问好并主动报上姓名，说明来意。若被拜访者不在，可留下姓名和电话，并简单写下自己拜访的事由，请开门的人代为转达。

如果对方只是开门而并没有说“请进”或没有表现出请你入内的意愿，这表示你不可以进入，也不便久留。如果遇到这种情况，我们可以自觉地站在门口将事情说完，寒暄之后及时告辞。

主人请你进门后，要随手将门带上。进门发现门口有地垫的，要先在地垫上擦干净鞋底，需要换鞋的话，则在主人的示意和安排下换上拖鞋。

进门之后，拜访者要跟随在主人身后，不要走在主人前面。若有随身带来的外套、雨具等物品应放在主人指定的地方；如果戴着帽子、墨镜、手套时，进门后也要摘掉；随身携带的公文包等其他物品，不要随手放在沙发或茶几等干净的地方，如果主人没有示意，可将其放在自己右手边的地板上。

4. 言谈有礼，举止得当

进门后，对于同在室内的人，无论认识与否，都应主动打招呼或握手问好，不要视而不见、熟视无睹。特别是见到主人的长辈时，应恭恭敬敬地问候致意；遇到主人家里还有其他客人在场，当主人介绍大家认识时，务必要热情地寒暄几句，但不应当询问他们与主人的关系或来访的原因，更不要随意深谈。如果拜访者有同行的人，也要介绍给主人认识。待主人以及在场的长辈都坐下后，拜访者再落座，不要抢先落座。

如果拜访者有要赠送给主人的礼品，应在进门后随手奉送，不要等告别时再送。

当主人询问客人喜欢喝茶还是白开水，或是咖啡时，应在主人提供的范围内作出明确答复，而不要回答"随意"或"随便，什么都可以。"因为这样反而会让主人感觉无所适从。对于主人端上来的茶或饮料、水果、点心等，应从座位上起身，双手捧接并表示感谢。

登门拜访最好不吸烟，确实想吸烟的话，应在主人敬烟或征得主人同意后，方可吸烟。在有"禁止吸烟"标志的办公场所内，则要严格遵守，不得吸烟。

在一般情况下，拜访者的活动区域仅限于客厅之内，或主人相让之处，不能随意走动。特别是不要擅自进入主人的卧室、书房、厨房等私密空间；也不要随意翻动主人家的物品。

在与主人及其他客人的交谈中，举止要大方，讲话态度要诚恳有礼貌，要尊重主人，不要反客为主，只顾自我表现而夸夸其谈，也不要过于谦卑；多听对方发表意见，自己不妨做个听众，少说话为宜。对于亲朋好友之间的拜访，不要谈及主人不愿提及的话题或他人的隐私，适时调整自己的谈话方式，必要时多谈主人感兴趣的话题，在其他客人面前，要努力维护主人的形象。

5. 把握时间，适时告辞

一般来说，主人礼节性地挽留，表示想请客人留下吃饭时，客人最好不要随便应允，因为这会给主人带来打扰和麻烦。如果双方之前约定好留下就餐，那么用餐完毕后，客人也不要马上离开，要适当对主人的宴请说一些赞扬的话并表示感谢，并略作闲谈后再走。否则，很容易给主人造成客人是来混饭吃的感觉。

拜访交谈时要注意掌握时间，为了不影响主人正常的生活规律和打扰其休息，拜访时间不宜过长。事务性拜访的停留时间一般不要超过半小时，私人拜访也不宜超过 1 小时。礼节性拜访可以根据当时的情景和气氛灵活把握：如果主人兴致正高，不要令其扫兴，客人可以多逗留一会儿；如果看出主人另有安排，如看手表、钟表、看手机或有其他客人到访，或者到了休息、吃饭的时间，客人这时都应当及时告辞，这是为主人着想的一种礼仪。

告辞时，应选择谈话停顿的间隙果断起身，不要在对方说话时起身告辞，这会让主人产生误会，认为你对主人的话题不感兴趣。告辞时，除了向主人及其家人作一一告别之外，还应向在座的其他客人告辞（简单致意的方式）。

告别时应当有适当的寒暄语。最为常见的是："再见！""请留步"；如果这次拜访是有求于人，要对主人说"谢谢您！""麻烦您了！"如果这次拜访是无预约的临时拜访，要对主人说"打扰您了"。如果是亲朋好友间的礼节性拜访，可以热情邀请对方回访，并说"有空到我家来玩""下次到我家来"。如果主人出门相送，一定要说"您请回""请留步"，最后热情地挥手或握手表示感谢并道"再见"。

出门告别后，就要坚辞离去，不要拖延时间。既不要任凭主人远送，也不要站在门口"恋恋不舍"。特别有礼貌的主人可能会站在原地一直目送客人，这时客人应在走出一段距离后，或开车掉转车头准备离去时，再向主人挥挥手，表示最后的谢意，并请主人快回家。客人在返回后，还应给主人打电话或发短信报个平安，并再次感谢主人的款待。

5.1.2　待客之礼

接待，是指个人或单位以主人的身份招待客人、来访者的一种社交方式。按照接待性质来划分，接待大致可分为两类：私人（家庭）接待和公务接待。在这里，我们主要介绍的是私人（家庭）接待的一般礼仪。

我国素有"出迎三步，身送七步"的迎送待客之礼。无论对于私人拜访还是公务拜访，主人在接待时，都希望能令客人乘兴而来、满意而归，达到和谐融洽的交际目的。为了实现这一目的，主人在接待过程中一定要遵循平等、热情、礼貌、友善的总原则，并要"主随客便"，考虑周全，关怀备至。

待客就如同一项事无巨细的系统工程，因为宾主双方的关系是否可以在拜访接待的过程中得到融洽地发展，很大程度上取决于待客的礼仪是否到位，以及待客的过程是否安排得细致妥帖。所以，待客的礼仪规范更加讲究细节化、具体化。

1.待客前的准备

1)约定会面的时间、地点

当我们主动邀请某位亲友来自己家中做客时，按照社交惯例，首先应当征询一下对方的意见。主人可以告知对方："最近，我想请您(欢迎您)到我家里来坐坐，不知道您什么时间方便(有空)啊?"待对方考虑后，双方共同把具体时间确定下来。这样能够给对方选择的自由和余地，便于接下来的沟通协商。我们作为主人的身份邀约他人来访，这是给予被邀请者的一种重视和尊荣，说明我们非常愿意保持和增进双方之间的关系。因此从这个角度来讲，邀请客人忌滥、忌频繁，而且一定要言而有信，不能只是随便说说，否则会被对方视为虚伪，甚至质疑主人的人品。

如果是拜访者首先表达要来拜访我们的意愿或请求，在一般情况下都应当予以应允和满足。对方提出的拜访时间或地点如果不够合适的话，我们可以委婉地表示否决，并认真说明原因;同时要向对方表达出欢迎其拜访的诚意，并提供一些自己方便的时间和地点，供对方参考，商量能达成一致的时间。

既然是双方有约在先，作为主人应当安排好时间，在家等候客人的到来;如果主人临时因为突然的变故而暂时无法如约接待来客时，一定要提前通知对方，并真诚地表示歉意;同时征得对方的意见，另约合适的接待时间，并且一定要兑现再约的承诺。

2)做好待客准备

与来访客人确定好时间、地点后，为了给被邀请者留下良好的印象，就应当做好迎客的各种准备。

(1) 做好室内的环境卫生　尤其对于客人的必经之处，如门口、门厅、走廊或过道、客厅、洗手间等，这些地方要提前打扫干净，收拾整洁;如果客人来访后发现室内环境脏乱、空气污浊的话，一方面有损主人的形象，另一方面客人也会觉得自己不受重视。

(2)整理好个人的仪容、仪表　即使在自己的居所中接待来客时，也应当特意换上一身得体的服装，并对仪容、仪表进行适当的修饰，做到整洁、大方、得体，特别是作为待客活动中的女主人，尤其要注意这一点。首先挑选与自己的年龄、身份相符合的服装，居所中的着装可以选择休闲风格的衣服，但要整洁得体、庄重，发型整齐，不能穿睡衣、睡袍或短小暴露的衣服，更不能邋里邋遢，头不梳、脸不洗。女主人可以适当化淡妆，戴简单配饰，但不要浓妆艳抹、戴复杂的首饰，这样会给客人带来距离感，不够平易亲切。

如果遇到客人不约而至、突然来访，主人来不及换衣服，主人可以在睡衣或家居服外面披上一件外套，开门先把客人让进房间，请客人在客厅稍候并向客人道歉，然后进内室换上合适的服装，并对仪容略作整理后再出来。

如果客人来访时，主人的家人也在，则应当招呼家人与客人打招呼。一般情况下，礼貌见面过后，家人就可告退，没必要一直陪伴交谈。即使客人真诚招呼一起坐下聊天，其他家人也最好礼貌性地寒暄几句就相机告退，不要久留。如果客人领着孩子一同前来，主人最好让自家的孩子招呼陪伴小朋友一起玩，并尽量避免孩子之间发生矛盾、打闹。

(3)备好待客的用品　待客必备的主要用品有：茶具、饮料、糖果、水果、香烟、毛巾。不管客人是否都能用到，还是应当有备无患。如果事先已约定好客人一起留下吃饭，则要把酒水、饭、菜准备齐全，等客人来了再去买，显得很仓促且诚意不足。倘若不确定来访客人的人数，在准备座椅、茶杯、饮料、饭菜时，要预留出一定余地，方便临时调配，如果待客现场缺三少四，双方都会觉得尴尬，主人更会因自己的准备不周而自责。

客人如果带着孩子一同前来，最好事先准备一些小朋友喜欢的食品、玩具、图画书等，让孩子来了能有事可做，不会频繁打扰大人的交谈。

2.接待中的礼仪规范

1)热情迎候

客人如果是初次登门拜访，或者客人是受尊敬的长辈、前辈，那么我们作为主人应当根据双方事先约定的时间，前往迎候。根据客人乘坐的交通工具，如飞机、火车、地铁、公交车、出租车等，主人应到客人到达的相应车站站点迎候；如果客人自驾车前来，主人应在住所的小区门口或楼下迎接。这样做，表示出对客人的充分尊重，也免除了客人自己寻找路线的辛苦。

当主人在宾主双方事先约定好的地点迎候时，主人务必要提前几分钟到达。踩着点到甚至迟到几分钟，对于已经到达约定地点的客人来说，都是失礼的。迎候客人时，最好是主人亲自前往，若有必要，还可以夫妇二人一同恭候客人，最好不要找他人代劳。接到客人后，应首先问候“路上辛苦了”或“一路辛苦了”。

即使不需要外出迎接，但只要听到客人的敲门声或按门铃，应立即起身开门迎接。如果客人是突然造访，也要热情迎接；如果室内杂乱未做整理，应向客人致歉并适当收拾，及时请客人落座；但不宜大幅度地打扫卫生，这样有逐客之嫌。

2)见面寒暄，邀请入座

与客人一见面，主人要主动伸出手来与客人们一一握手，并致以亲切热情地问候，比如说“欢迎、欢迎”“你们能来我太高兴了”“我们今天一直在等您呢！”等等，这些都表达出非常欢迎的意思。对于来访的长者要上前搀扶，在门口与客人握手稍作寒暄后，主人应当立即把客人让进屋里。

与此同时，主人应请客人脱下帽子、围巾、手套、外套、大衣等，接过客人的雨具或手拎的重物，为其放在可存放的地方；但不要去接客人随身携带的手提包，这是为了尊重客人的隐私；可以向客人示意手提包的放置地点，请客人自行放好。主人把客人让进客厅，请其落座后，再处理和放置上述随身物品，也是可以的。但不要忘了这个程序，否则客人拿着这些东西，会觉得非常烦琐而不知所措。

主人如果认为有必要或者客人主动提出要换拖鞋，可请客人在门厅换上准备好的拖鞋，再走进客厅；如果客人并未注意到换鞋的事情，主人也顾虑此事会让客人觉得有隔阂的话，双方可都忽略这样的小事。

引导客人进入客厅入座时，应当主人在前，走在客人的前方，并伸手示意说"这边请"，客人则跟随在后。落座的顺序，应首先请客人落座，而且还要请其在上座就座，然后主人才可落座。主人绝对不能先于客人坐下。

这里所说的"上座"，指的是相对而言，室内较为尊贵的最佳座位。家庭住所中的上座主要包括：

(1)坐起来比较舒服的座位　比如沙发的舒适感优于硬质座椅，因此沙发是相对而言的上座。

(2)以右为尊，面门为上　当主人与客人并排就座时，无论是沙发还是座椅，须讲究"以右为尊"的原则，即应当请客人坐在主人的右手边，这是上座，而主人居左手边。

如果客厅的沙发或座椅位置正对着门，按照惯例，面对正门的位置是上座，应属于客人；而背对门的是相对的下座，应属于主人。

(3)客人认为合适、舒服的座位　待客礼仪中讲究"主随客便"，所以一定要首先尊重客人自己的选择。在让座这个问题上，应该认定：客人愿意坐在哪里，哪里就是上座。如果客人进入客厅后，在未经主人的示意和引导下，自己就找了一个座位落座，那么主人没有必要当众指正并要求客人做出调整。客人一旦落座，一般就不宜再劝说其换座。即使客人自己选的座位，不是按照惯例的上座，那么主人也不必较真，只需要尊重和默认客人已落座的位置即可。对客人的尊敬和体谅体现和贯穿于接待客人的整个过程中，是一项待客的重要礼仪原则。

3)敬奉茶点

待客人坐下后，要告诉客人自己准备有什么饮料，可以让客人在家中已备有的饮品中挑选，这样基本能保证客人对端上来的饮料可以接受，既是对客人的尊重，也避免了让客人完全依照自己口味选饮料，家中却没有的尴尬。

同时准备一些水果和小点心，事先去掉包装、去皮切块，放入盘中并备好牙签，以方便客人取用。

若客人中有男士，主人在允许抽烟的情况下，可向男士客人敬烟。切忌用手直接取烟，应打开烟盒轻抖出几支烟后递到客人面前，让其自取。接着主人要拿起打火机帮客人点烟，但要注意点烟一次不要超过两支，如果抽烟的男士客人多，切忌一次性都为他们点燃。

4)亲切交谈

有客人在，客人就是第一主角，作为主人，时时处处都要以客人为主，一心一意对待客人，不能有冷落之举。

待客要精力集中，专心致志，不要去做其他与待客不相干的事情。比如一边与客人聊着天，一边看电视、看电脑、看手机，或看书、看报纸、接电话，或忙家务、训斥孩子等；还有不停地看表，不停地起身走动，这些漫不经心的做法，都会让客人感觉自己被无视和被忽略，感到自己不受欢迎，是很不礼貌的。如果主人的确有事不能奉陪的，应向客人如实说明，取得对方的理解和谅解。

与客人促膝交谈，是待客中的重要环节。交谈时态度要诚恳、亲切，语调平和，声音大小适宜。如果客人的拜访有明确的目的和主题，那么在主宾的交谈中要先围绕主题展开，商量讨论拜访中最重要的事情。不要一上来就东拉西扯，忘却正题，耽误来访客人的时间，也是在耽误主人自己的时间和精力。交谈过程中，要认真聆听客人的讲话，不要东张西望，不要频繁打断对方随便插话，或者表现出心不在焉、无精打采的样子；当然也不要只听不说，长时间不说话，这样会使整个交谈因沉闷而冷场，让客人觉得十分不自在。

如果主人在交谈的中途有急事需要处理，且时间不长的话，可向客人说明情况，说一声"真不好意思，请您稍等一下。"并委托在场的家人、其他朋友作陪，或者拿一些书报杂志，或打开电视等，请客人浏览观看以打发时间。

即使客人逗留时间比较久，或者来访时正赶上你心情不愉快，也要善于保持克制，不能再三看表，不能将厌倦、心烦、不快的情绪形于色，当着客人的面流露出来。如果有这种情况发生，也是社交能力不成熟、不沉稳的表现。

如果要将待客的气氛营造得再活跃一些，促进宾主双方的交流，可以邀请客人及其家人、朋友一起打牌、下棋、玩游戏、唱歌等。多谈一些客人感兴趣的话题，一边交谈要一边观察客人的脸色。如果发现客人面露不悦或心不在焉，那么要及时打住，转移到别的话题交谈。隐私类的话题，主人千万不要主动地询问或发起；议论不在场朋友的事情，甚至发表对其不满的意见，也是不高明的表现。

在交谈中途或谈话告一段落，主人可以带客人换换气氛：比如可以带客人参观一下自己的书房、卧室、阳台、露台或自家小院、花园；或者带客人参观一下主人喜爱的花鸟虫鱼、宠物，以及主人珍爱的收藏品，如字画、邮票、古钱币、古籍、文玩等，这些举动也能很好地拉近宾主彼此间的距离，找到一些新鲜的话题。

有必要的话，主人可以真诚地请客人留下来与自己和家人一同进餐。如果客人一再表示推辞，则无须强求，如果非让客人留下来吃饭，客人也会觉得很拘束，不方便。

5.1.3 送客

客人准备告辞时，主人要婉言相留，可以说："时间还不晚，再坐坐吧。"若客人执意要走，应等客人起身后，主人再起身相送；家人也应微笑起身相送，亲切话别。握手告别时，等客人先伸手主人再伸手相握，此时主人不要主动，否则有逐客之嫌。

若客人在来时馈赠了礼物，那么这时应当再次提及对礼物的喜爱和感谢。如果事先准备好了礼物，应在这时回赠客人。另外，帮客人检查一下沙发、茶几上有无钥匙、手机等物品遗漏，提醒客人不要遗忘随身物品。客人进门时，主人帮忙放置的帽子、雨具、外套等，一并交还给客人。

通常情况下，送客应送至门外、电梯口或小区大门口，切忌主人站在门内向客人告别，或客人前脚刚走不远，就"砰"地关上门，更不能当着客人的面关门。如果送客人至电梯口，要等客人进入电梯，并且电梯门关闭后，主人再离开。

如果是初次来访的客人或身份尊贵的客人，以及年长者、稀客等，应主动指路，并将其送至汽车前。此类客人若没有交通工具的，主人最好安排车辆接送，这能充分显示出主人待客的细心和周到。对于远道而来的客人，应送至火车站、长途汽车站、机场或码头，并说些祝福的话，发出"欢迎再来"的邀请。待火车、长途汽车、轮船等开动之后，并在视野里消失，送行人员才可离去。不要等客人刚乘坐上交通工具，送行人员就转身离去。

客人若坐出租车或自驾车离去时，主人挥手致意，并道以"再见，欢迎再来！"目送客人的身影和乘坐的车辆离开，直至消失在视线所及之外，这时主人再转身返回自己的寓所。总之，送客时，主人绝不能转身就走，这肯定是非常失礼的行为。

5.2 舞会礼仪

舞会，又叫交谊舞会或交际舞会，是一种集文艺性、娱乐性与交际性为一体的社交方式。参加舞会，不仅可以联络感情、沟通信息、增进友谊、扩大交际，还能陶冶情操、丰富文化生活，因此，舞会也是一种被人们广泛使用和欢迎的社交活动。

无论何种规模的舞会，所有舞会的来宾和参加者，都必须讲究礼节，注意个人的言行举止，时时处处遵从舞会的礼仪规范和要求。对参加者而言，约束自己在舞会上的行为举止，主要需注意仪表与个人卫生、服饰穿着、邀舞、应舞与拒绝、文明交际等五个方面的基本问题。

5.2.1　仪容修饰

众所周知，一个人外在的形态、容貌、着装等因素是个人社交形象的重要组成部分。整洁清爽的仪容，得体的穿着，高雅礼貌的举止，良好的气质风度，首先就会给他人留下深刻而美好的印象，也体现出对社交场合的重视与尊重。

因此，在参加舞会之前，男士和女士都一定要根据情况对自己的仪容仪表、服饰搭配等进行合乎礼仪的形象整理与修饰。

一个人给他人的第一印象，最直观的来自仪容，干净整洁是仪容礼仪的最基本要求。从头部、面部、手部等身体的卫生整理，到精心修饰，都是不可或缺的。

1. 个人卫生

(1)参加舞会时，参加者一定要注意个人卫生，这是维护良好仪容的基础。男士和女士都要做到仪容的干净、整洁、大方。因为舞会多在晚间举行，赴会前首先应该预留时间，进行个人卫生的整理，最基本的要做到沐浴、漱口、梳理发型、修剪清理指甲。在舞会这样的社交场合，手部动作是必不可少的，因此手的清洁不可忽视，手指甲要做到修剪整齐，长短适宜，刷洗干净，从而体现出个人良好的卫生习惯和修养。此外，男士还要刮胡须、修剪鼻毛，女士在着短袖或无袖装时须修剪腋毛，以免给人带来不雅的感觉。

(2)在上述干净、整洁的基础上，特别需要注意的有两点：首先，社交场合务必要注意口腔卫生，舞会前不吃葱、蒜等有刺激性气味的食物，不要饮酒抽烟，认真清除口腔异味；其次，患有感冒或其他传染性疾病的患者，应自觉地不参加舞会，以免传染其他来宾，给他人带来健康隐患，以至于影响到舞会的气氛。

2. 化妆

参加舞会前，为配合舞会气氛，最好依据个人情况进行适度的化妆。从礼仪角度讲，社交场合的化妆是对交往对象的尊重。

(1)男士化妆的重点，主要是护肤、美发和除异味。男士要使用保湿控油型的护肤水或护肤霜，对面部进行基础护理，防止面部皮脂过多和皲裂过敏，并使皮肤滋润有光泽；如果唇部干燥，男士可以涂抹无色的润唇膏进行保养，避免唇部干裂起皮。男士的头发要梳理整齐适当，可以用摩丝或发乳等用品做适当定型，确保发型不凌乱。对于梳头时脱落的头皮屑和折断的头发，一定要及时清理，以免给人留下不修边幅的印象。如果条件允许，可以适量喷洒男士淡香水或古龙水。香水能为男士带来焕然一新的舒适感和健康活力感，也能帮助男士祛除许多不好的味道，在社交场合给他人带来愉悦感。当然，切忌太浓烈或女性化的香水味道，那样会适得其反。

(2)对于女士来说，参加舞会之前的化妆是十分必要的。首先应同男士一样需要仔细梳洗清理一番，其次是对发型和面部做应有的美化。

女士的发型应当根据个人的脸型、气质、年龄和职业进行选择。参加舞会的发型以端庄、优雅、精致为主，避免粗犷、蓬松，以及太过随意的生活发式。年轻女士可以选择顺滑直发、大波浪卷发，或盘成高发髻、扎成高马尾等发型，彰显青春活力；中年以上的女士参加舞会，可以选择长度适中、最好不长于肩部的卷发，或盘成较低的发髻，并使用发胶、发蜡或摩丝等美发用品进行定型处理，整体给人优雅大方、沉稳自然的感觉。

舞会的妆容与日常的职场淡妆是有区别的，因为舞会一般在晚间进行，晚上的光线比较柔和暗淡，在灯光照射下，化淡妆是没有效果的，所以舞会化妆要比白天浓郁一些，尤其要强化眼妆、腮红和唇妆的效果，给人营造高贵、优雅、深邃的印象。但这种浓妆不能太过，化妆一定要以保持自然美，烘托气色，提升气质为根本原则。因为舞会中，人与人的距离很近，过浓的化妆会引起别人的反感，甚至令人感觉庸俗。女士使用香水也要适可而止，适量适度的淡香水可以增添女性的柔美、神采和品位，但香水用得过多，香味太浓也会起反作用。

5.2.2 舞会服饰

在社交场合，一个人的外部形象，除了仪容之外，还表现在仪表上，这里的仪表主要指人的服饰。俗话说“人靠衣装马靠鞍”，说明得体的服饰、巧妙的搭配、合理的颜色等手段，对人的整体形象的塑造和提升起着突出和强调的重要作用。舞会场合属于一种文娱性的社交聚会，因而舞会服饰与职场服饰必然有所不同。

在西方，对于舞会着装的要求较高。如果是正式舞会，请柬上一般都会注明服饰的具体要求。在我国，这方面虽然没有太严格的限制，但一般来说，舞会的档次较高、来宾较多，或举办者事先对服装有所要求的情况下，女士最好选择格调高雅、修饰效果明显的晚礼服、小礼服或者旗袍。即使主办方对服装没有专门要求，也最好穿着材质和品质较好、样式优雅端庄的套裙、时装，男士应穿西装等正装，这是对自己、对他人充分重视和尊重的表现。从款式上来说，切勿选择过于潮流、前卫，或过于休闲、随意的服装。

对于参加舞会的女士来讲，服装的颜色比较丰富多彩，可以根据年龄、气质选择颜色，年轻女士可以偏向亮色系，年龄偏大的女士则选择稳重成熟的深色系，但一般都以裙装为宜。另外，首饰、鞋袜等配饰的选择，也要讲究少而精，与服饰的搭配要和谐。比如发饰、耳环、项链等首饰，以少为佳，切忌夸张、花哨，样式突兀；应穿近肤色丝袜，避免穿有花纹图案或者蕾丝镂空的丝袜；避免穿鞋跟太高、太细或太粗、鞋底太厚，样式太复杂的鞋子，影响体态美观，也会显得很不优雅。

对于参加舞会的男士来说，西装、燕尾服、中山装等都是不错的选择。除了黑色、咖啡色、藏蓝色、灰色等常见颜色之外，年轻男士也可以根据个人气质和身份，尝试选择白色、卡其色、紫色、墨绿色、枣红色等色调较时尚的亮色正装。男士还要根据服装颜色，选择与之相搭配的衬衫、领带、领结、胸巾、皮带、皮鞋等配饰，在这方面，最好遵从男士职场着装的“三色原则”，即服装和配饰控制在三色范围内。

总之，无论女士还是男士，舞会的着装应当力求质感好、平整光洁、美观大气得体的效果。此外，在舞会上，一般不允许带帽子、墨镜，不穿制服、工作服、运动服，不穿凉鞋、拖鞋、布鞋、运动鞋等服饰。还要注意不要穿得过于暴露、透视，不穿过于短小、紧身的衣服，违背社交着装礼仪的行为，既不庄重，也是没有素质和品位的表现。

5.2.3　男士邀舞

邀请他人共舞，是参加舞会过程中的必有环节和礼仪。一般都是男士邀请女士跳舞，如果关系很好、很熟识的情况下，女士也可以主动邀请男士，但这种情况并不普遍。男士在邀舞时，特别要注意常规礼仪、邀舞顺序、邀舞方法等几个要点。

1. 常规礼仪

邀请舞伴时，最好邀请异性，通常讲究男士邀请女士，但女士可以拒绝；女士若主动邀请男士共舞，男士一般不得拒绝。

在较为正式的舞会上，两位女性可以同舞，但两位男性则不可以同舞，这会给他人带来异样的不适感。同时，两位女士共舞，说明她们没有受到男士的邀请，这时在场的男士们最好展现绅士风度，走到两位女士身边，分别向她们邀舞，并各自组成新的舞伴。

一支舞曲结束时，男士应将女士送到其原来的座位，示意其落座后，礼貌地说一声“谢谢！”或“很荣幸，谢谢！”然后离去。切勿跳完舞后，男士对女士不予理睬转身离去。

依照惯例，在整个舞会上，一对舞伴只宜共舞一支曲子，最多不超过两支。两人不能从舞会开始一直跳到结束，而应当有意识地通过交换和结识新的舞伴，去扩大自己的交际面，达到社交聚会的目的。如果男士有一起结伴同来的女士，则可以同跳舞会开始时的第一支舞曲和结束时的最后一支舞曲。

在跳舞时，每个人的舞姿、动作等都要符合礼仪文明的规范，切不可有不恰当的举动和行为。不论自己与一起跳舞的舞伴是何种关系，两个人在合作跳舞时，除了必要的以手轻轻持握对方外，身体的其他部位都要保持一拳左右的距离。男士不能借机对女士有拉、搂、抱等动作，女士也不宜主动贴近男士。双方在共舞过程中，不应当有贴面、贴胸、贴腹等行为，万一不小心碰到了对方身体的其他部位或踩踏了对方，应立即向对方说“对不起”。不要长时间紧盯舞伴的面部或双眼，这也是失礼的行为。

2.邀舞顺序

在较为正式的舞会上，男士除了邀请女士跳舞，以及要与自己一起来的女伴共舞开场曲和结束曲之外，还应当了解一些合乎礼仪的邀舞顺序。

就主人方面而言，第一支舞曲应由主人夫妇、主宾夫妇共舞；从第二支舞曲开始，男主人应当邀请女主宾，而男主宾则应当回请女主人共舞。接下来，男主人还须按照礼宾次序，依次邀请第二、第三位……男宾客的女伴各跳一支舞曲，而这些被邀请的女士的男伴，也应适时邀请女主人共舞。

就来宾方面而言，男宾注意要至少邀请女主人跳一支舞。如果女主人一方还有其他女士在场，如女儿、女友等，在礼节上，男宾也应当以礼相邀。

如果男宾能够做到细心观察，并主动邀请受冷落的女士共舞，那无疑显示出这位男士良好的修养与素质，主人也会对他表示感激，因为主人不希望看到舞会中有客人受到冷落。

3.邀舞方法

一般男士邀请女士跳舞，应当力求态度友好、自然，讲究措辞和行为礼貌、文明。主要有两种方法。

(1)直接邀请。即男士自己主动上前邀请舞伴。需要注意的是，男士邀请一位素不相识的女士跳舞时，必须先认真观察她身边是否已有男伴(男友、丈夫、父亲等)在座，如果有，男士应先向其男伴微笑致意，简短地询问一声：“可以吗？”在得到对方允许后，再邀请这位女士，以避免发生误会。

一般来说，男士走到想邀约的女士面前，将目光温和地注视着这位女士，含笑致意，并向前一步微微欠身，彬彬有礼地说："我可以请您跳舞吗？"或"能否有幸请您跳一支舞？"当听到受邀女士说"可以"的时候，男士则试探性地伸出右手，如果女士没有马上把手递给你，你可以顺势说声"请"。如果是初次相识，男士不宜握着女士的手进入舞池，应礼让女士走在前面，由她在舞场中选一个地方，再由男士带着她跳。一支舞曲终了，男士应把这位女士送回原来的座位，示意对方落座并礼貌地说声"谢谢"。

(2)间接邀请。即男士感觉直接邀约不便，或者认为把握不是很大时，可以请托与彼此双方熟识的人士代为引见介绍，从中牵线搭桥。这样做可以较为自然地邀请对方，既不失礼貌，还能有效避免被女士直接拒绝的尴尬。

男士不论采用何种方法邀请女士跳舞，如果万一遇到自己来到女士面前，但已有人先于自己邀请的时候，男士须保持绅士、稳重、礼貌的风度，遵守"先来后到"的原则，礼让对方先行邀请。男士在此时一定注意，不要表现出明显的失望、尴尬或不悦的情绪，更不能有过激的言语和举动。

5.2.4　女士应舞与拒舞

男士邀舞应当彬彬有礼，而作为受邀者，女士也应当表现出良好的素质和高雅的气质修养，无论应舞还是拒绝，都要落落大方，礼貌待人。

1.应舞

在舞会上，女士最好先适应一下四周的气氛，对参加的宾客进行细心的观察，然后决定是否答应男士的邀请，做出理智的选择。女士应舞的对象，一般分为以下四类。

(1)男主人或男主宾，以及其他较重要男宾客的邀请。这些男士是舞会的重要角色，如果受到他们的邀请，于情于理，女士都应当接受。

(2)年龄相仿、气质相似、舞技相近的男士的邀请。年龄相仿，容易沟通；气质相似，一般会有共用语言，能够带给双方愉悦的共舞气氛；舞技相近，不会因为双方舞技的悬殊而产生尴尬，这样两人容易合作，在跳舞的过程中便于配合默契。

(3)希望结识结交的人。舞会是结交新朋友，扩大自己交际范围的社交场合，如果女士希望结识、结交某人的话，可以找机会或经熟识的人引见介绍，通过共跳一支舞，略作交谈来打开局面，推进双方的关系。

(4)久未联络，希望继续联系的人。在舞会上遇到久未谋面的朋友、旧交，可通过跳舞交谈，重叙旧情，并互留联络方式，以便今后保持联系。

2. 拒舞

舞会是通过跳舞交友、会友的场合，一般情况下，女士不宜对他人的邀请表示拒绝，如果出于某种原因，不想接受他人邀请时，只要做的得体，也不算失礼。尤其需要注意态度和措辞。

1）态度

当女士在舞场上被邀请时，要微笑示意并礼貌回应；如果确实因某种原因不能或不想接受对方的邀请时，则务必注意态度、分寸和措辞，不能态度蛮横生硬地拒绝，更不能露出不屑或轻视的表情，以免伤及对方的自尊心。

口头拒绝对方时，最好态度自然、彬彬有礼，并起身相告具体原因，同时说上一声“实在对不起”或者“抱歉”，并且勿忘向对方致谢。因为受到邀请，这是对方尊重自己的表现，应报以足够的真诚。

拒绝一个人的邀请后，此曲未了，不能接受另一个人的邀请，尤其是不要当着前者的面接受他人邀请，这会被视为是一种侮辱，是非常不礼貌的行为，容易产生矛盾冲突。

如果之前拒绝过的男士再次前来邀请，并且没有不礼貌的举止和表现时，女士则不应当再次拒绝邀请，应欣然接受并与之共舞，这是舞会礼仪的基本要求。

被人拒绝的一方，应当对对方的理由表示充分理解，礼貌告退，不要找理由分辨，赖着不走，更不可胡搅蛮缠。

2）托词

拒绝他人时，措辞不宜生硬、粗鲁，应委婉地表达或使用暗示性的托词。最常用的托词主要有：

“谢谢，已经有人邀请我了。”

“我有些累了，需要休息一会儿。”

“我不熟悉这首舞曲，跳不好。”

“我不会跳这种舞。”或“我不太喜欢跳这种舞。”

“我不喜欢这种类型的舞曲。”

禁止使用的托词，如：“你是谁啊？我不认识你！”或“我不想和你跳舞！”等。

另外，女士如果同时受到两位男士的邀请，最能顾全对方面子、不使人难堪的方法是同时委婉地谢绝。如果两位男士一前一后走过来邀请，则可以遵循“先来后到”的顺序，接受先到者的邀请，同时诚恳地对后到的男士表达歉意，说：“很抱歉，下一次吧。”并且应尽量兑现自己的承诺，即可以稍后共舞下一曲。

5.2.5　其他应注意的舞会礼仪

舞会多以交际为主，所以在参加舞会时，不能只图自己跳舞尽兴，而忘却本应进行的交际活动和常规的礼仪规范。需要注意的舞会礼仪还有：

（1）不要在舞池内吸烟，乱扔杂物；不要在舞池内穿行、闲聊不止；如需穿越舞场，应当顺边绕行。不要高谈阔论或大笑，也不要和相熟的人指手画脚谈论他人；更不能过量饮酒，借酒滋事。

（2）在舞会中，对刚认识的新朋友要大方谈吐，不可故作清高，但也不宜长时间深谈。如有需要可互留联系方式，另换合适场合继续交流。不能因为结识了新朋友而冷落了旧交和故友，并且朋友间最好礼貌地邀请对方共舞一曲。

（3）异性交往要有分寸，可以适度称赞对方的舞技，说些合乎礼节的客套话，但不要对异性过分献殷勤，更不能打探对方的个人隐私，或自吹自擂、夸夸其谈。

（4）休息时坐在一旁，男士女士都要注意个人的坐姿。女士着裙装的坐姿，要立腰、挺胸，双膝并拢，并最好采用双腿叠放式或斜放式（侧摆式）坐姿，这种姿势非常优雅，有大方高贵之感。男士就座后，不可前倾后仰或歪歪扭扭；两腿不要过于叉开，也不可长长地伸出去或高跷起二郎腿，腿不停抖动摇晃等，这些都是不雅的仪态。

（5）舞会结束时离开或需要中途离场，应向主人辞行道别，并向主人表示自己玩得很愉快，舞会举办很成功等，感谢主人的盛情邀请和款待。

5.2.6　举办舞会应注意的问题

要使一场舞会获得圆满成功，舞会的准备、组织工作需要做到详尽到位、中规中矩。在这方面需要注意的问题主要包括：时间、地点、来宾、舞曲、接待等。

1. 选择时间

一般情况下，周末、节假日是举行舞会的最佳时机。因为周末和节假日是人们在紧张工作之后最为放松的时候，时间上也比较充裕，宾客不会因为尽情娱乐而影响工作，这时邀请客人，出席的人也更容易确定，出席率比平时要高。

举办舞会的时间最好定在晚上，以 19 点到 23 点为适宜，不要超过午夜。舞会持续时间控制在 3～4 小时。时间太短，宾客可能玩得不够尽兴；时间太长，则会太疲劳而影响休息。

2.选择地点、布置场地

主办者可以“依人定地”，即根据出席舞会的人数和规模，以及舞会的规格和档次选择场地；也可以“依地定人”，即根据场地的条件和规模确定舞会的人数和规格。但要尽量选择交通安全、便利，停车场能提供足够车位的地方。

因为舞会中的活动不止跳舞一项，还包括餐饮、休息、交谈等活动，因此要选择有条件提供上述服务的酒店、酒吧、较大型的户外庭院等。布置场地时，地面要光滑、平整、宽敞；要有符合营造舞会气氛的灯光照明；以及完备良好的音响设备并事先仔细调试；场地中间预留出足够空间作为舞池，周围则提供摆放客人休息用的桌椅。如果舞会比较正式，档次较高，则应事先安排好现场乐队伴奏，准备好茶水、咖啡、饮料、点心等，并最好设置一个衣帽、箱包的寄存处，保证来宾携带物品的安置。

3.邀请来宾

邀请哪些来宾参加舞会，是举办舞会时的一个重要问题。因此组织者要做好来宾人数的限量、控制男女比例以及发出正式邀请等工作。

首先，舞会的来宾绝非多多益善。来宾过多，会造成拥挤，气氛嘈杂，甚至造成安全隐患，最终事与愿违。通常邀请一两位客人作为舞会的主宾，然后根据主宾的具体情况，合理安排和邀约其他客人，比如主宾与客人之间是否熟悉，客人是否会跳舞、喜欢跳舞等情况进行综合考虑和平衡。

其次，精心控制和考虑宾客中的男女比例。因为较正式的舞会，都是与异性舞伴共舞，因此太多的男士或太多的女士，都会影响舞会的质量。合适的比例应当是男女比例各半，可以让男宾客数量略多于女宾数量，以免女士在舞会中被冷落。对于宾客中的已婚人士，最好邀请其夫妇两人共同出席。

再者，确定了来宾名单后，应尽早向对方发出正式邀请。最常用的邀请方式有口头邀请，电话邀请，书面邀请。正规的舞会应当是书面邀请，即发送请柬邀请对方。为了便于被邀请者提前做好安排，提高舞会的出席率，邀请时间最好在舞会举行的5～7天前。舞会举行前一到两天，为防止来宾忘记，可通过电话或短信的方式再做提醒，以保证万无一失。

4.选择舞曲

舞曲是举办舞会的关键要素，它直接关系到客人参加舞会的情绪及舞会能否取得圆满成功。音乐和舞曲的选择，需要考虑以下几个方面。

(1)服从大多数的原则。选择舞曲应当符合一般舞会音乐的主流，为了尽可能地满足到场来宾的不同喜好，曲目应当既有古典的也有现代的，既有舒缓的也有热烈的。最好选择大家都比较熟悉，辨识度高，旋律优美，节奏感强的曲目作为舞曲，切勿选择小众、冷门的曲子，以免舞会冷场，影响来宾的情绪。

(2)如果是播放唱片的舞会，需要有专门的音响师进行现场控制和音响管理；如果邀请乐队现场演奏，且舞会时间较长的，应考虑请两支乐队轮流演奏。无论哪种方式，都要事先做好曲目单，根据舞会时间控制舞曲的数量，一经确定不再增减，届时在现场发给人手一份，让宾客根据个人喜好进行选择。

(3)音乐和舞曲的安排，要张弛有度。不同风格、不同节奏的乐曲要交错进行、穿插安排，可以先用激烈欢快的舞曲开场，调动来宾的情绪，中间以平缓优雅的舞曲铺垫，略作松弛；再以奔放热情的音乐进入高潮，这种此起彼伏的节奏安排，可以让来宾各取所需，从而烘托出舞会和谐欢乐的气氛。

5.做好接待

为确保舞会的顺利进行，有条件的主人或主办方，应对舞会具体的接待工作做出稳妥安排。其中较为重要的接待工作主要包括：确定舞会的主持人、招待人员、准备舞会需要的食品、饮品等。

(1)通常情况下，比较正式的舞会，都需要确定一位经验丰富的专业主持人，担任舞会的主持工作。舞会主持人的主要职责，是介绍到场的主要嘉宾，控制和调动舞场内的气氛，做好舞会各个环节的衔接。

(2)条件允许的情况下，主人或主办方还需组织一支招待服务的人员队伍，最好着装统一，男女搭配。他们主要负责迎送接待来宾，为客人提供必要的帮助和服务，协助处理舞会中的一些突发情况等。

(3)在时间较长、规模较大、来宾较多的舞会上，主办者要提供适当的食品和饮品，如点心、水果、果汁、汽水、纯净水等，也可以适当准备一些酒精度较低的酒类饮料，如香槟，含酒精的汽水、果汁或葡萄酒等。这些食品和饮品能够为舞会增添兴致，提升来宾的愉悦感，增加愉快热情的气氛。

5.3 文艺晚会礼仪

晚会，通常指的是文艺晚会。它是以演出的文娱节目为主要内容的群众性聚会活动。由于晚会的群众参与度高、娱乐性强、内容丰富多彩、气氛轻松活泼等特点，深受人们的喜爱，也是社交聚会的主要形式之一。

从文艺晚会的内容来看，有音乐(演奏、演唱)、舞蹈、杂技、戏曲或戏剧等专场演出，还有综合性的大型文艺晚会等。从晚会的性质来看，有欢度节日的，有各种庆祝、庆典类的，也有休闲娱乐类的，等等。

从礼仪方面来看，晚会的参加和观看都应当合乎公知公认的礼仪规范。因此，观众在观看晚会演出时，不仅有尽情欣赏节目的权利，也有严守礼仪规范的义务。

下面就从晚会的入场、入座、观看晚会三个方面，分别介绍一下这类活动需要遵守的礼仪要求。

5.3.1 提前入场

提前入场是每一位观众必须自觉遵守的最重要的晚会礼仪之一。在一般情况下，观众进入演出场地，应当在演出正式开始之前15分钟左右。

之所以要求观众提前入场，首先是为观众自身考虑。因为留出入场的提前量，可以让观众自己有较为充裕的时间去存放箱包、会合亲友、找到座位、熟悉演出环境，稍事休息后等待晚会开始。

其次，观众提前入场，也是为了维护演出秩序。如果在演出开始之后，仍然有迟到的观众络绎不绝地入场，既会影响其他观众的观看兴致，也是对台上演员和演出秩序的不尊重。事实上，大型正规的各类晚会，其演出秩序要求是比较严格的，往往在正式开场之后(演出铃声响过之后)便不再允许迟到的观众进场。只有在中场休息时，他们才能获准入场。这样一来，观众就会因为个人的迟到而影响到自身观看晚会的利益。

5.3.2 对号入座

按照晚会的常规来说，观众应当自觉服从组织者的安排，持票排队入场，并且凭票对号入座。时间如果充裕的话，最好提前5分钟在属于自己的座位上就座。

在找寻自己的座位时，如果有引导员(领位员)在场，最好请其带路或予以引导指点；如果必须自己找座位时，最好靠左侧向前行进，逐排寻找。千万不可为了省事、省时而抄近道，从别人的座位上踩、跨而过。

在走向自己的座位时，如果需要从其他已经落座的观众面前走过，一定不要横冲直撞，更不要完全背对他人(即背部、臀部对向他人)，这是很不礼貌的。正确的做法应当是：弯腰躬身，随后以自己的侧身，快速经过他人，并向对方说一声“不好意思”或“对不起”等，尽量不要与对方有身体接触；若不小心碰到或踩踏到别人，要立即道歉。

如果发现自己的座位上已有他人就座，应出示自己的门票进行核对，并向对方说明，请其离开。但要注意说话的态度和语气，不能对人颐指气使，呵斥对方。如果对方不配合让座，可请晚会工作人员出面处理，避免与对方意气用事，更不能大打出手。

在自己的座位就座后，要尽量做到安静，坐姿规矩。个人物品放置妥当，不要将物品占用他人座椅，也切勿在座椅上来回晃动，坐得东倒西歪，更不能把脚搭在前排座椅上，或者乱伸、抖腿等。

一般来说，座位就是观众在晚会上固定的“岗位”，一旦在自己的位置上落座，就不宜频繁进进出出，也不允许在自己座位前长时间站立，这些行为都会影响到其他观众，令人反感。如果确实因为特殊原因需要和别人调换座位的话，首先要基于对方同意的基础上，切不可强人所难，避免引起矛盾和口角。

如果晚会形式比较自由随意，不要求对号入座或者没有安排固定座位的话，也要尽量做到自己寻找的位置一旦确定，就不要轻易变动了。

5.3.3　礼貌观看

观众参加晚会的最终目的，就是观看演出。作为一个合格、合礼的观众，在观看演出时既不能妨碍演员的表演，也不能影响其他观众的观看。所以，观众要表现得专心致志、全神贯注、谨言慎行。要符合这些要求，尤其要注意以下几个方面。

1.着装高雅整洁

参加晚会是一项高雅的文化娱乐活动和美的享受，所以出席者在着装方面要做到服饰整洁，仪容端庄，并应当与演出的氛围相协调。西方人非常重视出席晚会时的穿戴，因为穿着能反映一个人的文明素养。特别是前往规格较高的大剧院，参加如歌剧、舞剧、交响音乐会等隆重高雅的演出活动时，应按照出席高规格的场合穿戴着装。男士最好穿西装、礼服，并打好领带、领结，显得庄重而和谐；女士也应着正规的套装或礼服，并化淡妆，喷香水，戴大方的首饰，这样显得端庄、高雅，有气质。这种着装风格既与欣赏高雅艺术相匹配，也表达了对演出的音乐家和艺术家的一种尊重。如果晚会的主办方对观众的着装等细节做了具体要求的，那么必须遵从主办方的要求。

如果参加摇滚、爵士、流行歌曲演唱会、综艺节目等文艺演出时，穿着可以时尚随意一些，但也不要穿薄、透、露的服饰，以及怪异的奇装异服，以免引人侧目。

2.不要交头接耳，谈笑喧哗

在观看演出时，最令人反感的就是与同伴不停窃窃私语，或者对演出高声发表评论，谈笑喧哗，这是非常不自觉的表现。特别是在欣赏高雅的音乐会时，一点细微的声音,都是不能容忍的。即使你刻意压低了声音说话,也可能引起别人厌恶。如果想与同伴议论或交谈,最好在中场休息的时候。

当然,如果坐在你附近的人在说话,影响了你的观看体验,可以友好和气地提醒对方,但不要言辞激烈。

3.不进食,不吸烟,尽量保持安静

在观看演出时,不要把食物带进场,爱吃零食的人要自我约束,最好不要吃东西,尤其是不要吃带壳或带声响的东西。即使允许带饮料进场,也应讲究社会公德,不要发出影响别人观赏的声音。另外,绝对不能在场内吸烟。如果在较高档的剧院或音乐厅,咳嗽、打喷嚏、打哈欠时,一定要克制,并用手帕或纸巾捂住嘴,尽量压低声音。

4.手机不能鸣响,不接打电话

一旦演出开始后,即应当将手机自觉调至静音或震动状态,千万不要任由手机铃声鸣响不止,更不要在观看节目时拨打或接听电话。

5.不要心不在焉,我行我素

观看晚会期间,不要睡觉、看报、听音乐、不停看手机、聊天或玩游戏,不要做与演出无关的事情;也不要频繁左顾右盼,观察他人。

6.不随便走动

演出开始后,尽量不要乱走乱动。如果确实因个人原因需要中途离席的,那么当走过别人的座位时,要弯下身子,同时向被打扰的观众轻声致歉,对起身礼让的观众表示感谢。

7.不影响他人

要注意摘下帽子,不要坐得过高;身体不要左右摇晃,两腿不要抖动,更不要脱掉鞋子,这会招别人讨厌。情侣或爱人,应当举止自重而得体,若在公共场合过分亲昵,也属于不文明的行为。另外,如果场内不允许摄影、摄像,应严格遵守规定;如果允许摄影和拍照,注意不要遮挡他人视线,也不要使用闪光灯,以免干扰演员和他人。要自觉保持场内的清洁卫生,不要随地乱丢果皮纸屑、丢弃空饮料瓶,更不能随地乱吐口香糖的残渣,这都是没有修养的表现。

8.热情、恰当地支持演员

当演员登台表演和演出结束时,观众应当热情、友善地向演员鼓掌,以表示对他们的欢迎和感谢,也表达了对演员辛苦付出的尊重。

在晚会演出进行过程中，当演员表演得非常精彩，甚至完成了高难度的演唱、演奏或动作时，观众可在适当的时机为演员热烈欢呼，并且鼓掌致贺，以表达对演职人员的敬意和钦佩。但要注意，鼓掌要掌握好时机，首先要以不妨碍或打断演员的演出为好。

如果演出过程中，某位演员的表演欠佳或出现失误，对此，观众应当报以充分的理解和谅解。绝对不能因个人的好恶，而对台上的演员鼓倒掌、吹口哨、喝倒彩，甚至向场内扔东西。

如果遇到观众们一致对某位演员的表演非常赞赏和认可时，观众可以起立并热烈鼓掌要求其返场演出，但这种表达也要尊重台上演员的个人意愿，要适可而止，切不可要求演员不停返场，或迫使其加演节目。

演出结束，演员登台谢幕时，观众应全体起立，热烈鼓掌，再次感谢演员的表演。切不可在演员谢幕前就匆忙离去，或者只顾自己退场，而对台上熟视无睹、径自离去，这些情形既会导致会场混乱，也是对演员不礼貌的表现。

9.照顾同伴

在参加和观看演出的过程中，对于自己的同伴，尤其是长辈、女士、客人，需要主动妥善地加以照顾。

如果自己主动邀约了朋友、客人观看晚会，在入场时，最好提前5～10分钟在入口处等候迎接，或者与对方约好会合之处，并且自己也需提前到达，恭候对方到来后一起进入会场。如果有必要，在晚会结束后，要为同伴安排好交通工具回程，或亲自护送其返回住所。

如果自己受人邀请的话，务必做到守时守信，准时按约定时间到达会合之处；如果因交通拥堵或其他特殊原因不能按时到达，应当打电话或发短信告知对方，不要无故迟到而让邀请者焦急等待。

进场寻找座位时，应主动走在前面为同伴引路。对号入座时，请同伴在座号许可范围内相对位置较好的地方，如前排、中间的座位上就座，而将诸如靠后、靠边或挨着过道的座位留给自己。即使不需要对号入座的时候，也应当请同伴优先就座。

若晚会明确规定了儿童入场的年龄，如不能带学龄前儿童入场等，则要认真遵守会场的规定。如果允许带孩子入场，作为家长或者监护人，也要对孩子严加管束，不要任其大声吵闹、啼哭，或四处乱跑，以免影响打扰到其他观众。

10.依次退场

在晚会演出的过程中，一般不要提前退场。如果确实因特殊原因，需要中途退场的，最好等到晚会间隙或中场休息时离开；若演出正在进行，则要对身边经过的其他观众致歉，同时弯腰、快速并轻轻离开。

演出正式结束，等演职人员谢幕完毕后，观众再根据会场指示，安静有序地依次退场。不要故作匆忙状而横冲直撞，与其他观众争抢走道。

如果晚会邀请了贵宾在场，一般应按主持人或会场工作人员的指示，待贵宾退席之后，观众再依次按顺序离场。

上述这些观看文艺晚会的礼规，也是观看其他各类演出活动（包括观看电影）时，需要遵守和借鉴的礼仪规范要求，这是一名文明公民的修养和素质的体现。

本章小结

本章主要介绍了典型的群体性社交活动中的聚会礼仪。从做客与待客、舞会、文艺晚会这三类最常见的社交聚会形式入手，详细讲解了三类聚会具体的礼仪规范和要求。聚会的内容和形式丰富灵活，都有着各自不同的特点和规则，只有懂得、熟悉并掌握各自相应的礼仪规范和要求，才能在多种形式的聚会场合自如地扮演好自身角色，拉近与其他参与者的距离，增进彼此的感情和认同，进而树立良好的个人形象，达到社会交际的最佳效果。

思考与练习

1. 什么是聚会？
2. 根据目的不同，拜访做客可分为哪两类？并解释之。
3. 拜访做客为什么要讲究事先预约？具体应怎样做？
4. 有一位久未谋面的长辈到您家拜访，您应如何接待？（提示：从迎接、待客、交谈、送别等方面思考）
5. 在舞会上拒绝他人的邀请时，应当如何礼貌地表达？
6. 组织和筹备舞会，应当做好哪些细节？
7. 参加晚会时的入场、入座环节，需要遵守哪些礼仪规范？
8. 观看文艺晚会时，应当遵守哪些礼仪规范？

案例分析

案 例 一

某公司新建的办公大楼需要添置一系列的办公家具，价值数百万元。公司的总经理已做了决定，向A公司购买这批办公家具。这天A公司的销售部负责人打电话来，要上门拜访这位总经理。总经理打算，等对方来了就在订单上盖章，定下这笔生意。不料对方比预定的时间提前了2个小时，原来对方听说这家公司的员工宿舍也要在近期内落成，希望员工宿舍需要的家具也能向A公司购买。

为了谈这件事，销售负责人还带来了一大堆的资料，摆满了台面。总经理没料到对方提前到访，刚好手边又有事，便请秘书让对方等一会儿。这位销售员等了不到半小时，就开始不耐烦了，一边收拾起资料一边说："我还是改天再来拜访吧。"

这时，总经理发现对方在收拾资料准备离开时，将自己刚才递上的名片不小心掉在了地上，对方却并没发觉，走时还无意中从名片上踩了过去。但这个不小心的失误，却令总经理改变了初衷。A公司不仅没有机会与对方商谈员工宿舍的设备购买，连几乎到手的数百万元办公家具的生意也告吹了。

（资料来源：闫秀荣 张立华：现代社交礼仪（第2版）[M]. 北京：人民邮电出版社，2015）

请问：

1. A公司的生意为何没有谈成？
2. 拜访他人时应该注意哪些问题？

案 例 二

张先生与女友一起参加一个正式的舞会。舞会开始前，张先生的女友精心打扮，穿上了大方优雅的连衣裙，挽起发髻，化了精致的妆容。张先生等得不耐烦了，一再催促女友快点，而且当他看到女友的装束后，觉得她太小题大做了，没必要这么兴师动众，浪费时间。因为张先生自己只穿了平时上班的职场装，并没做特别准备。

舞会开始后，张先生和女友跳了一曲，接着有一个熟识的朋友过来邀请张先生的女友共舞一曲。张先生因为觉得这位朋友以前也曾追求过自己的女友，所以感到不悦，并暗示女友不能受邀。但是女友没有听从，还是微笑着礼貌地接受了这位男士的邀舞。一曲终了，女友回到座位后，张先生非常生气，感到不能忍受，于是大声呵斥女友;而他的女友觉得自己没有做错什么,终于两人在舞场大吵起来,引得其他宾客都将不解的目光投向了他们。最后女友一个人愤然离开,张先生在众目睽睽之下也觉得颜面尽失。

(资料来源:豆丁网:社交礼仪案例情境六,作者有改动)

请问:

1. 参加舞会前,张先生的女友精心修饰仪容仪表,这样做对吗?为什么?
2. 舞会上,张先生的举动有什么不妥当、不合礼仪的地方?

第6章

会务与仪典礼仪

会议是特定时间、特定环境下，有组织、有目的、有计划地为商讨重要议题或通报一些重大事项等进行的集会或聚会。会议包含两层含义，一是“会”，聚集、凝聚、会面；二是“议”，商议、探讨、决议。前者指与会人员的主体意愿与汇聚的过程；后者指聚会的主要目的、意义和内容。会议的人数不确定，少则二三人，多则成百上千人。

会议是现代社会开展政治、经济、文化或其他活动的重要方式之一。会议的功能越来越广泛，会议的内容越来越丰富。重在结识、结缘的会议称为会面；重在洽谈某一事项的会议称为会谈；为以后交往打下良好基础的会议称为会晤。目前，会议的内涵已远远超过这些层面，成为一系列集会的统称，如职工代表大会、决策会、商洽会，也包括茶话会、展览会、研讨会、联谊会等。

会议的种类很多，其划分标准也多种多样。按照规模分为大型会议、中型会议、小型会议；按级别分为中央级、省市级、县级会议直至居民会议；按国别分为本国会议、国际会议；按开会方式和地点，也可分为传统的集中开会和现代的异地远程电子会议等。

会务礼仪是指在会议过程中的礼貌、礼节及应遵守的规范的总称。如会晤的邀请、会议的策划、会场布置、会议的礼节性组织、会议的接待、会议的议程安排与日程排序、会议的位次安排、会议的庆典仪式等。与会者是否懂得和运用现代公务活动中的基本礼仪，不仅反映出该员工自身的素质，而且也折射出该员工所在组织的文化水平和经营管理境界。如其中某个环节安排不当或处理不妥，会直接影响会议的正常议题和议程，有时甚至会升级为组织与组织、国家与国家、民族与民族之间的矛盾，引发一系列公共关系危机。

6.1 会务礼仪

会务礼仪，对会议效率和目标的实现起到制约和保障作用。一是可以通过会务礼仪理顺各种会务程序；二是通过会务礼仪协调各种与会者的关系；三是为激发与会者的参与热情提供支持；四是为现代会议的科学、有效组织提供保障；五是为传播组织形象做出努力；六是为提高与会人员诚实守信的工作修养、严谨求实的办事作风、追求高尚的发言动机作出规范；七是为会议节约精力成本和时间成本做出努力。

现代会议，越来越倾向于严谨务实，更注重精简性、科学性、高效性。

6.1.1 会务的准备

会议前期准备充分，是取得会议成功的前提和保障，也是会务礼仪的主要表现。准备会议的人员，一定要本着认真负责的精神，缜密考察每一个流程和具体环节，使会议不出现纰漏。会议准备工作的总要求是充分准备、热情接待、严密组织、周到服务、确保安全。

1.明确会议主旨

会议主旨即会议主办者所要达到的目的、目标，是所要商议的一系列事宜的中心思想、集中指向、价值追求，或会议预期所要达到的效果。会议目标明确，可以避免开会时走弯路或浪费时间，也可以为会议进行后期的效果评估提供依据。

一般会议的目标表现为：

有效——集思广益，解决个人无法完成的任务或应对突发事件，有效达到会议的目标。

和谐——营造和谐的气氛，使成员对团队有安全感、信任感、认同感，展露个人才能。

参与——充分发扬民主，参与的人用心关注，才能让会议得到健康健全发展。

效率——能在预定的时间内完成开会任务，这就是效率。

学习——在参与开会的同时有更多相互交流的机会。

2.安排议题，确定议程

议题是会议需要讨论的问题，它反映了会议的目的和主旨，是每次会议必须认真研究的任务。安排议题前，要根据工作重点和工作目标进行征集和筛选，分清轻重缓急，认定确有开会的必要。

会议议题，一般有单一议题和多议题两种形式。单一议题，一事一议，比较集中，深度探讨，针对性强。多议题是围绕一个共同主题，把几个相关议题一起讨论。其中会议的主题，是需要开会解决的最基本、最突出的问题。虽然分几个议题，但所有的发言必须紧密围绕主题进行，不能离题太远或偏题。

会议召开的议题，一般要满足下列必要条件：对于组织发展和日常工作以及将要进行的项目而言非常重要的议题；需要紧急处理的议题；需要充分发表意见，集思广益的议题；无法私下协商的议题；需要了解实况的议题；有权做决定的人必须参与的议题；重大关系人、责任人必须参与的议题；不宜口头传播或书面传达的议题。简单而言，议题应满足显著性、重要性、经济性、必要性的特点。不能小题大做，也不能大题小做，注意规模适当，节约人力、物力、财力、时间等成本。

议程是开会的具体步骤与议题商议流程，会议程序包括议题先后顺序，会议安排的时间、地点、日程，会议进行的仪式、项目等步骤，还应包含开会的预定结束时间，选择何种会议形式等。

会议议程的安排要注意以下几个问题。

(1)由重要到不重要。会议开始时即讨论重要议题，以免拖延时间影响后面的议题。

(2)由不尖锐到尖锐。将尖锐问题置后，让与会者先建立默契和信任感，再接触尖锐问题，使气氛不至于尴尬。

(3)由容易到困难。让大家渐渐融入会议进行的节奏，不要开始就接触未熟悉的议题造成挫折感。

(4)由共性到个性。先确定大家公认、共识的问题，这些议题如果大家没有异议，可以先解决，便于节约时间商讨后面重要的或有异议的问题。

(5)由一般问题到保密问题。涉及机密问题要放到最后，便于前面的议题进行完后，与秘密议题无关的人可以先离开，与秘密议题有关的人继续商讨秘密事宜。

开会议题一般要请示主管领导意见，经过领导审核或批准后再提上议事日程。最后还应准备一些备选议题，以备冷场急需，或有余留时间可捎带讨论。

3.会议时间和地点的确定

开会时间与地点确定的首要原则是保证与会人员能够在规定时间正常到会；其次是保证与会人员精力旺盛地参会，保证开会效率；再次是节约时间、精力、会议成本等。

一般组织内部会议，选择正常上班、工作时间，不会占用周末或休息时间，除非是特殊或紧急情况。组织的例会会选择周一的上午和周五的下午。周一上午，开始一周的工作部署、计划、目标，周五下午总结一周的计划完成情况，总结汇报存在的问题和成绩等。有些组织每天早上有早会互相鼓励，每天晚上有晚会总结提高；也有些组织一周当中选定其中某天为例会时间。组织全体员工大会，一般是每周或每月举行一次，通过会议传达情况，介绍工作，动员、激励员工士气等。组织高层领导和决策层之间的会议，除了定期的例会，还有很多临时的、不定期的会议；还有遇节日、庆典或特殊纪念日举办的大型文化活动、工作竞赛等。

对于一天来说，早上开会精力比较集中，开会效率较高。下午开会人员容易召集齐全。中午或晚上开会，需要解决食宿等问题。

一般大型展会、新闻发布会、公关专题等活动，会安排在周末，为吸引更多的公众参与、吸引媒体关注和社会关注。大型活动不会选择重大节日，除非是和销售有关的促销活动，便于公众参加展会。同时，开会还要注意社会发展的大环境和组织文化的内环境，以及社会重要事件等契机与时机，与社会发展相协调。

一般会议会持续1～2个小时或几个小时；特别重要的会议，会持续几天或一周，甚至更长的时间。现代会议的精神是越短越好。

会议地点的选择，首先要考虑交通方便，避免与会人员长途跋涉；其次是环境优雅、清净，无噪音干扰。选择会议地点时还要注意比较容易寻找、与会人员相对熟悉、满意的环境。

4.会议材料的准备

会议材料是指开会期间所有需要准备好的一些文字材料和其他材料。如会议须知、日程安排表、交通指南、与会人员信息表及联络方式表、编组情况、住宿安排表、领导讲话稿、发言人的提纲、工作报告、典型经验案例、新闻统发稿等。如果材料较多，还应准备好方便携带的提包或纸袋、签字笔等文具来装材料。

文件材料本着提高会议效率的原则，为与会者提供便利信息，也为开会提供快捷的服务，避免一些非主流议题浪费过多的时间，使会议更有针对性。同时，材料准备充分，也可丰富议题，起到对会议主题的补充说明作用。

准备会议文件和材料时，要认真核对后再打印，避免错漏，影响会议质量和主办者的可信度。印刷份数要留有余地。在会场，文件材料应有专人分发，或装好手袋封存，签到时交到与会人员手中，不能放在主席台由参会者自取，以免秩序混乱。

一般的会议资料，选择会前分发，不要在开会时发放，以免影响会议正常进行。会议的重要资料，要注意保密，分发时要逐一登记，会后及时回收。

5.拟定与会人员范围或名单

开会前要做好准备，根据领导意图和会议主旨、性质、任务、内容拟定参加会议的人员名单，以保证会议目的更好实现。根据开会的人数、级别，准备会议通知，发会议邀请函。

开会人员一般有以下几种方式组成：有固定成员的例会，如领导班子、股东大会、员工大会等；会议由担任一定职务的人参加，如中层领导会议、高级领导会议；与会人员需要会前选举或推选产生的会议，如人大代表、职工代表；由单位指派代表出席的会议，如报告、巡讲、讲座，交流、讨论等，可佩戴代表证参加会议。

各种协商会、座谈会、茶话会、宴会等，对与会者包括代表和嘉宾，都有一定要求，请何人参加会议要全面考虑。一般由领导审定，注意人数的控制。

6. 办理会议报批手续，发放会议通知

有些会议必须经过上级报批，才能召开。一般组织内部会议，在职权范围之内，由主管领导批准即可。涉及组织外部人员众多，涉及其他单位合作、协商等重大会议，如主办单位没有权限召集的会议；如会期较长，参与人数众多的会议，必须按照隶属关系，向上级单位主管领导报批。凡报批的会议，应在请示中将开会理由、会议议题、会期、地点、参加人数和人员职别，会议经费，准备情况等写清楚。未经批准前不准先发会议通知，更不得先开会后报批。

会议获得批准之后，便可根据开会时间，提前发会议通知。内部会议可微信通知、板报通知、广播通知、电话通知；外部会议多选用文件通知、电话通知、邮件通知、电子政务通知等方式。重大会议一定要用文件通知。

通知的内容包括会议名称、时间、地点、议题、费用、主办单位、联系人电话、姓名等内容，以及会期、与会人员、报到日期、报到地点、食宿安排、交通安排、携带材料等注意事项。

发会议通知要及时，开会时间、地点要明确。同时，要避免通知重发、漏发、错发。用于重要庆典、公关活动等涉外会议通知，应采用精美的邀请函，设计独特，表示对与会者的尊重，显示会议的庄重，并激发参会者的兴趣，便于收藏和纪念。

7. 精心布置会场

选择会场，要注意开会人数和会议内容、性质以及规格等综合因素，大小适中。会场太大，显得空旷，注意力容易分散。会场太小，显得压抑、拥挤，影响与会者的情绪。会场的大小、规格，依据会议的需要，应提倡务实、节约，同时也要考虑人性化和审美需要，以及安全疏散等要求。

会议场所选好后，要进行适当布置，环境对于与会者的情绪激发和思想交流影响很大。隆重庄严的大会，适合在大礼堂；庆祝大会，要注意隆重、喜庆、热烈，适合在广场；纪念性会议，要肃穆、庄严、安静，适合在典雅、和谐、亲切的会议厅；一般组织内部会议,适合在会议室、办公室。

会场布置,涉及主席台、会场形式、座位、附属设备调试、装饰、会标、标语、口号、会徽、背景墙、旗帜、气球、花篮、花卉、字画等。

大型会议,一般设有主席台,主席台通常设在大厅里面门的位置或设计好的主台上,比会场座席稍高些。

一般会议,参会人数不多,通常选用长方形桌子或圆桌。圆桌感觉圆满,易于沟通;方桌严肃、庄重,有权威感。如果人数众多,多张桌子可摆成V形、口形等,摆放形式丰富,注重沟通交流,方便自由研讨,嘉宾主次分明。

会场附属设备要注意安排周到、齐全。准备好照明、灯光、音响,多媒体、话筒以及电话、传真、电子商务、录音设备等,并反复调试,做到万无一失。还应充分考虑会场的通风条件,讲究环境卫生和空气清新,以及热情的礼仪服务工作,高层次会议还应考虑停车场。

8.会议接待礼仪

会议接待工作是会议准备的工作重点。会议接待重在体现以人为本、热情周到的服务理念。会议接待工作有五个要素,即什么时间、什么地点,接待什么人,采用什么级别和规格,取得什么样的效果。所以接待前一定要弄清楚接待任务、接待人数、来者的性别、习惯、民族禁忌等信息,安排接待规格,选派专人接待,设计接待计划与行程,注意接待时间和地点。

在接待过程中,要了解清楚接待地点,客人何时到达,准备好接待交通工具、欢迎鲜花和条幅等,便于来者辨认。更重要的是准备见面礼与热情洋溢的开场白,一般包括自我介绍、宾主互相认识等环节。注意乘车引领。如参会人员长途旅行,要让客人适当休息,简要介绍一下正常会务和日程安排即可。

会议期间吃住行的接待要周到。会餐一般选择工作餐或经济实惠型便餐。重要客人选择正规西餐或中餐,配有茶会、酒会。现代会议,注重进餐环境,凸显地方特色,提倡节俭。酒店的安排,应了解当地各星级酒店布局、特点以及每个酒店的个性;了解地理位置和周围景观资源,周边环境特色,酒店服务特色;考虑时间、精力、人力、经济成本问题,提倡客随主便,遵循就近、方便等基本原则。有些会议安排有相关参观、研讨及晚会、考察等,要注意开发有价值的路线和项目。

9.会务后勤及新闻发布等事务

会务后勤是指会议期间所涉及物力、资金、信息等资源优化组合与合理调配工作,以及相关人员的衣食住行安排等问题。会务后勤是会议圆满、顺利、成功召开的保障。

会务后勤包括会议的物资、资金预算与筹备，与会人员的住宿安排，交通车辆调度，会议期间礼仪接待，活动安排，参观事项，以及医疗保健等。注意根据会议的性质和规格，安排恰当的后勤接待。特别注意应给老人、妇女、儿童以及体弱的与会者热情的帮助。

有些重大会议，要提前做好新闻发布的工作，落实采集照片、图像、摄影工作准备，分析新闻点，提炼新闻价值，注意与媒体保持联系，邀请媒体记者参加，制作新闻统发稿，拟定现场记者提问提纲，邀请记者访问、参观等。注意收集整理发言人情况、简历、自传等信息。

会议检查主要落实各项后勤准备工作，以保证会议顺利进行。会议期间及时发现错漏，及时调整弥补。各个环节主要负责人应主动汇报工作，主管领导现场检查。重点检查会议文件资料的准备、会场布置情况、安全保卫措施、主席台就位等。特别是机器设备和音乐音响，要求严格检查，熟悉操作。

6.1.2　会务的席次排列

一般大型的会议，设有主席台、嘉宾席和观众席。主席台与嘉宾席、观众席相对而设。有些茶话会设有主席座席与一般座席，一般座席以主席座席为中心，围绕而设。

并列式会见座次。会见座次安排通常是主人面对正门而坐，客人坐在主人的右边，记录员（译员）坐在主人和主宾的后面。其他客人按序在主宾一侧就座，主方陪同人员在主人一侧就座，若位置不够可在后排加座。

围桌式会谈座次。会谈座次安排常采用长方桌、圆形桌或椭圆桌，一般以长方桌为佳，宾主相对而坐。以正门为标准，客人面迎正门，主人背对正门，主谈人居中，以主方为标准，记录员安排在主谈人背后。如会谈使用长桌时，桌头一端对向正门，以入门方向为标准，右面为客方，左面为主方。

合影留念位次。一般以主人居中，主人的右手为上，主方和客方人员应间隔排列。一般来说，第一排的两端应由主方人员把边。

主席台座次，按职务、社会地位、声望高低排列。有三个原则：①前排高于后排；②中央高于两侧；③高级会谈以媒体或观众观看主席台的方向为标准，右高左低。如地位最高者排在正中间。如两人属于重要级别，客人在主人右边。面向会场左为上，右为下，即观众观看方向的右边为尊。座位上摆放座位卡。现多提倡平等精神，遵守国际惯例，或按姓氏笔画为序，或按地理位置排序，或按行业系统排序。

一般的社交场合和商务交往乃至国际交往现在日益趋同，遵守国际惯例，座次的规则是面门为上、居中为上、以右为上、前排为上等。

6.1.3 会议期间的礼仪工作与参会礼仪

会议期间，密切关注会议现场与熟悉会议议程，掌握会议动态，协助领导控制协调指挥会议，精心组织，良好服务，使会议圆满成功，是会务礼仪工作的主体。

1.会议期间的礼仪工作

会务期间具体礼仪工作如下。

1）搞好入场签到礼仪

这项工作是为了准确了解与会者的出席情况，掌握会议需要住宿、餐饮等情况，会议开始时要做好签到、登记工作。一般有接待会议登记处、签到处，还应设咨询台。当与会者全部进场后，要迅速统计出席、列席和缺席人员名单，报告大会主持人。

2）热情接待入场礼仪

大中型会议一般安排专门的接待人员，要熟记与会者的名字、职务、单位以及房间号码等信息，以便快捷地把他们带入房间或引领到会场。小型会议也有秘书接待，态度要热情，安排要周到。会议接待是会议的窗口，关系到组织的形象，应自始至终做到热情友好，服务周到，让与会者有宾至如归的感觉。

3）传接电话礼仪

会议期间，手机要关机或调成静音、震动状态，会议期间不要发出响声，以免影响其他人。会议中如有电话打进，不要接听，也不要藏到桌子下面接听。如确属急事，应向主持人或主人礼貌暗示，出去接听。如有电话急需找与会人员，应问清是否可以会议后打进，或是否需要帮助传话、留言，会后通知当事人及时回话。只有十分紧急的事情才可传字条给主持人，或会议休息时间交给当事人。

4）协助主持人控制议程礼仪

对会议动态，与会者的反应，会议期间出现的问题，工作人员都要做到心中有数，大事要事及时汇报主管领导，突发事件注意灵活处理。若出现某种错误的情况，或会议作出不正确的决定时，在征集主持人意见后，要及时澄清，如实反映情况，主动介绍国家政策或法规，提请大家注意，目的使会议不离题，不违法违规，保证科学有效地顺利进行。

5)会议记录礼仪

会议记录是会议真实、原始的资料凭证,做好记录是秘书的主要工作。记录要符合实际,简明扼要,真实反映发言人的意图,不能有自己的主观评价或见解。必要时应准备录音和录像,以便会后总结和回放。

6)调派车辆礼仪

会议期间,如安排参观等项目,需要车辆准确、及时到位。事先应了解需要参观的有多少人,需要多少车,安排什么规格的车辆,哪些人坐哪辆车等,联系司机及时到位。不要耽误时间,做好引领和导游工作。

2.参会礼仪规则

所有参加会议的人员,应该自觉遵守会议规则,保证会议顺利进行。

1)参会者礼仪

良好的参会礼仪,既是与会者自身素质和修养的表现,也是所在组织形象的传播,同时也是对主办者的尊重。所有与会者都应讲究言谈、举止、仪容、仪表、仪态等礼节,特别注意与会期间对他人的尊重与理解,对自己思想和形象的善意表达,对会议精神的良好传播。

开会要遵守时间,提前到达,并善始善终,坚持到会议结束;会前要做准备工作,以免会上唐突发言;会上根据主持人的引导,及时发言,主动献计,简短扼要;会上有不同意见,可等发言人讲完后,礼貌提出,但应对事不对人,避免人身攻击;对于赞同的意见予以真诚的肯定及赞美。会议期间一定要注意倾听他人的发言;用积极的发言代替消极的发言;以探询、谦虚代替主观论断;不要随意打断别人的发言;注意争取对各项议题的理解和寻求合作。

2)发言人礼节

开会时间有限,参会人员众多,与会者发言应注意简短、有力,清楚、明白。

会上应主动发言。开会期间,一般会有很多重要人物出席,或合作者、或同行,或领导者、决策者,一定要争取机会发言,不发言是不明智的。有思想,有想法,应该与大家分享。

会上发言应简明扼要。根据会议主旨,迅速整理自己的想法,拟好发言提纲,观点明确,论据充分,并把自己要说的话高度概括,便于大家倾听。会上发言应简短,尤其是第一个发言,要给别人留有余地。会上发言忌讳说一些无关紧要的废话、无关痛痒的套话、无所贡献的空话。

会上发言应尽早。有想法且对会议有帮助,应充分考虑并尽早发言。针对一个议题，大家的意见一般相对集中，越早发言越轻松，也容易引起别人同感，成为会议讨论焦点。越往后发言难度越大，因为前面的人已经提出的观点，不好再重复。会上如果没有机会发言，觉得自己的想法也很不错，可以写好字条，交给主持人，补充发言。

有礼貌的发言人，还应该注意帮助主办者营造会议欢乐、和谐的气氛；建立包容、安全的讨论环境；保持客观，对事不对人；不以言立人，不以言废人，带动与会人员热烈参与，有抛砖引玉的效果。要主动出击，适时发问，创造发言机会，并予以正向的肯定与鼓励。要保持有效倾听与良好沟通，针对主题，积极发言，明确发言，坦诚发言，客观发言。

3）主持人礼仪

主持人在会议上有非常重要的作用，会议良好的效果源于高水平的主持。

主持人应掌握会议主持的原则：①“以人为本”，即尊重、肯定与会人员，让每位与会人员受到尊重且能够平等地阐发议题。会议的主要价值在于开发大家热情与智力参与。②“停止操控”，主持人应在会议中集思广益，不可用职权来控制议程，形成个人决议。③“目标与过程兼得”，在讨论过程中达到会议目标，让每个人享受到学习的过程。④“对事不对人”，会议期间所有讨论的事，提醒大家真诚坦言，避免人身攻击。⑤“感觉与理性兼顾”，会议期间有目的、有指向地引导大家，重在解决问题，不要一味埋怨或发泄情绪。

主持人对会议时间的控制。应准时召开，不要因为等人而耽误已经在座的与会人员时间。会议也应按时结束，不能额外的多占用别人的宝贵时间。尽量在规定时间内完成会议内容。会议期间，发言安排紧凑，发言限时，注意引导和提示，少做评价。

主持人要懂得如何开场，吸引与会人员对议题的重视。除了介绍会议召开的背景、会议目的、会议议程、会议持续时间，也可让与会人员自我介绍，并说明对会议的期待，以促进与会人员相互了解，创设融洽的协商气氛。

主持人对议程的控制。会议开始时，主持人要询问大家是否对议题有正确的理解，是否清楚会议的流程。会议进行时，要提示大家善于聆听，礼貌注视对方，不中途打断，适当询问不明之处，适当归纳，不任意表露情绪；尝试理解、鼓励有建设性的参与；会议期间，善于使别人愿意发言及发问讲究技巧；语调要平和，避免评估式的意见。尽量避免某人独占性发言，避免冗长的发言占用大家交流意见的时间。

对脾气火爆的发言，提示要能容纳他人的意见，不可情绪化或与他人发生冲突；对优柔寡断的发言，给予鼓励，提示注意思路清晰，对决议事项要果断、明确；对于人身攻击者，应对双方进行安抚，重申议事规则，重提主题进行讨论；对于离题者，切回主题，或给予肯定再切断话题，或将离题的议题留置最后再做讨论，或请他做归纳或替他做归纳，或将规则讲清楚，或给发言限定时间；对于争议不下者，可休会20分钟以上，可将双方意见列表比较，可进行不记名投票，可重整双方意见并提出新的方案，重申共同利益；对于抱怨者，同情其不满的情绪，归纳其不满原因，帮助寻求解决的方法；对于上级人员发言过于投入，可重新提出问题，幽默有技巧地提醒上级；对于短话长说者，可适时制止其发言，提醒其理清具体的想法；对于时间不足的情况，可选择重要议题进行讨论，限制发言人数(可事先登记)，限定发言时间；对于争功诿过者，应制止不当发言，并给予其适当的肯定，引导组织成员彼此说出对方优点，让大家都能受到适当的肯定；对于为反对而反对者，请他提出更好的对策；对于独占发言者，及时制止其行为，说明规则并强制执行；对于消极的发言者，对发言者的情绪表示理解，鼓舞士气，拟定共同目标，呼喊精神口号等。

主持人还可边主持，边整理做好会议记录，不失时机地列出大家讨论的焦点问题和得出的建设性建议；特别要列出有共识和意见不一致的观点，根据可取和不可取的地方进行辩论，找出调解纠纷所需的事实，把重点放在解决问题的方案上。

主持人应懂得如何宣布结束会议。如宣布会议通过的决议，激励大家行动的决心，评估目标达成情况，会议过程回顾，悬念事项解决等。

6.1.4 会议的善后礼仪工作

会议的善后礼仪工作主要包括送别、处理可能遗忘的物品和完善会务工作。

1.送别与会人员

会议之后，要礼貌道别和圆满送客。根据会议之前预先登记的与会者信息，安排车辆，礼貌送别。积极协助与会人员办理飞机票、车船票购买与预订工作，方便大家及时返回。在送别时，要表达主办方的诚意和感谢，希望再次获得支持与合作，并请与会者留言，多提宝贵意见。对于暂时留下的人员，要注意妥善安排食宿，善始善终做好会后工作。

2.处理遗忘的物品

如发现有与会者遗漏物品，应尽快与失主联系，及时返还或邮寄返还，以免丢失者着急。特别是贵重物品，要请失主当面认领。

3.完善会务工作

会后要清理会场，检查会议设备和会议用品是否有缺失。有时还需要寄信，感谢大家的参与，对大家提出的宝贵意见给予回复；邮寄会议照片、会议纪要等资料。

同时，做好会议记录、打印、归档、备案等工作。取走所有遗留文件或资料，注意保密，做好回收登记。及时处理需要催办、承办的事项。

做好会议总结；根据会议预算和完成情况进行财务结算；肯定成绩，找出存在问题，及时做好会议检查和效果反馈工作。

6.2 开业典礼

开业典礼是社会组织在开工、开业、开园时举行的庆典活动。庆典活动范围很广，近年来，开业庆典活动形式日益新颖，有锣鼓乐队演奏、礼花礼炮齐鸣、舞狮点睛助兴、名人登台献艺等节目助兴。

6.2.1 开业典礼的准备与布置

开业典礼是一种表演色彩较浓的专题活动，为了使这一活动有声有色，引起社会足够的关注，一定要做好前期准备工作，特别是嘉宾的邀请和会场布置。

嘉宾是开业庆典活动中最活跃、最耀眼的元素，具有明显的聚焦效应和传播效应，邀请时要注意与庆典活动相结合，选择对组织形象具有较好代表性和相关性的嘉宾，而且嘉宾自身形象和声誉要好。邀请嘉宾应包括政府相关部门负责人、社区负责人、知名人士、社团代表、同行业代表、新闻记者、公众代表、员工代表等。请柬尽量早送达，以便于被邀请者安排时间，按时出席。

开业典礼的隆重、热烈、喜庆气氛，重点体现在会场布置上。会场布置的基本原则是整体感觉协调，颜色鲜明，具有视觉冲击力；道具新颖，充分彰显组织者的形象个性，具有强烈的宣传效果和公众吸引力；会场布置别致新颖，繁简适度，主题突出，注重隆重性、宣传性和艺术性的最佳结合。

一般开业典礼要准备好道具、机器设备和礼仪小姐。如会场外渲染气氛布置用的彩旗、条幅、气球，随风飘扬，烈烈迎宾；引领路线、停车场、会场的指示牌，醒目大方；仪式主会场的花篮、鲜花、盆景，红地毯，夹道欢迎，生机勃勃；设计独特的背景墙主题鲜明；嘉宾席温馨舒适；观众席视觉效果好；嘉宾休息室体现人性化的服务。同时备好礼炮、乐队和主持人。选择震撼、喜庆的音乐，整个现场给人的感觉非常有吸引力和感召力。

位次安排合理，一般设有观众席和主席台、签到处等。

庆祝仪式用的电源、音响、录像、鞭炮、礼花、锣鼓及组织形象宣传资料和嘉宾礼物要准备好。重大庆典应提前利用传媒宣传庆典时间、地点、拟参加的嘉宾、活动内容安排等信息，以吸引更多的人前来参观。

6.2.2　开业典礼的程序

开业典礼具有非常强的程序性，简短有序，精彩紧凑。一般程序如下。

(1)司仪宣布庆祝活动开始：介绍到场的主要领导人和嘉宾；

(2)主人致辞：简要说明庆典活动的来源、目的、意义和内容；

(3)嘉宾贺词：对组织表示祝贺，寄予美好希望，并表示愿意支持、合作等意向；

(4)庆祝仪式：剪彩、揭牌、奠基、落成、点睛、触摸屏、鸣礼炮等；

(5)庆祝活动：唱歌、乐队、舞狮等表演；

(6)庆典仪式结束，合影留念，组织参观等。

6.3 剪彩礼仪

在组织剪彩仪式时，可以求新、求异、求轰动，同时也要根据组织的实际能力注重节俭。从操作的角度来进行探讨，目前通行的剪彩礼仪主要包括剪彩的准备、剪彩的人员、剪彩的程序、剪彩的作法等四个方面的内容。

6.3.1　剪彩会场的准备与布置

剪彩的准备必须一丝不苟，涉及场地的布置、环境卫生、灯光与音响的准备、媒体的邀请、人员的培训等。在准备这些工作时，必须认真细致，精益求精。除此之外，对剪彩仪式上所需使用的某些特殊用具，诸如红色缎带、新剪刀、白色薄纱手套、托盘以及红色地毯等，应仔细地进行选择与准备。

会场的布置应注重喜庆、隆重、祥和的节日气氛。背景墙要标明剪彩的主要名目，地毯铺路，鲜花开道，鼓乐齐鸣，舞狮点睛，名人主剪等是剪彩时常用的礼仪形式。

剪彩的嘉宾必须审慎选定。根据惯例，剪彩者可以是一个人，也可以是几个人，但是一般不应多于五人。通常，剪彩者多由上级领导、合作伙伴、社会名流、员工代表或客户代表所担任。名单一经确定，应尽早告知对方，使其有所准备。必要时，可在剪彩仪式举行前，将剪彩者集中在一起，告知有关注意事项，并稍事训练。

按照常规，剪彩者应着套装、套裙或制服，将头发梳理整齐。不允许戴帽子，或者戴墨镜，也不允许穿便装。一般的位次排列原则是：中间高于两侧，右侧高于左侧，距离中间站立者愈远则位次愈低，主剪者应居于中央的位置。

助剪者指为剪彩者提供帮助的人员。一般而言，助剪者多由东道主一方的女职员或礼仪小姐担任。具体而言，又可以分为迎宾者、引导者、服务者、拉彩者、捧花者、托盘者。迎宾者的任务，是在活动现场负责迎来送往。引导者的任务，是在进行剪彩时负责带领剪彩者登台或退场。服务者的任务，是为来宾尤其是剪彩者提供饮料、安排休息之处。拉彩者的任务，是在剪彩时展开、拉直红色缎带。捧花者的任务是在剪彩时手托花团。托盘者的任务，则是为剪彩者提供剪刀、手套等剪彩用具。在一般情况下，迎宾者与服务者应不止一人。引导者既可以是一个人，也可以为每位剪彩者各配一名。拉彩者通常应为两人。捧花者的人数则需要视花团的具体数目而定，一般应为一花一人。礼仪小姐的基本条件是相貌姣好、身材颀长、年轻健康、气质高雅、音色甜美、反应敏捷、机智灵活、善于交际。礼仪小姐的最佳装束应为：化淡妆、盘发，穿款式、面料、色彩统一的单色旗袍，配肉色连裤丝袜、黑色高跟皮鞋，穿着打扮尽可能整齐划一。

6.3.2 剪彩仪式的程序与做法

剪彩仪式的程序与具体做法如下。

1.剪彩的程序

剪彩的程序必须有条不紊。在正常情况下，剪彩仪式应在行将启用的建筑、工程或者展销会、博览会的现场举行。正门外的广场和正门内的大厅，都是可以优先考虑的。活动现场可略作装饰，在剪彩之处悬挂写有剪彩仪式的具体名称的大型横幅。剪彩仪式宜紧凑，忌拖沓，所耗时间越短越好。短则一刻钟即可，长则不宜超过 1 个小时。

按照惯例，剪彩既可以是开业仪式中的一项具体程序，也可以独立出来，通常应包含以下 6 项基本的程序。

(1)请来宾就位　在剪彩仪式上，通常只为剪彩者、来宾和本单位的负责人安排座席。在剪彩仪式开始时，应请大家在已排好顺序的座位上就座。在一般情况下，剪彩者应就座于前排。

(2)宣布仪式正式开始　在主持人宣布仪式开始后，乐队应演奏音乐，现场可燃放鞭炮，全体到场者应热烈鼓掌。此后，主持人应向全体到场者介绍重要来宾。

(3)奏国歌　此刻须全场起立。必要时，亦可随之演奏本单位标志性歌曲。

(4)发言　发言者依次应为东道主单位的代表、上级主管部门的代表、地方政府的代表、合作单位的代表等。其内容应言简意赅,每人不超过 3 分钟,重点分别应为介绍、道谢与致贺等。

(5)剪彩　此刻,全体应热烈鼓掌,必要时还可奏乐或燃放鞭炮。在剪彩前,须向全体到场者介绍剪彩者。

(6)参观　剪彩之后,主人应陪同来宾参观被剪彩之物,仪式至此宣告结束。随后东道主可向来宾赠送纪念性礼品,并以自助餐款待全体来宾。

2.剪彩的做法

剪彩的做法必须准确无误。进行正式剪彩时,剪彩者与助剪者的具体做法必须合乎规范,否则会影响剪彩效果。

当主持人宣布进行剪彩之后,礼仪小姐应率先登场。在上场时,礼仪小姐应排成一行行进,从两侧同时登台,或是从右侧登台均可。登台之后,拉彩者与捧花者应当站成一行,拉彩者处于两端拉直红色缎带,捧花者各自双手手捧一朵花团。托盘者须站立在拉彩者与捧花者身后一米左右,并且自成一行。

在剪彩者登台时,引导者应在其左前方进行引导,使之各就各位。剪彩者登台时,宜从右侧出场。当剪彩者均已到达既定位置之后,托盘者应前行一步,到达前者的右后侧,以便为其递上剪刀、手套。剪彩者若不止一人,则其登台时亦应列成一行,并且使主剪者行进在前。在主持人向全体到场者介绍剪彩者时,后者应面含微笑向大家点头致意。剪彩者行至既定位置之后,应向拉彩者、捧花者微笑致意。当托盘者递上剪刀、手套时,亦应微笑向对方道谢。

在正式剪彩前,剪彩者应首先向拉彩者、捧花者示意,待其有所准备后,集中精力,右手持剪刀,表情庄重地将红色缎带一刀剪断。若多名剪彩者同时剪彩时,其他剪彩者应注意主剪者的动作,与其主动协调一致,力争大家同时将红色缎带剪断。按照惯例,剪彩以后,红色花团应准确无误地落入托盘者手中的托盘里,切勿使之坠地。为此,需要捧花者与托盘者的合作。剪彩者在剪彩成功后,可以右手举起剪刀,面向全体到场者致意,然后放下剪刀、手套于托盘之内,举手鼓掌。接下来,可依次与主人握手道喜,并列队在引导者的引导下退场。退场时,一般宜从右侧下台。

待剪彩者退场后,其他礼仪小姐方可列队由右侧退场。不管是剪彩者还是助剪者在上下场时,都要注意井然有序、步履稳健、神态自然。在剪彩过程中,更要表现得不卑不亢、落落大方。

6.4 展览会礼仪

所谓展览会，主要是指组织为了介绍本单位的业绩，展示本单位的成果，推销本单位的产品、技术或专利，而以集中陈列实物、模型、文字、图表、影像资料供人参观了解的形式和宣传性聚会。

展览会在商务交往中发挥着重大的作用。它不仅具有极强的说服力、感染力，可以现身说法打动观众，为主办单位广交朋友，还可以借助个体传播、群体传播、大众传播等各种传播形式，使主办单位信息广为传播，提高其名气与声誉。

展览会礼仪通常是指在组织、参加展览会时所应当遵循的规范与惯例。在一般情况下，展览会礼仪主要涉及展览会的准备与布置、展览会的组织与程序等两个方面。

6.4.1 展览会的准备与布置

展览会的准备与布置通常包括下列工作。

1.了解展览会目的与展品的种类

展览会覆盖面甚广，分为许多不尽相同的具体类型。要开好一次展览会，首先必须确定其具体类型，然后再进行相应的定位。按照目前所通行的会务礼仪规范，无论是主办展览会还是参加展览会，首先要明确展览会目的、种类以及展品类型。

(1)展览会的目的　展览会可分为宣传型展览会和销售型展览会两种类型。宣传型展览会意在向外界宣传、介绍参展单位的成就、实力、历史与理念，所以它又叫作陈列会。而销售型展览会则主要是为了通过展示参展单位的产品、技术和专利，来招徕顾客，促进其生产与销售，又称为展销会或交易会。

(2)展览品的种类　在一次展览会上，展览品种类多少，往往会直接导致展览会的性质有所不同。根据展览品种类不同，可以将展览会区分为单一型展览会与综合型展览会。单一型展览会，往往只展示某一大的门类的产品、技术或专利，只不过其具体的品牌、型号、功能有所不同而已，例如化妆品、汽车等。因此，人们经常会以其具体展示的某一门类的产品、技术或专利的名称，来对单一型展览会进行直接的冠名，比如，可称之“化妆品展览会”“汽车展览会”等。在一般情况下，单一型展览会的参展单位大都是同一行业的竞争对手，因此这种类型的展览会不仅会使其竞争更为激烈，而且对于所有参展单位是一场公平的市场考试。综合型展览会亦称混合型展览会，它是一种包罗万象，同时展示多种门类的产品、技术或专利的大型展览会。与前者相比，后者所侧重的主要是参展单位的综合实力。

2.确定展览会的规模

根据具体规模的大小，展览会又有大型展览会、小型展览会与微型展览会之分。大型展览会通常由社会上的专门机构出面承办，其参展的单位多、参展的项目广，因而规模较大。举办此类展览会，要求有一定的操作技巧。因其档次高、影响大，参展单位必须经过申报、审核、批准等一系列程序，有时还需支付一定的费用。小型展览会一般都由某一单位自行举办，其规模相对较小。在小型展览会上，展示的主要是代表着主办单位最新成就的各种产品、技术和专利。微型展览会则是小型展览会的进一步微缩，它提取了小型展览会的精华之处，一般不在社会上进行商业性展示，而只是将其安排陈列于单位的展览室或荣誉室之内，主要用以教育本单位的员工和供来宾参观之用。

3.参展者的区域划分

根据参展单位所在的地理区域的不同，可将展览会划分为国际性展览会、洲际性展览会、全国性展览会、全省性展览会和本地性展览会。规模较大的国际性展览会、洲际性展览会和全国性展览会，往往被人们称为博览会。组织展览会不一定非要贪大求全，特别忌讳虚张声势、名不副实，动辄以“世界”“全球”“全国”命名。若是根据参展单位所属行业的不同，则展览会亦可分为行业性展览会和跨行业展览会。

4.展览会的场地布置

举办展览会，免不了要占用一定面积的场地。室内展览会大都被安排在专门的展览馆、宾馆或本单位的展览厅、展览室之内，大都设计考究、布置精美、陈列有序、安全防盗、不易受损，并且可以不受时间与天气的制约，显得隆重而有档次。在展示价值高昂、制作精美、忌晒忌雨、易于失盗的展品时，室内展览会是其首选。

露天展览会则安排在室外露天之处，它可以提供较大的场地，花费较小，而且不必为设计、布置费力过多。展示大型展品或需要以自然界为其背景的展品时，此种选择最佳，如花卉、农产品、工程机械、大型设备等。不过，它受天气等自然条件影响较大，并且极易使展品丢失或受损。

5.展览会的时间安排

举办展览会需的具体时间的长短，称为展期。

长期展览会，大都常年举行，其展览场所固定，展品变动不大。

定期展览会，展期一般固定为每隔一段时间之后，在某一个特定的时间之内举行。例如，每三年举行一次，或者每年春季举行一次等。其展览主题大都既定不变，但允许改变展览场所或展品内容有所变动。定期展览会往往呈现出连续性、系列性的特征。临时展览会则根据需要与可能随时举办，它所选择的展览场所、展品内容乃至展览主题，往往不尽相同，但其展期大都不长。

6.4.2　展览会的组织与程序

一般的展览会，既可以由参展单位自行组织，也可以由社会上的专门机构出面安排。不论组织者由谁来担任，都必须认真作好具体的组织工作，力求使展览会取得完美的效果。

根据惯例，展览会组织者需要重点进行的具体工作主要包括参展单位的确定、展览内容的宣传、展示位置的分配、安全保卫事项、辅助服务项目等。

1.参展单位确定

在具体考虑参展单位时，必须注意两相情愿，不得勉强。按照礼仪要求，主办单位事先应以适当方式，对拟参展单位发出正式邀请或召集。

邀请或召集参展单位的主要方式为：刊登广告，寄发邀请函，召开新闻发布会等。不管是采用其中任何一种方式，均须同时将展览会的宗旨、展出的主要项目、参展单位的范围与条件、举办展览会的时间与地点、报名参展的具体时间与地点、咨询有关问题的联络方法、主办单位拟提供的辅助服务项目、参展单位所应负担的基本费用等，一并如实地告知参展单位，以便对方据此加以决定。对于报名参展的单位，主办单位应根据展览会主题与具体条件进行必要审核。切勿良莠不分，来者不拒。

当参展单位的正式名单确定之后，主办单位应及时以专函进行通知，使被批准的参展单位有所准备。

2.展览内容宣传

为了引起社会各界对展览会的重视，尽量扩大其影响，主办单位有必要对其进行大力宣传。宣传的重点应当是展览的内容，即展览会上的展示陈列之物。因为只有它才能真正地吸引各界人士的注意和兴趣。

对展览会，尤其是对展览内容所进行的宣传，可以采用下述几种方式：①举办新闻发布会；②邀请新闻界人士到场进行参观采访；③发表有关展览会的新闻稿；④公开刊发广告；⑤张贴有关展览会的宣传画；⑥在展览会现场散发宣传性材料和纪念品；⑦在举办地悬挂彩旗、彩带或横幅；⑧利用升空的彩色气球和飞艇进行宣传。以上 8 种方式，可以只择其中一种，亦可多种同时并用。在进行具体选择时，一定要量力行事，并且要严守法纪，注意安全。

为了搞好宣传工作，在举办大型展览会时，主办单位应专门成立对外进行宣传的组织机构，可以叫新闻组，也可以叫宣传办公室。

3. 展示位置分配

对展览会的组织者来讲，展览现场的规划与布置是其重要职责之一。在布置展览现场时，基本要求是：展示陈列的各种展品要围绕既定的主题，进行互为衬托的合理组合与搭配。要在整体上显得井然有序、浑然一体。

当然，所有参展单位都希望自己能够在展览会上拥有理想的位置。展品在展览会上进行展示陈列的具体位置，称为层位。理想的层位，除了收费合理之外，应当面积适当，客流较多，处于展览会上的较为醒目之处，设施齐备，采光、水电供给良好。

在一般情况下，展览会的组织者要想尽一切办法充分满足参展单位关于展位的合理要求。假如参展单位较多，并且对于较为理想的展位竞争较为激烈的话，则展览会的组织者可依照展览会的惯例，采用下列方法之一对展位进行合理的分配。

方法一是对展位进行竞拍。由组织者根据展位的不同，制定不同的收费标准，然后组织一场拍卖会，由参展者在会上自由角逐，由出价高者拥有自己中意的层位。方法二是对展位进行投标。即由参展单位依照组织者所公告的招标标准和具体条件，自行报价，并据此填具标单，而由组织者按照“就高不就低”的常规，将层位分配给报价高者。方法三是对展位进行抽签。即将层位编号，然后将号码写在纸签之上，由参展单位的代表在公证人员的监督之下，每人各取一个，以此来确定其各自的具体层位。方法四是按“先来后到”分配。所谓按照“先来后到”进行分配，即以参展单位正式报名的先后为序，谁先报名，谁便有权优先选择自己中意的层位。

不管采用上述何种方法，组织者均须事先将其广而告之，以便参展单位早做准备，尽量选到称心如意的层位。

4. 安全保卫事项

无论展览会举办地的社会治安环境如何，组织者对于有关的安全保卫事项均应认真对待，以免由于事前考虑不周而产生不必要的麻烦。

在举办展览会前，必须依法履行常规的报批手续。此外，组织者还须主动将展览会的举办详情向当地公安部门进行通报求得其理解、支持与配合。

举办规模较大的展览会时，最好从合法的保安公司聘请一定数量的保安人员，将展览会的保安工作全权交予对方负责。

为了预防天灾人祸等不测事件的发生，应向声誉良好的保险公司进行数额合理的投保，以便利用社会的力量为自己分忧。

在展览会入口处或展览会的门券上，应将参观的具体注意事项正式成文列出，使观众心中有数，以减少不必要的纠纷。

展览会组织单位的全体工作人员，均应自觉树立良好的防损、防盗、防火、防水等安全意识，为展览会的平安尽心尽力。

按照常规，有关安全保卫的事项，必要时最好由有关各方正式签订合约或协议，并且经过公证。

5.辅助服务项目

主办单位作为展览会的组织者，有义务为参展单位提供一切必要的辅助性服务项目。否则，不仅会影响自己的声誉，而且还会影响参展单位的组织形象。

由展览会的组织者为参展单位提供的各种辅助性服务项目，最好有言在先，并且对有关费用的支付进行详尽的说明。

具体而言，为参展单位所提供的辅助性服务项目通常包括下述各项：①展品的运输与安装；②车、船、飞机票的订购；③与海关、商检、防疫部门的协调；④跨国参展时有关证件、证明的办理；⑤电话、传真、电脑、复印机等现代化的通信联络设备；⑥举行洽谈会、发布会等商务会议或休息之时所使用的适当场所；⑦餐饮以及有关展览时使用的零配件的提供；⑧供参展单位选用的礼仪、讲解、推销人员等。

6.参加展览会礼仪

参展单位在正式参加展览会时，必须要求自己的派出人员齐心协力、同心同德，为展示组织良好形象而努力。在整体形象、待人礼貌、解说技巧等几个方面，参展单位要予以特别重视。

1)要努力维护整体形象

在参与展览时，参展单位的整体形象直接映入观众的眼里，因而对自己参展的成败影响极大。参展单位的整体形象，主要由展示之物的形象与工作人员的形象两个部分所构成。对于二者要给予同等的重视，不可偏废。

展示物形象，主要由展品的外观、展品的质量、展品的陈列、层位的布置、发放的资料等构成。展览品外观上要力求完美无缺，质量上要优中选优，陈列上要既整齐美观又讲究主次，布置上要兼顾主题的突出与观众的注意力。在展览会上向观众直接散发的有关资料，则要印刷精美、图文并茂、资讯丰富，并且注有参展单位的主要联络方式，如公关部门与销售部门的电话、传真以及电子邮箱等。

工作人员形象主要是指在展览会上直接代表参展单位出面的人员的穿着打扮。在一般情况下，要求在层位上工作的人员应当统一着装，最佳的选择是身穿本单位的制服，或者是穿深色的西装、套裙。在大型的展览会上，参展单位若安排专人迎送宾客时，则最好请其身穿色彩鲜艳的单色旗袍，并身披写有参展单位或其主打展品名称的大红色绶带。为了说明各自的身份，全体工作人员皆应在左胸佩戴标明本人单位、职务、姓名的胸卡。按照惯例，工作人员不应佩戴首饰，男士应当剃须，女士最好化淡妆。

2)要注意待人礼貌

在展览会上，不管是宣传型展览会还是销售型展览会，参展单位的工作人员都必须意识到观众是自己的上帝，为其热情而竭诚地服务是自己的天职。为此，全体工作人员都要将礼貌待人放在心上，并且落实在行动上。

展览一旦正式开始，全体参展单位的工作人员应各就各位，站立迎宾。不允许迟到、早退、无故脱岗、东游西逛，更不允许在观众到来之时坐、卧不起，怠慢对方。

当观众走近自己的层位时，不管对方是否向自己打招呼，工作人员都要面含微笑，主动地向对方说："您好！ 欢迎光临！"随后，还应面向对方，稍许欠身，伸出右手，掌心向上，指尖直指展台，并告知对方："请您参观。"

当观众在本单位的层位上进行参观时，工作人员可随行其后，以备对方向自己进行咨询；也可以请其自便，不加干扰。假如观众较多，尤其是在接待组团而来的观众时，工作人员亦可在左前方引导对方进行参观。对于观众所提出的问题，工作人员要认真做出回答。不允许置之不理，或以不礼貌的言行对待对方。当观众离去时，工作人员应当真诚地向对方欠身施礼，并道以"谢谢光临"或是"再见！"

在任何情况下，工作人员均不得对观众恶语相加，或讥讽嘲弄。对于极个别不遵守展览会规则而乱摸乱动、乱拿展品的观众，仍须以礼相劝，必要时可请保安人员协助，但不许对对方擅自动粗，进行打骂、扣留或者非法搜身。

3)要善于运用解说技巧

解说技巧是指参展单位的工作人员在向观众介绍或说明展品时，应当掌握的基本方法和技能。

在宣传性展览会或销售性展览会上，解说技巧要因人而异，使解说具有针对性。与此同时，要突出自己展品的特色。在实事求是的前提下，要注意对其扬长避短，强调"人无我有"个性。在必要时，还可邀请观众亲自动手操作，或由工作人员为其进行现场示范。此外，还可安排观众观看与展品相关的影视片，并向其提供说明材料与单位名片。通常说明材料与单位名片应常备于展台之上，由观众自取。

在宣传型展览会上，解说的重点应当放在推广参展单位的形象之上。要善于使解说围绕着参展单位与公众的双向沟通而进行，时时刻刻都应大力宣传本单位的成就和理念，以便使公众对参展单位给予认可。

在销售型展览会上，解说的重点则必须放在主要展品的介绍与推销之上。按照国外的常规说法，解说时一定要注意展品特征、展品优点、客户利益、可资证明的证据。要求工作人员解说应当以客户利益为重，要在提供有利证据的前提之下，着重强调自己所介绍、推销展品的主要特征与主要优点，以争取使客户觉得言之有理，乐于接受。争抢、尾随观众兜售展品，弄虚作假，或是强行向观众推介展品，是不可取的。

6.5 赞助活动礼仪

所谓赞助通常是指某单位或某人拿出自己的钱财、物品，对其他单位或个人进行帮助和支持。在现代社会中，赞助是社会慈善事业的重要组成部分之一。它不仅可以扶危济贫，向社会奉献自己的爱心，体现出自己对社会的高度责任感，也有助于获得社会好感，提高组织在社会上的知名度、美誉度，塑造良好形象。对于商界而言，积极地、力所能及地参与赞助活动，本身就是自己进行商务活动的一种常规的形式，而且也是自己协调本单位与政府、社会各界的公共关系的一种重要的手段。所以，赞助一向颇受商界的重视。

为了扩大影响，商界在进行公开赞助活动时，往往会专门为此而举行一次正式会议。这种以赞助为主题的会议称为赞助会。欲使赞助会取得成功，遵守赞助会礼仪是十分必要的。赞助会礼仪，一般指的是筹备、召开赞助会的整个过程中所应恪守的有关礼仪规范和惯例，主要包括赞助会的准备、明确赞助的类型、赞助的步骤、赞助会务的安排、赞助会程序及活动的评估等。

6.5.1 赞助活动类型

赞助的类型，指的是赞助的具体形式。赞助的类型选择得当与否，对赞助的效果产生直接影响。根据不同的标准，赞助的类型可有各种不同的划分。其中最为常见的赞助类型，一是赞助项目，二是赞助物资。赞助项目具体指受赞助对象和受赞助事项。据此划分赞助的类型，往往可以对赞助单位的动机、品位进行直观而形象的了解。赞助物资特指赞助单位或个人向受赞助者所提供的物品，它往往取决于赞助单位或个人的实力与受赞助者的实际需求。

1.赞助项目

赞助公益事业，是指对社会的公共设施、公共活动进行赞助，直接造福于社会、造福于人民，并赢得公众与舆论的赞赏。

赞助慈善事业，是指对社会慈善福利组织或慈善福利活动的赞助。既可以向社会表明本单位勇于承担自己的社会义务和社会责任，又有助于获得政府与社会的好感。

赞助教育事业，是指对教育界的赞助。可以给予教育界以有力的支持，并且为本单位日后的进一步发展培养必不可少的后备人才。

赞助科研活动，是指对科学研究与学术活动的赞助。此举不仅表明本单位对人才与科技进步的重视，而且还可以使自己得到专家及学者的肯定、支持或指导。

赞助专著出版，是指对确有学术水平的学术专著出版所给予的赞助。它可以表明本单位对知识的重视和对学术研究的大力支持。

赞助医疗卫生，是指对医疗、保健、卫生、康复事业的赞助。它体现着本单位对于全社会的关怀，同时也是对社会的一种奉献。

赞助文化活动，是对文化事业的赞助。它有助于促进我国社会主义精神文明建设，用高尚的精神去鼓舞人民，教育人民，提高其文化修养与精神境界。

赞助展览画廊，是指对于具有一定艺术品位的非营利性的展览、画廊的赞助。它体现着本单位的艺术品位以及对艺术界的支持和帮助。

赞助体育运动，是指对各类体育比赛活动的赞助。体育比赛是当今的社会热点之一，对其进行赞助，往往可使本单位名利双收，一举两得。

赞助娱乐休闲，是指对群众性娱乐休闲活动的赞助。它表达了本单位对公众的关怀与诚意，可提高对本单位的认同感。

2.赞助物资

赞助现金，即赞助单位以现金或支票的形式，向受赞助者所提供的赞助。它可使受赞助者根据自己的客观需要，进行受一定限制的支配。

赞助实物，即赞助单位或个人以一种或数种具有实用性的物资的形式，向受赞助者所提供的赞助。它不仅可以及时地满足受赞助者的需要，而且不易被对方挪作他用。

义卖，即赞助单位或个人将自己所拥有的某件物品进行拍卖，或是划定某段时间将本单位或个人的商品向社会出售，然后将全部所得，以现金的形式再捐赠给受赞助者。此种赞助的赞助额事先难以确定，但其影响较大，并且易于赢得社会各界的支持。

义工，即赞助单位或个人派出一定数量的员工，前往受赞助者所在单位或其他场所，进行义务劳动或有偿劳动，然后以劳务的形式或以劳务所得，向受赞助者提供赞助。它可以使有关方面有钱出钱、有力出力，更好地调动其积极性，并获得更为广泛的参与。

除此之外，还可以根据赞助单位或个人向受赞助者所提供的对方所需金额的多少，将赞助的类型分为全额赞助或部分赞助；或者根据赞助单位或个人的具体数量的多少，将赞助的类型分为单方赞助与多方赞助。

6.5.2 赞助活动程序及具体步骤

赞助的步骤是指赞助活动运作过程中的各个主要环节。任何组织意欲进行赞助活动时，均须按部就班地依照相应的步骤来进行认真的运作。

一般情况下，赞助活动必须认真对待下列四个重要步骤。

1. 前期研究

在正式决定进行赞助之前，赞助单位首先有必要进行前期的研究，并且对赞助活动的必要性与可能性进行详尽的论证。在正常情况下，一次赞助活动往往发端于两种情景：①某单位主动向其他单位、组织或个人提出赞助。②某单位接到其他单位、组织或个人的赞助请求后，经过研究，再酌情给予对方一定程度赞助。通常，单位在接到其他单位、组织或个人的赞助请求后，对于是否应当进行赞助、在赞助时应当采取何种具体形式、具体赞助的财物的数量等，都要进行认真的研究。

赞助活动研究、论证时，必须充分考虑以下四种情况，①是否符合我国的宪法和法律，绝对不允许从事违法乱纪活动。②必须与本单位的经营策略、公共关系目标相适应，而不是与其背道而驰。③必须真正地有利于受赞助者，同时也有利于整个社会。④必须是本单位力所能及之事，至少也不应当半途而废，甚至劳而无功。

2. 赞助计划

通过前期研究、论证，一旦决定赞助，应着手制订详尽的赞助计划。赞助计划实际上是前期研究、论证成果的具体化。根据惯例，它应当是由专司其职的工作部门，在进行前期研究、论证的基础上，根据本单位既定赞助政策和赞助方向制定而成。

制订赞助的计划，必须要树立正确的指导思想。赞助活动必须同本单位的经营策略、公共关系目标相一致；赞助活动的终极目标应当是赞助单位、受赞助者和社会三方共赢;赞助政策的制定、赞助方向的选择,均应以此作为指南。

在一般情况下,赞助计划需要专人草拟,并经本单位的决策机构批准。年度性的赞助计划,是每年正式制定的本单位全年度赞助计划,已列入议事日程。同时也可以从宏观上控制赞助活动规模,避免使之超出自己所能承受的程度,甚至由此而产生毫无意义的浪费或损耗。临时性的赞助计划,必须坚持深入调研,不得有悖于本单位战略目标。

3.项目审核

赞助项目的审核,指赞助单位事先对自己所参与赞助项目进行的核定与审查。在正常的情况下,它是由赞助单位专门负责赞助活动的部门负责。

在审核赞助项目时,有关人员必须以高度的责任心,对赞助活动的各个具体环节逐一进行细致的分析研究,防患于未然。

在具体对赞助项目进行审查核定时,重点应当放在以下十个方面:①赞助项目是否符合本单位的经营策略与公共关系目标;②受赞助者的口碑如何;③赞助能否真正取得成功;④赞助的具体方式是否合适;⑤赞助单位的承受力如何;⑥赞助的时机是否得当;⑦赞助将会产生多大的社会作用;⑧社会舆论与社会公众将会如何评价此次赞助活动;⑨进行赞助之后对本单位会有多大的积极作用;⑩此次赞助会给本单位造成多大的负面影响。

经过综合审核之后,假定赞助项目得大于失,即可将其付诸实施;假如赞助项目失大于得,毫无社会效益可言,则应当坚决下马。

4.承诺兑现

赞助活动一经正式决定,应择机将其付诸实施。在实施过程之中,赞助单位应注意以下事项。

(1)必须有约在先　为了确保赞助活动取得成功,并且防止其发生变故,凡重大赞助活动在正式实施以前,赞助单位与受赞助者双方均应正式签订赞助合同或赞助协议,并且经公证机关进行公证。任何一方如有违反,便可依约追究法律责任。

(2)必须审慎行事　在赞助实施过程中,赞助单位既要认真履约,又要争取社会的理解与被赞助者的支持。对于受赞助者一定要平等相待,不要为此而以“救世主”自居,时时趾高气扬,处处讨价还价,令对方产生逆反心理。必须明确的是,赞助绝非一种单方面的赏赐,双方往往都是有利可图的。

(3)必须扩大影响　在可能的情况下,赞助单位在实施赞助计划过程中,还要善于巧借良机,利用各种传播媒介,在法律、法规允许的前提下,对自己进行适度的宣传，以求扩大本单位的社会影响力，提高自己的知名度与美誉度。不过在宣传时必须讲究技巧，切勿自吹自擂，令人生厌。

(4)必须严守承诺　进行赞助时，赞助单位应当言而有信，兑现承诺，在指定时间内，将自己拟赞助的财物如数到位。不论发生何种情况，都不允许赞助单位拖延时间，取消赞助。也不允许削减数额、以次充好、以假充真、以物抵款等。

6.5.3　赞助仪式程序及会务工作

在赞助活动正式实施之际，通常需要正式举行一次会议，将有关的事宜公之于社会。这种以赞助为主题的赞助会，在赞助活动中，尤其是大型的赞助中必不可少。有时，人们亦称之为赞助仪式。它主要是为了向全社会公告赞助活动正式启动，是赞助活动中作用巨大的一个重要环节。

1.会场布置礼仪

根据商务礼仪的规范，赞助会通常应由受赞助者出面承办，而由赞助单位给予其适当的支持。赞助会的举行地点，一般可选择受赞助者所在单位的会议厅或租用社会上的会议厅。用以举行赞助会的会议厅，除了其面积的大小必须与出席者的人数成比例之外，还需打扫干净，并且略加装饰。

举行赞助会的会议厅之内，灯光应当亮度适宜。在主席台的正上方，或是面对会议厅正门之处的墙壁上，需悬挂一条大红横幅。在上面应以金色或黑色的楷书书写“某单位赞助某项目大会”或“某赞助仪式”的字样。

一般来讲，赞助会会场不宜布置得美轮美奂，或过度豪华张扬。否则，极有可能会使赞助单位产生不满，因为它由此可能产生受赞助单位不务正业、华而不实的感觉。

2.邀请参会人员出席

参加赞助会的人士，既要有充分的代表性，又不必在数量上过多。除了赞助单位、受赞助者双方的主要负责人及员工代表之外，赞助会应当重点邀请政府代表、社区代表、群众代表以及新闻界人士参加。在邀请新闻界人士时，特别要注意邀请那些在全国或当地具有较大影响力的电视、报纸、广播、网络等媒体人员参会。

3.参会人员礼仪

所有参加赞助会的各界人士，在与会之时，皆须身着正装，修饰仪表，并且检点个人的举止动作。如严格遵守开会时间，提前到达；与会人员相互见面时，热情招呼，主动介绍；开会期间保持安静、适时鼓掌等。

4.赞助仪式程序

依照常规，一次赞助会的全部时间，不应当长于1个小时。因此赞助会的具体会议过程，必须既周密，又紧凑。赞助会的具体会议过程大致有如下六项。

①宣布赞助会正式开始　赞助会的主持人，一般应由受赞助单位的负责人或公关人员担任。在宣布正式开会前，主持人应恭请全体与会者各就各位，保持肃静，并且邀请贵宾到主席台上就座。

②奏国歌　此时，全体与会者须起立。在奏国歌之后，还可奏本单位标志性歌曲。有时，奏国歌、奏本单位标志性歌曲，可改为唱国歌、唱本单位标志性歌曲。

③赞助单位正式实施赞助　其具体做法通常是赞助单位的代表首先出场，口头上宣布其赞助的具体方式或具体数额。随后，受赞助单位的代表上场，双方热情握手。接下来，由赞助单位的代表正式将标有一定金额的巨型支票或实物清单双手捧交给受赞助单位的代表。必要时，礼仪小姐应为双方提供帮助，若赞助的物资重量、体积不大时，亦可由双方在此刻当面交接。在此过程之中，全体与会者应热情鼓掌。

④赞助单位代表发言　发言内容重在阐述赞助的目的与动机。与此同时，还可以对本单位的简况作介绍。

⑤受赞助单位代表发言　发言者一般应为受赞助单位的主要负责人或主要受赞助者。其发言的中心，应当集中在对赞助单位的感谢方面。

⑥来宾代表发言　根据惯例可邀请政府有关部门的负责人讲话。讲话主要是肯定赞助单位的义举，同时也可以呼吁全社会积极倡导这种互助友爱的美德。该项议程有时也可略去。至此，赞助会即可宣告结束。

在赞助会正式结束后，赞助单位、受赞助单位双方的主要代表以及会议的主要来宾，通常应当合影留念。此后，宾主双方可稍事晤谈，然后来宾一一告辞。一般情况下，在赞助会结束后，东道主大都不为来宾安排膳食。如确有必要，则至多略备便餐。

在极个别的情况下，赞助会亦可由赞助单位操办。由赞助单位所操作的赞助会，其会务工作与以上所述基本相同。

6.5.4　赞助活动的评估与反馈

赞助会结束后，赞助单位有必要对社会效果进行一次认真而系统的评估。对单位而言，赞助活动是其进行的公共关系活动之一，为此投入大量人力、物力和财力，在赞助活动结束后总结经验、吸取教训、听取意见、调整对策，是十分有益的。

进行赞助活动的评估工作，一般应由赞助单位的公关部牵头负责。有时，也可由专司此事的领导班子主持。在评估工作完成后，应形成书面报告，提交本单位决策机构以及主要负责人，以供决策参考。

根据一般规律，进行赞助活动评估，必须集思广益、广开言路、深入调查、反复研究、善于听取正反两方面的不同意见，善于去粗取精、去伪存真、由此及彼、由表及里。

进行赞助活动评估工作，具体做法是：①将实施效果与先期计划相比照。重点研究赞助单位是否真正地实现了自己的赞助意图，赞助活动的预定目标是否达到。②掌握社会各界对赞助活动的认同程度。可通过各类调查，了解各类公众，包括受赞助单位、地方政府、新闻媒介对此次活动的真实评价与看法。③及时发现赞助活动的所长与所短。要认真总结赞助活动因何而成功，或者因何而受挫。④了解赞助活动在实施过程中所出现的问题。不管这些问题是否已在意料之中，原因在于何方，均应认真对待，并引起重视。

6.6 新闻发布会礼仪

新闻发布会是一种主动传播各类有关信息，谋求新闻界对某一社会组织或某一活动、事件进行客观而公正报道的有效沟通方式。一般来说，我们常见的新闻发布会有政府机构新闻发布会、影视娱乐发布会以及商业企业新闻发布会等。

新闻发布会礼仪指的是有关举行新闻发布会的礼仪规范。新闻发布会重在向媒体和社会集中发布重大信息；同时，也是一次组织形象传播，与媒体和社会要人交流互动的良好机会。新闻发布会的组织与准备、会场布置、嘉宾邀请、新闻统发稿编写、记者答问、善后事宜等各个环节，都要注重相应的礼节和规范。

6.6.1 新闻发布会的准备与会场布置

筹备新闻发布会，要做的准备工作很多。其中最重要的是要做好主题的确定、时空的选择、人员的安排、材料的准备等具体事项。

1.明确主题和新闻价值

我国对“新闻发布会”有严格申报、审批程序，确属重大信息发布，条件符合国家标准，才能申请召开，并严格按照程序申报。而对于一般组织的信息发布，可以直接把发布会的名字定义为“信息发布会”或“媒体沟通会”即可。

提供有价值的新闻，是新闻发布会的灵魂。新闻价值是组织提供的新闻信息对社会需求满足的特殊要素组合。新闻的核心价值，即时新性、重要性、显著性、接近性、趣味性。同时，还要考虑新闻传播的社会价值，即信息本身的价值与党和国家的宣传价值、公众的审美价值、社会知识价值相结合，注意对党性原则、宣传纪律、法律法规、社会主导价值观、行业规范、编辑方针与风格、社会公德水准与文化承受能力等综合因素的考查。

新闻发布的主题要明确。旨在通过新闻发布会，告知什么信息，澄清什么信息；过去做了什么，正在做什么，今后怎么做；需要社会怎样的支持与理解等，都需要坦诚相告，明确意图。主题应集中、单一，不能同时发布几个不相关的信息。切忌藏着掖着，或胡乱发布，没有主题，或偏离主题，让媒体一头雾水，不知如何报道。同时，切忌涉及具体数据时，含糊其词；遇到敏感话题时，顾左右而言他；态度生硬，无可奉告，让媒体感觉不到诚意，或使媒体抓住把柄，做出不利于组织形象的传播，使新闻发布会效果适得其反。

2.新闻发布会标题的选择

新闻发布会一般针对组织意义重大、媒体感兴趣的事件举办。每个新闻发布会都会有一个名字，这个名字会体现在关于新闻发布会的一切表现形式上，包括请柬、会议资料、会场布置、纪念品等。

最好在发布会的标题中说明发布会的主旨内容，如："某新产品信息发布会"。通常情况下，需要打出会议举办的时间、地点和主办单位。这个可以在发布会主标题下以稍小字体的方式出现。有时，可以为发布会选择一个具有象征意义的标题，采取主题加副题的方式，副题说明发布会的内容，主题表现组织想要表达的主要含义。

3.慎选新闻发布会日期

新闻发布会的时间，通常也是决定新闻何时播出或刊出的时间。因为多数平面媒体刊出新闻的时间是在获得信息的第二天，因此要把发布会的时间尽可能安排在周一、二、三的下午为宜。会议时间保证在一小时左右，这样可以相对保证发布会的现场效果和会后见报效果。

有些发布会，选取恰当的时机，在事件前一个月或两个月左右，如滑雪节12月5日召开，10月中旬宜召开新闻发布会。在时间选择上还要避开重要的政治事件和社会事件，媒体对这些事件的大篇幅报道，会冲淡组织新闻发布会的传播效果。

如果不是历时较长的新闻发布会，一般不需要安排午餐或晚宴。有一些以晚宴酒会形式举行的重大事件发布会，邀请记者出席，应把新闻发布的内容安排在最初阶段，至少保证记者采访工作可以比较早地结束，确保媒体次日发稿。

4.新闻发布会地点的选择与会场布置

场地可以选择户外，也可以选择在室内。根据发布会规模的大小，室内发布会可以直接安排在组织的办公场所或者选择酒店。从组织形象的角度来说，重要的发布会宜选择星级酒店。酒店有不同的风格，不同的定位，选择酒店的风格要注意与发布会的内容相统一。应考虑地点的交通便利与易于寻找，包括离主要媒体、重要人物的远近，交通是否便利，泊车是否方便等。

发布方在寻找新闻发布会的场所时，还必须考虑以下的问题：容纳人数、主席台的大小，投影设备所用电源、布景、移动麦克风、远程麦克风是否齐全，相关服务如何，住宿、茶水、食物提供与否，费用是否合理，有没有空间的浪费等。会场外围布置，如外横幅、竖幅、飘空气球、拱形门等。如选择酒店，要清楚酒店是否代做，是否允许布置，当地市容主管部门是否有限制规定等。

新闻发布会现场的背景布置和外围布置需要提前安排。在大堂、电梯口、转弯处有导引指示欢迎牌，一般酒店有这项服务。事先可请好礼仪小姐迎宾，如果是在组织内部安排发布会，也要酌情安排人员做好记者引导工作。

最主要的道具是麦克风和音响设备，一些需要做电脑展示的内容还包括投影仪、笔记本电脑、上网连接设备、投影幕布等，相关设备在发布会前要反复调试，确保不出故障。

新闻发布会背景板主要衬托出会议主题，所以在设计及选材上一定要慎重考虑。新闻发布会主要采用高清晰写真布，无异味、不反光，对新闻发布会现场气氛营造和媒体摄像都大有好处。主题背景板，内容含主题、会议日期，有的会写上召开城市，颜色、字体注意美观大方，颜色可以企业视觉识别（VI）为基准。

5.新闻发布会位次的安排

新闻发布会一般是主席台课桌式摆放。注意确定主席台人员，需摆放席卡，以方便记者记录发言人姓名。摆放原则是“职位高者靠前靠中，自己人靠边靠后”。

现在很多会议采用主席台只有主持人席和发言席，贵宾坐于下面的第一排的方式。一些非正式、讨论性质的会议是圆桌摆放式。

摆放回字形会议桌的发布会现在较多，发言人坐在中间，两侧及对面摆放新闻记者座席卡，这样便于沟通，同时也有利于摄影记者拍照。

注意席位的预留，一般在后面准备一些无桌子的座席。

6.新闻发布会材料的准备

新闻发布会往往涉及很多数据和文字材料，包括发言稿、新闻稿、宣传材料、记者提问提纲等，需要提前做好准备，保证精准无误。特别是提供给媒体和观众的新闻统发稿，一定要严格审定，保证相关提法和数据对外传播一致，切忌媒体与媒体之间传播出现偏差。

提供给媒体的资料，一般以广告手提袋或文件袋的形式，整理妥当，按顺序摆放，在新闻发布会前发放给新闻媒体。顺序依次应为：会议议程安排表；新闻通稿；演讲发言稿；发言人的背景资料介绍（应包括头衔、主要经历、取得成就等）；公司宣传册；产品说明资料（关于新产品的新闻发布）；有关图片和纪念品（或纪念品领用券）；企业新闻负责人名片（新闻发布后进一步采访、新闻发表后寄达联络）；空白信笺、笔；等等。

7.确定新闻发布会主持人和发言人

主持人一般由宣传负责人担任，发言人一般由主要负责人担任，发言人旁边可配设助理人员。

新闻发言人应具备下列条件。

（1）组织的重要人物。新闻发言人应该在组织身居要职，有权代表组织讲话。

（2）良好的外形和表达能力。发言人的知识面要丰富，要有清晰明确的语言表达能力、倾听的能力及反应能力，形象良好、着装整洁、大方得体。

（3）有现场调控能力。有执行原定计划并加以灵活调整的能力，可以充分控制和调动发布会现场的气氛。

在新闻发布会上，通常在发言人进行主题发言后，有一个答记者问的环节。可以充分通过双方的沟通，增强记者对整个新闻事件的理解以及对背景资料的掌握。亲和力强的领导人接受媒体专访，可使发布会所发布的新闻素材得到进一步升华。在答记者问时，一般由一位主答人负责回答，如涉及专业性强的问题，可由他人辅助。发布会前主办方要准备记者答问备忘提纲，并在事先取得一致意见，尤其是主答和辅助答问者之间要取得共识。

8.确定邀请媒体与嘉宾名单

媒体邀请的技巧很重要，既要吸引记者参加，又不能过多透露将要发布的新闻。在媒体邀请的密度上，既不能过多，也不能过少。一般企业应该邀请与自己联系比较紧密的商业领域记者参加，必要时应关照平面媒体记者与摄影记者一起前往。

邀请的时间一般以提前3～5天为宜，发布会前一天可做适当的提醒。联系比较多的媒体记者可以采取直接电话邀请的方式;相对不很熟悉的媒体或发布内容比较严肃、庄重时可以采取书面邀请函的方式。注意邀请媒体的范围、影响力,是全国性还是地方性;媒体传播形式,是以文字、图片为主,还是以录音、录像为主等。

在记者邀请的过程中必须注意,无论一个组织与某些报社的记者多么熟悉,在新闻发布会之前,重大的新闻内容都不可以透漏出去。一定要邀请新闻记者,而不能邀请媒体的广告业务部门人员。在新闻发布会上,主办单位的交往对象自然以新闻界人士为主。在事先考虑邀请新闻界人士时,必须有所选择和侧重,否则,就难以确保新闻发布会取得成功。

9.做好会议预算

新闻发布会的主要精神,在于组织与媒体及社会的良性沟通,信息互动,靠新闻与信息的价值吸引关注,而不是重金发稿。注意做好预算,节约而精简,抵制发红包或变相送礼等社会不正之风。

6.6.2 新闻发布会的程序与现场礼仪

新闻发布会通常选择上午10点或下午3点举行,历时1～2小时。

新闻发布会程序,一般有迎宾签到,分发资料,宣布开始,介绍媒体与嘉宾,新闻发布,答记者问,会后活动,效果评估等。

会前做好礼仪接待工作,设有礼仪签到处,并由礼仪小姐发放资料。接待工作要热情、周到,在力所能及的范围内给予记者以帮助。如遇到记者询问涉及组织新闻发布等信息,可帮助引见主要新闻发言人,切忌自作主张,泄露组织秘密。

在发布会的过程中,对于记者的提问应该认真作答,对于与主题无关的提问可以礼貌提醒转入正题,对于过长提问可以委婉地提示简要概括,对于涉及企业秘密的问题可以直接、礼貌地告诉它是企业机密或委婉作答,不宜采取“无可奉告”的方式。对于复杂而需要大量解释的问题,可以先简单答出要点,邀请其在会后探讨。

在新闻发布会正式举行的过程之中,往往会出现不确定的情况,有时甚至还会有难以预料到的问题或变故出现。要应付这些难题,确保新闻发布会的顺利进行,除了要求主办单位的全体人员齐心协力、密切合作之外,最重要的是要求代表主办单位出面应对来宾的主持人、发言人,要善于沉着应变、把握全局。

本章小结

本章主要介绍会务礼仪的基本知识，重点介绍了会议程序、会前准备与接待礼节、会上发言礼仪等。探讨了一些常见的开业典礼、剪彩仪式、新闻发布会、展览会的礼仪程序、规范及需要注意的细节等。使学生熟悉并掌握会务礼仪的基本要求与操作流程，领会高效的会议精神，能够圆满地组织日常会务活动。

思考与练习

1. 高效会议的标准是什么？
2. 现代会议的主要功能和作用是什么？
3. 开业典礼的程序有哪些？
4. 新闻发布会的礼仪有哪些？
5. 举办展览会的礼仪规范有哪些？

案例分析

案例一：别样的会议接待

中国高校现代礼仪论坛在重庆某高校举办，负责接待的是广告专业的研究生，这次接待活动令专家和学者赞不绝口。从会议安排到会议接待，礼宾服务人员始终细致入微，体贴周到。比如，“学校离市区较远，请您晚上注意安全。”“外面下雨了，这里有备用雨伞。”“重庆属于山区，上下坡多，请您穿运动鞋。”“刚下过雨，小心路滑。”“重庆属于川菜系列，我看您晚上吃的较少，小卖店离这远，需要我给您买点小吃吗？”“有事请您随时拨打我的电话”。“如果您想去会场，路不熟，我带您过去。”“这是您需要的充电器”……这些温暖的话语，让与会者宾至如归，忘却了疲劳，解决了疑惑，放弃了一些尖锐的意见。所以，此次接待感人至深的并不是会议的规格、级别，而是伴随开会过程的愉悦的情感体验；留下深刻印象的不是礼仪小姐的漂亮脸蛋，而是她们体贴入微、礼貌周到的服务。

请问：

是什么原因令专家和学者对此次会议接待赞不绝口？

案例二：令人难忘的校庆

这次参加哈佛中国论坛，正好遇到麻省理工学院（MIT）庆祝校庆150周年。陪同我参观的刘欢同学本科就在MIT读书。他带我参观校园，告诉我MIT正在进行150周年的校庆活动时，我不敢相信自己的眼睛，偌大校园中，没有一点庆祝气氛，没有彩旗、横幅。据介绍，这次MIT的校庆主题是"反思"：如何继续走近研究的前沿及世界面临的最紧迫的问题。在MIT博物馆展出的150件展品，全是MIT学生的发明，既有雷达、第一台实时计算机、第一个人造假肢、晶体管、频闪摄影，也有各种看似毫无实用价值的怪异发明。这种展出风格，确实比较符合MIT的"书呆子"气质：校庆时怎么还展出这么"荒谬"的"发明"。MIT的"书呆子"知道，所谓伟大的发明，很可能就孕育在"荒谬"之中。

MIT的校庆大会在波士顿展览中心举行。校庆大会开始，举行的仪式是教授们身着博士服庄重入场。整个校庆活动没有主持人，也没有介绍出席这次校庆的来宾。在校长和教授们的发言中，关注的是未来100年MIT的发展。从参加校庆的MIT学生那里，我分明感受到他们对这种"气氛"的赞同与喜爱。学生们处处感受到的是学校在办学中，完全以教师和学生为本。这样一所大学，虽有傲人的办学成绩，却丝毫不张扬，而以"反思"作为校庆的主题。如此校庆，别开生面，令人深思。

（改编自2012年10月27日《新京报》《我经历的麻省理工校庆》）

请问：

你如何评价麻省理工学院（MIT）的校庆活动？

第7章

餐饮礼仪

随着社会的进步，人们交往范围的扩大，餐饮礼仪已成为人们社会生活中不可缺少的内容。在正式社交场合，餐饮已不仅仅是满足果腹、解渴的需要，而是服从并服务于社交的目的。即“吃不仅仅因为饿，喝不仅仅因为渴”。古今中外，宴请是最常见、最重要的交往交流方式，用餐是考验每个人礼仪修养最好也是最残酷的场所。遵守餐饮礼仪不仅是现代人必备的基本素质，而且也是人们社会交往和事业成功的重要条件。

7.1 宴请的基本礼仪

宴请活动中的餐饮礼仪是指人们在餐饮活动中应当遵循的道德规范与行为准则。其内涵包括餐饮活动中的礼貌、礼节、仪表和仪式。

学习餐饮礼仪，首先需要了解和掌握两项基本原则：①“6M 原则”。这是世界各国广泛受到重视的一条礼仪原则。“6M”指的是 6 个以 M 为字头的单词，即菜单(menu)、举止(manner)、环境(milieu)、会见(meeting)、音乐(music)、费用(money)。即人们在安排宴请或参加餐饮活动时，必须优先对菜单(宴请菜品)、举止、环境、会见(会见的具体时间和对象)、音乐和费用等 6 个方面的问题高度重视，并力求使之符合律己、敬人的行为规范。②餐饮适量原则。其主要含义是：在餐饮活动中，不论是活动的规模、参与的人数、用餐的档次，还是餐饮的具体数量，都要量力而行。务必要从实际需要和实际能力出发，进行力所能及的安排，切忌虚荣好强，炫耀攀比，铺张浪费。“餐饮适量原则”所提倡的是厉行节约，反腐倡廉的风气，是做人务实、不图虚荣的境界。

7.1.1 常见的宴请形式

宴请，即设宴招待，是指邀请宾客宴饮，达到沟通信息、联络感情、畅叙友谊等目的的一种社交活动。它是国内外最常见的交际活动形式之一。宴请目的、名义、对象、人数、时间和地点不同，宴请形式也有差异。国际上通用的宴请形式有宴会、招待会、茶会、工作餐等。举办宴请活动采用何种形式，通常根据活动目的，邀请对象以及经费开支等各种因素而定。

1. 宴会

宴会又称燕会、筵宴、酒会，是因习俗或社交礼仪需要而举行的宴饮聚会，是社交与饮食结合的一种形式。中国宴会较早的文字记载，见于《周易・需》中的“饮食宴乐”。随着菜肴品种不断丰富，宴饮形式向多样化发展，宴会名目也越来越多。从规格和要求上划分，通常分国宴、正式宴会、便宴和家宴四种。

1）国宴

国宴是指由国家元首或政府首脑作为国家的代表，为庆祝国内外重大节日，或为欢迎外国元首、政府首脑的来访，或招待贵宾而举办的国家级宴会。

在所有宴会中，国宴规格最高，礼仪要求也最为严格。国宴的宴会厅里必须悬挂国旗、设乐队、奏国歌，国宴的请柬、席卡、菜单上要印有国徽。席间，宾主双方相互致辞、祝酒，由乐队演奏双方国家的民间乐曲作为席间乐。国宴讲究排场，对宴会厅的陈设、使用的餐具、菜肴的道数以及服务人员的仪表仪态，都有严格的礼仪规范和要求。

各国国宴菜品通常既博采众长，也展一国特色，同时充分考虑贵宾喜好。

国宴的参加者要按照宴会的性质或请柬的要求着正装，准时赴宴，并注意入场仪式，按请柬上安排好的席位就座，举止大方，礼貌友好，要始终保持高昂的情绪和饱满的热情。

2）正式宴会

正式宴会是相对于非正式宴会而言，虽然规格和标准都低于国宴，但也是按一定规格和要求举行的隆重而正规的宴请，它往往是为宴请专人而精心安排的，一般在较为高档的酒店或特定的地点举行。除了不挂国旗、不奏国歌，以及规格不同外，正式宴会的其他方面与国宴相似。正式宴会对于到场的人数、服饰、席位排列、餐具、酒水、菜肴、席间音乐演奏、宾主致辞等，有严格的礼仪要求。

3)便宴

便宴,即比较简便的宴会,是一种气氛轻松随和的非正式宴会,通常不安排音乐演奏和宾主致辞。它不仅适用正式的人际交往,也适用友好人士之间日常往来的聚餐。便宴不注重宴请的规模、档次,形式简单、灵活,事先可通过电话或口头邀请。便宴偏重于人际交往,很适合招待熟悉的宾朋好友,不拘泥严格的礼仪程序,对于来宾的服饰、席位排列、菜品、菜肴数目等方面,不做过高要求,只要用餐者讲究公德,注意卫生、环境和秩序即可。

常见的便宴有午宴和晚宴两种,晚宴更显隆重,有些地方也有早宴(中国南方称早茶)。便宴是友好交往与商务活动中运用最为广泛和常见的一种宴会。

4)家宴

家宴,顾名思义就是在家中设宴招待客人,是宴请的一种比较特殊的形式,通常是由主人以个人名义,在自己的居所举行的、招待亲朋好友的一种非正式宴会。在西方,人们喜欢采用这种方式,以示亲切友好。因此,相对于正式宴请而言,家宴气氛亲切、自然、温馨,赴宴的宾主双方轻松、自由,彼此可增进交流,加深了解,促进信任。出席家宴时一般需要带礼物,如鲜花、酒等。参加家宴的人数一般较少,通常由主人亲自下厨烹饪,做几道拿手好菜,以表示对客人的友好和欢迎。家人均可作陪,共同招待客人。席间主、宾随意交谈,气氛活泼、随意,不讲究严格的席次、入席的时间和菜式,一般遵从当地、当时的习俗。

家宴是宴会的形式之一,不仅广泛适用于民间交往,商务人员也常以此作为联络情感、增进交往、达成交易的一种方法。近些年,在涉外交往中,有些国家偶尔也会采用家宴的形式招待国宾或贵宾,主要是看重家宴的自由、随和、轻松的形式,更便于双方的深层次交流。

2.招待会

招待会是一种不备有正餐的宴请方式,大多围绕某一主题而举办,如国庆招待会、重要演出前后的招待会、新闻发布招待会等。一般来说,招待会只给来宾提供方便食品、酒类、饮料、水果等。通常不排席位,参加人员可以自由走动,互相交谈,规模大小不一,经济实惠,形式多样。常见的招待会有冷餐会、酒会等。

1)冷餐会

冷餐会又称自助餐,是西方国家较为流行的一种宴会形式。这种宴请形式的特点是不排席位,菜肴以冷食为主,也可冷、热兼备。餐具、酒水、饮料都放置在餐桌上,来宾完全根据个人爱好自行取用,也可由服务人员端送。冷餐会可分为立餐和座餐两种形式。宴会进行中,来宾或站或坐,也可以自由走动,相互攀谈、敬酒,多次取食。冷餐会的地点可以在室内，也可设在室外，如花园。在举行大型活动、招待人数众多的来宾时，采用冷餐会就餐是首选，既可以款待较多的宾客，又可以解决众口难调的问题。

2）酒会

酒会又称鸡尾酒会，是西方传统集会中的一种宴请形式，它盛行于欧美等国家和地区。鸡尾酒是由两种或两种以上的酒掺入鲜果汁或果子露以及香料、苦味剂配成的混合饮料。一直以来鸡尾酒都是西方上流社会招待客人时最普遍的饮料，在规模较大的招待会上尤其如此。现在的酒会上不一定都用鸡尾酒，通常以多种酒品、果料为主，不用或少用烈性酒，略备小吃，服务员用托盘托着酒水和菜点在席间巡回敬送。鸡尾酒会规模不限，气氛灵活、轻松、自由，酒会一般不设主宾席和座位，仅设置小桌和茶几，以便客人随意走动。绝大多数的来宾都站着进餐，人们可以互相倾谈、敬酒，广泛接触。酒会在早、中、晚均可举行，但最好选择下午 5 点以后。因为下午 5 点前一般可安排下午茶。请柬上往往会注明整个活动的延续时间，通常是一个半到两个小时，客人可在其间任何时间到达和退席，不受约束。有时鸡尾酒会与舞会同时举行。

3.茶会

茶会又称茶话会，是由古代的茶宴、茶会逐渐演变而来的一种以茶会友的简便的招待形式，上至国家招待外宾，下至机关团体举行庆祝会、招待会、座谈会、纪念会等都可采用这种方式。茶会也因其简便、经济、宽松而受到政府机关、企业、社会团体等的欢迎。

较正式的茶会一般有书面邀请函，邀请函可采用“填空式”的请柬或信笺；非正式的茶会一般可电话邀请。茶话会时间可安排在上午 10 点或下午 4 点，时间可长可短。

茶会地点通常设在客厅及会议厅，也可以设在室外，一般不用餐厅，安排在进出方便又宽敞的地方为宜。若室内举行茶话会一般设茶几、座椅，茶话会不排席位。但如果是为贵宾举行的茶会，入座时应安排贵宾与主人坐在一起，其他出席者自由就座。

茶会，是以茶点招待宾客的聚会，故对茶叶、茶具及递茶、饮茶均有规定和讲究，以体现该国的茶礼。除玻璃桌外，一般桌面要铺设台布，颜色以白色为宜，台布的大小正好盖住桌面或下落半码皆可。茶具一般选用陶瓷器皿，不用玻璃杯、一次性纸杯或塑料杯，也不能用热水瓶代替茶壶。茶会略备点心、水果、蜜饯及地方风味小吃。宾主共聚一堂，互相谈心、表达情谊、交流感情，形式比较随意。有时席间还可安排一些短小的文艺节目助兴，场地大小不限，时间长短不拘，气氛轻松活泼、喜庆热闹。茶话会既简单隆重节俭，又轻松愉快高雅，是一种效果良好且日益流行的招待形式。

4.工作餐

工作餐是指在工作中以套餐的形式所提供的便餐，它是快节奏的现代社交中常见的一种非正式宴请形式，工作餐关注的不是档次和形式，而是为了方便交流的一种氛围。工作餐按照用餐时间可分为工作早餐、工作午餐、工作晚餐，若无特殊情况时长以1小时左右为宜，最多不超过2小时；工作餐地点一般由提议方确定，客方则应客随主便，通常安排在饭店、宾馆、咖啡厅等。工作餐的付费按常规由做东者负责，即“主人付费”，也可以采用AA制，即“各付其费”。工作餐利用进餐时间，边吃边谈问题，既可以提高工作效率，又简便、快速、符合卫生要求。工作餐因与工作有关，一般不请配偶参加。双边工作进餐往往采用长桌，安排席位，其座位与会谈桌的座位排列相仿，以便于双方更充分的交谈、磋商。目前我国也开始将这种便餐形式广泛应用于外事工作中，在代表团访问中，往往因日程紧张安排不开而采用这种形式。

7.1.2　宴请

宴请是极为正式的社交活动，为确保宴会顺利举行，宴请准备工作十分重要，主要包括制定宴请计划、拟定宴会日程、落实宴会细节等。

1.制订宴请计划

(1)要明确宴请的目的　宴请的目的可以为某人或某事而举行，如节庆日聚会、贵宾来访、会议闭幕等，也可以表示欢迎、欢送、答谢、庆贺、纪念等。目的明确，才能根据需要拟定宴请的其他事宜。

(2)确定宴请的名义　是指以谁的名义出面邀请，可以个人的名义，也可以单位名义出面邀请，具体可依据主宾双方的身份来确定，在此基础上确定宴请规格。举办涉外宴会，如邀请主宾夫妇出席，主人也应以夫妇的名义发出邀请。国内宴会可以用主办宴会单位的最高负责人的名义或主办单位的名义邀约客人。

(3)确定宴请的范围　是指宴请的对象和人数。即宴请哪些人、宴请多少人，确定主陪人等。范围确定后，应拟定邀请名单，注意被邀请人的姓名、职务、称呼等一定要准确，并提前一至两周向客人发出邀请。

(4)选择恰当的宴请形式　在明确宴请的目的、名义、规格、范围之后，结合当地的习惯做法，选择宴请的具体形式。一般来说，正式的、规格高的、人数少的以宴会的形式为宜；人数较多则以冷餐会或酒会更为合适；妇女界的活动多以茶话会形式举行。

2.拟定宴会的日程

（1）宴请主题　主题通常有祝贺、欢迎、纪念、答谢等，主题明确可以让客人有备而来。

（2）宴请时间　按照国际惯例，晚宴规格最高。宴请的时间原则上应以宾主双方都合适为宜，但是要优先考虑被邀请者，特别是主宾的意愿。宴请的时间，一般不宜选择在重要的节假日、重要的活动日，也不安排在双方的禁忌日。选择宴会日期，要与主宾协商确定，可以多提供几个时间点请主宾选择。

（3）宴请地点　用餐地点选择至关重要，越是隆重的宴请活动，越要讲究环境和条件，因为它体现了主人对宴请的重视程度和诚意。选择地点要注意三个方面：①环境，宴请环境应清净雅致；②宴请地点应窗明几净，管理规范，卫生干净；③通常应选择交通方便，有停车场，有公交线路通过的宾馆、饭店和酒店作为宴请的场所。

3.落实宴会细节

1）发出邀请函或请柬

宴请一般均发请柬，这既是一种礼节，也是对客人的提醒。请柬内容通常包括：宴会主题、形式、时间、地点、主人姓名等。请柬设计要精美雅致，字体工整清晰。一般提前1～2周发出，以便被邀请人及早安排。如果是便宴、工作餐，可通过口头或电话的方式邀请。如果是邀请身份高者作为主宾参加活动，还需要单独发邀请信，其他宾客发请柬即可。

正式宴会最好能在发出请柬之前安排好席位，并在请柬的信封下角注明席位号。请柬发出后，应及时落实出席情况，以便安排、调整和布置桌次和席位。

2）确定菜单

最好事先通过恰当的方式了解宾客特别是主宾的饮食习惯，主人对菜单反复斟酌，一般情况下，优先考虑的菜肴有以下四类。

（1）有中餐特色的菜肴　这主要是宴请外宾时要优先考虑的，中国家常的春卷、水饺、狮子头等，因极具中国特色，外宾非常喜欢。

（2）有本地特色的菜肴　中国八大菜系各具特色，在宴请外地客人时，品尝当地特色菜也是赏心悦目之事。

（3）本餐馆的特色菜肴　很多餐馆都有自己秘而不宣、独家秘制的特色菜。上一份本餐馆的特色菜,可以表达主人的细心和对客人的诚意。

(4)主人最拿手的菜肴　在举办家宴时,主人亲自下厨做一道拿手好菜,让客人大快朵颐,既可以表达主人的殷勤好客,又可以活跃气氛,可谓一举两得。

此外,开列菜单时,要考虑宾客特别是主宾的禁忌,菜的荤素、营养、时令、以及甜点与酒品饮料的搭配要力求适当、合理。

菜单定好后,如果是大型、正式的宴会,可印制比较精美的菜单,一般每桌放置两三份,讲究的也可以每人一份。

3)宴会现场的布置

(1)布置、美化环境　宴会厅和休息厅的美化、布置,取决于活动的目的和性质。官方正式活动的场所布置应该严肃、庄重、大方,可以少量点缀鲜花、盆景等,而商务类宴请的庆贺、接风欢送、乔迁开张等,则应突出喜庆、活泼、欢乐的气氛。

(2)桌次与席位的安排　宴会的桌次安排有严格的礼宾次序。中餐宴会一般采用圆桌,西餐宴会通常采用长桌。桌数较多时,应摆放桌次牌,以便来宾辨认。

席位的安排,中国一般按职位高低排列,西方遵从女士优先原则,习惯男女交叉安排。隆重的宴请,应在醒目位置摆放座位图,在宴会桌上摆放座位卡,便于客人对号入座,减少客人寻找座位的时间和彼此谦让的纠结。座位卡一般是双折卡片,卡片最好是打印版,上面印有客人姓名,放置在每个客人座位前,这样既可以供客人查询,又可以供对面客人识别,也减少了主人介绍的程序,便于宾客之间互相交流。便宴、家宴一般不摆放座位卡,但是主人对客人的座位也要有大致的安排。

(3)餐具的准备　根据宴请宾客的人数和酒、菜的道数,准备餐具。餐桌上的一切用具均需清洁卫生,桌布、餐巾都应浆洗洁白并熨平。玻璃杯、酒杯、筷子、刀叉、碗碟等,在宴会之前应洗净、擦干、擦亮。

7.1.3　赴宴

参加宴请是非常重要的社交活动,涉及主、客双方。宾主双方都要注意宴请活动中的礼仪要求,作为客人更应注意赴宴的礼节、礼貌,展示自己良好的礼仪修养。

1.赴宴前的准备

1)应邀

接到出席宴会的邀请后,能否出席应尽早答复对方,以便主人做出安排。若答应赴宴,则不能改动。遇有特殊情况,不能如期赴宴,一定要及时通知主人,说明原因,并诚致歉意。作为主宾如果不能如期赴宴,最好亲自登门说明情况并道歉。忌接到邀请后，既不回复，又不赴宴，这是极不礼貌的行为。

应邀出席宴请活动之前，要向宴请的主人核实活动举办的时间、地点，是否邀请配偶以及主人对服装的特殊要求等。

2)注意仪表、仪容

国内外都视赴宴为一种郑重的社交仪式，应正装出席，这是对主人和其他宾客的尊重。正式宴会的请柬上，多注有着装要求，赴宴时应按照要求穿着。如果请柬上没有注明着装要求，赴宴时应按照宴会性质、规格和当地的习俗，选择例行服装，服装得体端庄大方。如果是普通宴会，衣着则不必过分讲究，以干净合体为宜。穿着过于时尚花哨或衣冠不整，都是非常失礼的。

赴宴前，还应适当修整自己的仪容。女宾应认真梳理头发，适度化妆。男宾赴宴前，要洗澡、理发、修面，手要洗净，指甲不要太长，仪容洁净，给人以稳重优雅的印象。

3)备礼

赴宴者可以根据宴请的性质和当地的习惯及主客双方的关系，适当准备礼品。礼品可以是花篮或花束。如果参加家庭宴会，可以带一瓶酒，可以给女主人准备一束鲜花，赠花时要注意对方的禁忌。赠送礼品的价值不一定很高，但一定要有象征意义。

2.赴宴过程中的礼仪

1)准时赴宴

按照请柬标明的宴会时间赴宴。一般提前3～5分钟到达，迟到、早到都会被认为失礼或有意冷落。提前太多，会被认为急于求食或因主人未到场而尴尬。如因故不能准时赴宴，应提前通知主人，诚恳说明原因。如果宴会已开始，迟到的客人应向其他客人致歉，并适时知会主人，表示已经到宴。一般情况下，身份高者可晚些到达，一般客人宜略早些到达。

2)问候与赠礼

抵达宴会地点后，如主人已在那里迎候，则应趋前同主人握手，并问候致意，随同主人或迎宾人员的引导，步入宴会厅。如果是先进入休息室，则应去衣帽间先脱去外套，再去迎宾处，主动向主人问好。如果是庆祝活动，还应表示祝贺，同时，将事先准备好的礼物赠送给主人。并与其他宾客一一打招呼：或微笑点头致意，或握手寒暄，或挥手致意等。表现应彬彬有礼，落落大方。

3)入座与交谈

入席入座应听从主人的安排和引导，忌随意乱坐。如果参加正式宴会，进入宴会厅之前，应先通过座位图看清自己的桌次和席位，入座时注意桌上座位卡是否写有自己的名字，不可坐错座位。如果邻座是尊长或女士，还应主动协助他们拉开椅子先坐下。落座后，应通过自我介绍等方式结识新的朋友，温文尔雅地与同桌新老朋友交谈，要照顾到每一位客人，不要厚此薄彼。选择的话题应是客人共同关注和熟悉的内容，既不要夸夸其谈，也不要沉默无语。

4)进餐

根据中餐、西餐的不同礼仪规范，根据正式宴会、工作餐、便宴、家宴的不同规格与氛围，选择恰当的进餐礼仪。一般应情绪饱满、心情愉悦参加宴请，吃相要文雅，举止要得体，这是对主人和其他宾客的礼貌和尊重。席间一般不要吸烟，不要过度饮酒，以免失态。

5)敬酒

当主人向宾客敬酒之后，客人也应适时向主人回敬。宾客之间往往也会互相敬酒。敬酒时注意：或按顺时针从自己的右手位客人开始逐一敬酒，或者按在座客人的身份地位由尊长逐一开始敬酒，敬酒时要注意礼节、礼貌，对尊长和女士尤其要特别照顾。若自己不能喝酒，应礼貌说明。宴会之上相互敬酒，可以烘托与活跃现场气氛，有利于宾主双方就未尽话题进行更充分、更深入的交流。但饮酒时宾主双方都应量力而行，适可而止。忌劝酒、酗酒，以致饮酒过量而失仪。

6)告辞、致谢

出席宴请要把握告辞时机，不宜过早也不宜过晚。如果是主宾，应当先于其他客人向主人告辞。宴会结束时，男宾应先起身，为年长者或女士移开座椅。按照礼貌，来宾要向主人致谢。如果宴席上有特别出色的菜肴，不妨赞美几句，但不可过溢，更不要探听宴席价格。如主人备有小礼品相赠，不论价值轻重，都应欣然收下，并表示谢意。作为应邀的赴宴者，可能的话，也可向服务人员表示感谢，感激他们的辛勤准备、周到服务，这实际上是人与人之间平等礼貌的应有之举。

从礼仪角度讲，宴会之后的一两天，客人应视情况通过给主人打电话、发邮件、写信、微信等形式致谢，感谢主人的盛情款待及自己的愉悦心情。俗话说“编筐编篓，全在收口”，最后的致谢也是不可缺少的。

7.2 中餐礼仪

中华民族有着源远流长的饮食文化，以中餐为主体的中华饮食文化，在我国传统文化中占据着十分重要的地位，在世界饮食文化图谱中也独具特色与魅力。中餐在国际社会中一直享有很高的声誉，无论在国内还是在国外，都有为数众多的中餐爱好者。

中餐，是中式餐饮的简称。它是指一切具有中国特色的，依照传统方法制作的，为中国人日常生活之中所享用的餐食和饮品，其中最主要的是具有中国传统风味和特色的饭菜。

中餐礼仪，主要是指以中餐待客，或者是品尝中餐时，应该自觉遵守的习惯做法和传统习俗。中餐礼仪的内容非常丰富，下面重点介绍中餐宴会中宴请时空的选择、点餐礼规、席位排列、餐具使用、进餐要求等方面的礼仪规范。

7.2.1 宴请的时空选择

为营造良好的就餐环境和愉悦的心情，取得事半功倍的宴请效果，在宴请的时间和地点上要精心安排。

1.宴请的时间选择

中餐宴请时间安排要考虑三个因素。

(1)民俗惯例　中餐分早餐、中餐、晚餐三种。一般中餐、晚餐较正式。正式宴请通常安排在晚上，因业务交往而安排的工作餐，大多选择在中午。而在广东、海南等地，亲朋好友聚餐，喜欢选择“饮早茶”。此外，宴请时要注意避开重要的活动日、纪念日、节庆日等。

(2)主随客便　宴请时间既要考虑己方的因素，也要考虑被邀请者的时间，尤其要把主宾的意愿放在首位。为表示诚意，己方可以多提供几个时间点供客方选择，力求两相便宜。否则，参加宴请之人因时间不合适，晚来早走，影响宴请氛围，宾主不能充分交流，则事与愿违。

(3)把握用餐时长　既不要拖沓耗时间，让客人吃的“很辛苦”，也不要匆匆忙忙收场。正式宴请的时间一般控制在一个半到两个小时，非正式宴请用餐时间为一个小时左右，便餐的用餐时间半小时左右。当然，具体用餐时长主人要根据现场情况灵活确定，最终使宾主尽兴而归。

2.宴请的空间选择

随着生活水平的提高，人们对就餐环境要求也越来越高。此外，由于出行堵车现象频频发生，所以宴请空间的选择越来越重要，具体而言，需注意以下三点。

(1)环境清幽　选择的用餐地点应符合四个条件：卫生干净、安静、舒适、格调优雅。

(2)设施完备　包括空调、洗手间、餐具用品、照明、排气扇等是否完备，是否正常运行。

(3)交通便捷　宴请地点交通便利，有停车场、有公交线路通过，呼叫出租车比较方便。另外有条件的也可以为就餐者提供交通工具。

7.2.2　点餐礼仪

中国人请客常常说“请你吃饭”，仔细推敲，这种说法并不准确，因为吃中餐实际上主要是吃中国菜。无论是便餐还是宴请，唱主角的都不是“饭”，而是菜。因此，要认真选择和安排中餐菜品，即“请客菜要好”。

按照社交礼仪的规范，安排菜单主要涉及两个方面的问题。一是如何点菜，二是如何准备菜单。第一方面的问题涉及的主要是非正式宴会和便餐，第二方面的问题涉及的则主要是正式宴会和家宴的主人所必须考虑的问题。

1.点菜礼规

宴请时，多数人都会为如何点菜大伤脑筋，因为众口难调。要处理好这一问题，需要注意以下三点。

1)量入为出

宴请点菜时，重要的是不仅要吃饱和吃好，而且要量力而行。不必打肿脸充胖子，为了讲排场、装门面，在点菜时大点、特点，甚至乱点，这样不仅事与愿违，对自身无益，而且还会令人嘲笑。

因此，在点菜时，务必要心中有数，量入为出，力求做到不铺张浪费。一是不必动辄去高档的酒店、餐厅，或是每餐必点名贵大菜。二是点菜时，要懂得荤素搭配之道，适度而不过量。三是在日常聚餐时，提倡“AA制”，即聚餐的费用人均分担，这样既有利于养成平等的习惯，也会减少人际关系的摩擦和不愉快。

2)相互体谅

宴请时，请客一方和被请一方在点菜时，都要体谅对方，宽厚待人，善解人意。请客一方既不要过于殷勤铺张，也不宜过于吝啬计较。被请一方，在不失自尊的同时，切忌有“不吃白不吃，吃了也白吃”的不平衡心态，以免给人留下十分贪吃的印象。

作为请客者在点菜时，可以有两种方法选择。第一种是整点，即选择酒店推出的系列套餐或包桌。这样的方式点餐费用固定、菜肴的档次和数量也相对固定，不需花费太多心思。第二种是单点或零点。可以根据个人的财力，在用餐现场临时点菜，这样点菜的自由度较大，选择面较广。需要强调的是，不论请客者以何种方法点菜，都应当尽量征求被请者，特别是主宾的意见，不要只凭个人的喜好行事。当然，在征求被请者意见或请其点菜时，对于自己无力承担的菜品，可以婉言回绝，如“留个念想，这个菜留待下次品尝”，等等。

作为被请者在请客一方恳请点菜时，要注意避免出现下述情形：①乱点。被请者连自己点的菜是什么都不知道，指手画脚，乱点一气。②多点。被请者完全根据自己的偏好，把符合自己口味的菜品统统点上，造成浪费。③大点名菜、贵菜。名贵的菜价格不菲，被请者根据价码选择菜品，“只点贵的，不点对的”，造成要“宰”请客一方的错觉。④挑三拣四。对于别人点的菜，或是被大家点过上桌的菜，总是说些“自己吃不惯”“做得太差劲”之类让人感觉不舒服的话，给人留下“难伺候”的坏印象。

因此，作为被请一方在点菜时，有两个常常采用的方法：①告诉请客一方自己没有特殊要求，请对方随意点，不必拘谨，这实际上是最受对方欢迎的做法；②认真地点一个不是很贵的菜，然后请他人再点。这样做，既符合请客者的要求，也没有对其他人实行“包办代替”，而且其他客人也有点菜的机会，宾主皆大欢喜。

3)上菜次序

了解中餐标准的上菜次序，有助于在点菜时巧作搭配。

标准的中餐大菜，无论它是何种风味，其上菜的次序大体都是相同的。通常，首先上的是冷盘，然后是热菜，随后上的是主菜，接着上点心和汤，最后上的是甜食和水果。如果上咸点心的话，讲究上咸汤；如果上甜点心的话，则要上甜汤。如果宴请的客人众多，是多桌宴请，各桌上菜要同时进行。

2.菜单准备

在宴请宾朋之前，主人需要对自己所选的菜单再三斟酌。在准备菜单时，主人应当着重考虑哪些菜肴宜选，哪些菜肴忌选。这两个问题，本质上是同一个问题的两个不同方面。

1)宜选的菜肴

在准备菜单时，一般有以下四类菜肴应被主人优先加以考虑。

(1)具有中餐特色的菜肴　吃中餐首选的是有中餐特色的代表性菜肴，在宴请外籍人士时，这一点更应当被高度重视。比方说，中餐里的龙须面、土豆丝、炒豆芽、蒸饺、咕咾肉、宫保鸡丁、鱼香肉丝、麻婆豆腐、酸辣汤、榨菜肉丝汤等，都是寻常百姓之食，虽非珍馐佳肴，但因其具有鲜明的中餐特色，所以在国外知名度很高，受到众多外国人的推崇。

(2)具有本地特色的菜肴　中国地大物博，各地的饮食文化既有共性，也有个性，名扬天下的八大菜系便是中餐在各地分支的主要代表。一方水土养一方人。在宴请他人，尤其是宴请外地人时，应尽量安排一些具有本地特色的菜肴。如南京的盐水鸭、天津的狗不理包子、杭州的西湖醋鱼、福建的佛跳墙、桂林的荔浦芋头、北京的涮羊肉和烤鸭等，如宴请时上这些特色菜，恐怕要比上“千人一面”的山珍海味和生猛海鲜更受青睐。

(3)本酒店、餐馆的招牌菜　但凡名声在外的酒店、餐馆，都有自己的招牌菜，即看家菜，高档的酒楼更是如此。在知名的餐馆、酒楼点菜时，招牌菜是必不可少的，因为大家都是奔着它们去的。不然的话，就有可能让被请之人产生误解，埋怨主人不善解人意。

(4)主人自己的拿手菜　在举行家庭宴会时，主人不妨当众露上一手，做几个自己的拿手菜。其实这样的拿手菜大可不必追求十全十美，只要主人亲自动手为来客烧菜，就会让对方倍感亲切和友好，感受到主人的殷勤待客之道。

2)忌选的菜肴

在安排菜单时，主人还要兼顾来宾的饮食禁忌，尤其是要对主宾的饮食禁忌予以高度的重视。常见的饮食禁忌主要有四类。

(1)宗教禁忌　对于宗教方面的饮食禁忌，一定要认真对待，千万不能疏忽大意。例如，穆斯林通常是不食猪肉，并且不饮酒。国内的佛教徒在饮食上禁食荤腥之物，它不仅指的是不吃肉食，而且也包括了葱、蒜、韭菜等吃起来气味刺鼻的食物。主人在宴请客人时，如果对此不求甚解，或是贸然犯禁，则会带来很大的麻烦。

(2)地方禁忌　在不同的地区，人们的饮食偏好往往多有不同，对于这一点，主人在安排菜单时，也应予以兼顾。如英美人通常不吃白米饭，不吃狗肉、淡水鱼、无鳞无鳍的鱼、海参、鱼翅、宠物、稀有动物、动物内脏、动物的头部和脚爪等；满族人不食狗肉；藏民通常不吃鲑。如果主人没有事先了解清楚，会使双方陷入尴尬。

(3)职业禁忌　有的职业出于某种原因，在饮食方面往往也有各自不同的特殊禁忌。例如，国家公务员在执行公务时不准吃请；在公务宴请时，不准大吃大喝，铺张浪费，用餐一般不准超过国家规定的标准，不准饮烈性酒。再如，驾驶员在工作期间，不得饮酒。要是忽略这一点，不仅是对对方的不尊重和不体谅，而且还有可能使其因此而犯错误、惹麻烦。

(4)个人禁忌　有些人由于健康和饮食习惯等因素的制约，在饮食上会有一些与众不同的要求。比如说，心脏病、动脉硬化、高血压和中风后遗症的人，不适合吃狗肉；肝炎病人忌吃羊肉和甲鱼；胃肠炎、胃溃疡等消化系统疾病的人也不适合吃甲鱼；高血压、高胆固醇患者，要少喝鸡汤等。有的人不吃姜，有的人不吃海鲜，有的人忌辣，有的人忌酸，等等。对于这些人的饮食禁忌，主人亦应事先了解并给予充分照顾。不要明知故犯，尤其不能评论甚至取笑他人的饮食习惯。

在隆重而正式的宴会上，主人可以把所选定的菜单精心书写或打印后，发至人手一份，使用餐者餐前心中有数，印制精美的菜单还可以餐后留作纪念。但值得注意的是，发给赴宴者的菜单必须名副其实，绝不可有名无实。

7.2.3　中餐宴会的席位排列

中国的饮食文化历史悠久，其特有的饮食文化多次被搬上银屏，如《食神》《满汉全席》等。古人云“民以食为天”，而“食”中又以“坐”为先，无论是家宴还是便宴，安排席位是最为讲究的老礼，主宾尊长各有说法。

1.宴请的席位排列

宴请是一种参加人数较多、较大规模的社交聚餐活动，因此，它所涉及的席位排列问题，又可以分为桌次排列与位次排列两方面。一般不超过 10 人可坐一桌，只排席次即可；如果 10 人以上，则需要安排多桌，这就涉及桌次的排列。根据社交礼仪的规范，桌次排列与位次排列各有具体要求。

1)桌次排列

在中餐宴请活动中，往往采用圆桌布置菜肴、酒水。圆桌排列的次序，大体分两种情况。

(1)由两桌组成的小型宴会　这种情况，又可以分为两种具体形式：一为两桌横排，一为两桌竖排。

当两桌横排时，其桌次排列是以右为尊，以左为卑。这里所说的右与左，是由面对正门的位置来确定的，因此，这种做法也叫“面门定位”(图 7-1)。

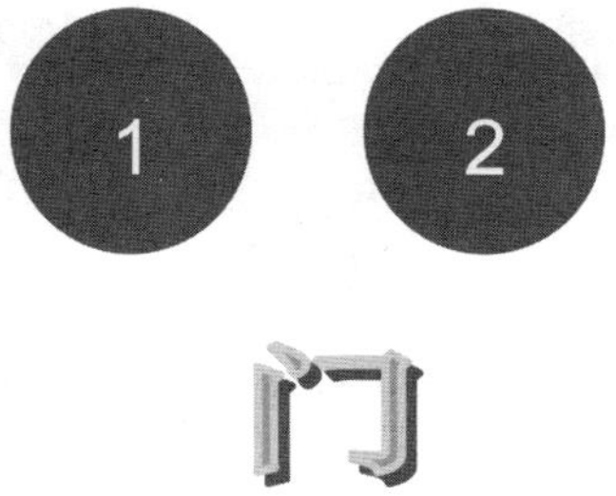

图 7-1　两桌横排的桌次排列方法

当两桌竖排时，其桌次则讲究以远为上，以近为下。这里所谓的远近，是以距离正门的远近而言的，因此，此法亦称“以远为上”(图 7-2)。

图 7-2　两桌竖排的桌次排列方法

(2)多桌宴请　是指由三桌或三桌以上组成的宴请。在安排多桌宴请的桌次时，除了注意“面门定位”“以右为尊”“以远为上”这三条规则之外，还应兼顾其他各桌距离主桌即第一桌的远近。通常距离主桌越近，桌次越高；距离主桌越远，桌次越低。这项规则也称为“主桌定位”(图 7-3、图 7-4、图 7-5)。

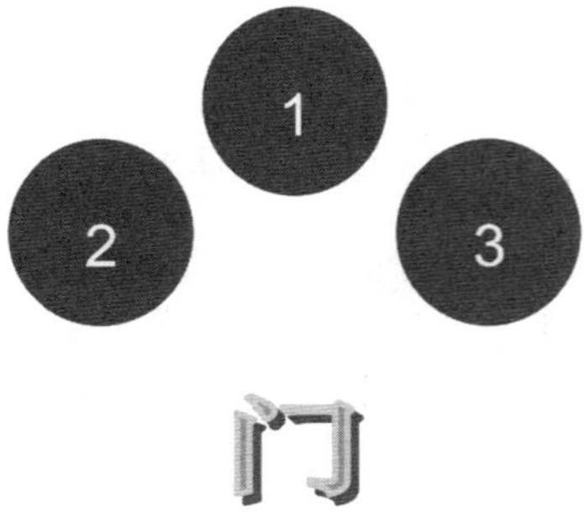

图 7-3　多桌排列的桌次排列方法之一

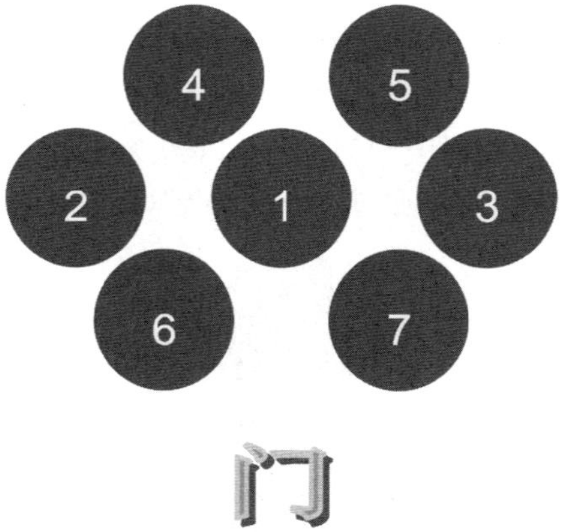

图 7-4　多桌排列的桌次排列方法之二

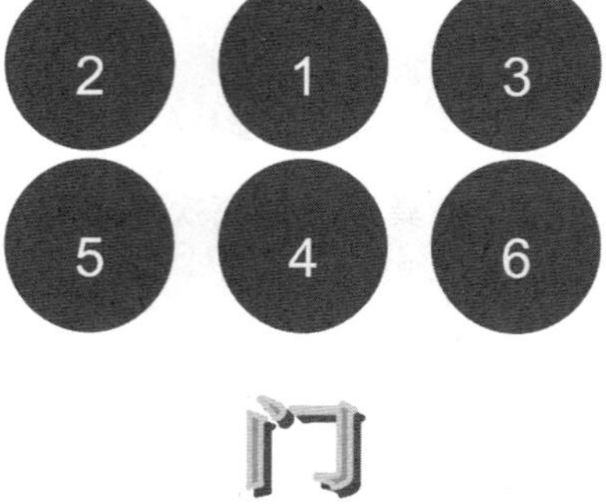

图 7-5　多桌排列的桌次排列方法之三

在安排桌次时，所用餐桌的大小、形状应大体相仿。除主桌可略大一些之外，其他餐桌不宜过大或过小。

宴请时为了确保赴宴者及时、准确地找到自己所在的桌次，可以采用以下四种辅助方法。①在请柬上写明赴宴人所在的桌次。②在宴会厅入口悬挂宴请桌次摆放示意图。③安排专门人员引导来宾寻桌就座。④在每张餐桌上摆放桌次牌，通常桌次牌的数字以阿拉伯数字书写为宜。

2)位次排列

宴请时，每张餐桌上的具体位次也有主次尊卑之别，排列位次的基本方法有四种：①主人大都应该面对正门而坐，并在主桌就座。②在进行多桌宴请时，各桌之上均有一位主桌主人的代表在座。他也称各桌主人。其位置一般应与主桌主人同向，有时也可以面向主桌主人。③各桌之上位次的尊卑，应根据其距离该桌主人的远近而定，以近为上，以远为下。④各桌之上距离该桌主人相同的位次，讲究以右为尊，即以该桌主人面向为准，其右为尊，其左为卑。

除此之外，每张餐桌上安排用餐的人数应限于 10 人之内，并以双数为宜，因为好事成双，特别是婚庆、生日等宴请，更应注意。如果人数过多，不仅空间狭小局促拥挤，而且降低宴请的档次，主人也不方便照顾到每一位客人。

根据上述四种位次的排列方法，圆桌上位次的具体排列又可以分为两种具体情况。

(1)每桌只有一个主位的排列方法　其特点是每桌只有一名主人，主宾在其右手就座，每桌只有一个谈话中心(图 7-6)。

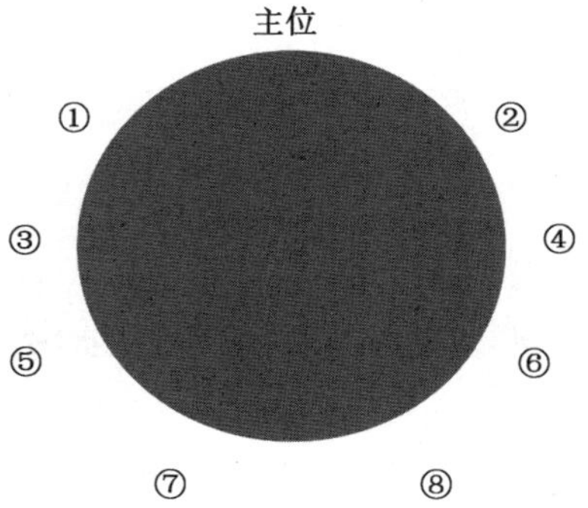

图 7-6　每桌一个主位的位次排列方法

（2）每桌两个主位的排列方法　其特点是主人夫妇就座于同一桌，以男主人为第一主人，以女主人为第二主人，男主宾和主宾夫人分别在男女主人右侧就座，因此，客观上每桌形成了两个谈话中心（图 7-7、图 7-8）。

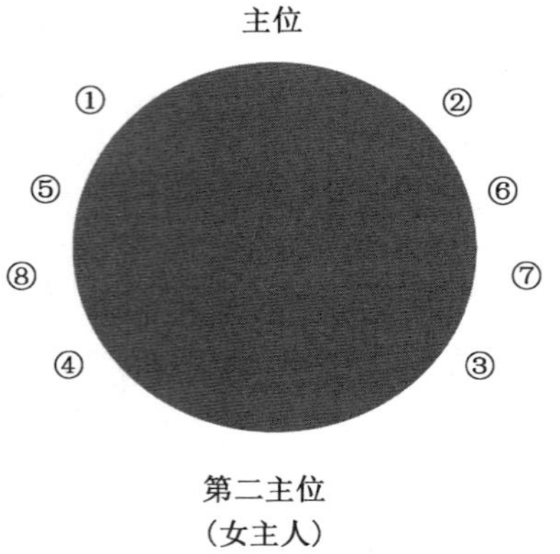

图 7-7　每桌两个主位的位次排列方法之一

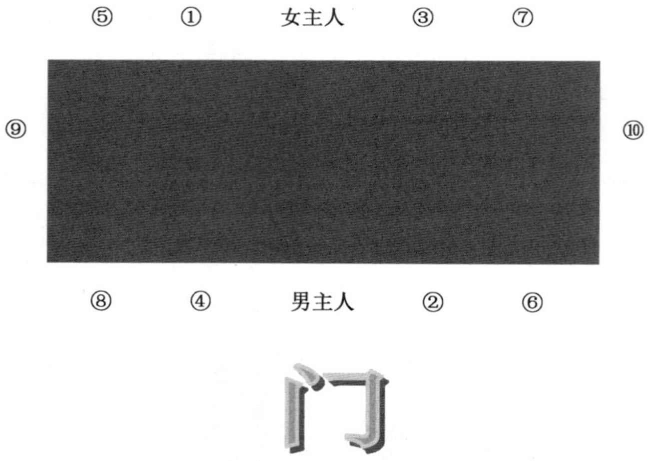

图 7-8　每桌两个主位的位次排列方法之二

在宴请时，如果主宾身份高于主人，为了表示敬重，可安排其在主人位次上就座，而主人则坐在主宾的位次上。

为了便于来宾正确无误地在自己的位次上就座，除了专门的招待人员及主人及时地加以引导、示意外，主人应该在来宾所属座次正前方的桌面上，事先放置以清晰、醒目的字迹书写或打印着客人姓名的座位卡。倘若举行涉外宴请时，座位卡还需要以中、英文两种文字书写。按照我国惯例，中文写在上方，英文写在下方。必要时，座位卡的两面均应书写用餐者的姓名。

2.便餐的席位排列

一般情况下，便餐的席位排列主要涉及的是位次的排列问题，往往与桌次无关。

在排列便餐的席位时，若需要进行桌次的排列，可参照宴请时桌次的排列进行。一般所见较多的位次排列，可按照以下五种方法进行。

1)左右位次视不同对象因人因地而宜

社交便宴，当两人一起并排就座时，通常以右为上座，以左为下座。因为在中餐上菜时，多以顺时针方向作为上菜方向，居右而坐者要比居左而坐者优先受到照顾。但是国内政务宴请有时采用以左为尊，如果采用中式宴会宴请西方客人，可主随客便，遵从涉外礼仪惯例，以右为尊。

2)中座为尊

三人一同就座用餐时，居于中座者在位次上要高于在其两侧就座之人。

3)面门为上

多人一起入座用餐时，有人面对正门而坐，有人背对正门而坐，依照礼仪惯例，则应以面对正门者为上座，以背对正门者为下座。

4)观景为佳

在高档酒店或餐厅用餐时，在其室内外通常会有优美的景致或高雅的演出，以供用餐者观赏。此时，应以观赏角度最佳之处为上座。

5)临墙为好

在某些中低档酒店或餐馆用餐时，为了防止过往侍者和其他食客来回走动的干扰，通常以靠墙之位为上座，以临过道之位为下座。

7.2.4 餐具的使用

常用的中餐餐具与西餐餐具相比，虽然种类不多，使用起来相对简单便捷。但是，也要掌握基本的使用方法和礼仪规范。

中餐餐具是指在食用中餐时所使用的工具。通常分为主餐具和辅餐具两类。

1. 主餐具

中餐的主餐具是指进餐时使用的、必不可少的餐具。一般食用中餐时需要使用的主餐具主要有筷、匙、碗、盘等。

1)筷

筷,又叫筷子。它是用中餐时最主要的餐具。筷子的主要功能是用餐时借之夹取食物和菜肴。

使用筷子的方法,一般以右手持筷,用拇指、食指、中指三指前部,共同捏住筷子的上部约 1/3 处。筷子必须成双成对使用,不可单根使用。

用餐时使用筷子有七忌。

(1)忌品筷　不论筷子上是否有残留的食物,都不能舔食它。在取菜前也不能这样做,更不宜长时间把筷子含在嘴里,嘬来嘬去,令人生厌。

(2)忌插筷　不用筷子时,切记不可将其“立正”插放在食物或菜肴之上。因为有些地方的民俗,只有祭祀先祖和已故亲人时,才可以这么做。同时还要注意不要把筷子当作叉子使用,不能用其叉取食物。

(3)忌跨筷　当暂时不需要使用筷子时,不要把它横担在碗、盘、碟上,尤其是公用的碗、盘、碟上。原因也是有些地方的民俗,采用这种方式祭祀先祖和已故亲人。可以将它放在筷座或筷架上,或放在自己所用的碗、盘、碟的旁边。筷子不能一横一竖地交叉摆放,也不能一根是大头,一根是小头摆放。不要把筷子直接放在餐桌上,通常掉在地上的筷子不要接着使用。

(4)忌舞筷　用餐时与人交谈,应该放下筷子,以示专注与尊重,不能手中执筷指指点点,来回舞动。在夹菜时,不能用筷子在菜盘里拨来拨去,上下左右乱翻。遇到别人也来夹菜时,要注意避让,谨防“撞筷”和“筷子打架”。切不可用筷子敲击碗、盘、碟或茶杯,发出声响,更不要用筷子指点对方,或是拿着它停在半空中。

(5)忌迷筷　指用餐时自始至终,筷不离手,一直在吃。而且夹菜时用筷子在菜盘里拨来拨去,上下左右乱翻,只挑自己喜欢的菜。

(6)忌滥筷　在就餐时,不能用筷子代劳他事,如剔牙、挠痒,或是夹取食物、菜肴之外的其他东西。

(7)忌掷筷　在餐前发放筷子时,要把筷子理顺,然后轻轻地放在餐盘或餐碗的右边。若相距较远时,千万不能将筷子扔或掷在桌子上。可以请他人递送或自己走过去摆放。

2)匙

匙,又叫勺子、汤勺、汤匙。在中餐中,它的主要作用是舀取羹、汤、粥等流质食物。

在一般情况下，尽量不要用勺子舀菜。但有时用筷子取食时，可以用匙加以辅助。在用匙取食时，不要将其盛得过满，免得溢出来，洒落在餐台、地上，或是弄脏自己的衣服，这样会让自己很尴尬。在舀取流食时，应将其在相应的器皿中停留片刻，待汤汁不再滴落时，再将其倒入到自己的餐碗中，慢慢品尝。不要舀一路，汤汤水水撒一路。

通常使用勺子需要注意以下四点。

(1)用勺子取用食物后，应尽快食用，不要把食物再倒回原处。

(2)若取用的食物过烫，不可用勺子将其折来折去，更不能用嘴对它吹来吹去。

(3)当品尝盛在勺子里的食物时，尽量不要把勺子塞入口中，也不要反复吮吸它。

(4)当暂时不需要使用勺子时，应将其放在自己的食碟中，不要把它直接放在餐桌上，或是把它插在食物之中，这样既不卫生，也不雅观。

3)碗

碗，在中餐里主要盛放主食、羹、汤之用。在正式的场合用餐时，用碗需要注意以下几点。

(1)在食用碗内盛放的食物时，应用筷、匙加以辅助，切勿直接用手取用，或不用任何餐具用嘴直接吸食。

(2)若碗内有剩余食物时，不要将其直接倒入口中，更不能伸出舌头到碗里乱舔。

(3)在用碗进餐时，不能端碗进食，尤其不要用双手端起碗进食。

(4)不要把碗倒扣过来放在餐桌之上。

(5)对于暂时不用的碗，不要将其当作垃圾桶，放骨头、鱼刺、果皮等杂物。

4)盘

盘，又叫盘子，直径略小的盘子被称为碟子。盘子在中餐中主要用以盛放食物，其使用方面的要求与碗略同。盘子在餐桌上一般应保持原位，不要移动，而且在餐桌上也不宜多个盘子摞放在一起。

下面主要介绍用途较为特殊、被称为食碟的盘子。食碟的主要用途是用来暂放从公用的菜盘里取来本人食用的菜肴。

使用食碟要注意。

(1)不要将多种菜肴堆放在同一食碟内，这样食物相互之间容易“串味”，既不好吃，也不好看。更不要将食碟装得太多太满。掉到桌子上的菜，不要再吃。

(2)不要一次取放的食物过多,看起来既繁乱不堪,又给人欲壑难填之嫌。用餐时要细嚼慢咽,不能大块往嘴里塞,狼吞虎咽。

(3)不要挑食,不能只盯住自己喜欢的食物或菜肴,将其大量夹放在自己的食碟中,这样会给人留下贪婪的印象。

(4)不宜入口的残渣、骨、刺、皮等,不要乱吐在餐桌或地上,而应以餐巾掩口,将其轻取放在食碟前端,必要时召唤侍者取走,或及时更换新的食碟。不要让自己吃剩的残渣、骨刺与菜肴混合在一起,搞得杯盘狼藉。

2.辅餐具

中餐的辅餐具主要是指进餐时可有可无、时有时无的餐具,它们在食用中餐时发挥辅助的作用。常见的中餐辅餐具主要有:水杯、湿毛巾、餐巾、水盂、牙签等。

1)水杯

中餐中所使用的水杯,主要是在盛放白水、汽水、果汁、可乐等软饮料时使用的。需要注意的是,第一,不要用水杯去盛酒;第二,不要倒扣水杯;第三,使用水杯时,要轻拿轻放,以防打碎;第四,喝入口中的饮料不能再将其吐回水杯。

2)湿毛巾

在食用中餐前,比较高档的宾馆和饭店,会为每位用餐者提供一块湿毛巾,天冷时会是侍者用托盘提供的温热的湿毛巾。它只能用来擦手,绝不要用它擦脸、擦嘴、擦汗。擦完手之后,应将其轻轻叠放整齐,放回盘中,由侍者取回。有时,在正式宴会结束前,会再上一块湿巾。与前者不同,这块湿巾是用来擦嘴的,作用是擦去嘴上的油渍等,但不要擦脸、抹汗。

3)水盂

在品尝中餐时,有时需要用餐者以手持食物进食。此时,侍者会在餐桌上摆放一只小小的水盂,里面盛放着清水,水面上有时漂着柠檬片或玫瑰花瓣。水盂里的水不能喝,而是用来洗手的。严格地说,水盂是用来涮洗手指的而不是洗整只手。在水盂里洗手时,得体的做法是,两手轮流蘸湿指尖,然后浸入水中轻轻涮洗。洗毕,应将手置于餐桌下,用小毛巾或纸巾擦干,不要乱甩、乱抖。

4)牙签

牙签主要用来剔牙。用中餐时,不要当众剔牙。当非剔不可时,应以另一只手掩住口部,动作要轻柔。剔出来的东西,切勿当众观赏或再次入口,也不要随手乱弹、随口乱吐。剔牙之后,不要长时间叼着牙签。取用食物时,不要用牙签扎取。

5）餐巾

中餐餐巾的使用也是受西餐的影响，其使用方法在下节介绍。

7.2.5　用餐礼仪

用餐是宴请的最主要的环节，进餐时要注意下列礼仪规范。

1.进餐文雅礼貌

用餐期间不要离开餐桌，随意走动；要“入乡随俗”，尊重当时当地的礼俗，如吃鱼莫翻转等；应闭嘴咀嚼，不要发出上下嘴唇“吧唧吧唧”的声音；如果食物太热，可稍凉后再吃，不能直接用嘴去吹；不要给人贪吃之相，眼中只有美食没有人，吃得山呼海啸、摇头晃脑、手舞足蹈、宽衣解带、满脸油汗，这样不但有损本人形象，也影响他人食欲。

2.敬酒适时适度

要适时向主人和其他客人敬酒致谢，过早或过晚都不礼貌。敬酒顺序一般是先主人、主宾，然后按身份、年龄等由高到低以此类推。主人敬酒时要停止进食和交谈，注意倾听。身份低者或年轻者向身份高者或年长者敬酒碰杯时，应稍欠身微笑点头示意，酒杯杯沿要比对方杯沿略低以示尊重；敬酒时不能过度劝酒，应遵从宾主意愿点到为止或适可而止。

3.夹菜布菜礼让

夹菜时要相互礼让，依次而行，取用适量；夹起的菜不能再放回去；有公匙公筷的菜品一定不能用自己的筷子夹；够不到的菜可请人代取，千万不要自己起身离座去夹；也不要越俎代庖，主动给他人布菜；自己喜欢的食物不要一人“包干”。

4.忌讳的小动作

进餐时不宜做一些小动作：随意玩弄、敲打餐具；身体东摇西晃带动桌椅晃动；当众清嗓子、擤鼻涕、挖耳朵、吐痰；不能梳理头发、当众补妆、化妆；用餐期间不能玩手机，因为接打手机、发微信微博、自拍，都显得本人三心二意，不够专注；无论用餐地点有无规定、主人有无要求、在座者是否有女士，用餐时要自觉做到不吸烟，以免污染空气，影响他人健康。

7.3 西餐礼仪

西餐是我国对西方国家菜肴的统称。这个称谓严格地讲并不准确，因为西方不同国家的餐饮也是千差万别，有以英、法、德、意等国为代表的“西欧式”，又称“欧式”，其特点是选料精纯、口味清淡，以款式多、制作精细而享有盛誉；有以俄罗斯为代表的“东欧式”，也称“俄式”，其特点是味道浓，油重，以咸、酸、甜、辣皆具而著称；另外还有在英国菜基础上发展起来的“美式”西餐等。

中国人对西餐的界定主要有两个标准：一是源自西方国家；二是用刀叉取食。

随着经济全球化和中外交往的日益频繁，西餐已经进入了中国人的生活。在涉外活动中，为照顾国外客人的饮食习惯，有时也要用西餐来招待客人。因此了解和掌握西餐礼仪规范也很有必要。

7.3.1 西餐位次

在大多数情况下，西餐的位次更多表现为席位问题，桌次只在极隆重的盛宴中才会使用。与中餐相比，西餐的位次排列也有许多不同之处。

1.位次排列的原则

西餐的位次一般应按约定俗成的常规来进行。了解这些基本原则，就可以根据对象灵活排列位次。

(1)女士优先　在西餐礼仪中，女士备受尊重，西方男子特别乐于在这种场合体现和展示自己的绅士风度。在排定用餐位次时，主位一般应请女主人就座，而男主人则须退居第二主位。

(2)敬重主宾　在西餐中，主宾极受尊重。即使用餐的来宾中有人在地位、身份、年纪等方面高于主宾，但主宾仍是主人关注和关照的中心。在排定位次时，应请男、女主宾分别紧靠着女主人和男主人就座，以便进一步受到照顾。

(3)以右为尊　在排定位次时，以右为尊依旧是基本原则。就某一特定位置而言，其右位高于其左位。例如，应安排男主宾坐在女主人右侧，应安排女主宾坐在男主人右侧。

(4)面门为上　有时又叫迎门为上。它所指的是，面对餐厅正门的位子，通常在序列上要高于背对餐厅正门的位子。

(5)距离定位　一般来说,西餐桌上位次的尊卑,往往与其距离主位的远近密切相关。在通常情况下,距离主位近的位子高于距主位远的位子。

(6)交叉排列　中餐宴请时,用餐者喜欢与熟人,尤其是与其恋人、配偶在一起就座,作为主人在安排席位时(尤其是婚宴)也有意识地安排亲朋故旧在一起。但西餐遵守交叉排列的原则。依照这一原则,男女应当交叉排列,生人与熟人也应当交叉排列。因此,一个用餐者的对面和两侧,往往是异性,而且还有可能与其不熟悉,这种做法最大的好处是可以广交朋友,也可以充分发挥宴请的社交功能,而不是仅仅去吃一顿饭果腹。宴会用餐者最好是双数,并且男女人数各半。

2.座次排列的方法

西餐所用的餐桌有长桌、方桌和圆桌,有时还会拼成各种图案。不过,最常见、最正规的西餐桌是长桌。

1)长桌

以长桌排位,一般有两个办法。

(1)男女主人在长桌中央对面而坐,餐桌两端可以坐人(图7-9),也可以不坐人(图7-10)。女主人的右边是男主宾,男主人的右边是女主宾。

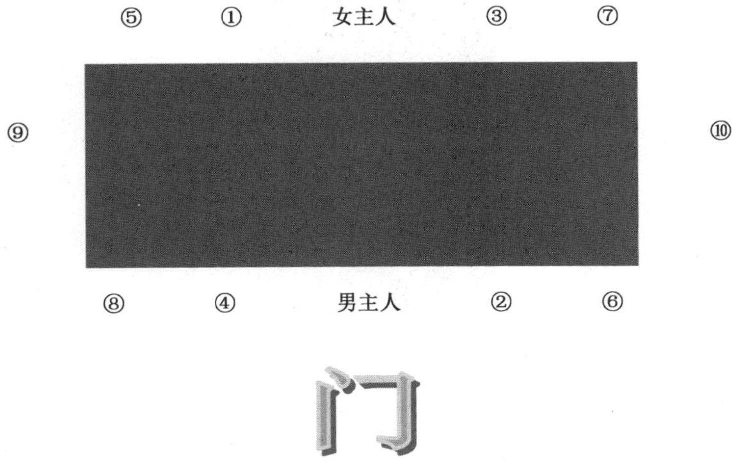

图7-9　男女主人居中而坐时位次的排列方法之一

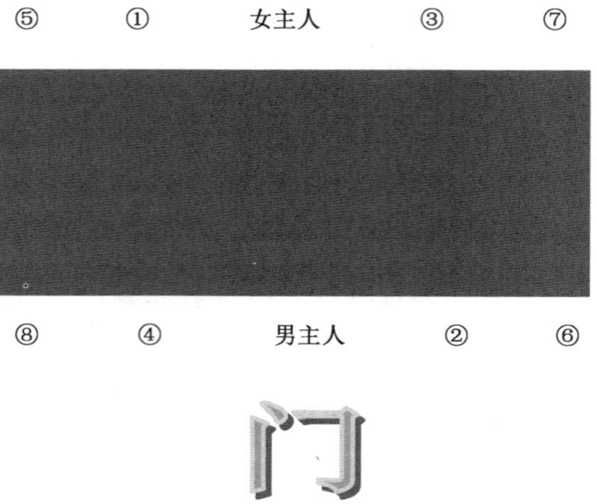

图 7-10　男女主人居中而坐时位次的排列方法之二

(2)男女主人分别就座于长桌两端(图 7-11)。女主人的右手边是男主宾,男主人的右边是女主宾,依次排列,距离主人越远的人年龄辈分越低。

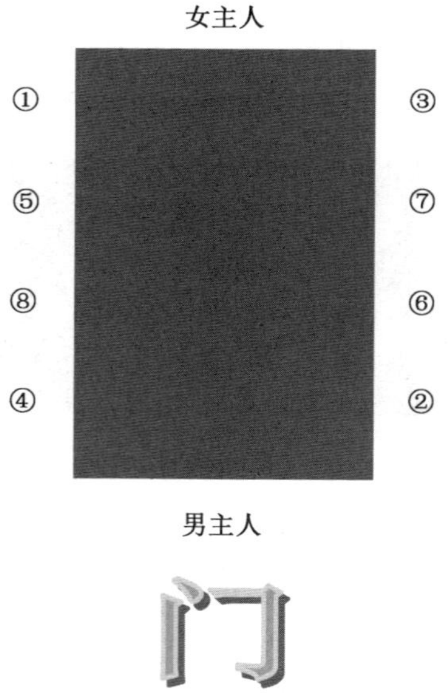

图 7-11　男女主人分坐于餐桌两侧时位次的排列

如果用餐者人数较多，也可以参照以上办法，把长桌拼成其他图案，以便安排大家一起近距离用餐，方便交流。

2）方桌

以方桌排列位次时，就坐于餐桌四面的人数应该相等。在一般情况下，一桌共坐 8 人，每侧各坐两人的情况比较多见。在进行排列时，应使男、女主人与男、女主宾对面而坐，所有人均各自与自己的恋人或配偶坐成斜对角（图 7-12）。

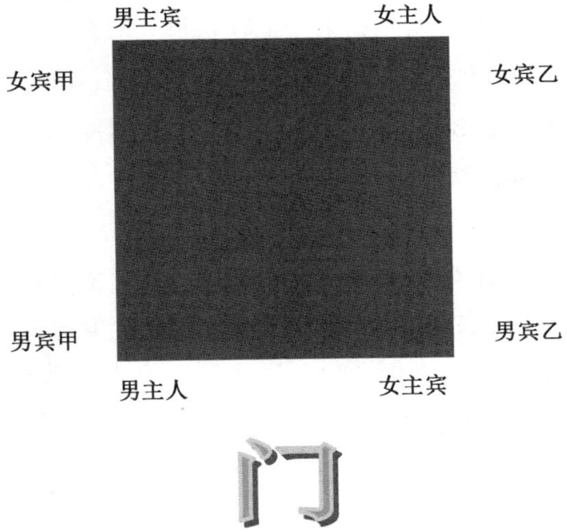

图 7-12　方桌上的位次排列

3）圆桌

西餐使用圆桌排位的情况并不多见。在隆重而正式的宴会里，则尤为罕见。其具体排列，基本上是各项规则的综合运用（图 7-13）。

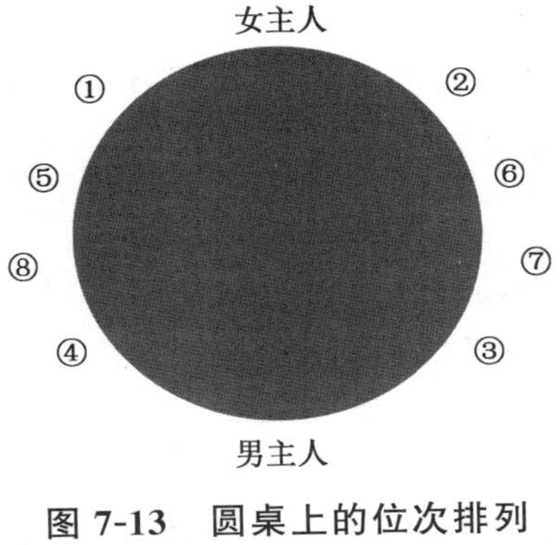

图 7-13　圆桌上的位次排列

7.3.2 西餐的菜序

西餐菜序指的是西餐用餐的先后顺序。了解西餐的菜序，有助于在享用西餐时，能够根据个人的食量量力而行，吃好、吃饱，同时还可以在自己点菜时，依据自己的口味，进行适当的组合、搭配，更好地享用美食。

严格地讲，西餐的正餐与便餐在菜序上存在很大的差异。

1.正餐的菜序

西餐正餐的菜序复杂多样，讲究颇多。在大多数情况下，菜序由下列八道菜肴组成，一顿完整的正餐，一般要吃上一两个小时。

1）开胃菜

所谓开胃菜，就是用来挑动味蕾、打开胃口的菜，也称西餐的头盆、前菜。在西餐里，开胃菜往往不被列入正式的菜序，而是充当唤醒“胃动力”角色。在多数情况下，开胃菜量较少，是由蔬菜、水果、海鲜、肉食等所组成的拼盘。它多以各种调味汁凉拌而成，色彩鲜艳，造型美观别致，令人赏心悦目，食欲倍增。

2）面包

正餐西餐里所吃的面包，通常都是切片面包，或是根据需要，从整个的大面包上切下来食用的。在吃面包时，一般可以根据个人的喜好，涂上各种果酱、黄油或奶酪。

3）汤

汤是西餐的“开路先锋”，喝汤意味着西餐正式开始了。西餐中的汤类品种很多，既可以分为冷汤和热汤，也可分为清汤和浓汤。汤的制作要求原汤、原色、原味。热汤中有牛尾清汤、鸡清汤、奶油汤、法式洋葱汤等，冷汤较少，比较有名的有西班牙冻汤、德式杏冷汤、格瓦斯冷汤等。

4）主菜

西餐里的主菜又名主盘，通常是甜品前的一道菜，是全套菜的灵魂，制作相当考究，既考虑色、香、味、形，又考虑菜肴的营养价值。主菜多用海鲜，牛、羊、猪肉和禽类作为主要原料，采用炸、烘、烤、煮、蒸、烧等方法制作而成，如大虾吉列、法式烧鸡、古巴式煎猪肉、法式烤羊腿等。西餐里的主菜有冷有热，但一般以热菜为主。正式的西餐，要有一个冷菜，两个热菜。在两个热菜之中，应当一个是鱼菜，一个是肉菜。有时，还会再上一个海味菜。其中的肉菜是必不可少的，多为烤肉，再配以蔬菜，往往代表着此次用餐的档次和水平。

5）点心

吃过主菜后，一般要上蛋糕、饼干、吐司、馅饼、三明治之类的小点心，其目的主要是让还没有吃饱的人借以填饱肚子。

6）甜品

点心之后上的是甜品。最常见的甜品主要有布丁、冰激凌等。

7）干鲜果品

常见的干果有核桃、榛子、腰果、杏仁、开心果等。鲜果有草莓、菠萝、苹果、橙子、香蕉、葡萄等。用餐者在力所能及的情况下，可酌情享用，不必勉强。

8）热饮

用餐结束之前，侍者会为用餐者提供热饮，以此作为“尾声”。最正规的热饮是红茶或是纯黑咖啡，用餐者只能选择其一，而不可同时享用。因为红茶或是黑咖啡的作用主要是帮助消化。西餐的热饮，可以在餐桌上喝，也可以离开餐桌去客厅或休息厅里喝。

2. 便餐的菜序

西餐便餐菜序较之正餐简单很多，一般由开胃菜、汤、主菜、甜品、咖啡五道菜肴构成。

7.3.3　西餐餐具规范

与中餐具相比，西餐餐具数量多、种类多、使用的规矩也多，不像中餐“一双筷子几乎包打天下”。

使用刀叉进餐，是西餐的最重要的特征之一。除了刀叉之外，西餐的主要餐具还有餐匙、餐巾等。至于西餐桌上的盘、碟、杯、水盂、牙签等餐具，其用法与中餐大同小异，在此不再赘述。

1. 刀叉

刀叉是对餐刀、餐叉两种餐具的统称。二者既可以配合使用，也可以单独使用。多数情况下，刀叉是同时配合使用的。使用时要注意掌握刀叉的区别、刀叉的用法、刀叉的暗示等问题。

1)主要刀叉的类型及摆放位置

在正规的西餐宴会上,每道菜都有专门使用的刀叉,既不能胡拿乱用,也不可以从头到尾只用一副刀叉,有约定俗成的使用规则。

享用西餐时,在一般情况下,出现在每位用餐者面前的刀叉主要有:吃黄油所用的餐刀、吃鱼所用的刀叉、吃肉所用的刀叉、吃甜品所用的刀叉等。它们不但形状各异,而且摆放的具体位置各不相同。

黄油之餐刀:吃黄油所用的餐刀,没有与之相匹配的餐叉,它的正确位置是横放在用餐者左手的正前方。

鱼、肉之刀叉:吃鱼所用的刀叉和吃肉所用的刀叉,应当餐刀在右、餐叉在左,并分别纵向的摆放在用餐者面前的餐盘两侧。餐叉的具体位置,应处于吃黄油所用餐刀的正下方。有时在餐盘左右两侧分别摆放的刀叉会有三副之多。如果不想把它们拿错,应当依次分别从两边由外侧向内侧取用。

甜品之刀叉:吃甜品所用的刀叉应最后使用,它们一般横向放置在用餐者面前的餐盘的正前方。

2)刀叉的使用

使用刀叉一般有两种常规方法。第一种方法叫作英国式。它要求进餐时,用餐者始终右手持刀,左手持叉,一边切割,一边叉食,通常认为此种方式较为文雅。第二种方法叫作美国式。它的具体做法是,用餐者先是右刀左叉,把餐盘里要吃的东西全都切割完毕,然后把右手里的餐刀斜放在餐盘前方,将左手的餐叉换到右手,取食食物,这种方法的优点在于比较简便。

在以刀叉用餐时,无论采用上述哪一种方式,都要注意以下五点。

(1)在切割食物时,不要弄出声响。

(2)在切割食物时,一定切记双肘要下沉,而切勿架起双臂,左右开弓。因为那样做,一是有碍他人,二是不文雅,还会使自己正在切割的食物崩出餐盘,弄脏台布或是自己的衣服。

(3)已切割好的食物,形状大小应该适宜一次性入口。不要块头过大,将食物塞入口中,使自己的脸颊鼓出来。也不要将食物用刀扎起来,再一口一口咬食。

(4)要注意刀叉的朝向。刀叉属于金属器具,又比较锋利,有一定的危险性。因此将餐刀临时放下时,不可刀口外向。双手同时使用刀叉时,叉齿应当朝下;右手持叉进餐时,则应叉齿向上。

(5)如果不小心将刀叉掉落在地,切勿捡起再接着使用,而应请侍者另换一副。

3)刀叉的暗示功能

如果不了解和掌握刀叉的暗示功能,很可能"吃不饱"或"吃不好"。使用刀叉,可以向侍者暗示用餐者是否吃好了某一道菜肴。其具体做法是:如与人攀谈时,应暂时放下手中的刀叉。刀右、叉左,刀口向内、叉齿向下,呈汉字的"八"字形状,摆放在餐盘之上。它表示:此菜尚未用毕。值得注意的是,不要把刀叉摆放在桌面上,尤其不要将刀叉交叉放成"十"字形,这在西方人看来,是令人晦气的图案。如果吃完了,或者不想再吃了,则可以刀口向内,叉齿向上,刀右、叉左并排纵放在餐盘上,或者刀上叉下地并排横放在餐盘里。这样表示:我不想再吃了,侍者见状就会及时连刀叉带餐盘一起收走。

2.餐匙

餐匙也称为"调羹",学习餐匙的使用,应掌握餐匙的区别和用法。

1)餐匙的区别

在西餐的正餐里,一般至少会出现两把餐匙,它们形状不同,用途各异,摆放位置不同。一把个头较大的餐匙叫作汤匙,通常摆放在用餐者右侧的最外端,与餐刀并列纵放。另一把个头较小的餐匙则是甜品匙,一般横向摆放在吃甜品所用刀叉的正上方,并与其并列。如果不吃甜品,不用甜品匙的话,有时它就会被个头同样较小的茶匙所取代。两种餐匙不可相互替代使用。

2)餐匙的用法

(1)餐匙除了饮汤、吃甜品之外,绝对不可直接去舀取红茶、咖啡以及其他任何主食、菜肴。

(2)用餐匙取食时,务必不要过量,而且一旦入口,就要一次将其用完。不要反复品尝数次。使用餐匙时,应将其前端入口,不可全部含入口中。

(3)使用餐匙的动作应干净利索,切勿在汤、甜品或红茶、咖啡之中搅拌不停。以匙舀汤时,是从里向外舀,即从距离自己较近处向距自己较远处舀起,而不是像中餐一样是从外向里舀。

(4)应保持餐匙的清爽干净。

(5)已经开始使用的餐匙,不可再次放回原处,也不可将其插入菜肴或令其"立正"于汤盘、红茶杯、咖啡杯中,可以将其暂放于餐盘之上。有时,以匙柄正对着就餐者,还可以暗示其用餐已经完毕。

3.餐巾

西餐所用餐巾,通常会被叠成一定的图案或造型,放置于用餐者右前方的水杯里,或是直接被平放于用餐者右侧的桌面上。它们面积上有大、中、小之分,形状上也有正方形与长方形之别。

餐巾在西餐餐具里,是一个发挥多重作用的重要角色,下面将主要介绍餐巾的铺放和餐巾的用途两个方面的问题。

1)餐巾的铺放

餐巾应平铺于并拢的大腿上。

使用正方形餐巾时,应将它折成等腰三角形,并将直角朝向膝盖方向;若使用长方形餐巾,则可将其对折,然后折口向外平铺。打开和收起餐巾,并将其折放的整个过程应在餐桌之下悄然进行,切勿临空一抖,吸引他人注意。特别需要注意的是,在外用餐时,一定不要把餐巾掖于领口、围在脖子上、塞进衣襟里,或是担心其掉落而将其系在裤腰上。

2)餐巾的用途

(1)保洁服装　将餐巾平铺于大腿之上,其目的主要是防止进餐时掉落的菜肴、汤汁等弄脏自己的服装。

(2)揩拭口部　在用餐期间与人交谈之前,应先用餐巾轻轻地擦一下嘴,免得满嘴油光,很不文雅。女士进餐前,可以用餐巾轻印一下唇部,以除去唇膏。以餐巾揩口时,其部位大体固定,最好只用其内侧。不能用餐巾擦汗、擦脸、擦手,特别是不能擦餐具,如果这样做会暗示主人餐具不洁,要求另换一副。

(3)掩口遮羞　在进餐时,尽量不要当众剔牙,也不要随口乱吐东西。如果非剔不可,应以左手拿餐巾挡住口部,右手剔牙,或以右手持餐叉接住“出口”之物,再将其移到餐盘前端。倘若这些过程没有遮掩地进行,是颇为失态的。

(4)暗示作用　最常见的暗示有三种情况:①暗示用餐开始。西餐大多以女主人为“带路人”,当女主人铺开餐巾时,就是在向来宾宣布用餐可以开始了。②暗示用餐结束。当主人,尤其是女主人把餐巾叠好放在餐桌上时,意在宣告用餐结束,请各位告退。其他用餐者如若用餐完毕,也可用此法示意,而无须使用有声语言“大家吃好了吗?”③暗示暂时离开。若用餐者中途暂时离席,可将餐巾放置于本人座椅的椅面上。看到这种暗示,侍者就不会马上动手撤席。

7.3.4　西餐的要求

西餐,尤其是正式西餐,程序化的规定非常多,从穿衣戴帽到言谈举止,都有既定规范。

1. 举止高雅

西餐礼仪出自古代宫廷，并且相沿已久，其中最重要的是要求用餐者严格约束个人的行为，力求言谈举止高雅端庄。因而吃西餐，其实主要不是满足口腹之欲，而是在“吃”风度和“吃”氛围。

1）禁出声音

享用西餐时，不论是有意还是无意，吃东西或是喝汤羹、饮料之类，绝对不要弄出声响。在西方人看来，只有缺乏教养的人，才会在进食时出声作响。

除用餐之外，身体的任何声响，无论是咳嗽、打喷嚏，还是打嗝、放屁，都应自觉地加以控制，不要当众出丑。另外，在就座、用餐、离座时，不要把座椅、餐桌、餐具等弄出怪异的声响。

2）坐姿端庄

就座时，应从左侧进入，使身体与餐桌保持两拳左右的距离。上身要呈挺拔端庄之态，不要弯腰曲背、东倒西歪，或半躺半靠在椅背上。双手不要支在桌上，或藏于桌下，而应扶住桌沿。双腿切勿乱伸、乱抖，勿忘自己的对面与两侧皆为异性。

3）吃相文雅

用餐时要注意个人卫生，不要让手上、身上、脸上到处都留有痕迹；也不要把杯子、餐盘、餐桌和地面弄得一塌糊涂，要维护环境卫生。

2. 服饰得体

在吃西餐时，西方人非常讲究个人的穿着打扮。若不谙此道，或是明知故犯，既会被人轻视，也会失礼于人。根据用餐规模、档次的不同，用餐时的衣着也不尽相同，大体上有礼服、正装、便装之分。

1）礼服

西式礼服，男装为黑色燕尾服，扎领结；女装为拖地袒胸长裙，并配长筒薄纱手套。其他国家的人士，可以穿本民族的礼服，如我国男子的中山装、女子的旗袍。在隆重的宴会上，通常要求参加者穿礼服出席。

2）正装

一般情况下，正装指的是深色，特别是黑色或藏蓝色的套装或套裙。注意男装不要色彩过淡、过艳，女装则切勿过短、过紧、过小。

3）便装

参加一般性的聚餐时，可以穿便装。所谓的便装也有严格界定，即男士可穿浅色西装,或仅穿单件的西装上衣;女士则可以穿时装,或是以长西裤代替裙装。不管穿什么服装,在用餐时都不允许当众整理衣饰,如不准脱外套、换衣服、松领带、解腰带、拉袜子、脱鞋子等。

3.尊重女士

东西方文化不同,如果说中餐礼仪讲究尊重长者的话,那么,尊重女士就是西餐礼仪的一大特点。西餐礼仪里所说的尊重妇女,并非泛泛而谈,而是广泛地融入了可操作层次。

1)尊崇女主人

在西餐宴请活动中,女主人往往处于“第一顺序”。其具体表现是:女主人要坐主位,由女主人“宣布”用餐开始或用餐结束等。用西餐时,让女主人忙里忙外,四处张罗,甚至难以入席或缺席的情况,是不允许的。

2)礼待女宾客

在吃西餐时,无论是否相识,男士都要充当“护花使者”,有义务积极主动地对女士多加照顾。例如,在用餐前,帮助女士收存外套或寻位就座。在用餐期间,要帮助女士取菜、拿调味品,并陪其交谈等。

3)不用女侍者

正规的西餐里,绝对讲究“女尊男卑”,所以,在西餐厅只能见到清一色的男侍者在进进出出,迎来送往。根据传统,西餐馆一概不使用女侍者。

4.适时交际

参加西餐宴会,除了品尝美食之外,还要进行适当的交际活动。

1)宾主交际

应邀赴宴时,要适时向主人致意,酌情与其叙旧攀谈、联络感情。不要吃完就走,不把主人放在眼里,这样是很失礼的。

2)来宾交际

用餐时,中餐礼仪讲究“食不言”,不提倡多讲话,而在西餐礼仪中,来宾不仅要与老朋友寒暄,还要借机多交一些新朋友。不能只吃不说,或是只找老朋友、寻年轻貌美的异性交谈,而对其他的人置之不理。

7.4 酒水及饮用礼仪

餐饮礼仪之"餐"主要指品尝食物,"饮"则指酒水。古今中外,酒水一直在宴请中扮演着不可或缺的重要角色。随着社会的发展与进步,酒水的种类也越来越多,除茶之外,洋酒、咖啡等也成为宴请中常见的饮品。

7.4.1 酒水种类

酒水是酒类和水类的统称,指酒、水、饮料等可饮用的液体。酒水的主要功能是在用餐时开胃助兴。目前在中西式宴请中常见的酒水有白酒、啤酒、葡萄酒、香槟酒、白兰地、威士忌、鸡尾酒等。下面重点介绍一下中餐里的白酒和西餐中的葡萄酒及其饮用礼仪。

1. 白酒

白酒又名烧酒、白干,是中国的传统饮料酒。据《本草纲目》记载:"烧酒非古法也,自元时创始,其法用浓酒和糟入甑(指蒸锅),蒸令气上,用器承滴露。"由此可见,我国白酒的生产已有很长的历史。白酒以粮谷为主要原料,以大曲、小曲或麸曲及酒母等为糖化发酵剂,经蒸煮、糖化、发酵、蒸馏而制成的蒸馏酒。通常无色,酒精含量较高,我国各地均能够生产,但因制作工艺不同而分成不同的香型,如酱香型、清香型、浓香型等。目前,我国最著名的白酒是茅台、五粮液、汾酒等。

白酒可以单独饮用,也可以佐餐,但是一般不与其他的酒类、汽水、可乐等混合同饮,否则既易醉,又冲淡白酒原有的香味。

在正式宴请中饮白酒,通常使用容量不大的瓷杯或玻璃杯盛酒,所以讲究"酒满敬人"和"一饮而尽"。喝白酒时通常不必加冰、加温或兑水等,品尝的是白酒独特的香气与味道。

2. 葡萄酒

在西餐中,葡萄酒举足轻重,不能缺席。葡萄酒是以葡萄为原料酿造的一种果酒,种类较多,也有与之相对应的饮用礼仪。

1) 葡萄酒的等级

葡萄酒的品质跟产地有直接关系,好的葡萄酒都用产地来命名。如法国的波尔多和勃艮第是全球最佳酿酒区,也是著名葡萄酒品质的标志。法国葡萄酒基本上分四个等级，最好的酒在酒标上有 AOC。即使不知道酒的质量如何，这个字样已经能够证明它来自最好的产地及最真实的原料。第一级，法定产酒区（AOC）；第二级，优良产酒区（VDQS）；第三级，地区餐酒（VDP）；第四级，日常餐酒（VDT）。

2）葡萄酒的最佳饮用温度

不同类型的葡萄酒最佳饮用温度也各不相同。

饮用红葡萄酒的最佳温度是 18℃左右，对于一般的红葡萄酒，应该在饮用前 1～2 小时先开瓶，让酒呼吸一下，即“醒酒”，而对于名贵的红葡萄酒，一般要先冰镇一下，冰镇时间约 1 个小时。

饮用白葡萄酒的最佳温度是在 10～12℃。因此，喝白葡萄酒前应该先冰镇，一般在冰箱内存放 2 小时左右。对于酒龄高于 5 年的白葡萄酒更适宜低温饮用。

饮用起泡葡萄酒（香槟）的最佳温度是在 8～10℃。喝香槟酒之前也应该先冰镇一下，特别是香槟的酒瓶比一般的酒瓶厚 2 倍，所以通常应冰镇至少 3 个小时。

3）葡萄酒与食物的搭配

正式宴会中的葡萄酒饮用有一条不成文的讲究：“红酒配红肉，白酒配白肉。”这里所讲的白肉是指鱼肉、海鲜、鸡肉；红肉指的是牛肉、羊肉、猪肉。此处所讲的白酒与红酒，是指白葡萄酒和红葡萄酒，而非中国的“白酒”。具体而言，常见的葡萄酒与食物的搭配如下。

（1）白葡萄酒

干白：干白酒口感清爽，酸度高，常用来当餐前酒，或搭配前菜中的生蚝等壳类海鲜。主菜中以清淡的鱼类或水煮海鲜最对味。

甘甜浓厚型干白：此类干白酒口感甘而不甜，圆润丰厚，酒香浓郁多变。最适合搭配口味甘美的龙虾、鲜贝类和螯虾，要避免搭配清淡的鱼类菜肴。

果香浓郁型干白：这种干白酒以香味独特而著称，如热带水果味、玫瑰香味、杏桃味等，口感偏圆润，酸度较低。适合搭配口味较奇特的菜肴，或是搭配水果入菜的新式菜肴。

半甜型干白酒：这种干白酒不适合搭配欧洲食物，反而适合搭配比较辛辣或常带甜味的亚洲食物。如酸度高、甜度低的甜点，或是辣味、咖喱、沙茶等食物。

（2）红葡萄酒

玫瑰红酒：大部分的玫瑰红酒都属于清淡型，最适合搭配夏季清淡的食物，如生菜沙拉、凉菜类和白肉。

清淡型红酒：这是一种颜色浅、新鲜果香重的红酒。适合搭配简单的食物，如肝和肉酱做成的冷肉冻、肉肠等。

高单宁型红酒：这是目前全球最受瞩目的红酒。此酒刚健而细腻，需要配上精致调理的红肉菜肴或是配上香浓酱汁、口味强烈的野味。

圆润丰厚型红酒：此酒口感肥腴丰厚，最适合搭配炖煮的肉类。

7.4.2　酒水的饮用

在正式场合，要掌握优雅而正确的饮酒礼仪。

1.斟酒

通常，酒水应当在饮用前再斟入杯中，有时为表示对来宾的敬重、友好，主人会亲自为其斟酒。如果是侍者斟酒，不要忘记道谢，但不必端起酒杯。若是男主人亲自来斟酒时，则必须端起酒杯致谢，必要时还须起身站立或欠身微笑点头示意为礼。

主人为来宾所斟的酒，应是本次宴会上最好的酒，最好现场启封。斟酒时要注意3点。

(1)要一视同仁。斟酒时要面面俱到、无一遗漏，切勿有挑有拣，厚此薄彼，只为个别人斟酒。

(2)要注意顺序。可以依顺时针方向，从自己所坐之处开始；也可以先为尊长、嘉宾斟酒。

(3)斟酒需要适量。白酒与啤酒均可以斟满杯，而其他洋酒则无此讲究。

在正式宴会上，除主人与侍者外，其他宾客一般不宜自行为他人斟酒。

2.敬酒

敬酒，亦称祝酒。指的是在正式宴会上，由男主人向来宾提议，为了某事由而饮酒。在敬酒时，通常要讲一些祝愿、祝福之言。在正式的宴会上，主人与主宾还会郑重其事、字斟句酌地发表专门的祝酒词。因此，敬酒是酒宴上必不可少的一项程序。

敬酒可以随时在饮酒的过程中进行。频频举杯祝酒，会使现场氛围热烈而欢快。不过，若是致正式的祝酒词，则应在特定的时间进行，并以不影响来宾用餐为准。

通常，致祝酒词最适合在宾主入席后、用餐前开始。有时，也可以在吃过主菜后、甜品上桌前进行。不论是致正式的祝酒词，还是在普通情况下祝酒，内容均应愈短愈好，千万不要滔滔不绝，喋喋不休，让他人等候良久，“望美食不能吃而兴叹”。

在他人敬酒或致辞时，其他在场者应一律停止用餐、饮酒和说话。应坐在自己座位上，面向对方认真专注地倾听。对对方的所作所为，切不可小声议论、讥讽或公开表示反感等。

3. 干杯

干杯，通常指的是在饮酒时，特别是在祝酒、敬酒时，以某种方式劝说他人饮酒，或是建议对方与自己同时饮酒。在干杯时，往往要喝干杯中之酒，故称干杯。有的时候，干杯者相互之间还要碰一下酒杯，所以它又叫作碰杯。

干杯，需要有人率先提议。提议干杯者，可以是致祝酒词的主人、主宾，也可以是其他任何在场饮酒之人。提议干杯时，应起身站立，右手端起酒杯，或者用右手拿起酒杯后，再以左手托扶杯底，面含笑意，目视自己祝酒的对象，说出祝颂之词。如祝对方身体健康、生活幸福、节日快乐、工作顺利、事业有成以及双方合作成功等。

在主人或他人提议干杯后，应当手持酒杯起身站立。即便滴酒不沾，也要拿起酒杯装装样子配合提议。在干杯时，应手举酒杯至双眼的高度，口道“干杯”之后，将酒一饮而尽或饮去一半，也可以只饮适当的量。然后，还须手持酒杯与提议干杯者对视一下，这一干杯过程方告圆满结束。

过去，在中餐里喝白酒时，干杯必须一饮而尽，杯内不剩残酒，现在则不必如此。在西餐里，祝酒干杯讲究只用香槟酒，而绝不可以用啤酒或其他葡萄酒替代。饮香槟酒时，应饮去杯中之酒的一半为宜，当然也要量力而行。

在中餐里，主人亲自向自己敬酒干杯后，应当回敬主人，与他再干一杯。回敬时，应右手持杯，左手托底，与对方一同将酒饮下。

有时，在干杯前，可象征性地与对方碰一下酒杯。碰杯时不要用力过猛，出于敬重之意，自己的酒杯杯沿(口)比对方低一些。与对方相距较远时，可以“过桥”之法作为变通，即以手中酒杯之底轻碰桌面。这样做，也相当于与对方碰杯了。不过，这一方式只是中式的。在西餐宴会上，人们是只祝酒不劝酒，只敬酒而不真正碰杯。特别是使用玻璃酒杯时，尤其不能彼此碰杯。在西式宴会上，越过身边之人与相距较远者祝酒干杯，尤其是交叉干杯，也是不允许的。

当然，无论在何种场合饮酒，都要量力而行，做到适度饮酒，保持风度。

7.4.3 饮茶的礼仪

中国是种茶、制茶、饮茶最早的国家，历史悠久，是名副其实茶的故乡。茶与咖啡、可可被称为世界三大饮料。在我国，茶被誉为“国饮”，根据加工、制作方法的不同，茶叶可分为绿茶、红茶、乌龙茶、花茶、砖茶、袋茶等几个品种。在接待来访的客人时，沏茶、上茶、品茶已经成为一项必不可少的待客礼节。

因生活环境和习惯不同，饮茶喜好各异，我国南方人爱喝绿茶，北方人爱喝花茶，东南沿海一带的人爱喝乌龙茶，欧美人爱喝红茶，特别是袋装红茶。因此，在以茶待客时，应因人而异，投其所好。

1.茶具的选择

饮茶是一种文化，形成了独具中国特色的茶礼，对茶具当然讲究颇多。日常以茶待客虽不必拘泥程式严格的茶礼，但是也要注意基本的饮茶礼仪。在选择茶具时，既要干净、卫生、实用，又要美观、大方、悦目。喝茶时，因所选茶叶不同，所用茶具的品种也不同。一般情况下，喝茶都少不了储茶用具、泡茶用具、喝茶用具等。

储茶用具的基本要求是防潮、避光、隔热、无味。如果要存放好的茶叶，最好用特制的茶叶罐，如铝罐、锡罐、竹罐，尽量不用玻璃罐、塑料罐，更不要长时间以纸张包装、存放茶叶。

泡茶用具最常见的是茶壶，多是紫砂陶或陶瓷制成的。

喝茶用具主要是茶杯、茶碗。用茶杯喝茶最常见，使用茶碗喝茶，多出现在古色古香的茶馆里。

为激发茶汤纯正味道的发挥，茶杯应该选用紫砂陶茶杯或陶瓷茶杯。如果是为了观赏茶叶的形状和茶汤的清澈，也可以选用玻璃茶杯，但是最好别用搪瓷茶杯。

如果喝茶时同时使用茶壶，最好茶杯、茶壶要配套，观之既美观也和谐，尽量不要东拼西凑。若同时使用多个茶杯，也应注意成套使用。不要选用破损、残缺、有裂纹、有茶锈或污垢的茶杯待客。

2.敬茶的程序

(1)冲泡得法　不要当着客人的面取茶冲泡，即使当着客人的面取茶，也不可以直接下手抓茶叶，而要用茶匙或洁净的勺子取用，或是直接从茶罐将茶叶倒进茶壶或茶杯里。

(2)主随客便　俗语说“众口难调”，饮茶也是如此。所以在上茶之前，主人应先征询客人的意见，不要自以为是，强人所难。从医学角度来讲，喝茶不要太浓，如果客人有特别要求的可例外。以茶待客讲究要上热茶，而且是七分满，即“浅茶满酒”，上茶时还有“茶满欺人”的说法。

(3)奉茶之人　以茶待客时，由谁为来宾奉茶，涉及对来宾重视的程度。在家里待客，通常由家里的晚辈或是家庭服务员为客人上茶。接待重要的客人时，最好是女主人，甚至主人亲自奉茶。在工作单位待客时，一般应由秘书、接待人员为来客上茶。接待重要的客人时，应该由本单位在场的职位最高的人亲自奉茶。

(4)敬茶有序　如果客人多，可以遵循先客后主、先主宾后次宾、先女后男、先长辈后晚辈的顺序敬茶；或者可以以进入客厅为起点，按顺时针方向依次上茶；也可以按客人的先来后到的顺序；还有一种简便的办法，就是把所有的茶都备好后，让客人自己取拿。

(5)品茶有度　忌边喝茶边说话，礼貌的做法是小口品喝，忌一饮而尽，如《红楼梦》中所言：一杯为品，二杯为解渴，三杯便是牛骡饮。也不要连茶叶一并吞进嘴里。如果不小心把茶叶喝进嘴里，也不要吐出来或是用手直接从嘴里拿出来，而是吃掉，或是以手或纸巾掩嘴吐掉。

(6)续茶殷勤　主人以茶待客时，要为客人勤斟茶，勤续水，这种做法的寓意是："慢慢喝，慢慢叙。"但在用茶招待老年人或海外华人的时候，就不要再三斟茶。因为以前以茶待客有"上茶不过三杯"的说法。第一杯叫敬客茶，第二杯叫续水茶，第三杯则叫送客茶。在为客人续水斟茶时，不要妨碍到对方。应一手执杯，使茶杯远离客人身体、座位、桌子，以另一只手续水，最好不在客人面前续水。

7.4.4　饮咖啡的礼仪

咖啡是国际社交场合中诸多饮料中的主角，在聚会中时常都能见到它的身影，目前咖啡已成为国人所喜爱的一种时尚饮品。饮用咖啡除了提神、醒脑之外，更重要的是在人际交往中，借此促进人与人之间的交流，饮咖啡在一定程度上是一种高雅时尚的礼仪性社交活动。因此，要掌握饮咖啡的礼仪要求。

1.喝咖啡的时间

喝咖啡的时间不外乎四种时间和场合。①自己饮用。原则上不受时间限制，只是不要过量，以免刺激神经，影响休息乃至影响工作。②家中待客。家中以咖啡待客，或借此交友交谈，或纯粹视其为饮料，一般不宜下午四点以后饮用，因为多数人不习惯在此时间之后喝咖啡。③外出会客。邀约客人在咖啡厅喝咖啡，一般不安排在上午。最佳时间是周末或午后。④宴会待客。西式宴请中咖啡是"尾声"。西式宴请通常在晚上，那么宴会之咖啡也是在晚上喝。当然，为照顾个人习惯和爱好，在宴会上还会备有红茶，由来宾选用。

2.喝咖啡的地点

喝咖啡的地点选择与喝咖啡的礼仪要求相关，常见的喝咖啡的地点有：客厅、写字间、花园、餐厅、咖啡厅、露天咖啡座等。

(1)客厅 在客厅喝咖啡主要适用于招待客人。当然家人饮用咖啡也可以选择此处。

(2)写字间 在写字间喝咖啡，主要是工作间歇自己享用，目的是提神、休息、补充能量。

(3)花园 在自家花园品喝咖啡既适用于招待客人，也适用于家人休闲。西方有一种专供女士社交的咖啡会，就是在主人家的花园或庭院中举行。它不排位次，时间不长，重在交流与沟通。

(4)餐厅 在西方，咖啡是正餐中最后上的一道“菜点”，在餐厅用餐时，人们往往会选用咖啡佐餐助兴。

(5)咖啡厅 又称咖啡屋、咖啡室，是一种装饰精致、气氛温馨的饮食服务点，除供应咖啡外，还可提供其他餐饮。此处喝咖啡，常常有鲜花、音乐、烛光相伴。

(6)露天咖啡座 是一种设在室外的露天“咖啡厅”，多设于街道两侧，仅为客人提供桌椅与遮阳伞，适合于独处休息或会朋友，气氛比较自由，没有过多的约束。

3.喝咖啡的方法

1)饮量要少

与饮茶一样，在正式场合饮咖啡，多是“醉翁之意不在酒，而在乎山水之间”。一般情况下，饮咖啡一杯足矣，至多不应超过三杯。

2)入口要小

饮咖啡时，不宜扬脖痛饮，一饮而尽，也不要大口吞咽，更不能喝得响声大作，而应该小口啜饮，细品慢咽，举止优雅。

3)自加配料

在添加咖啡配料时，要“个人顾个人”，不要为他人添加配料。自己添加时动作要自然大方，温文尔雅。添加方糖时，应用糖夹子夹取方糖后，使其沿咖啡杯内壁滑落杯内，不要用自己所用的咖啡匙去取，更不要直接下手去抓。

4)持杯礼仪

持握咖啡杯的正确方法是：以右手拇指和食指握住杯耳，再轻轻端起杯子送至嘴边，不可以手指穿过杯环再握住杯身。在正式场合，咖啡都是放入杯子，然后置入碟子之上一起端上桌。咖啡碟的作用，主要是用来放置咖啡匙，并接住可能溢出杯子的咖啡，洒落在碟子上面的咖啡要用纸巾吸干。

如果坐在桌子附近喝咖啡，通常只需端杯子，而不必端碟子。如果离桌子比较远，或站立、走动时喝咖啡，则应该以左手将杯、碟一起端至齐胸高度，再以右手持杯而饮，这种方法既迷人，又安全。

5）咖啡匙的使用

在正式场合，咖啡匙的作用主要是加入牛奶或奶油后，用来轻轻搅动，使牛奶或奶油与咖啡相互融合。加入方糖后，可用咖啡匙略加搅拌，以促其迅速溶化。如果咖啡太烫，也可以用咖啡匙稍作搅动。咖啡匙的使用，要特别注意两条禁忌。一是不要用咖啡匙舀咖啡喝。二是不用的时候，应平放在咖啡碟里，不要立在咖啡杯里。

6）取食甜点

饮用咖啡时，为了不伤及胃肠，主人常常会同时准备一些糕点、果仁、水果之类的小食品招待客人。客人在需要用甜点时，首先要放下咖啡杯。在喝咖啡时，手中不要同时拿着甜点品尝，更不能双手左右开弓，边吃边喝。吃甜点时，要抿嘴细嚼慢咽，不能大声咀嚼，显得粗鲁无礼。

7）礼貌交谈

在饮用咖啡时，要适时地与交往对象进行交谈。交谈时，要细声细语，不可大声喧哗，乱开玩笑，应该含蓄有度，礼让谦恭。不要在别人喝咖啡时，向对方突然提出问题，以免对方措手不及，无法兼顾，仓促回应。自己喝过咖啡要讲话以前，最好先用纸巾将嘴角擦拭干净。

本章小结

本章重点介绍了餐饮礼仪中的宴请礼仪、中餐礼仪、西餐礼仪及酒水饮用礼仪。从宴请的形式、到组织宴请及参加宴请的准备；从中西餐宴请的席位排列到中西餐餐具的使用与进餐礼仪；从酒水的种类到酒水与菜肴的搭配；从饮茶到喝咖啡等都做了详细的梳理，指出宴请礼仪中的“有所为”与“有所不为”。通过本章学习，学生能够掌握基本的中、西餐的宴请礼仪，拥有优雅的就餐举止和“好的吃相”，为自己的社交形象加分。

思考与练习

1. 常见的宴请形式有哪几种？
2. 什么是宴请活动中的“6M 原则”？

3. 中餐使用筷子有哪些礼仪要求？
4、西餐使用刀叉有哪些礼仪要求？
5. 宴会的桌次与座位排列应遵守的基本原则是什么？
6. 应邀赴宴应遵守哪些礼节？
7. 敬酒需要注意哪些礼仪？
8. 敬茶与饮茶时需要注意哪些礼仪？
9. 喝咖啡时需要注意哪些礼仪？

案例分析

案例：为何一顿饭抵消了宋先生的突出业绩？

宋先生因业绩突出、名列公司榜首而应邀参加公司张总经理的庆贺晚宴，席间邀请的还有其他四位业绩突出的同事，其中有两位女同事，两位男同事，一位男同事是曾经指点帮助过宋先生的年龄较大的老刘。安排席位时，宋先生觉得自己业绩排名第一，所以也未谦让，当仁不让坐在主宾位置。就餐过程中，张总尚未敬酒，宋先生就一马当先敬张总经理，然后又敬了两位女同事。因为高兴，加上美酒助兴，宋先生开始宽衣解带，挥动筷子，边吃边说，不小心筷子掉在邻座女同事的裤子上，宋先生连忙道歉，一边拿起纸巾帮着擦拭裤子，一边捡起来筷子继续给张总和老刘布菜。酒足饭饱之后，宋先生意犹未尽，还是滔滔不绝大谈自己的业绩，令宴请一直持续到晚上十点半方告结束。

请问：

1. 宋先生本次赴宴有哪些不当之处？
2. 结合本案例，谈谈在中式宴请中，主人、主宾应该注意哪些礼仪？

第8章

职 业 礼 仪

职业礼仪是指与所从事的职业相联系的角色和场合应该遵守的礼仪规范。对每一个职业人士而言，懂得相应的职业礼仪知识，根据不同的场合、对象，应用不同的礼仪知识和沟通技巧，不仅能够展现个人的礼仪修养、道德品质和专业素养，塑造良好的职业形象，还可以维护组织形象。

面对激烈的职场竞争，个人扎实的专业知识和职业技能是竞争的主要资本，而良好的职业礼仪素养则会使个人在职场中如鱼得水、游刃有余，取得良好的人际评价和工作业绩。

职业礼仪除了包括由职业道德修养、职场着装、待人接物、言谈举止等方面构成的职业礼仪之外，还包括求职面试礼仪、办公室礼仪和职场人际交往礼仪等。本章着重讲解求职面试、办公场所工作、与同事交往、与上下级交往等方面应遵守的职业礼仪。

8.1 求职面试礼仪

找到一份满意的工作是每个人职业生涯的开始，在每一次求职应聘过程中，都要经历面试这一关。面试，是用人单位与求职者双向沟通的一个环节，是通过相互交流促进了解，进而达成雇佣意向的过程。在此过程中，除了考察个人专业知识和技术能力之外，还要考察仪表形象、仪态风度、言谈举止、心理素质等方面。如此一来，求职面试礼仪的作用就不只是应有的礼貌和对他人的尊重，而且也是职场竞争资本的重要组成部分和用人单位考察求职者综合素质的重要方面。每一次面试，都是一场博弈，都需要精心准备。

8.1.1　求职面试前的准备

众所周知,“工欲善其事,必先利其器”,求职面试亦如此。没有准备或准备不足的面试,成功率一般都不会很高。同时,做好求职面试前的准备工作也体现着对面试官的一种尊重。礼仪最核心的内涵就是对他人的尊重。因此,做好充足的准备,对求职者来说,是极其必要的工作。30分钟的面试,做30小时或300小时的准备都不为过。求职的准备工作主要包括认识准备、资料准备、仪表形象准备、心理准备等四个方面。

1.认识准备

认识准备指的是通过多种途径提前对用人单位、用人条件、工资待遇、面试方式等方面的信息进行全面了解和掌握。正所谓知己知彼,百战不殆。

1)了解用人单位

面对不同行业的用人单位,需要了解的情况也会有所不同。但总的来说,单位的性质、资质、规模、所在行业、业务范围、生产经营的产品、工作环境、组织文化、经济效益、社会效益、新闻动态等方面,是求职者必须要了解的信息。这些信息是求职者考虑是否应聘的基本依据,同时也有利于面试应答时做到心中有数,有的放矢。

2)了解应聘职位

一般情况下,应聘职位信息包括专业、学历、年龄等限制条件;工资、奖金、补贴、住房、社保、假期、培训机会等待遇信息;还包括对求职者个性品质的特殊要求,如“能在压力下工作”“能适应经常出差的工作”等。求职者除了了解关系到个人收入和未来生活质量的重要信息之外,还要深刻理解应聘职位对求职者的个性化要求。了解以上信息有两个方面的意义:①面试时可以着重展现与职位要求相符的特长、优势和个性;②在充分了解自己将要从事的工作职位后,才能确定自己是否真的适合该职位。求职者千万不要以碰运气的态度对待面试。

3)了解面试方式

当前,求职面试采用的形式和方法多种多样,其中,最常见的有五种类型:①结构化面试,即根据特定职位的职责要求,遵循固定的程序,采用专门的题库、评价标准和评价方法,通过考官小组与应试者面对面的言语交流等方式,评价应考者是否符合招聘岗位要求的人才测评方法。当前我国的政府机关和事业单位的人才招聘多数都采用此种面试。②半结构化面试,即在结构化面试的基础上,主考官向应试者提出一些随机性的问题。③无领导小组面试，即采用情景模拟的方式对应试者进行集体面试，让多个应试者组成一个不指定负责人的临时工作小组，面试官可以通过应试者在给定情景下的紧急事件的处置以及与他人合作的状况，判断其是否符合岗位需要。④情景面试，即面试官在给定的情景当中，观察应试者的反应，从而判断其能力的面试方法。⑤问卷面试，即运用问卷形式，将所要考察的问题列出来，由主考官根据应试者在面试中的行为表现进行评定，并使其量化。此种面试在企业招聘中常用。除了上述常见的面试类型之外，还有如电话面试、案例面试、压力面试等类型。求职者需要提前了解所要应聘的职位近几年常用的面试方式，做到心中有数。

2.资料准备

面试前的资料准备，集中体现在求职信的书写、个人简历的制作以及各类证书、相关证明、学习成绩单的准备等三个方面。

1)求职信的书写

求职信也可称作自荐信或自荐书，是求职者向用人单位介绍自己、推销自己，并谋求某具体职业岗位(或职业范围)的具有祈使性的专用书信。

(1)求职信的构成　求职信由标题、称谓、正文、结尾、署名、日期、附件等构成。正文内容大体包括个人情况简介、获得招聘信息的渠道来源、所应聘的职位、能够胜任该职位的有利条件以及期待面谈的愿望等。

(2)书写求职信的注意事项　求职信是沟通求职者与用人单位之间的桥梁，同时还能起到毛遂自荐的作用。高水平的求职信可以拉近求职者与用人单位之间的距离，从而提高获得面试机会的概率，因此需要用心书写。具体而言，注意以下三点：①真情实意。求职信是求职者向用人单位介绍自己情况以求录用的信函，其目的非常明确。书写求职信时，围绕求职主题，字里行间要表达自己的真情实意。所谓真情，就是介绍个人情况时，绝不可言过其实。只有实事求是地进行自我推荐，才能取信于人。所谓实意，则是要坦诚的、充分地向对方表达自己希望应聘这一份工作的迫切心情。②谦恭有礼。在书写态度上，勿忘自谦与敬人。需要用敬语、尊称的环节，不能忽略。必要的礼貌用语也不可缺少。但同时也要知道，仅靠堆砌过多的敬语和礼貌用语，也不能切实达到这一目的。③言简意赅。求职信是实用性很强的一种应用文体，其目的就是求职。因此内容应紧紧围绕求职这一中心主题，切忌表达模糊、跑题或面面俱到。求职信重点应放在自我介绍和自我推荐上。与此无关的话题越少越好。为了便于招聘部门的阅读，在一般情况下，求职信应简明扼要，控制在一页篇幅以内，字数在 500～800 字即可。在文字表达上注意简洁流畅和准确严谨，句子尽量简短一些。名词术语应写全称或书面语，避免写简称或通俗的表达。例如，“农大”这一名词术语表达就不准确，应写成“中国农业大学”“内蒙古农业大学”这样的全称。文笔是个人文字表达能力的集中体现，求职信的书写水平，非常直观地体现了求职者的文字表达功力。

2)个人简历的制作

一份完整的个人简历是书面的全面自我介绍，是求职者的第一张名片和第一份正式的宣传单，也是用人单位了解求职者的第一个窗口。在当今供大于求的就业市场形势下，用人单位往往会收到大于所招录人数几倍、几十倍甚至是几百倍的个人简历。求职者也会向多个单位投放个人简历。曾经有人力资源(human resource，HR)顾问说道：“每天看那么多的简历，有一些简历我只看一眼，便马上放弃考虑，他就失去了得到这个工作岗位的任何机会。”实际招聘中，很多HR都是如此。那些内容不完整、表述过于简略或过于烦琐、出现明显错误、标题混乱的个人简历常常被拒看。因此，需要提前了解制作个人简历的规范与技巧，准备好一份完整规范的个人简历，以便在求职路上有一个良好的开端。求职者可根据自己的求职目标、招聘单位的要求以及自己的专业技能和职业经验等不同情况，制作一份既符合规范性要求又突出自己特点的个人简历，从而引起用人单位HR的关注。

(1)个人简历的基本内容　一般情况下，个人求职简历由基本信息、受教育背景、工作经历、荣誉与成就、自我评价、求职意向等模块的内容构成。基本信息包括姓名、性别、出生年月、民族、政治面貌、学历层次、所学专业、毕业院校、专业特长、兴趣爱好、外语水平、身高体重、健康状况、婚姻状况、籍贯、家庭住址、联系方式以及近期彩色免冠照片等；其中，受教育背景，幼儿园及小学经历不必写，一般从高中开始写到最高学历的获得历程；工作经历可以包括课外社会实践、勤工俭学、专业实习等经历；荣誉与成就要选择级别较高、影响较大、获得概率较小的奖项列举；自我评价应是全面、客观、诚恳的评价，同时，注意突出能够胜任应聘职位的优势；求职意向要具有针对性，表达具体而明确。

(2)制作个人简历注意事项

①内容真实有效。诚实是每个人做人做事的重要原则，个人简历的制作首先应注意内容的真实性和有效性。介绍受教育背景、工作经历、学位学历等内容时要格外注意这一点。学历方面的不诚实行为，不仅涉及个人品质，还会涉及遵纪守法的问题。学历造假是用人单位最不能原谅的行为之一。专业背景和社会实践经历也不要无中生有，生搬硬套。如被拆穿结果将会非常尴尬。就我国当前的情况而言，由于办学单位的名称及资质较为复杂，因此招聘单位对此类问题非常重视。

②措辞严谨规范。个人简历属于应用文体,其措辞表达有规范性要求。行文要以客观严谨的态度,用具体的事实以及准确的文字,使阅读者不仅了解每句话的字面含义,而且还能悟出言外之意,进而了解求职者所取得的成就及获得成就的能力与专长。行文注意避免使用抽象、空洞的语句,排除那些带有强烈感情色彩的修饰语和带有个人看法的字眼。用具体明确的细节表述实情。例如,罗列获得的奖项时,用数字明确说明获得此项奖项的概率等。在行文上还要注意不要用第三人称,也不要用第一人称,最好省略主语,以避免自夸之嫌,使措辞显得客观、适度。

③求职主题突出。往届毕业生求职者在撰写个人简历时,要重点表达与所申请职位相关的工作经验与职业技能。工作经验和职业技能是用人单位极为关注的内容之一,应是个人简历中的精华部分,要写得具体、明确,让人一目了然。工作经验和职业技能可以更直接考察一个人的工作能力以及对职位的适应性。职业技能和工作经历这一模块的清晰表达,对求职者来说,很有可能成为打开用人单位给予面谈机会的敲门砖。对于应届毕业生,由于工作经验较少,简历的重点需要放在专业课程、学习成绩、社会实践和实习经历上。注意所有课外实践活动都可以包括在实践经验当中。另外,求职简历不要重点阐述自己的兴趣爱好,即“喜欢做什么”,而应从用人单位需求的角度出发,重点表达“能做什么”。

④格式篇幅适宜。求职者根据自身情况,选择最能体现自身优势,最容易突出自己各方面任职条件的简历格式。制作简历时,需要精心筛选和编排相关素材。要字斟句酌,惜墨如金,使整个简历的篇幅精简,浓缩。尽量填写与自己的求职目标和对方要求相关的内容,并且去粗取精,达到层次分明,一目了然。个人简历篇幅最好不要超过两页,且字迹清晰,易于阅读,注意图案底色和文字都不要过于花哨,内容和版式不要标新立异。若在网上求职,个人简历更应简练,一般一页内容即可。尽量简洁化、数据化,用事实和数字说话。如果没有特殊需要,不要用附件发送个人简历,因为求职简历多得使招聘负责人可能没有时间和耐心待附件慢慢打开。有的用人单位甚至出于系统安全的考虑将会屏蔽掉附件。

⑤编排打印整洁。这一点与个人简历内容的编写同样重要。如同一个人需要必要的妆容、着装一样,写好的简历需要进行必要的加工和包装,需要精心设计排版,从而达到美观整齐的效果。个人简历通篇保持整洁,不能有涂改痕迹,不要有污迹,也不能出现任何的文字错误。

3)证件的准备

各类证书、相关证明、学习成绩单的准备,在此统称为证件的准备。需要准备的证书包括毕业证书、学位证书、外语水平等级证书、计算机水平等级证书、普通话水平等级证书、科研课题结项证书、个人荣誉证书、专利证书以及其他较为重要的资格证书等。如果参加过社会实践活动、老师的科研课题，需要提前开具相关证明。大学期间的学习成绩单一般可以联系学院教学办公室打印并盖好公章。以上材料的准备不必追求华丽的装裱，应注重材料的完整性和真实性。在求职个人简历当中，可以以附件的形式附上以上材料的复印件。准备好的自荐信、个人简历和证书等所有材料最好放在一个公文包里。准备一个井然有序的公文包会使求职者看上去更具专业性，让人觉得办事得体有方，值得信赖。

3.仪表形象准备

在任何时候、任何场合，个人仪表形象的重要性都不言而喻。如曹操所言"君子整其衣冠，尊其瞻视，何必蓬头垢面然后为贤?"面试时，精心打造的仪表形象会给面试官留下深刻的第一印象。因此，面试前的仪表修饰和形象打造十分重要。在面试前，根据个人容貌、身材的具体情况和应聘的职位、角色要求，选择得体美观的发型、妆容、服装和配饰，进行仪表形象设计是非常有必要且有直接效果的准备工作。

1)发型

发型被称为"人的第二面孔"。在面试前进行发型的修剪时，要结合求职岗位的形象要求，求职者可以考虑更为整洁、庄重、精干、大方的职业化发型。对女性而言，太长的头发是非职业化的信息，因此干净利落的马尾辫、优雅精致的盘发以及齐耳干练的短发等为职场首选发型。切忌过分前卫、摩登，或是刻意地追求怪异、新奇的发型。这与追求团队精神的职场不协调。在头发颜色的选择上，保持自然色为首选。如跟随流行欲染发，则选择与头发自然色接近的颜色，注意避免过于另类的颜色。男性在头发的修剪上，首先要做到长度适宜。其次，避免过于个性化的发型。最后，勤于梳洗，保证干净整洁，无异物、无异味。

2)面容

对先天的面容进行精心的修饰，可以达到扬长避短的效果，尤其是在准备求职面试这样的关键时刻。在平时的良好个人卫生习惯基础上，女性应学会化妆的技巧，养成每天化妆的习惯。在有些职场，有女性不可素面朝天的要求。但必须是以淡妆上岗，不可化浓妆。对化妆的作用绝不可小视。掌握好化妆技巧，会给人带来事半功倍的效果。而且，适当的化妆是一种礼貌和自信的体现。男性在面容的修饰上，除了准备应聘的是艺术、表演、娱乐相关的较为特殊的职位之外，一般需要剃掉胡须。

3)服装

面试属于正式场合，一般要着正装。当然，也不仅限于正装。参加面试准备的服装不一定都是西装、套裙，也不需要名牌服装。针对不同背景的用人单位，可以选择不同风格的服装。但总体上应遵循整洁、庄重、精致，及与即将步入职场或已是职场人士的身份相符合的原则，力求职业化。衣服的款式以简单大方为原则，避免太多花边和蕾丝设计。色彩方面，遵循三色原则。应届毕业生要从学生装、休闲装、时尚装逐渐过渡到较为庄重的职业化风格的服装。不能依然是运动装、牛仔装、乞丐装等过于休闲化、个性化和随意化的服装。有工作经验的求职者，最好准备两至三套精致得体的职业装。

4）饰物

参加面试时，男士带上公文包会给人非常专业的印象。公文包不需要多贵重，只要看上去精致大方，大小适中，可以平整地放下 A4 纸大小的文件即可。女士参加面试准备的手提包要避免过于花哨或稚气。适合选择简洁、精致、实用的单肩包。

无论对男性还是女性，手表都是一件具有实用功能的饰物。参加面试非常适合佩戴手表。如果之前不戴手表的话，可以购买一款与自己服装风格相搭配的手表。

根据职业化着装特点，女性可以准备简洁、精致、小巧风格的耳饰、项链等首饰。

概括而言，面试前的整体仪表形象设计，遵循干什么要像什么的原则。有些岗位要求庄重、严肃、大方；有的岗位要求相对活泼、富有朝气；有的岗位则要求严谨、朴实无华。例如报考公务员中的政法干警，政府部门的人事、纪检、监察等岗位，参加面试时的着装需要保守庄重，一般西装为首选；如报考宣传、广告、共青团岗位，考生的着装打扮可以活泼些，不必太正式；如报考民政、村官的考生，就要穿着朴素，尽量不佩戴首饰。

4.心理准备

做任何事情，心理状态都是不可忽视的重要影响因素。作为求职者，需要提前进行心态的调整，做好充分的心理准备，力求以自然、自信、从容、淡定和积极的心态，面对每一次的求职面试。求职者只有具备了良好的心态，才能在面试中精神饱满、充满自信，讲话语意肯定、语气恳切，得心应手，从而为面试的成功打下良好的基础。

面试前难免会出现紧张、焦虑或不够自信的情况，因此调整好心态，做好心理准备至关重要。面试前的心理准备工作主要体现在以下 4 个方面。

1)克服紧张心理

心理压力过大或者过度不在意，都不能使面试达到最好的效果。求职者在充分认识到面试的重要性的同时，也不要把面试看得太难、太重，否则会过度紧张或焦虑，不利于正常水平的发挥。面试前的紧张心理是普遍现象，尤其是初涉职场，面试经验不够丰富的应届毕业生，往往会非常紧张。可以用多种解压方法克服紧张心理，让自己放松下来，保持冷静的头脑，做到客观准确地认识自我，以平常心来对待面试。

求职者在参加面试前，对自身的学识、能力、品德等有一个综合性的评价和准确的认识。想清楚“自己想干什么”“自己能干什么”，找准位置和方向，做好合理的职业生涯规划，避免对工作过于理想化和抱有过高的期望值。对于应届毕业生来说，想象中的面试和实际中的面试也会有较大差距。需要查阅资料，多了解面试相关事宜，保持冷静的头脑和清醒的认识，才能从容淡定地迎接面试。

2)树立自信心

面对激烈的职位竞争，求职者在准确定位自己的基础上，勇于接受挑战，主动出击，争取在面试中做到充满自信。事实上，每个人都有巨大的潜能，每个人都有自己独特的个性和长处，每个人都可以选择自己喜欢的工作，并通过不懈的努力争取属于自己的成功。

3)进入角色

在面试时，面试官希望求职者在心理上能够迅速进入角色，从容、冷静地回答每一个问题。因此，求职者要提前做好思想准备，并练习以应聘职位的角色，回答面试环节中可能会遇到的提问。回答问题的时候不要说“应该怎么做”，而要说“我要怎么做”。因为“应该怎么做”的回答会让面试官觉得这是求职者的推测，但能否做到，并没有把握。如果进入角色思考，应该直接回答“我会如何做”“我的处理方式是什么”。做到这些，离不开在心理上提前进入职位角色。

4)输得起的心态

求职者在对当今社会激烈的人才竞争有充分了解，及对自身能力、素质进行较为客观认识的基础上，具备不怕失败、不怕挫折、输得起的心态，可以做到轻松、淡定应对面试。有了这种输得起的心态，就会从容应对。功夫不负有心人，最终会找到称心如意的工作职位。

除了以上的心理准备之外，求职者还要做好应对突袭面试的心理准备。例如现在流行的电话面试，不能等到电话响了，才发现自己原来什么都没准备好。当前，一些公司的前台、销售等人员的初次筛选，都比较青睐突袭式的电话面试，认为这样能够更好地了解到求职者的真实情况。如果没有提前做好心理准备,显然不能很好地应对袭击式面试。

8.1.2 求职面试过程中的礼仪规范

求职面谈或参加面试是求职过程中的一个重要环节,其实质是用人单位通过面对面交谈的形式,考察核实个人简历或求职信中的内容,询问简历中没有提及但用人单位关注的问题。同时,面试也为应聘者提供了一个考察用人单位的机会,体现双向选择的过程。当前,大部分的面试都是在第一轮的考核选拔基础上进行,所以能够进入面试环节的求职者,已经基本符合招聘单位的用人条件。再通过面试,对求职者的仪表形象、言语表达、行为举止、专业知识等方面进行面对面的考察。求职者在充分做好面试准备工作的基础上,在实际面试过程中,还要特别注意遵守一定的礼仪规范,这将会给自己的面试加分。

1) 遵时守信

具备时间观念是现代社会对每个人的要求,守时也是职业道德的一个基本要求。参加面试时,提前10～15分钟到达为好,可以熟悉周围环境,稳定情绪,调整好自身状态,等待面试的开始。求职者千万不要迟到,轻则影响留给面试官的第一印象,会被认为缺乏自我管理能力和时间管理能力;重则直接影响参加面试的资格。在统一进行的公务员面试中明确规定,迟到15分钟将被取消面试资格。为了保证面试不迟到,求职者最好在参加面试的前一天,提前探路,掌握好交通线路以及所需时间。这样可以有效避免意外情况的发生,从而保证不迟到并尽可能提前到达。

2)莫先伸手

面试属于求职者与面试官相见的环节。在相见过程中,求职者都会懂得入室敲门、相逢微笑、打招呼问好、请才入座等常见的礼仪常识。但是,作为相见礼仪当中的一个重要内容——握手,求职者往往在紧张慌乱中较容易出错。根据握手要遵循“尊者为先”的原则,求职者不宜先伸手与面试官握手。应当等面试官先伸手与自己握手。如果面试官没有握手之意,握手礼则可省略。

3)仪态举止稳重大方

与他人交往中,我们可以通过一个人的仪态举止来初步判断其品格、学识、能力以及其他方面的修养程度。仪态举止的美是一种综合的美,是身心和谐的美。在面试当中,求职者的一举一动都会成为考察其综合素质的依据。求职者应以稳重、优雅、自然、大方的仪态举止来赢得面试官对自己的肯定。在仪态上，要做到目光真诚、表情自然、风度翩翩。在举止上，要沉着冷静，落落大方，不急不躁，不卑不亢。千万不要瞻前顾后、东张西望、畏畏缩缩、胆战心惊、手忙脚乱。在回答问题的时候，注意自己与面试官之间的目光交流，尤其是在得到了面试官点头、微笑等体态语言的肯定和赞许的时候，要轻松自然、落落大方地回应，并充分表现自己的优势和能力。

4)认真聆听不插话

面试以谈话交流的形式进行。求职者要严格遵守谈话礼仪，在面试过程中，摆正自己的位置，礼让对方，安静地等待面试官的发问。在对方正在表达和发问时，不仅要尊重其优先、完整表达的权利，还要做到认真聆听，不随意插话，不打断对方。

5)应答诚实坦率

一般情况下，多数面试都会以问答的形式进行。求职者在回答问题时，要注意使用标准的普通话，并以诚实坦率、实事求是、实话实说的态度来应答。避免使用方言和太过随意的话语。更不要胡编乱造以及盲目虚伪的使用培训出来的“面试语言”。例如，在一次面试中，有半数以上的应聘者都介绍自己来自一个贫困的家庭，希望通过努力工作来回报家庭和社会。非常明显，如此相同的说辞是培训出来的“面试语言”。面试官对此类“面试语言”都有自己的分辨能力。千万不要小看面试官，应诚实坦率地应答面试官的所有问题。

无论求职者做的准备工作多么充分，也无法完全预测面试当中碰到的所有情况。如果碰到没有预料到的情况和没有准备的问题，或者自己没学过的专业知识，也勿着急，应沉着应对，实事求是地回答。回答问题时，还要注意不能长篇大论，也不要过于简单。应该做到要点明确，重点突出，逻辑清晰，语言精练。在有重点、有层次的基础上，可以适当举一些实例，这将凸显本人亮点，通常会取得更好的面试效果。

6)适当使用礼貌用语

随着社会文明程度的提高和礼仪教育的普及，人们都意识到礼貌用语的重要性，但是不分场合与对象的过度使用礼貌用语，也会让人感到缺少真诚。因此，在面试中，注意适当使用礼貌用语，不要过多、过于频繁地使用。否则，将会失去应有的效果或者可能会带来负面的影响。

7)不主动谈薪金

不管是初涉职场的应届毕业生，还是准备跳槽的职场老手，都会非常关注应聘职位的薪金收入和福利情况,这是人之常情。但是在面试中,为慎重稳妥,还是不要主动谈薪金为好。

8.1.3 求职面试应答

面试作为一种相对公平公正的考测形式,其特点表现为方法的灵活性、形式的规范性、竞争的公平性和实用性。方法的灵活性,主要是指面试方法多种多样,既可以是约谈式的、拉家常式的,也可以是讨论式的,更多的是考场式的。形式的规范性是指对某一项考录事务的考量形式具有规范性,如公务员面试、领导干部的公开竞聘面试等,其形式十分规范,包括考题、考场、考官、测评标准等都必须严格规范,不可有丝毫的随意,以确保面试的公平公正。竞争的公平性,主要指面试相对于其他形式的考试,更具公平性。因为面试的时间、空间,面试双方的地位、目的、作用与其他考试相比,具有独特性。具体来说,就是面试的考测结果更真实可靠,更公开、公平、公正。面试的实用性体现在操作比较简单,应用范围广,考量较为科学。

面试的考测内容非常全面,涵盖人的思维能力、道德标准、心理素质、为人处世和专业能力等多个方面。不管用人单位采用哪种形式的面试,考测内容都会围绕上述各个方面。因此,在很多面试中,面试官都会问一些类似的常规问题。特别是初涉职场的应届毕业生,更需要提前了解这些常规性的问题,掌握一定的应答思路和方法,这对提高面试的成功率有一定的帮助。

1.面试中的常规问题

总结近年来国家机关、事业单位、大型企业的人才录用面试当中问到的常规问题,基本包括自我认知题、家庭陈述题、岗位认知题、人际关系题、观点题、两难题、撞墙题等类型。下面介绍面试中较为常见的六个具体问题。

1)自我介绍

“请做一下简单的自我介绍吧”,这几乎是每一次面试都可能遇到的问题。如果只说出本人姓名、年龄、专业、毕业院校、爱好、特长等基本情况,这种千篇一律的回答,恐怕不是面试官想要听到的内容。并且这些内容在面试官手里拿着的个人简历上面写得清清楚楚。面试官想听到的往往是求职者能否胜任所招聘岗位的工作,包括:个性中最积极的部分、做过的最成功的事情、最强的技能、深入研究的知识领域、曾获得的最大成就等。既突出求职者积极的个性和做事的能力,也要讲究表达的艺术,避免自夸之嫌。

2)家庭背景

家庭背景对一个人的成长和社会化过程具有根本性的影响。面试官对求职者的成长背景往往比较感兴趣。求职者在回答这方面的问题时,要联系应聘岗位进行表述为好。比如:家庭环境对素质培养的帮助,特别是家庭环境对未来工作岗位的帮助。求职者对自己成长的家庭背景要有客观、全面的认识。较好的家庭条件对一个人个性形成有积极作用。但是,家庭条件不好,也可能促成一个人形成其他优秀品质,例如"穷人的孩子早当家"。所以不同的家庭条件都不能成为工作、事业成功的障碍。并且家庭背景只是影响一个人成长与社会化的一种因素,还有伙伴群体、学校、社区环境、大众传播媒介、工作单位、宗教信仰等多种因素一起塑造着每个个体。家庭背景好的求职者也要谦虚、含蓄、不可张扬,出身贫寒的求职者也不应失去自信。

3)职业目标

"不想当元帅的士兵不是好士兵。"每个人都应该有自己的职业生涯规划,有自己的职业理想。对此类问题进行应答时,要根据应聘岗位的特征来回答。有些岗位需要求职者有超越自我精神。比如,一个开创性的岗位,就需要应试者雄心勃勃。相反,有些岗位则需要应聘者忠于职守,耐得住寂寞。前一种岗位可以锻炼自己的能力,施展自己的抱负,后一种岗位可以磨炼自己的意志,培养自己的耐心,为未来积蓄力量,打好基础。回答此类问题时要把自己的性格特点与职业目标联系起来,强调岗位特点对自己未来职业目标的价值。

4)"跳槽"经历

有关"跳槽"的话题较为棘手,离职和辞职的原因往往是多方面的。求职者在回答此类问题时,心态要平和,叙述要客观。如果有多次跳槽的经历,要事先准备好应答的思路。可能有两种情况:一种情况是能力水平比较高,有一种跃跃欲试的动力,因此总是挑战新职业,挑战自我。还有一种情况是相对能力较差,自己选择的机会少,离职因素主要在于单位。总之,不论是什么原因,经常"跳槽"属于不稳定的因素。所以,当应试者描述多次"跳槽"的履历时,可以突出强调自己阅历丰富,不惧挑战,乐于开拓,不甘平庸。同时也要考虑到这样的情况,即很多用人单位不喜欢招聘那些经常"跳槽"的职员。所以,在跳槽的次数上要慎重对待。

5)如何看待别人的优缺点

"对他人怎么看,对自己怎么看"一类的问题,可以考察一个人的团队意识、大局意识以及对他人的包容程度。如果一个人不能正确地看待自己和他人,就不能正确地看待工作。在面试中,让你评价周围的朋友和同事的时候,要多肯定他人,善于发现他人的优点。如果在面试过程中，谈自己和谈别人是属于一组问题的话，应多谈自己，少评说他人。

6)“事业和利益如何选择”问题

在面试过程中，求职者会遇到类似这样“两难”选择的问题。“选择其一”的简单化回答肯定不是一个理想的答案。如果相对于个人的话，大前提必须是选择事业。当然做这样的选择不能完全放弃利益，如此回答显然不是诚实的心里话。可以结合自己假设的不同情境、条件进行具体分析，同时，要把“利益选择”看成是一种价值选择，是对公平原则的选择，是对挑战自我的一种选择。如果面试题涉及个人利益和组织利益的选择，毫无疑问组织利益是第一位。但要注意表明个人事业和利益与组织利益的一致性。

2.应答方法

1)面试“天天试”

用人单位通过面试要考察的多种能力素质，求职者是很难通过临阵磨枪来提高的，而是需要日积月累和长时间的积淀才能具备。因此，求职者除了努力学习课本中的专业知识之外，还要向生活学习，向社会学习，多参加社会实践。要多留意身边的人与事，多观察日常生活，多思考世间万物，还要多行动。所谓“事事处处皆学问”，这才是应对面试的最好方法。从这个意义上讲，面试需要“天天试”。

我们把面试考测的多方面内容也可以理解成面试官想了解求职者对学习、对工作、对生活以及对社会的认知、思考与感悟程度。从这层意义上说，求职者只要本着朴实、善良、真诚、理性、认真的态度，回答自己的真实感受将是最好的应答。

2)用“道”解答

面试中的诸多问题，可以总结为“问道”与“问理”两个层面。道，本义是指人走的道路，又引申为规律、原理、准则。理，则主要侧重于对事物必然性、规律性的知识性追问，即讨论的是事物的原理、原因和根据。道与理相比，更具复杂的内涵，道置于理的前面，道为规矩，理为依据，两者合并成为现在人们常说的“道理”。研究道与理的关系，对于面试大有帮助。因为弄懂了事物间的道与理，面试问题就会迎刃而解。

对于面试中的一些问题，求职者可能很难用“理”说清楚，或者想用“理”说，但是愈说愈不清楚。那么，求职者可以用“道”去解答问题。例如，各种纷繁复杂的人际关系问题，就很难“理”出个所以然，俗话说“清官难断家务事”。但是如果用“道”去解答，只要把握谦、诚、真三个原则就能较好地回答所有的人际关系难题。“谦”就是为人要谦虚、虚心，不要傲慢自大，对人要尊敬；“诚”就是做人要诚实守信，淡泊名利，不自私；“真”就是对人要真心实意，自己要真抓实干。遵循以上三个原则，去解答与同事、领导、朋友的关系，这就是面试应答中采用的“道”。

再例如，面试中经常会问到公平与效率、质量与效益、经济发展与环境污染、执法与服务、城市建设与文化保护等关系问题。此类题目的作答比较困难。也可以用“道”来解答。处理各类关系题只要把握“通、度、势”，很多问题都可迎刃而解。首先，两个事物总是有联系的，也是相通的。如严格执法与热情服务两者并不矛盾，相互之间可以协调，实现共赢，这就是事物间“互通有无”之道。其次，把握好“度”。科学发展观就是度，发展经济与保护环境皆有度，环境破坏超过这个度就会影响经济发展。反之，发展经济超过这个度，必然会导致能源枯竭，破坏环境。再次，要顺势而为。这里的势就是情势，就是要因地制宜，因人制宜，因机制宜，就是坚持实事求是。用“相通、有度、情势”这三个词去解答，很多关系题较容易解答。

8.2 工作礼仪

除了家庭成员间的往来，在工作中形成的上下级关系、同事关系，成为职场人士人际交往中最为频繁和最为重要的关系。因此，了解和遵循办公室礼仪，妥善处理职场中的上下级关系、同事关系等，关乎自己的人脉和职业生涯的成败。

8.2.1 办公室礼仪

办公室礼仪，一般是指职场人士在其日常办公场所处理公务时应遵守的常规礼仪规范。遵守办公室礼仪不仅是对职场人士的普遍要求，同时也有助于处理与上下级和同事之间的关系，从而营造良好的人际关系氛围，使工作顺利且富于效率。

对每一个职业人士而言，办公室是其日常工作环境的首要组成部分。办公室的布置、办公用品的摆放和室内卫生等要符合工作环境的要求，这是最基本的办公室礼仪。此外，工作人员在办公场所要在仪表形象、言谈举止和行为规范上体现职业礼仪的基本要求。

1. 办公室礼仪的基本特征

(1)规范性　办公室礼仪，实际上就是职员在其工作中用以约束自己的标准化做法。它强调的是各种各样的“规矩”。是否遵守“规矩”，不仅事关职员个人素质的高低，而且也是衡量所在单位办公是否规范的重要标准。

(2)对象性　办公室礼仪讲究"对象化"。一方面,办公室礼仪只被用来严于律己,不宜以之苛求他人;另一方面,办公室礼仪在具体运用时要因人而异,不可死板教条,不可对所有人都按同一个标准要求。

(3)细节性　就具体内容而言,办公室礼仪强调工作人员日常工作中每一环节的具体细微之处的规范。因为教养体现于细节,细节展示素质,细节决定成败。

2.办公室礼仪的主要内容

办公室礼仪的宗旨是要求每一名职员在其具体工作岗位上行事有法、待人有方、办公有道,并使所有的职员均能恪尽职守、勤于工作,努力地提高自己的办公效率。概括而言,即:一要严于律己;二要善待他人;三要尽职尽责。

1)办公室是公共场所

办公室是公共空间,是一个具有相对开放要求的场所。办公室礼仪中非常重要的一点就是分清哪里是公共区域,哪里是个人空间。工作人员不应把个人的物品过多地带到办公室,或者过多地用个人或居家的物品装点办公室。例如,个人的明星照、零食、化妆品等。个别必不可少的个人物品,如雨具、外套、备用鞋子等最好放在封闭的柜子里。即使是一个人独立的办公室,也不要把个人生活用品和办公用品混放在办公区域,那样会影响良好的职业形象。

办公室既然是公共场所,就要遵守公共场所的着装礼仪,如要求穿统一制服和工作服,就应严格遵守规定;未要求统一着装的,也不能穿着太随便、太裸露,不能随便脱掉外套、露出内衣等。

2)办公室是整洁有序的环境

保持办公室整洁有序,首先从办公桌的整理开始。在日常工作中,办公桌就如同工作人员的脸面,人们往往会"以桌取人"。因此,要时常整理办公桌,把办公用品和文件材料分类摆放整齐,放在各自固定的位置,并定期清理杂物。如此一来,办公桌不仅整洁,还能保证在需要时可以迅速找到文件材料。这是工作严谨有序的表现,也有助于提高工作效率。

办公室的卫生要天天打扫,初涉职场的年轻人,要养成每天早晨主动清扫办公室的良好习惯,并把打扫办公室作为本职工作的一部分来看待。

3)办公室是严肃安静的环境

当今社会,多数职场人士都会在写字楼的公共空间里和很多人一起办公,并且工作压力较大,每个人都需要高效完成各自的工作任务。为了不影响他人的工作,在办公区域里,要避免制造噪音,尽量不要大声喧哗,适当控制自己说话声、笑声、手机铃声等。不要在办公室闲逛,闲聊。特别注意不能随意乱动他人的办公物品。

虽然各个办公室之间、职员之间有一定的关联性，可以根据工作要求随时沟通，但是各个部门、岗位之间也有一定的独立性和封闭性，应彼此尊重。

4）办公室幽默适当有度

在办公室里与同事相处，说话幽默风趣比严肃呆板更受欢迎。适当的幽默会使人感到轻松愉快，并使枯燥单调的工作增添乐趣。幽默风趣的人一般会有良好的心态和豁达的人生态度，喜欢开玩笑的人也会有较好的人缘和社交能力。但是，办公室的幽默、玩笑、闲谈必须要掌握分寸，应该是积极、健康、格调高雅的幽默。不要开庸俗低级的玩笑，不能通过开玩笑来取笑挖苦讽刺他人，也不拿同事的缺点或者痛苦开玩笑，更不能以开玩笑的形式攻击他人。任何失去善意的玩笑都会变成无礼之举。

5）办公室话题禁忌

办公室是职业场合，任何与工作无关的话题都不宜多谈。在工作时间不要议论他人的是非得失。工作评价是上级领导的职责，或者在会议上公开评论时进行，在办公室随意评价他人不仅不礼貌，也可能有失公允，招人反感。在办公室也不要过多地谈论个人生活话题，特别是他人的私事，那样会影响别人的工作注意力。另外也不要在办公室对自己和他人的薪水问题太过关注。在很多企业里，员工之间的薪水相差很大，属于私密问题。

6）办公室用餐礼仪

严格地说，办公室不是用餐的地方。有的大公司给职员提供专门的休息、喝饮料和用餐的地方，但是在没有这种条件的单位，需要加班完成工作的时候，在办公室用餐也在所难免。那么用餐一定是在非工作时间，并且应该是大家都在吃，而不是一个人或少数人在吃。用完餐后，应立即收拾好所有的垃圾，避免影响办公环境。

8.2.2 职业交往礼仪

在职业交往中，每一个职场人士所面临的重要的人际关系，不外乎与同事的关系、与上级的关系以及与下级的关系。若想在实际工作中处理好这些关系，应当根据交往对象的不同区别对待。

1.与同事交往礼仪

同事，指的是在同一个单位里朝夕相处一起共事的，或职级相近、业务相近的工作上的伙伴。与同事的交往是职业交往中最普遍、最常见的交往。职场人士每天大部分时间与同事相处，或者因工作需要与同事合作。同事之间交往如何，关系到工作时能否保持心情的愉快，也关系到工作的质量和效率。良好适度的同事交往，也是衡量员工协调能力的一个尺度。

在工作单位里，同事是不能由自己选择的。唯有主动接受他们，并努力与其和睦相处，才有助于自己工作的顺利开展。

1）平等相待

在工作中，同事之间是平等的。与同事相处要亲切友善，无论对方是什么种族、什么民族、信仰何种宗教、有什么样的兴趣爱好、外貌如何、个人能力强弱等，都应克服对他人的偏见，接纳、包容、尊重相互间的个性差异，一视同仁，不偏不倚，公平公正，平等相待，这是与同事交往的第一原则。对同事做到平等相待，要避免出现同事之间拉山头、划圈子、搞宗派，或者过于偏向一部分人的现象。此类现象虽有可能会受到一些同事的青睐，但也可能因此而失去另外一些同事的好感。这种庸俗的做法，最终只会损害同事之间的关系。

2）团结合作

现代社会的分工越来越细，一项工作的顺利完成往往需要一个团队的分工协作，相互配合与支持。同事关系的产生也是源于社会的分工，因此该关系的本质就决定了相互的团结合作非常重要。在日常工作中应有团队精神，要与同事团结合作，做好本职工作，安分守己，而不做破坏团结、挑拨离间之事。

3）以诚相待

亲切友善，以诚相待，相互信任，是同事之间相处的一般原则。同事之间由于存在长期固定的工作关系，个人的秉性会在很大程度上表现出来，同事之间彼此的了解会较为全面真实。所以，最初的印象和一时的好感都靠不住，最好的办法是真诚地对待每一位同事，以自己的善良、勤奋赢得同事的认同，创造和谐的工作关系。同事之间由于在利益需求上相近，所以特别容易出现利益上的竞争。面对不时出现的职权、职位、待遇上的竞争，要有一个健康、豁达的心态，以自己的勤奋努力赢得上级的重视，赢得同事的信任和良好的人际评价。相反，若时时算计他人，事事排除异己的人，即使有能力、有业绩，也会让人敬而远之。

4）距离适度

同事关系属于以业缘关系为基础的一种次级社会关系。它与建立在感情基础上的初级社会关系不同。因此，无论是自愿关心和帮助同事，还是对方主动求助，都要注意就事论事，适可而止。处理自己与同事的关系时，始终要把握好分寸，做到公私分明，防止热情“越位”、强人所难等现象的发生。

在同事关系中，可能会出现一种特殊的情况，那就是自己与一两个同事因为志趣相投、品行相当、互相认同，或因某种合作关系变得感情亲密成为好朋友。此种情况可以为枯燥辛苦的工作增添一些乐趣，减轻工作的压力，慰藉精神的孤独，是很多职场工作者需要的交往关系。但需要注意的是，不宜在众多的同事关系中过多表现和渲染这一层亲密的朋友关系。在同事交往中，对一部分人的亲密就意味着对另一部分人的疏远。朋友关系如果与复杂的工作利益联系起来，会为工作增加不必要的纠葛和考量因素。所以，应保持上班时间是正常同事关系，下班时间是朋友关系。此外，对待与异性同事的关系，更应注意距离适度的原则，这是避免发生办公室恋情的前提条件。

5）戒骄戒躁

随着现代社会的快速发展和科技的日新月异，每个职场人士都需要在工作中不断地学习，力求上进。刚入职的年轻人，缺乏工作经验，又年轻气盛，在对待同事关系时，要向年长的同事和前辈虚心求教，善于向周围的同事取长补短，以诚恳的态度，认真向同事学习。在同事面前，任何时候都要力戒自高自大、目空一切、忘乎所以。对同事指手画脚、盛气凌人等都是不可取的行为。

6）谨言慎行

同事群体是一个关系较为复杂、存在利益相争的群体。面对这样的群体，在日常的工作中，与同事团结合作，以诚相待，亲切友善交往的同时，还要注意谨言慎行，避免因言伤人，因言获罪。首先，做到管住自己的嘴，不随意评论他人，不随便传播他人信息。其次，遇到个别爱传播他人消息，爱窥视他人隐私，搬弄是非、造谣生事的同事，要立场坚定，保持距离。最后，面对自己的负面信息，则要认真理智地对待。先反省自己有无失礼的地方，如果与事实不符，无关工作大局，则不必理会。但确实属于本人做人做事的失误，则应向有关人员道歉和解释，取得他人的谅解，并注意在日后工作中纠正。如果发现对方是恶意中伤，而且没有收敛，则要认真对待，不卑不亢，也可以寻求组织帮助协调解决。

7）经济往来清楚

一般的同事关系应坚持"君子之交淡如水"的原则，同事之间的经济交往限于一般的礼尚往来。同事之间的礼品和礼金贵在纪念意义，不在价值的多寡和高低。试图用金钱来打通同事关系的做法，只能换来暂时的利益，形成庸俗的利益关系，绝不会换来真正的友谊或赞誉。如果同事有日常钱财上的不时之需，应当给予帮助。但是，尽量不要有大额的经济往来，一旦发生，要尽快理清，因为它的存在肯定会影响工作关系甚至是同事感情。

2.与上级交往礼仪

处理好与上级的关系，通常被视为本职工作能否顺利开展的基本前提。在职场中，尊重上级是一种天职。要处理好自己与上级的关系，需要遵循以下6个方面的原则。

1)服从领导

与上级交往，首先需要摆正自己的位置。作为下属，在工作中必须服从上级的领导。在具体工作中，允许职员以正当方式向上级提出意见或建议，但一旦上级做出了决策，就必须积极地遵照执行。对上级的指令阳奉阴违，任意曲解，甚至公然唱反调，都是不可取的行为。

2)维护威信

在工作中，不论为了维护单位的形象，还是出于下级服从上级的纪律约束，每一名职员都必须有意识地维护上级的个人威信。一方面，不宜在背后议论、评论、指责上级的个人能力与基本决策。在背后议论和抱怨上级，如果被小人所利用，会严重影响自己与上级的交往，同时也会造成对自己的工作和发展非常不利的状况。另一方面，在大庭广众不宜顶撞、否定上级，更不能取笑、捉弄上级。

3)充分尊敬

尊敬他人是礼仪最基本的原则。在职场，下属对上级要做到充分的尊敬。不论自己与上级之间的私人关系如何，在工作场合，尤其是在外人面前，都要注意时时、处处、事事以恭敬之心相待。要明确自己与上级在工作中所处的位置，该向上级请示时就得请示，该向上级汇报工作时就得汇报，对上级提出的建议要认真采纳，对上级的批评应虚心接受。称呼上级必须使用职务性称呼，与上级交谈时多使用敬语，同上级外出时要“礼让三分”。

4)明确权限

在工作单位里，每一名工作人员的分工不同，对应的权限范围也会有所不同。在实际工作中，工作人员对自己的工作既要开拓进取、积极主动，也要量力而行、注意权限。一个单位犹如一部机器，要保证其正常运转，需要所有部件都各就各位、恪守本分。如果有职员在工作中率性而为，跨越权限，擅自做主，不懂得各司其职的重要性，往往将会导致单位这部机器的“运行出轨”。这会给上级带来不必要的麻烦，从而影响自己与上级的关系。

5)全力以赴

在日常工作中，下属对上级最佳的支持、最好的回报就是认认真真、尽心尽力地做好本职工作，以及全力以赴地完成领导下达的工作任务。平时勤奋努力，积极做好本职工作，实际上就是在主动地配合上级，就是在为上级分忧，同时也是对上级最大的支持与拥护。如能真正做到这一点，会使上级对你刮目相看。

6）正确对待上级的批评

上级批评下属或者评价下属的工作是很平常的事。面对领导的批评，应虚心接受，认真思考其原因，尽快找出对策，改正错误，并及时向领导汇报错误改正的情况。千万不要领导一批评，就为自己辩解，甚至当众顶撞领导。即使没有错误，或者领导的批评与实际不符，也要给领导一个查明问题的时间。下属在领导面前，知错必改，同样会得到上级的肯定。下属遇事就为自己开脱责任，寻找理由，是没有担当意识的员工，领导对此类员工不会赏识、亲近或委以重任。

3.与下属交往礼仪

所谓下属，一般是指工作中归属自己管理、领导的部属。俗话说“一个好汉三个帮”，任何一名领导，不论多么精明能干，如果失去了下属的支持、配合与拥戴，就会变成一事无成的孤家寡人。必须注意：尊重下属是一种美德。要想处理好与下属的关系，应遵循下列6个原则。

1）充分信任

每一位有成就的领导，都懂得“用人不疑，疑人不用”的道理。在实际工作中，一旦将某项工作任务交给了下属，就要给对方以相应的自主权、自行发挥的空间，要充分信任下属的经验、能力与判断。除必要的指令之外，一般不要给予下属过多的限制与干涉。这种做法，对下属既是一种信任，也是一种支持。

2）量才使用

向下属分配、下达任务时，要事先对其工作经验、工作能力、心理素质等加以综合考虑，然后量才使用，不能让对方勉为其难。这种做法不仅有助于工作任务的顺利完成，而且也是现代管理科学对领导者提出的基本要求。此外，善于发现、激发下属的潜能，培养提拔下属，激励帮助下属成长，也是处理与下属关系中非常重要的工作。在现代职业关系中，职业等级和职权差别比较明显。因此，职场中的每一个人都希望得到职位升迁的机会。一个成功的领导，不仅要注意效益目标的完成，还要注意对下属成长的关切和培养。

3）礼贤下士

在工作中形成的上下级关系，不过是基于社会分工的不同而建立起来的普通人际关系。在上级与下属之间，既存在一种领导与被领导的关系，又存在一种同舟共济的同事关系。一位智慧的领导必然懂得：礼贤下士是领导必备的素养。在任何时候，上级对所有下属要平等相待、态度温和，尤其要在人格上尊重下属。

4）热情帮助

在具体工作中，领导应积极主动地对自己的下属给予一切力所能及和必要的帮助。对上级而言，为下属排忧解难应属本职工作，帮助下属，其实就是在帮助自己。

5）体谅保护

受下属爱戴的上级，一定是善于体谅和保护下属的上级。在考核评估下级工作时，上级不应对下属求全责备；下属遭遇困境时，上级要敢于同下属风雨同舟；下属遇到挫折时，上级对下属在工作、生活上应予以支持和理解；下属在工作中出现失误时，上级则要主动承担必要的责任。

6）肯定赞许

得到上级的认可和肯定是每一名员工的期待。对下属而言，得到上级的肯定和表扬是一件非常愉悦的事情。对上级来说，赞许是鼓励下属提高工作积极性的有效方法。所以，上级对下属所做出的工作成绩应做到及时、充分的肯定。

本章小结

本章介绍了职业礼仪中的求职面试礼仪和工作礼仪。求职者在面试前需要做好认识准备、资料准备、仪表形象准备、心理准备等4个方面的工作。在求职面试过程中，求职者需要遵守遵时守信、莫先伸手、仪态举止稳重大方、认真聆听不插话、应答诚实坦率、适当使用礼貌用语、不主动谈薪金等重要的礼仪规范。求职者可以通过面试“天天试”和面试中懂得用“道”的方法应对面试中的常规问题。办公室礼仪和职业交往礼仪是职场工作礼仪中最为重要的内容。办公室是公共场所，要保持其整洁有序和严肃安静；办公室幽默适当有度，并且应避免私人话题、低俗话题等非工作话题；办公室用餐要注意时间和餐后的卫生。职业人士与同事交往时应做到平等相待、团结合作、以诚相待、距离适度、戒骄戒躁、谨言慎行、经济往来清楚；与上级交往时要做到服从领导、维护威信、充分尊敬、明确权限、全力以赴以及正确对待上级的批评；与下级交往时应做到充分信任、量才使用、礼贤下士、热情帮助、体谅保护、肯定赞许等。

思考与练习

1. 请结合自己的求职意愿，撰写一封求职信，并制作一份规范的个人简历。
2. 尝试参加一次求职面试，并谈谈自己的感受。
3. 结合本人实际情况，谈谈怎样克服面试前的紧张心理。
4. 结合本人实际情况，谈谈面试前的仪表形象如何打造。
5. 谈谈对自己家庭背景的认识。
6. 如何理解面试"天天试"？
7. 与下级交往和与上级交往有什么区别？

案例分析

案例一：肖一求职

肖一是黑龙江某高校的应届毕业生，性格比较豪爽，是一个典型的东北小伙子。离毕业时间越来越近，想到即将离开生活了四年的大学校园，肖一很是不舍，整天忙于与同学道别、吃散伙饭等活动，压根儿就没想着好好准备求职材料。临近毕业，校园招聘会上人山人海，每个用人单位展位前，人头攒动，挤满了求职的毕业生。肖一用一张A4纸，随意写下了姓名、毕业学校、专业、联系方式等个人信息，当作自己的求职简历。当一家知名企业的校园招聘负责人，问肖一有没有其他的材料时，肖一吃惊地反问道："还需要其他材料吗？"于是招聘负责人说："看来先生对校园招聘并不重视，而且对我们公司也不感兴趣啊。"

（资料来源：李飞. 别说你懂职场礼仪[M]. 沈阳：沈阳出版社，2018）

请问：

面对毕业求职的准备一事，肖一存在哪些不足之处？

案例二：小刘参加面试

某公司招聘文秘人员，由于待遇优厚，应聘者云集。中文系毕业的小刘因能力全面而胜出，被通知前往参加面试。她的求职材料优势突出：大学四年在各类刊物上发表了3万多字的作品，有诗歌、小说、散文、评论等；还为6家公司策划过周年庆典;英语口语表达流利;书法作品也堪称佳作。小刘本人五官端正,身材高挑。在面试现场,几位面试官拿着她的材料,满怀期待地等她进来。在面试现场,小刘上身是露脐装,下身穿着黑色迷你短裙,涂着鲜红的唇膏。轻盈地走到一位面试官前,不请自坐,随后习惯性地跷起了二郎腿,笑眯眯地等着面试官的提问。面试官面面相觑,例行公事地简单问了一个问题,主考官说:"刘小姐,请回去等通知吧。"

(资料来源:潘洁,郭宗娟.职业礼仪.北京:人民邮电出版社,2013)

请问:

你认为小刘会被录用吗?为什么?

第9章

涉外礼仪与国际礼宾活动

国际礼仪与世界政治、经济、社会生活息息相关，社会的发展为涉外礼仪与国际关系提供了前所未有的复杂背景，也为涉外礼仪赋予了缔造和谐的特殊使命，使涉外礼仪的各种平衡功能和协调作用更加凸显。特别是在国际政治外交、国际贸易合作、民族形象推广、民间跨文化交流等方面越来越具有战略意义和战略地位，为世界和平与发展作出了重要贡献。

9.1 涉外礼仪概述

一个精心安排的欢迎仪式，能使来宾一踏入被访国就产生良好的第一印象；一个圆满的欢送仪式，也能给来宾留下一段难忘的回忆。如果处理不好，不仅会影响到东道主与外宾的关系，甚至会影响到国家、民族之间的关系。因此在社会发展与国际风云变幻的大环境下，国际礼仪也在不断发展进步，其中最重要的礼仪精神在于尊重主权、尊重习惯、尊重妇女、尊重生命和自然。

9.1.1 涉外礼仪的界定

涉外礼仪是涉外交际礼仪的简称，也习惯称为国际礼仪，它是指人们在对外交往活动中，为维护自身形象，向外宾表示尊重、友好的各种礼节、仪式及交际规范的总称。涉外礼仪是在长期的国际往来中逐步形成的外事礼仪规范，也就是人们参与国际交往所要遵守的惯例、约定俗成的习惯性做法。比如说国家领导人出访适用国家级接待礼仪，跨国际经济贸易适用国际商务礼仪，外宾到我国旅游或我国游客到国外参观适用地方富有特色的民间接待礼仪等。

9.1.2 涉外礼仪的特征

涉外礼仪与其他社交礼仪、商务礼仪相比,具有一些明显的个性特点。

1.涉外交往对象的特殊性

涉外礼仪主要针对跨国交际的交往对象,既包括在本国任何场合遇见其他国家的外宾,也包括在其他国家的任何场合与之接触的外宾。现在,参加国际活动的人员空前增多,交往对象具有非常强的异质文化特征,语言与文化习俗、礼仪习惯大不相同,彼此沟通和交流具有一定跨文化交际的难度。

2.涉外礼仪遵循国际惯例

在涉外交往中,无论是双边关系还是多边关系,为了融洽与协调各方面的人际关系,促进彼此更好的交流和合作,在涉外活动中必须遵循一定的国际交往惯例,即遵守通行的涉外礼仪规范,简称为国际惯例。当然,国际惯例不会以其中某个国家礼仪为标准,而是统筹兼顾,照顾大多数国家的文化习惯,采取大多数国家公认的习惯性做法,相互包容和理解,在彼此尊重的基础上达成共识,需要所有交往主体必须遵循。随着国家间多边关系的增加和交往范围的拓展,交际中出现很多新问题、新做法,使国际惯例更多协商,更多包容,更加灵活。

3.涉外礼仪矛盾具有国际性

这是涉外礼仪与其他社交礼仪明显的不同。如果是涉外交往中发生矛盾或摩擦,不注意及时沟通和化解,会使矛盾升级,上升到国际关系的高度,甚至可能引发国家和民族的矛盾,引发冲突甚至战争。

4.涉外礼仪文化的异质性

涉外礼仪文化,是指每个国家或民族,在长期的地域、气候、水土等资源环境影响下,形成的民族共同生活习惯、风俗及交际心理等观念和态度的总和。涉外礼仪的所有特点,都根源于交往对象所在国家或民族文化特色和文化个性的不同。有时这种礼仪文化的不同,也会加深交往过程中的阶级对立、政治敌视以及宗教矛盾。

5.涉外礼仪的敏感性

与外宾打交道,一定要注意彼此价值观等文化的不同,小心谨慎,彼此尊重。一方面要主动向交往对象表示友好和合作的礼仪诚意;更为重要的一方面,是千万不能触犯交往对象的文化禁忌,特别不能参与讨论或批判一些国家和民族的宗教信仰问题。这些问题非常敏感,无论有意还是无意,都会让交往对象感觉到不舒适。所以见外宾之前,一定要熟悉交往对象国家民族的文化背景与礼仪习俗,以免出现一些不必要的冒犯和麻烦。

6.涉外礼仪内容的多元性

国际礼仪涉及的内容非常广泛而丰富,包含政治外交、国际礼宾、典礼仪式,以及跨国际经济贸易、文化教育、军事国防、民间往来等。国际交往涉及内容多且广,参与者众多,形式多样。

9.1.3 涉外礼仪的发展方向

随着世界政治、经济一体化格局的形成,文化、教育、体育等多方面的交融日益加强,跨国际交往礼仪与规范也越来越呈现出一种规范化、简约化、实效化的发展趋势。

1.涉外礼仪的规范化发展趋势

经过长期的对外交往和磨合,现代涉外交往基本形成了一套约定俗成的习惯性做法,称为国际惯例。国际惯例严格遵守相关国际法的法定约束效力,最大限度体现各国平等交往、互相尊重、互惠互利的基本原则,是每个交往对象国普遍承认和接受,并自愿自觉遵守和主动践行的礼仪规范。在具体交往中,国际惯例的一些做法,越来越规范,越来越严谨。大家互相监督、互相学习,为世界范围的国际合作和竞争提供了有序的交际模式和保障。

2.涉外礼仪的简约化发展趋势

现代涉外交往更注重实质性交际内涵,体现友好与诚意,例行节简成为一种时尚。特别是最近几年,世界能源问题凸显,地球环境恶化等世界性问题,使更多国家认识到节能减排的重要性与迫切性。涉外交往中,积极倡导低碳生活理念,避免因过分讲究排场带来的人力、物力、财力和资源的铺张浪费。涉外交际程序趋于简约化,更注重人性化和实效性。例如领导人之间的会谈更加注重实质性;日程安排更加紧凑合理;宴会讲话程序减少;动员群众参加的规模场面减少;互访代表团人数减少;生活接待更注意安全、舒适、便捷等。

3.涉外礼仪的实效化发展趋势

现代涉外礼仪,更为注重"礼"的尊重、谦恭与诚意等实质性内涵,凸显"仪"的庄重与尊严,以达到国家、民族之间的交流、合作和文化融合的目的。涉外礼仪程序更加简约化,省去了一些烦琐的、并无实质性内容的客套和排场,实效交际效果明显，为构建国际礼仪新趋势、跨国文明对话、协商解决各种共同的问题，作出了积极的贡献。在国际交流日益频繁的今天，国与国之间的访问、贸易、谈判、结盟等诸多国际行为愈来愈需要实效化。可以说，国际礼仪应国际关系的需要而生，因国际关系的深入而兴，也由国际关系的变幻而变。

9.1.4 涉外礼仪在国际交往中的重要意义与作用

涉外礼仪在国际交往中有着重要意义与作用。

1.涉外礼仪在国际交往中的重要意义

涉外交往无疑是一场文明的对话。在相互交往中，透过礼仪的形式和内涵，不仅可以看到所在地国家的文明程度、文化习惯、风土人情，更能感受到当地国民的文化素养和精神面貌；更为重要的是在交往中，可以取长补短，相互学习，使世界和平发展，共同进步。这是一种超越国家一己私利的国际礼仪视角，也是一种共生共融共赢的世界发展观，必然为走进全球化时代带来一场国际形象与世界文明的盛宴。

2.涉外礼仪在国际交往中的作用

（1）涉外礼仪是国际关系的润滑剂　当今世界很多问题的解决，不仅依赖国与国之间政府组织的对话、协商，也越来越多的需要政府与非政府之间的沟通协调，不同国家、组织之间的交流和合作。国际交往中懂得使用礼仪规范是非常必要的，涉外礼仪不仅为交往各国创设平等尊重的交际前提，而且为解决各种问题创设和谐友善的交往环境，同时也可以约束大家始终保持文明的信仰与素养，带着更加崇高的理想协商解决世界争端问题。

（2）涉外礼仪彰显民族形象和国家文明　礼仪文化体现一个国家和民族的深层文化底蕴，深深熔铸在民族生命力、创造力和凝聚力之中。礼仪文化的民族性是绝对的，也是永恒的，礼仪文化的民族性构筑了世界文化的多样性。正因为多样性与差异性的存在，构成了人类的文化生态。认同、尊重不同文化存在的合理性与合法性，既是对其他民族文化个性的充分理解与尊重，也是对其他国家文化特色的包容与欣赏。

（3）涉外礼仪是其他一切国际交往的前提和保障　国际惯例不仅为国际关系，也为世界各行各业服务。涉外礼仪深入影响全球社会、政治、经济、文化等方方面面。频繁广泛的社会交往与逐步深入的合作趋势，使国际交往中的礼仪规范问题凸显。跨文化交际，跨民族文化传播，解决民族文化冲突，避免礼仪禁忌是一切国际交往的前提和保障。交往过程中，涉及多边关系，以谁为准，以何为范，必须非常清楚。否则，会出现很多不愉快。

随着我国综合国力的增长，国际地位的提高，对外交往的频繁，中国备受世界关注。我们的一言一行，一举一动，都在世界眼中，我们也需要向世界展示中华文明与中国的民族特色和国民形象。如今，国际化交融与合作趋势加强，在国内例行国际惯例，当好东道主，热情友善迎接四海宾朋，才不失一个“礼仪之邦”的美名。同时，走出国门，一定要熟悉各国文化习俗与禁忌，了解国际礼仪，彬彬有礼，不为国家形象抹黑。

9.2 涉外礼仪的基本原则与要求

在国际交往中，许多外事活动是通过各种交际礼宾活动进行的。一般来说，各种交际活动，国际上都有惯例，但各国往往又根据本国的特点和风俗习惯，有自己独特的做法。我们在对外交往中除了应发扬我国礼仪之邦的优良传统、注意礼貌礼节之外，还应尊重各国各民族的风俗习惯，了解他们不同的礼节礼貌，从而使我们在对外活动中真正做到以礼相待。

9.2.1 涉外礼仪的基本原则

涉外礼仪原则，是国际交往中必须遵守的基本原则。

1. 热爱祖国，维护形象原则

在参与涉外交往活动中，每个参与者都有属于自己的民族和国家，祖国在每个人的心目中都有着不可替代的重要位置。所以，交往中应特别尊重对方的国家与民族形象，同时时刻意识到在外国人眼里，自己是本国家、本民族、本组织的代表，应做到不卑不亢。自己的言行应当端庄得体，堂堂正正。在外国人面前，既不应该表现得畏惧自卑、低三下四，也不应该表现得自大狂傲、放肆嚣张。应既谨慎又不拘谨，既主动又不盲动，既注意慎独自律又不手足无措、无所事事。

双方都应该本着平等、互利、共赢的原则进行交往，禁止对人格、国格及习惯的不尊重，不涉及政治问题。

2. 入乡随俗，求同存异原则

求同存异是涉外交往中的基本前提，所有国际礼仪都以此为根本出发点。在涉外交往中，要真正做到尊重交往对象，就必须了解和尊重对方所独有的风俗习惯。做不到这一点，对于交往对象的尊重、友好和敬意，便无从谈起。文化的差异性决定了世界的丰富多彩，互相吸引。国际交往中，必须保证在双方自愿基础上，求得共识，不得对文化差异，尤其是宗教信仰等敏感问题进行批判。

入乡随俗，是指国际交往中的“属地”礼仪原则或“主场”尊重原则。入境问俗，入门问讳。出国或在国内接触外宾，双方都要尊重对方的风俗习惯与礼节，相互包容和理解。但由于不同国家的社会制度差异，文化习俗有别，思维方式与理解角度也往往差别较大，当东道主国家的礼仪与来宾之间的礼仪发生矛盾冲突时，应当以当地东道主国家的习俗为准。

这就要求每到一个国家或接待来自某一国家的客人，首先必须充分地了解与交往对象相关的文化背景与文化习俗，包括在衣食住行、言谈举止、待人接物等方面所特有的讲究与禁忌。其次必须充分尊重交往对象所特有的习俗，既不能少见多怪，妄加非议，也不能以我为尊，我行我素。即使相当熟悉的友人，也应注意基本礼仪。在交往中相互尊重，谨慎从事，不能不拘小节或超过限度。

3.遵时守约，尊重隐私原则

当前，在国际交往活动中，人们将尊重对方，即将对交往对象的重视、恭敬、友好作为涉外礼仪的核心。在一切涉外交往中，都必须认真而严格地遵守自己的所有承诺，许诺一定要兑现，信守约定。

守约遵时是国际交往中极为重要的礼貌，参加各种活动，应按约定时间到达。过早抵达，会使主人因准备未毕而难堪；迟迟不到，则让主人和其他客人等候过久而失礼。因故迟到，要向主人和其他客人表示歉意。万一因故不能应邀赴约，要有礼貌地尽早通知主人，并以适当方式表示歉意。与人约会不能失约，不能超时，失约和超时都是很不礼貌的行为。承诺别人的事情不能遗忘，必须讲“信用”。

在国际交往中，尊重隐私也是很重要的礼仪规范。对于西方人来讲，凡本人经历、收入、年龄、婚恋、健康状况、政治见解等均属个人隐私，别人不应查问。西方人对个性的重视程度也非常高，甚至父母也必须尊重孩子的独立与自主权利。

尊重隐私，要坚持尊重个性的礼仪原则。如给一家人中的某个人帮了忙或送了一份礼物，这行为本身也仅是对某个人而言才有意义，除受惠人会表示感谢外，其他家人一般不会因此而致谢，这是很正常的现象。尊重个性就要尊重个人隐私，尊重个人的权利与义务。

尊重隐私，不能侵犯属于他人的空间与领域。一家人同住一栋房子里，各个房间便是每个家庭成员自己的小天地，不敲门，不经允许，便不能贸然闯入。拜访他人家庭、前往他人办公室洽谈，都须预先约定。

尊重隐私，在交谈中应回避涉及个人隐私的任何话题。具体来说，就是要做到“五不问”：一不问年龄；二不问婚否；三不问去向；四不问收入；五不问住址。除非对方主动告诉。

4. 以右为尊，女士优先原则

以右为尊是国际礼仪中标准位次礼仪。按照传统的文化习俗，有些国家认为右手、右侧是尊位，左手、左侧是不洁、不敬的；也有个别国家认为左侧是尊位。为了方便和统一，国际惯例采用大多数国家的习惯，右侧为尊。比如两国首脑会晤时，采用并列式桌次位置，将来宾安排在东道国的右侧以示尊重。

女士优先是西方礼仪的重要特征，国际上也把尊重妇女放在非常重要的位置上。

在男女都参加的社交场合中，男士要照顾、礼让女士，遵循“尊重妇女、女士优先”原则。它要求在一切社交场合（有些公务场合除外），成年男子都有义务主动自觉地以自己的实际行为去尊重妇女，照顾妇女，体谅妇女，关心妇女，保护妇女，并尽心竭力地去为妇女排忧解难。在社交场合遵从女士第一的原则，可以显示男子气质与绅士风度。

例如男女同行时，男子应走靠外的一侧。不能并行时，男士应让女士先行一步。在开门、下车、上楼或进入无人领路的场所，遇到障碍和危险时，男士应走在女士前面。乘坐计程车或其他轿车时，应让女士先上车；下车一般是男士先下，然后照顾女士下车。在门口、楼梯口、电梯口及通道走廊遇到女士，男士应侧身站立一旁，让其先行。在需要开门的场合，男士应为女士开门。

再如在社交聚会场合，男士看到女士进门，应起身以示礼貌；当客人见到男女主人时，应先与女主人打招呼。就餐时，进入餐厅入座的顺序是，侍者引道，女士随后，男士“压阵”。一旦坐下，女士就不必再起身与别人打招呼，而男士则需起身与他人打招呼。点菜时，应先把菜单递给女士。女士在接受男士的礼让时，不能过分腼腆与羞怯，应面带笑容道谢。

5. 不必过谦，热情有度原则

涉外交往是面对全球的跨文化活动，是一种双向互动交流活动。中国传统文化形成的热情好客、宾至如归以及谦逊等美德，在国际交往待人接物中必须适“度”。所以，在涉外礼仪中遵循热情有度、不必过谦原则尤为必要。

国际交往中人与人、国与国之间应是平等的关系，文化与主权平等，不受大国或主权压制。也反对以种种借口为由，种族歧视、文化歧视，欺凌弱小。国际礼仪中的不卑不亢原则，最重要的是保持人格平等，因为“卑”和“亢”都是置对方或置自身于不平等位置上的交往态度。“卑”有损自身人格甚至国格;“亢”则显得虚张声势,也有伤对方的自尊。要做到“不卑不亢”,应注意:

不能对对方有金钱与物质利益上的希望和企图。“心底无私天地宽”,我方无所企求而心地坦然,对对方无须戒备则轻松自如,这样的交往自然分不出尊卑。如果一味希望对方担保子女出国或获得其他物质上的好处等,就很难坚持此项原则。要有为国家和民族争气的精神,这种精神在涉外交往中尤其重要。

实事求是,不过谦,不说过头话。以宴请为例,中国人请客,即使是相当丰盛的一桌饭菜,主人也会对客人说:“今天没什么好菜,请随便吃点。”西方人则相反,不管饭菜质量如何,主人都要自我夸赞:“这是本地最好的饭店”“这是我的拿手好菜”,目的在于表示诚意。同样,中国人到别人家作客经常客气有余,主人问客人是否再添饭,客人说不用不用,实际上也许并未吃饱。西方人作为宾客赴宴,说不吃不喝时则是真的,绝不是客气。所以,在国际交往中,客气与谦虚都不能过分。对别国优秀的品质和做法可以虚心学习,但不能崇洋媚外,盲目诋毁自身形象。

9.2.2 涉外礼仪的基本要求

从国际交往内容来看,涉外礼仪包括礼宾次序,国际接待礼仪,交际人员的仪容、仪表、仪态、气质、风度、服饰等礼仪内容。

下面具体介绍涉外礼仪一些基本做法。

1.仪容仪表礼仪

讲究仪表与衣帽整洁,面、手、衣履要洁净。男子的头发、胡须不宜过长,应修剪整齐。指甲要经常修剪,一般与指尖等长,不留污垢,保持手部清洁,若手部有疾症或疤痕要戴手套。衣着要整洁笔挺,不能有褶皱,纽扣均应整齐,裤扣不能在室外或公共场合整理。衬衣一般为白色硬领,下摆不露出外套,并放入裤内。礼服、领带或领花应结好,佩戴端正,并备洁净手绢与梳子。皮鞋应擦亮。不要在人前做剔牙、抠鼻、掏耳、剪指甲、搔痒等不雅的小动作。也不要在人前打哈欠、伸懒腰、打喷嚏、擦鼻涕、咳嗽,打喷嚏时应用手帕、餐巾纸捂口鼻,面向一旁,避免发出大的声响。

2.仪态举止礼仪

举止大方得体,态度和蔼端庄,精神饱满自然,言行检点。站、坐、走都要符合常规,任何失礼或不合礼仪的言行会被视为有失体面。

说话客气,注意身份。说话时神情矜持和蔼,面带微笑。随便与人攀谈是失礼行为，萍水相逢，应在有人介绍后方可交谈。礼貌用语是礼仪的表现形式，能传达爱心与礼节，这样使说话人更被人敬重。“您好”“请”“谢谢”“对不起”“再见”，在国际交往中要经常使用，任何需要麻烦他人的事情，都应该说“请”。只要别人帮你做了什么，都应该说声“谢谢”，包括家人或关系密切的朋友。凡是不小心妨碍或干扰了别人，都要说“对不起”。“再见”不仅是同事、朋友、家人之间相互告辞时的礼貌用语，也是陌生人之间接触后相互告辞时的礼貌用语。

3. 公共场所礼仪

公共场所是公民的公共空间，特别是走出国门，中国人就成为“外国人”，处于外国环境之中。对于每个人来说，首先要注意自己的仪容与仪表、仪态，使之符合规范，显示自身修养。男士应刮胡须，头发整齐；女士可适当淡妆，但不应浓妆艳抹。每个人都应该自觉遵守公共秩序，保持安静，自觉排队，不打搅、影响别人。不在公共场所吸烟；不乱扔烟头；不乱扔乱丢废弃物品；不可随地吐痰；自觉爱惜公共设施，保护自然环境。

如在图书馆、博物馆、医院、教堂等公共场所，应保持手机关机或静音，保持安静。

如举行仪式、听讲演、看演出等隆重的公共场合，要保持肃静，适当鼓掌，不能起哄和随意走动。

在商场、超市等公共场合，不随便乱放商品，不给商家制造麻烦。

在公园、景区等公共场所，要注意言行举止礼貌文明，衣着整齐，不围观。

在社区等居住场所，注意多替别人着想，不乱堆乱挂私人物品，文明交往。

9.2.3　涉外礼仪在具体操作中应注意的问题

为更好地知礼、懂礼、行礼，涉外礼仪还应注意下列问题。

1. 主动表达友善

即“有所为”。礼仪的最高境界，不是保证大家互不侵犯，井水不犯河水；而是在不违反禁忌的基础上，对国际关系有所建树，争取更多的支持、理解与合作。学会善于表达、长于表达、勇于表达。善于表达，即注意以善意为出发点，赋予涉外交往以崇高美好的愿望，促进彼此共赢；勇于表达，即有勇气说出有利于双方的主张与倡导，哪怕一时得不到对方的赞同或理解；长于表达，即应注意表达的方法和分寸。因为惧怕一些文化差异问题，而相互客套、止步不前、望而却步、畏手畏尾，都不是真正国际礼仪的精神。

2. 坚决不犯禁忌

很多人认为，国际礼仪行使过程中，不犯禁忌是第一位的，这就是国际礼仪的全部。其实这样理解是片面的，禁忌问题只能是国际礼仪的底线，也就是国际礼仪最起码的原则和标准，是国际关系的起点，但不是全部的标准，更不是核心的国际礼仪精神。实际交往中，不用谈禁忌色变。

3. 追求真善美

任何国际交往，无论事大事小，都要时刻考虑礼仪的根本出发点，如社会学家埃米利·波斯特所言："表面上的礼仪有无数清规戒律，但其根本目的在于使世界成为一个充满生机和活力的地方，使人变得平易近人。"所以，无论遇到什么麻烦，大家都应该站在追求"真善美"的高度，欣赏各自民族文化的"精气神"，利用"和谐"礼仪终极价值取向来调节，为世界和谐和发展做出积极的贡献。交往双方或多方在交往中为达到更高的标准，更好的合作，不断协商，共同进步。

4. 合理解决文化冲突

跨国交往中，产生矛盾很正常，也不可避免。但是有矛盾要重视，也要正视，彼此宽容理解，和谐解决国际礼仪争端，才是礼仪的灵活变通精神。要特别注意非原则问题，无意的伤害，或善意的冲突，都应互相谅解和宽容对待。如涉及一些政治、宗教信仰等敏感问题，不宜过分纠缠，也不应过度讨论和批判，更不要试图改变对方的立场，应各自保留意见为好。如确属原则问题和恶意的伤害，应据理力争，并采取正规的渠道解决，不必纠缠细节。

5. "不宜先为"原则

在涉外交往中，面对自己一时难以应付、举棋不定，或者不知如何处理的情况时，如果有可能，最明智的做法是尽量不要急于采取行动，尤其是不宜急于抢先，冒昧行事。多观察，多询问，试探性地了解后，再采取行动，避免失态。

9.3 国际礼宾次序

礼宾次序就是依照国际惯例，对那些参与国际交往的国家、团体和个人的位次进行排列的次序。礼宾次序体现东道主对各国宾客所给予的礼遇，在一些国际性的集会上则表示各国主权平等的地位。在涉外交往中，礼宾次序是一个政治性较强而又较为敏感的问题，礼宾次序安排不当或不符合国际惯例，会引起不必要的争执和交涉，甚至影响国家之间的关系。

9.3.1　礼宾次序的原则

国际交往中，由于各个国家的体制不同，部门之间的高低也不尽一致，同时各个国家还有不同的习惯，这就需要根据具体情况，恰到好处地予以安排。具体原则如下。

1.倡导主权平等

礼宾次序体现出作为东道国对各国来宾的礼貌和尊重，这是一个看似平常实际却极为敏感的事情。在国际交往中，任何一个国家都享有自己的主权，并应该得到平等的礼遇。东道国要做到不分国家的强弱大小、贫穷富裕，一概要给予平等和尊重，无论出现何种差错都可能引发不良的后果，影响双方正常关系和往来。所以，应该积极提倡每个国家主权平等原则，尽量做到一视同仁。这是讲究礼宾次序的最起码前提条件，也是具体实施礼宾次序时的保障。

2.遵守国际惯例

假如我们面对的外宾只有一位，问题还比较容易解决。但如果我们面对的外宾不止一位，而是几十位甚至上百位，并且这些外宾可能来自不同国家，这时的问题就比较复杂了，孰轻孰重都不好把握。如果在礼遇上稍有不慎而出现亲疏远近的区别，很可能会带来麻烦。

国际惯例是大多数国家在涉外交往中约定俗成的习惯做法，也是国际上普遍认同的规则与形式。所以，在具体次序安排中应首先考虑并严格遵守，千万不能逾越，否则会引起多国甚至国际社会的谴责。如以右为尊、前排高于后排、中央高于两侧、尊重妇女等等。

3.掌握灵活方法

在实际交往中，遇到的情况比较复杂，礼宾次序往往不能按一种方法排列，而是几种方法交叉，并考虑其他有关因素。如国家之间的关系、地区所在、活动性质和内容、对活动贡献大小，以及参加活动的人员的威信、资历等。通常把同一国家的同一地区的，同一宗教信仰的或关系特殊的国家的代表团安排在前面或排在一起。对同一级别的人员，常把威望高，资历深，年龄大者排在前面。有时还考虑业务性质、相互关系、语言交流等因素。如在观礼、观看演出、比赛，特别是大型宴请时，在考虑身份与职务的前提下，将业务性质对口的、语言相通的、宗教信仰一致的、风俗习惯相近的安排在一起 。“德高望重优先”“妇女优先”“照顾弱者”“谦恭礼让”等大家认可的做法，应该优先考虑。

9.3.2 礼宾次序的具体做法

常见的礼宾次序有两种排列次序。

1.关系对等时的排列次序

参加者的关系对等时，为了表示所有参加者在权利、地位上是完全平等的，一般可以采用下列两种方法排列。具体采用何种排列方法，东道国在致各国的邀请书中一般都加以明确注明。

(1)按字母顺序排列　在多边活动中，礼宾次序常采用按参加国国名字母顺序排列的方法，使用这一排列方法一般以英语字母顺序排列最为常见。如在国际会议、国际比赛中，公布与会者名单、悬挂与会国国旗，以及座位安排时，往往按各国国名的英文拼写字母顺序排列。凡是在举行重大的国际体育比赛开幕式上，各国体育代表团均依照国名的字母顺序出场，唯一的例外是东道国的体育代表团，他们出于礼貌总是排在最后面。但为了避免有些国家总是占据前排席位，也常用每年抽签一次的办法来决定本年度的席位以哪个字母打头，以便让各国都有机会排列在前。在国内礼仪活动中，按个人姓名和组织名称的第一个字的笔画多少排列次序，也是同一道理。

(2)按通知代表团组成的日期先后排列　在一些国家举行的多边活动中，按通知代表团组成的日期先后顺序排列礼宾次序，也是经常采用的办法。东道国对同等身份的外国代表团，按派遣国通知代表团组成的日期排列，或按代表团抵达活动地点的时间先后排列，或按派遣国决定应邀派遣代表团参加活动的答复时间先后排列。

2.关系不对等时的排列次序

关系不对等时，常见的礼宾次序按身份与职务的高低排列。主要以各国提供的正式名单或正式通知作为确定职务的依据，来明确区分参与者的身份高低、上下、长幼等方面的关系，目的是给高者、上者、长者相应的尊重和礼遇，以表现主人的谦谦风度。在一些大型的官方活动中，通常采用这种方法安排礼宾次序。比如，在有许多外国代表团出席的国际会议上，可按照各个国家代表团团长的身份以及职务的高低，来安排他们的礼宾顺序。

排列次序应按照地位高低、职务上下、年龄长幼、关系亲疏、实力强弱来排列。其基本规则是：上级在先，下级在后；尊者在先，次者在后；长辈在先，晚辈在后；实力强者在先，弱者在后；女士在先，男士在后。高者、尊者的具体确定，根据活动的目的、内容、主人的价值取向和客观需要等不同情况来决定。如官方活动可以职位高低为标准，经济活动可以实力强弱为依据，等等。就主席台上的位次而言，按前后排关系，前排就座者为高、为尊、为强，后面各排依次递减。在同一排上，中间为高、为尊、为强，两边各位置依次递减。就两侧的同位置而言，右边为高、为尊，左边次之。在行走、就座、乘车等方面也有次序可言。走路、入座时，两人并行，右为高，左为次；两人前后行，前为高，后为次；三人并行，中为尊，右为次，左更次；三个人前后行，前为尊。若是在不平坦的路上或是到达不熟悉的地方，则应有人在前面引路，尊者在一人之后。上楼梯时，前者为尊；乘电梯时，前者为尊。下楼梯、出电梯时，应让尊者在一人之后。

9.3.3　国旗的悬挂次序

国旗是国家的一种标志，是国家的象征。在一个主权国家领土上一般不得随意悬挂他国国旗。在国际交往中形成了悬挂国旗的一些惯例，为各国所公认。

1. 悬挂国旗的场合

在国际会议上，除会场悬挂与会国国旗外，各国政府代表团团长亦可以按会议组织者有关规定在一些场所或车辆上悬挂本国国旗。有些展览会、体育比赛等国际性活动，也往往悬挂有关国家的国旗。

在建筑物上或在室外悬挂国旗，一般应日出升旗，日落降旗。遇需悬旗致哀，通常的做法是降半旗，即先升至杆顶，再下降至离杆顶相当于杆长 1/3 处。也有的国家不降半旗，而是在国旗上方挂黑纱致哀。升降国旗时，要立正脱帽行注目礼，升国旗时一定要升至杆顶。

2. 悬挂国旗的礼节

按国际关系准则，一国元首、政府首脑在他国领土上访问，在其住所及交通工具上悬挂本国国旗是一种外交特权。东道国接待来访的外国元首和政府首脑时，在隆重的场合，在贵宾下榻的宾馆，乘坐的汽车上悬挂对方（或双方）的国旗，这是一种礼遇。此外，国际上公认，一个国家的外交代表在接受国境内有权在其办公处和官邸，以及交通工具上悬挂本国国旗。

悬挂双方国旗，按国际惯例，以右为上，左为下。两国国旗并挂，以旗本身面向为准，右挂客方国旗，左挂本国国旗。汽车上挂国旗，则以汽车行进方向为准，驾驶员左手为主方，右手为客方。

所谓主客，不以活动举行所在国为依据，而以举办活动的主人为依据。

国旗不能倒挂。有些国家的国旗由于文字和图案的原因，也不能竖挂或反挂。因此，有的国家明确规定，竖挂需另制旗，将图案转正。

各国国旗的图案、式样、颜色、比例均由本国宪法规定，不同国家的国旗如比例不同，同样尺寸制作，两面旗帜放在一起，就会显得大小不一，因此，并排悬挂不同比例的国旗，应将其中一面放大或缩小。

9.4 世界部分国家的礼仪习俗

9.4.1 日本的礼仪习俗

日本以"礼仪之邦"著称，日本人非常重视个人的礼仪修养，在待人接物及日常生活中都表现得谦恭有礼。日本人等级观念很重，上下级之间、长辈晚辈之间界限分得很清楚。

1.日本一般礼俗习惯

1)仪态礼仪

微笑：日本人常常在谈话开始时就面带微笑，而且将笑容保持很长一段时间，不仅高兴时微笑，在处于窘迫发怒时，也会发笑，以此来掩饰自己的真实情感。日本人在笑的时候有意识放低声音，不能容忍旁若无人的哄然大笑。

坐姿：日本人对坐姿极为讲究，下管是坐在椅子上还是坐在榻榻米上，晚辈在长辈面前都不能跷二郎腿；妇女在地板上就座时，总是坐在蜷曲的腿上。

手势：不同的手势有不同的含义，比如：大拇指和食指合成一个圆，其余三个指头向上伸开，表示钱；伸出小指头表示女人等。

2)服饰礼仪

日本人无论在正式场合还是非正式场合，都很注重自己的衣着。在正式场合，男子和大多数中青年妇女都穿西服，男子穿西服通常都系领带。和服是日本的传统服装，其特点是由一块布料缝制而成。现在男子除一些特殊职业者外，在公共场所很少穿和服。日本妇女喜欢描眉，她们普遍爱画略有弯度的细眉，认为这最具现代女性的气质。

3)会见礼仪

日本人见面行鞠躬礼，同时表示问候。一般人们相互之间是行 30°和 45°的鞠躬礼，鞠躬弯腰的深浅不同，表示的含义也不同，弯腰最低、也最有礼貌的鞠躬称为“最敬礼”。男性鞠躬时，两手自然下垂放在衣裤两侧；对对方表示恭敬时，多以左手搭在右手上，放在身前行鞠躬礼，女性尤其如此。平时人们见面总要互施鞠躬礼，并说“您好”“再见”“请多关照”等。

在国际交往中，日本人也习惯握手礼，尤其是年轻人或和欧美人接触较多的人，也开始有见面握手的习惯。

在日本，名片的使用相当广泛，特别是商人初次见面时有互相交换名片的习惯。初次相会不带名片，不仅失礼而且对方会认为你不好交往。名片交换是以地位低或者年轻的一方先给对方，这种做法叫尊者先知。女性大多使用比男性名片要小的名片。互赠名片时，要先行鞠躬礼，并双手递接名片，将名片正对着对方。接到对方名片后，要认真看阅，看清对方身份、职务、公司，用点头动作表示已清楚对方的身份。如果你是去参加一个商业谈判，你就必须向房间里的每一个人递送名片，并接受他们的名片，不能遗漏任何一个人，尽管这需要花费不少时间，但这是表示相互友好和尊敬的一种方式。

日本人初次见面不谈工作，而只是作相互引见，进行自我介绍。自我介绍的话说完后大都会加一句“请多关照”。一般情况下，日本人更希望中间人代为介绍。作为介绍人，通常要说出被介绍人与自己的关系，以及他的称谓和所在单位名称等。

4）拜访与送礼

日本人比较喜欢送礼物。日本人很看重人情，与他们交往时要重视赠送礼物。他们认为送一件礼物，要比说一声“谢谢”的意义大得多，因为它把感激之情用实际行动表达出来了。对日本人来说，送礼作为形式比内容更为重要，所以互赠的礼物不必太贵重（首次会晤，一般赠送商业性礼物），双方礼物价值相当即可。日本人很重视礼品的包装，未经包装的礼品不要送出。包装要精美大方，包装纸禁用暗灰、黑白、大红等色，浅色宣纸包装的礼物会令人觉得格调高雅。礼品要包上好几层，再系上一条漂亮的缎带或纸绳。日本人认为，绳结之处有人的灵魂，标志着送礼人的诚意，接受礼品的人一般都要回赠礼品。日本人不当着客人的面打开礼品，这主要是为了避免因礼品的不适而使客人感到窘迫。自己用不上的礼品可以转赠给别人，日本人对此并不介意。接送礼物要双手，当接受礼物后，再一次见到送礼的人一定会提及礼物的事并表示感谢。

到日本人家里做客，要预先和主人约定时间，进门前先按门铃通报姓名。如果这家住宅未安装门铃，绝不要敲门，而是打开门上的拉门，问一声：“借光，里面有人吗”。进门后要主动脱衣，摘下帽子和手套，并脱去鞋子，穿上备用的拖鞋。去日本人家里作一般性拜访，带上些包装食品是比较合适的，但不要赠花，因为有些花是人们求爱时或办丧事时使用的。到日本人家里去做客，当你在屋内就座时，背对着门坐是有礼貌的表现，只有在主人的劝说下，才可以移向尊贵位置（指摆着各种艺术品和装饰品的壁龛前的座位，是专为贵宾准备的）。

日本人不习惯让客人参观自己的住房，所以不要提出四处看看的请求。日本特别忌讳男子闯入厨房，上厕所也要征得主人的同意。进餐时，如果不清楚某种饭菜的吃法，要向主人请教，夹菜时要把自己的筷子掉过头来使用。告别时，要客人先提出，并向主人表示感谢。回到自己的住所要打电话告诉对方，表示已安全返回，并再次感谢。过一段时间后再遇到主人时，仍不要忘记表达感激之情。

5）宴会与餐饮礼仪

在日本，一般情况下朋友们一起上餐馆或酒吧，如果事先没有说好谁请客，都采用 AA 制的付钱方式。

日本人自古以来就以大米为主食，他们爱吃鱼。一般不吃肥肉和猪内脏，有的人不吃羊肉和鸭子。不论在家中或餐馆内，座位都有等级，一般听从主人的安排即可。日本有一种富有参禅味道，用于陶冶情趣的民族习俗——茶道。

日本人设宴时，传统的敬酒方式是在桌子中间放一只装满清水的碗，并在每人面前放一块干净的白纱布。斟酒前，主人先将自己的酒杯在清水中涮一下，杯口朝下在纱布上按一按，使水珠被纱布吸干，再斟满酒双手递给客人。客人饮完后，也同样做，以示主宾之间的友谊和亲密。主人斟的头一杯酒一定要接受，否则是失礼的行为。第二杯酒可以拒绝，日本人一般不强迫人饮酒。日本人的斟酒也很讲究，酒杯不能拿在手里，要放在桌子上，右手执壶，左手抵着壶底，千万不要碰酒杯。

在正式宴会上，日本人若有急事会悄然离去而不作正式告别，他们认为作正式告别可能会扰乱宴会气氛，是对其他宾客的不礼貌行为。

日本人通常使用筷子，桌上的摆放应该是饭碗在左边，筷子平放在前。日本教育孩子在吃饭时右手拿筷子，左手端饭碗或汤碗，并直接用碗喝汤。饭前人们都说，“不客气，开始享用了”，饭后还要说，“感谢今天美味的菜肴”，用来表示对该餐的感谢。

6）商务及其他礼仪

到日本从事商务活动，宜选择在 2—6 月或 9—11 月，其他时间当地人多休假或忙于过节。日本人在商务活动中很注意名片的作用，他们认为名片表明一个人的社会地位，因此总是随身携带。日本商人比较重视建立长期的合作伙伴关系，他们在商务谈判中十分注意维护对方的面子，同时希望对方也这样做。赠送礼品时，当地人非常注重阶层或等级，因此不要给他们赠送太昂贵的礼品，以免他们为此而误认为你的身份比他们高。

2.日本主要礼俗禁忌

日本人忌9、4等数字；送礼一般不用偶数；他们爱送单数，尤其是3、5、7这三个单数。日本人视荷花为不祥之物，因其有祭奠之意；向日本人送花时不宜用菊花，因为菊花是皇室专用花卉。到日本人家做客，携带的菊花只能有15片花瓣，因为只有皇室帽徽上才有16片花瓣的菊花。日本人讨厌金银色的猫，认为看到这种猫的人要倒霉。日本人认为狐狸和獾是贪婪、狡诈的象征，所以不宜送他们以狐狸、獾为图案的饰品。送礼物忌送梳子，因为梳子的发音与死相近。

日本人不喜欢紫色，认为这是悲伤的色调；最忌讳绿色，认为是不祥之色。他们还忌讳三人一起合影，认为中间的人被左右两人夹着，是不幸的预兆。

9.4.2　埃及的礼仪习俗

埃及是举世闻名的四大文明古国之一，素有"世界名胜古迹博物馆"之称。在尼罗河谷、地中海畔以及西部沙漠等地都发现了大量的埃及古代文明的遗迹，举世闻名的金字塔就是古埃及人对永恒观念的一种崇拜的产物，目前埃及共有80余座金字塔，其中最大的一座是胡夫金字塔。除了金字塔以外，狮身人面像和扑朔迷离的象形文字，也是古埃及文明的象征。埃及人的交往礼仪既有民族传统的习俗，又通行西方人的做法，两者皆有，上层人士更倾向于欧美礼仪。

1.埃及一般礼俗习惯

1)服饰礼俗

埃及的传统服装是阿拉伯大袍，在农村不论男女仍以穿大袍者为多，城市贫民也有不少是以大袍加身的。在埃及，一般正式场合穿西服，家访穿衬衣不扎领带，外出游玩宜着T恤衫和旅游鞋。20世纪20年代后期，西方服装逐步进入埃及。当地妇女喜欢戴耳环手镯等，在一些边远地区，女子外出还保留着蒙面纱的习俗。在大中城市，埃及人的打扮已与国际接轨，但是，老年人着装较为保守，对奇装异服通常不问津。

2)拜访及见面礼

埃及人见面时很热情，一般情况下，常称呼对方为阿凡提，意思是先生，原来这一称呼只限于王室，现在已被广泛使用。

埃及最常见的见面礼有：握手礼，禁忌是不要用左手；拥抱礼，力度要适中；亲吻礼，根据交往对象不同分为吻面礼和吻手礼。吻面礼一般用于亲友之间，尤其是女性之间；吻手礼是向尊长表示谢意或是向恩人致谢时使用；飞吻礼多见于情侣之间。

埃及人谈话时习惯站得靠近些，他们的目光注视对方但不盯视。他们认为用手指招呼人是不礼貌的。进入清真寺，他们注意举止恭敬，态度虔诚，忌讳踩祈祷用的铺垫。

如果你上门拜访朋友，主人会一次或多次地重复说："你遇到的是亲人，你走的是平原，欢迎你。"女性之间出于礼貌或表示亲热，更多地采用温柔的贴面礼，一般是先右边贴一次，后左边贴一次。异性之间通常是握手，只有亲戚之间行贴面礼。男女之间也可不握手，男士不宜主动伸手，男士在握手时必须从座位上站起来，女士则不必，可以继续坐在椅子上。

埃及人不忌讳外国人家访，甚至很欢迎外国人的访问，并引以为荣。但异性拜访是禁止的，即使在埃及人之间，男女同学、同事之间也不能相互拜访。除贫困户外，埃及人家里都有客厅，卧室作为私房是不欢迎外人入内的。家访时应主动问候老人并与之攀谈，埃及人乐于天南海北地神侃，一般应在聊完一个话题后告辞。

3）餐饮礼俗

埃及人爱吃羊肉、鸡肉、鸭肉、土豆、豌豆、南瓜、洋葱、茄子和胡萝卜，他们习惯用自制的甜点招待客人。请客时菜肴丰盛，气氛热烈，主人总是希望客人多吃点。大量食用奶酪（山羊奶酪型），但是埃及人不吃猪肉。吃饭习惯用右手抓食，目前使用刀、叉、勺者也日益增多起来。

4）商务会见

约见政府官员、公司和企业的负责人或者家访友人，无疑须预约，不宜当不速之客。但因特殊情况冒昧造访，好客的埃及人也不会像西方人那样见怪，他们始终微笑着表示欢迎。工作性的会见均在办公室进行，除了高级官员，没有人把你当作贵宾而派人在门口等候，接送你到会客室。会见的人也往往边办公边同你谈话，但如果下级送一份须签字的文件，或者外面来一个电话交谈几分钟，此时你就被冷落在一边，无人理睬。遇上几次，你就会慢慢习惯于这种埃及式的会见。商务活动用英语。

如果送礼品给埃及朋友一定记住，图案千万不要是星星、猪、狗、猫及熊猫的图案，因为有悖民族习俗。

到埃及进行商务活动，最好是在 10 月到翌年 4 月，另外，当地每周工作日是从本星期六到下星期四，星期五是伊斯兰教的休息日。

几乎所有工作都需付小费，但数目通常不大。要会给小费，否则寸步难行。

5）婚丧礼俗

现在埃及人的婚礼既保留有过去的传统，又增添了时代特色。埃及人办喜事时喜欢大摆筵席，除了邀请贵宾亲友之外，有些平时与主人无甚交往者也可光临，同样也会受到热情款待。习惯上是先摆出巧克力和水果，吃肉汤泡馍、米饭与煮肉。最后上点心和小吃。埃及人请客，座席也讲究身份及等级，主人还习惯用发誓的方式劝客人多吃，自始至终非常热情。菜肴越多越好，哪怕是原封未动地端上来又端下去，宾主都十分高兴，因为这是慷慨好客的标志之一。

2.埃及的礼仪禁忌

埃及人认为“右比左好”，右是吉祥的，做事要从右手和右脚开始，握手、用餐、递送物品必须用右手，穿衣先穿右袖，穿鞋先穿右脚，进入家门和清真寺先迈右脚。究其原因，埃及人“方便”和做脏活时都用左手，因此左手被认为是不干净的，用左手与他人握手或递东西是极不礼貌的，甚至被视为污辱性的行为。

1）衣着禁忌

在埃及，短、薄、透、露的服装是禁止的。即使是婴儿的身体也不应无掩无盖，街上也不见公共澡堂。在埃及，看不见袒胸露背或穿短裙的妇女，也遇不到穿背心和短裤的男人。虽然埃及人对外国人是宽容的，但必须提醒一点，在埃及穿背心、短裤和超短裙是严禁到清真寺去的。

2）不要打哈欠

通常在埃及人面前尽量不要打哈欠，如果实在控制不住，应转脸捂嘴，并说声“对不起”。埃及人讨厌打哈欠，认为哈欠是魔鬼在作祟。

3）颜色的禁忌

埃及人喜欢绿色和白色，讨厌黑色和蓝色。他们在表示美好一天时，称“白色的一天”，而对不幸一天，则称作“黑色的一天”或“蓝色的一天”。对真诚坦率的人称为“白心”，而称充满仇恨、嫉妒、奸诈的人为“黑心”。埃及的丧服为黑色或黄色。有地位或年老者喜好黑色或深色服装，以表示庄重和显示其威望。

9.4.3　美国的礼仪习俗

美国人一般性情开朗、乐于交际、不拘礼节。美国人具有很强的独立性，他们对自己充满信心。美国是个强者的社会，崇拜强者，不同情弱者。他们讲话没有自谦之词，从来不说自己不行，显得自满和傲慢。美国人喜欢探新求奇，往往不满足于现状。美国的学校很少教授他国的文化风俗，美国人的祖先来自全球各地，所以在美国境内“认可的”社会习俗，比有些国家的社会习俗要多得多。美国是个“样样自己动手”的国家。

1.美国一般礼俗

1)会见礼仪

美国人以不拘礼节闻名于世。第一次同别人见面，常直呼对方的名字。美国人相信自己即使直称一个人的名字，仍一样可以对他表示尊敬。在美国人看来，往往只是笑一笑，说一声“嗨”或“哈喽”，这种不拘礼节的打招呼，跟其他地区的握手为礼意义相同。

在美国，不论男女见面时一般都相互握手，彼此很熟悉的女性之间、男女之间也亲吻面颊。与美国妇女握手最好让对方采取主动，对妇女要像对男子一样随便，但是不能询问她的婚姻状况。男性最好不要给妇女送香水、衣物和化妆品之类的礼物。

美国人不重视“地位”，尤其是社会地位。大多数美国人都不愿意自己因年龄或社会地位的关系而特别受人尊敬，这样会令他们觉得不自在。许多美国人甚至觉得“先生”“太太”“小姐”的称呼太客套了。不论年龄，大家都喜欢直呼其名。“别称我史密斯太太，叫我萨莉好了。”称呼名字往往是表示友善亲近。不过，你如果觉得直呼其名不好，可用比较客气的称呼。介绍的时候，往往是连名带姓：“玛丽·史密斯，这位是约翰·琼思。”

美国人虽然不注重绅士打扮，但他们很巧妙地通过一般服装来显示身份。比如，领带绝不是可有可无之物，在美国，事业上成功的人必须系上式样和颜色都很特别的领带。恰当的领带，不但表明你在事业上走向成功，而且充分表明你是能够跟上时代的人。

美国人感到难为情时，就实话直说。遇到别人特别客气的称赞或道谢时，美国人可能因难为情而不知道该答什么话好。他们不是有意粗鲁无礼，他们其实是喜欢别人称赞自己的。

2)宴请及餐饮礼仪

美国人通常在家里宴请客人。一种方式是大家围坐在一张桌子旁，食品盛在盘中，在每个人手中依次传递或由主人为客人盛食品。另一种是“自助”式，边交谈边品尝。接受邀请的客人一般在规定时间后的5～10分钟内到达，可以送女主人一些花或其他小礼品。

美国人进餐时十分讲究，汤匙必须放在汤盘的托碟上，咖啡匙要放在茶托上。喝汤时不要弄出大的响声，并用匙的一侧从里往外舀，不能用匙头，更不能端着汤盆把盆底的剩汤喝光。每餐一般只上一道主菜和沙拉，最后上一道甜食。如果客人没吃饱，可向女主人夸赞她做得好，并再点菜，女主人会多加一份菜给他。喝咖啡要端着杯子喝，在餐桌上不要抽烟。吃完饭，客人将餐巾放在餐桌上，然后站起来。餐后，客人要待上一两个小时再道别。第二天发便函向主人致谢，并送一些小礼物，如一盒巧克力或鲜花等。

3）拜访礼仪

如果去拜访美国的朋友，应先敲门，征得同意后才进屋。进屋后先脱帽，并问对方是否方便，当对方回答"无妨"时，再谈论事情。星期六、星期日是美国的法定休息日，除非有急事或要事，一般在早上8点前，晚上10点后不要拜访。

送礼物时最好交给夫人。做客时一般不问厕所，而是自己去找。在主人卧室里，客人不能坐在床上。未经同意不要随便摆弄屋里的任何东西，尤其是钢琴。

如有客人夜间来访，不能穿睡衣迎客。在朋友家做客时，打长途电话要经主人同意；离开时，应留下电话钱，可以说"送一点钱给孩子买糖果吃"。

由于性格直爽、慷慨大方，美国人可参加朋友的朋友的宴会，刚认识就可以被邀请去看戏、吃饭或到家做客。同时，他们一般都"喜新厌旧"，新交的朋友一星期以后可以忘得一干二净。在美国经常听到这样的话："再也没有人比我们更易交朋友了，然而再也没有人比我们建立真正友谊更难了。"因此，美国人之间很难保持终生不渝的友谊。

2.美国礼俗禁忌

美国人十分强调个人权利、价值和自由，他们忌讳打听个人隐私。美国人讨厌蝙蝠，认为是凶神恶煞的象征，所以不能向美国人介绍或销售有蝙蝠图案的商品，也不要作为礼品送给他们，否则会引起麻烦。黑猫被视为不祥之物，白象则被喻为无用而累赘之物，故送人玩具或工艺品时应避开这些东西。另外，美国人忌食各种动物内脏。

美国人谈话如果跟他人站得太近，就觉得不舒服，他们最合意的距离是50厘米左右。美国人的另一个社交习惯，就是他们与其他许多民族一样，说话时往往做手势。他们谈天之际，可能拍拍对方的肩膀，以示友好；或者轻拍小孩的脑袋，以示亲爱。依照其他国家某些民族风俗来说，这种表达法可能不受欢迎，尤其是用左手来表达。许多美国人都用惯左手，在美国左手右手没轻重之分，不论左右，没有不敬之意。

美国人不喜欢沉默，他们会侃侃而谈，以免谈话中止，纵使片刻的停顿，亦非所愿。假若你很久没作声，美国人就会尽量设法让你加入谈论。他们也许会问你是不是身体不舒适，要不要他们帮忙。不过，美国人如果不同意你所说的话，可能默不作声。他们不出声，未必表示他们同意你的意见，而是表示他们认为同你继续辩论下去是没有礼貌的。

除了特殊的假日，例如圣诞节，美国人通常不送礼。因此，你会发现美国人接到礼物的时候很难为情，他们如果没有东西回礼，就更加如此。他们是个热情不拘礼节的民族。

9.4.4 英国习俗礼仪

1.英国的一般礼俗文化

英国的全称是“大不列颠及北爱尔兰联合王国”，简称英国。首都伦敦，被称为“世界雾都”。

1)生活习惯

英国人一向以冷漠和保守著称于世。他们性格孤僻，生活刻板，办事认真，对外界事情不感兴趣，往往寡言少语，对新鲜事物持谨慎态度，具有独特的冷静和幽默。他们很少发脾气，能忍耐，不愿意与别人做无谓的争论。同时，这也是英国人优雅绅士风度和淑女风度的表现。他们举止得体，语言文明，不轻易动感情。他们平时不谈私事，人们相处时，彼此很少闲谈，即使寒暄几句，也很简短，通常只提一下天气情况或者报纸新闻。他们懂得如何造就一个协调的环境，让大家和谐而愉快地生活。英国人矜持稳重，喜爱摆设前代传下来的旧家具、旧摆设、旧钟表等。

英国人遵守纪律，排队时井然有序。即使车站上只有一个人，也会在站牌下等候。他们赴约非常准时，晚几分钟可以，但绝不能提前。

英国人对妇女非常尊重。如走路要让妇女在前，乘电梯要让女士先进，乘公共汽车、电车时，要让女子先上。斟酒要给女宾或女主人先斟。在街头行走，男的应走外侧，发生危险时可保护妇女免受伤害。丈夫通常要偕同妻子参加各种社交活动，而且总是习惯先将妻子介绍给贵宾认识。

英国人注重生活质量，追求精神享受。饮食式样简单，注重营养。英国人非常爱好文化活动，如阅读书刊、写文章、听音乐会、看戏等，还喜欢养宠物。

英国人衣着讲究，讲究派头，出席宴会或晚会时，习惯穿黑色礼服，衣裤须烫得笔挺。重要场合穿着很正规，平时追求简单、舒适的服饰。西服仍称得上是英国的国服。

英国人崇尚白色，它象征爱情纯洁、吉祥如意。

2）见面礼

英国的礼俗丰富多彩，彼此第一次认识时，一般都以握手为礼，不像东欧人那样常常拥抱。随便拍打客人被认为是非礼的行为，即使在公务完结之后也如此。英国人注意服装，穿着要因时而异。他们往往以貌取人，仪容态度尤须注意。英国人讲究穿戴，只要一出家门，就得衣冠楚楚。英国人自负心特别强。

英国人见面时互相握手，互道“早安”或“晚上好”。男女之间除热恋者外，一般都不手拉手走路。见面时的称呼也都遵照传统的礼仪习惯：对尊长、上级、不熟的人用尊称，在对方姓名之前要冠以职称、衔称或先生、女士、夫人、小姐等称呼，亲友和熟人之间常用昵称，以示亲切。男性与男性拥抱会被视为笑话。

在英国，人们在演说或别的场合伸出右手的食指和中指，手心向外，构成 V 形手势，表示胜利；如有人打喷嚏，旁边的人就会说上旁保佑你，以示吉祥。

3）会谈与拜访礼仪

英国人谈吐幽默，文雅脱俗，说话声音不高，发音准确。他们认为说话滔滔不绝是一种缺乏教养的表现，只有素质低下的人才会自吹自擂。与英国人谈话时，切忌指手画脚，微笑是有礼貌的表现。但与英国人谈正经事时，则应该态度严肃，认真听讲，否则会被认为看不起他们。

英国人待人彬彬有礼，讲话十分客气，“谢谢”“请”字不离口。对英国人讲话也要客气，不论他们是服务员还是司机，都要以礼相待，请他办事时说话要委婉，不要使人感到有命令的口吻，否则，可能会使你遭到冷遇。

如果要送英国朋友一些礼物，应最先考虑鲜花和巧克力。在接受礼品方面，英国人常常当着客人的面打开礼品，无论礼品价值如何，或是否有用，主人都会给以热情的赞扬表示谢意。苏格兰威士忌是很通行的礼品，烈性威士忌则不然。

人们互相约会要提前一周左右，一般先用电话联系好。英国人习惯于有条理地安排自己的时间，随便打乱和改变计划，轻易辞掉约会，是对人的不尊敬和失礼。

4）商务礼仪

英国人职业感强烈，商务交往中，他们对业务精益求精，也很重交情。对商务谈判，他们往往不做充分的准备，细节之处不加注意。但英国商人很和善、友好，易于相处。他们好交际，善应变，有很好的灵活性，对建设性的意见反应积极。在英国，“外表决定一切”，与英国人交往要尽量避免感情外露。受到款待一定要致谢，事后致函表示谢意，赠送小礼品能增加友谊。在英国经商，必须守信用，答应过的事情，必须全力以赴。

按英国商务礼俗，应穿三件套式西装，打传统保守式的领带，但是勿打条纹领带，因为英国人会联想到那是旧“军团”或老学校的制服领带。

英国人的时间观念很强，拜会或洽谈生意，必须预约，最好提前几分钟到达为好。他们的相处之道是严守时间，遵守诺言。

到英国从事商务活动要避开7、8月，这段时间工商界人士多休假，另外在圣诞节、复活节也不宜开展商务活动。在英国送礼不得送重礼，以避贿赂之嫌。在商务会晤时，按事先约好的时间到达，不得早到或迟到。英国工商界人士办事认真，不轻易动感情和表态，他们视夸夸其谈、自吹自擂为缺乏教养的表现。英国人有付小费的习惯。

5）宴请礼仪

英国商人一般不喜欢邀请客人至家中饮宴，聚会大都在酒店、饭店进行。英国人的饮宴，在某种意义上说，以俭朴为主，他们讨厌浪费。比如说，要泡茶请客，如果来客中有三位，一定只烧三份的水。在正式的宴会上，一般不准吸烟，进餐吸烟，被视为失礼。英国人对饮茶十分讲究，各阶层的人都喜欢饮茶，尤其是妇女嗜茶成癖。英国人还有饮下午茶的习惯。

在英国，邀请对方午餐、晚餐、到酒吧喝酒或观看戏剧、芭蕾舞等，会被当作送礼的等价。主人提供的饮品，客人饮量以不超过3杯为宜，如果感到喝够了，可以将空杯迅速地转动一下，然后交给主人，这表示喝够了及多谢的意思。

如果不是谈正事，只是社交聚会，早到是不礼貌的，晚到10分钟最佳。在主人家坐得太晚也是很不礼貌的，如果只是邀请你共进晚餐和聊天，那么你最好在10～11点之间离开或者餐后1小时告别。如果你被邀请留下来住几天或度周末，在离开之前应特意买束花送给女主人，这会使她非常高兴。另外，离开后的第二天要发一封便函向主人致谢，并随附一件小礼品，如一盒巧克力或一束鲜花等。

英国的宴请方式多种多样，主要有茶会和宴会，茶会包括正式和非正式茶会。英国人在席间不布菜也不劝酒，全凭客人的兴趣取用。一般要将取用的菜吃光才礼貌，不喝酒的人在侍者斟酒时，将手往杯口一放就行。

2.英国礼俗禁忌

英国人保守、冷漠、谦虚、幽默、不喜欢夸夸其谈，更不喜欢别人打听自己的私事，谈论天气是英国人永恒的话题。英国人不喜欢大声喧哗，也忌讳在众人面前相互耳语，与他人谈话，也注意保持一段距离。与英国人交往时，最好不要谈论政治和宗教问题，更不能将皇家的事作为谈话的内容。忌谈个人私事、家事、婚丧、年龄、职业、收入、宗教等问题。

在英国人面前，要避免使用"英格兰人"这个词，而要用"不列颠人"，这样说英国人才觉得满意。如遇到两个商人，一个是苏格兰人或威尔士人，你说他是"英国人"，那么，他会纠正你说，他是"苏格兰人"或"威尔士人"。

英国人谈生意态度保守、谨慎。初次见面或在特殊场合表示赞同与祝贺时，才相互握手。在英国，不流行邀对方早餐谈生意。一般说来，他们的午餐比较简单，对晚餐比较重视，视为正餐。

英国人下班后不谈论工作，他们最讨厌下班后在餐桌上或酒吧里谈论工作；在休假时谈论工作更会引起他们的反感。英国人从不直接说"上厕所"，而是说"请原谅几分钟"或"我想洗洗手"等。

英国人喜欢独处，不欢迎别人闯进他们的生活。未经邀请或约定去拜访英国人的家庭是对别人生活的干扰，是非常失礼的举动。到英国人家里做客，早到是被认为不礼貌的，准时赴约、餐后 1 小时告别是最好的方式。赴约时，别忘了带一些小礼物送给女主人。吃饭时，嘴里尽量别发出声响，刀叉尽量轻拿轻放，不要劝酒，也不要不停地与人交谈。

英国人认为 13 和星期五是不吉利的，尤其是 13 日与星期五相遇更忌讳，日常生活中尽量避免"13"这个数字。不能手背朝外、用手指表示"2"，这种"V"形手势是蔑视别人的一种敌意做法。上街走路时千万注意交通安全，所有车辆都靠左边行驶。

英国人有些禁忌须注意，如他们从不从梯子下走过，在屋里不撑伞，从不把鞋子放在桌子上。英国人在点烟的时候，不论使用火柴还是打火机，只点到第二个人，然后把火熄灭，重新点燃后，再给第三个人点烟。他们认为一次点三支烟，意味着第三个人将面临死亡。这种说法源于一次战争，当时有三位士兵躲在战壕里，由于疲劳，他们想抽烟提神。当他们为第三个士兵点烟时，被敌人发现了，一发炮弹飞来，第三个士兵失去了性命。

英国人有排队的习惯，你可以看到他们一个挨一个地排队上公共汽车、火车或买报纸。拥挤插队是一种令人不齿的行为。

在英国购物最忌讳的是砍价，英国人不喜欢讨价还价，认为这是很丢面子的事情。如果你购买的是一件贵重的艺术品或数量很大的商品时，你也需要小心地与卖方商定一个总的价钱。如果他们认为一件商品的价钱合适就买下，不合适就走开。

在英国，服饰、香皂之类的物品涉及个人的私生活，故一般不用来送人。菊花在任何欧洲国家都只用于万圣节或葬礼，一般不宜送人。英国人认为大象是一种蠢笨的动物，因此忌讳使用大象图案。他们认为孔雀开屏并不美丽，而是自我炫耀和自我吹嘘的表现，因此不喜欢这种动物，甚至认为孔雀是一种淫鸟、祸鸟；同时还忌用人像作商品的装潢。在英国，绝对不要将百合花当作礼物送人，因为他们认为百合花意味着死亡。

9.4.5 澳大利亚的礼仪习俗

澳大利亚联邦，简称澳大利亚。它位于南半球，介于西南太平洋和印度洋之间。澳大利亚有"骑在羊背上的国家""牧羊之国""坐在矿车上的国家""岛大陆""南方大陆""古老土地上的年轻国家""淘金圣地"等别称。澳大利亚为英联邦成员国，英国女王为澳大利亚国家元首。

1.澳大利亚一般礼俗习惯

澳大利亚人时间观念很强，会见必须事先联系并准时赴约。他们待人接物都很随便。如果你应邀到澳大利亚人家做客，可以给主人带瓶葡萄酒，最好给女主人带上一束鲜花。澳大利亚同英国一样有"女士优先"的习惯，澳大利亚是一个移民国家，他们待人既友好又庄重。

1)服饰礼仪

澳大利亚人非常注重公共场所的仪表。男子大多数不留胡须，穿西服，打领带，在正式场合打黑色领结，达尔文服是流行于达尔文市的一种简便服装。妇女一年中大部分时间都穿裙子，在社交场合则穿西装上衣。无论男女都喜欢穿牛仔裤，他们认为穿牛仔裤方便自如。土著居民往往赤身裸体，或在腰间扎一条围巾，有些地方的土著人讲究些，把围巾披在身上，他们的装饰品丰富多彩。在悉尼和墨尔本宜穿西装。在布里斯班，当地商人惯穿衬衫、打领带、穿短裤。不过，初次见面时不妨穿西装。

2)会见礼仪

澳大利亚人见面习惯握手，不过有些女子之间不握手，女友相逢时常亲吻对方的脸。澳大利亚人大都名在前，姓在后。称呼别人先说姓，再加上先生、小姐或太太之类称呼，熟人之间可称小名。与他们交谈时，多谈旅行、体育运动及在澳大利亚的见闻。这里男人们相处时感情不能过于外露，大多数男人不喜欢紧紧拥抱或搂住双肩之类的动作。在社交场合，忌讳打哈欠、伸懒腰等小动作。

3)餐饮礼仪

澳大利亚人在饮食上以吃英式西餐为主，其口味清淡，不喜油腻。澳大利亚的食品素以丰盛和量大而著称，尤其对动物蛋白质的需要量更大。他们爱喝牛奶，喜食牛肉、猪肉等。他们喜欢喝啤酒，对咖啡、水果很感兴趣。忌食辣味菜肴，有的人还不吃酸味的食品。他们在就餐时，大多喜欢将各种调味品放在餐桌上，任其自由选用调味。

4)喜丧礼仪

在澳大利亚，男女婚前一般要先订婚，由女方家长宴请男方的家长及兄弟姐妹，婚礼后通常要举行宴会。澳大利亚人的葬礼，先在教堂内举行，由牧师主持追思礼，他们还保留着寡妇沉默的古俗。有趣的是由于地理位置的原因，其圣诞节和元旦不是在寒冷的冬季，而是在火热的夏季。

2.澳大利亚礼仪禁忌

澳大利亚人对兔子特别忌讳，认为兔子是一种不吉利的动物，人们看到它都会感到倒霉。

澳大利亚不流行小费，但服务人员如果为你提供了额外的服务，可给适当的小费，数目不宜多。到商店里买东西不要讨价还价。坐车不系安全带是违法的，小孩也要系安全带。

澳大利亚是一个讲求平等的社会，不喜欢以命令的口气指使别人。他们把公和私分得很清楚，所以不要以为一起进餐，生意就好做了。

9.4.6　俄罗斯习俗礼仪

1.俄罗斯的一般礼俗

在俄罗斯居住的居民主要是俄罗斯人，大多数人信仰东正教。俄罗斯人性格豪爽、热情开朗，具有很强的集体观念。他们和人交往一般行握手礼或拥抱礼。俄罗斯人也有施吻礼的习俗，但针对不同对象和不同场合，所施的吻礼也有一定的区别：朋友之间或长辈与晚辈之间，一般吻面颊；如果长辈对晚辈非常慈爱，则吻额头；男子对已婚女子，一般多施吻手礼，以示尊敬和谦恭之意；吻唇礼通常只在夫妻或情人之间流行。

俄罗斯人对数字“7”非常偏爱，认为“7”预兆好运，可以给人们带来美满和幸福。大多数人喜爱红色，视红色为美丽和吉祥的象征。

俄罗斯人对盐十分崇拜，视盐为珍宝，经常用作祭祀的供品，他们认为盐具有驱魔避邪的神秘力量。如果有人不慎打翻盐罐，或者将盐撒在地上，便认为是家庭即将出现不幸的预兆。为了摆脱灾难，他们总要将打翻在地的盐拾起来撒在自己的头上。在俄罗斯做客，如果主人给客人吃面包和盐，说明客人非常受欢迎。

他们的晚餐比较简单，对早餐和午餐十分重视。俄罗斯人的用餐时间拖得很长，喜欢品尝不同风味的菜肴，并且希望菜肴熟透和酥烂。另外，俄罗斯人对中餐非常喜欢。

如果去俄罗斯人家里做客，应该带上鲜花或烈性酒，送艺术品或图书做礼品也非常受欢迎。女主人对来访客人带给她的单数鲜花比较满意；男主人则喜欢高茎、艳丽的大花。

俄罗斯人非常重视文化教育，喜欢艺术品和艺术欣赏，因此也比较喜欢这方面的话题。

外出时，他们非常注重仪容仪表，衣扣要扣得完整，衣冠楚楚。男子外出活动时，一定要把胡子刮净；赴约要准时；在社交场合中，遵循女性优先的习惯，如帮女子脱大衣、拉门、找座位，在宴席上为她们分菜等。

2. 俄罗斯的礼俗禁忌

与俄罗斯人交谈，要坦诚相见，不能在背后议论其他人，更不能说他们小气；与女性交谈时，切忌打听年龄和服饰价格等。

在俄罗斯街上行走，决不能丢弃任何东西，连一张过期的电影票也不行。他们认为这种行为有损城市的整洁，而且是违规的。

俄罗斯人认为兔子是一种怯弱的动物，如果从自己眼前跑过，那便是一种不祥的预兆。他们认为黑色是丧葬的代表色，因此对黑猫非常厌恶，如果黑猫从自己面前跑过，则预示灾难即将来临。

俄罗斯人不吃海参、墨鱼、海蜇和木耳。

俄罗斯妇女不能在男子面前撩裙而坐，如露出大腿则有引诱男人之嫌。

9.4.7 法国习俗礼仪

1. 法国一般礼俗习惯

法国人性格热情开朗，乐观爱美，讲究衣饰，待人彬彬有礼。他们乐意帮助外来人，但很少请人到家中做客。若被邀请，可送女主人一束鲜花或一盒巧克力。他们喜欢有文化素养和美学素养的礼品，不过不要送带有某公司明显标记的礼品。

法国人在公共场所从不大声喧哗，不随便指手画脚。男子不能当众提裤子，女子不能隔着衣裙提袜子。男女一起看节目时，女子坐中间，男子坐两边。

法国妇女是世界上最喜欢打扮的妇女，她们的服装非常时髦，所用化妆品也特别多,如口红就有早、中、晚之分。法国人追求自由,纪律性较差。准时赴约是有礼貌的表现,但迟到也是习以为常的事。

法国的传统礼仪是对妇女谦恭有礼。男士若在一条狭窄通道上遇见女士,应该让在一边,先让女士通过;如有急事需要先行,则应表示歉意。如果男子陪女士上街,习惯上应让女子靠商店橱窗一边走。如发生拥挤,男子应向前开道。上楼梯应女前男后。男女在餐馆约会,男子绝不能迟到,应走在前面为女子开门,并根据女子的意见挑选餐桌。点菜、与服务员交流等事均由男子承担。如男子请女子吃饭,自然由男子买单。饭毕,男子应帮助女子拿东西、穿大衣等,然后开门站在一旁,让女子先出餐馆。乘车时,应让女子先上。到站时男子先下车。乘小轿车时,应打开人行道一侧的车门让女子先上,或者从车内打开这一侧的车门让女子上下车。乘出租汽车时,男子应先上车,坐在最里面的位置,免得女子绕过车后上车。

进电梯时,如果是一男一女,男子应后上后下。若电梯上的人很多,最后上的人则应先下,以免妨碍他人。

法国人握手时间不长,不能使劲晃动。一般是女子、上级、长者先伸手。如果在场的人很多,握手的顺序是女先男后,长先幼后。两对夫妇相逢时,两位女士先打招呼,男士再分别向对方妻子致意,然后两位男子相互握手。

如果亲朋好友相遇,则以亲吻或拥抱的方式代替握手礼。在法国,男人之间亲吻的情况较少。在冬天,戴帽子的男子应脱帽向女子致意,握手时无须摘手套。但对方未戴手套,则应迅速摘下自己的手套再握手。如果双方非常熟悉或地位平等的人见面,只需挥手问好即可。

与法国人交往时,不要谈论个人、政治或金钱等方面的话题,那样会引起他们的反感。

2.法国礼俗禁忌

法国人忌吃无鳞鱼,不吃辣的食品。忌讳菊花、杜鹃花等黄色花朵,因为他们认为黄色是不忠诚的表现;忌黑桃图案,认为不吉祥;忌墨绿色,因第二次世界大战期间纳粹军服是墨绿色的;忌仙鹤图案,认为仙鹤是蠢汉和淫妇的代称;忌送香水等化妆品给法国女人,因为这样做给人以过分亲热或图谋不轨之嫌。

9.4.8 德国习俗礼仪

1.德国一般礼俗习惯

德国居住的居民绝大部分是德意志人,其中约有一半人信仰基督教,另一半人信仰天主教。大多数德国人朝气蓬勃，具有勤俭耐劳、遵守纪律的品德，同时有矜持、喜爱音乐的特点。

德国人非常注重仪表和形象，外出时必须穿戴整齐、干净；他们热情好客、待人诚实可靠。德国人见面打招呼时不直呼名字，一定要称呼头衔；接电话要首先告诉对方自己的姓名；交谈时，德国人喜欢原野风光方面的话题。他们的业余爱好多为体育活动，时间观念特别强，约会非常守时。

在宴席上，男子坐在妇女和地位高的人的左侧，女士离开和返回饭桌时，男子要站起来以示礼貌；请德国人进餐，事先必须安排好。

2. 德国礼俗禁忌

德国人认为红色、茶色和深蓝色是不吉利的颜色；忌讳吃核桃。另外，他们非常忌讳在服饰或其他商品包装使用纳粹标志。德国人认为郁金香是没有感情的花。

9.4.9 意大利习俗礼仪

1. 意大利礼俗习惯

意大利居民主要是意大利人，绝大多数人信仰天主教。意大利人待人热情，非常有礼貌。他们的见面礼是握手或招手示意。对年长者、地位高者和不太熟悉的人，要称呼他的姓，再加上“先生”“小姐”“太太”和荣誉职称；和意大利人谈话要注意掌握分寸，他们比较喜欢工作、新闻、体育方面的话题；切忌谈论美国橄榄球以及政治问题。

意大利人早晨喜欢喝咖啡和酸牛奶，吃烩水果。酒（尤其是葡萄酒）是意大利人必备的饮料，不论男女几乎每餐都要喝酒，甚至在喝咖啡时，也要掺上一些酒。

在比较隆重的社交场合，意大利人对服装的总体要求是朴素、大方、整洁、得体。衣服要熨平整，裤子熨出裤线。衣领袖口要干净，皮鞋要上油擦亮。穿长袖衬衣要将前后摆塞在裤内，袖口不要卷起。穿短袖衫，下摆不要塞在裤子里。长裤不要卷起。

意大利人参加各种活动时，进入室内场所都要摘帽、脱掉大衣、风雨衣以及套鞋。无论在什么时候，男士在室内都不可戴帽子和手套；而女性则允许在室内戴帽子、手套和面罩。

2. 意大利礼俗禁忌

在意大利，菊花盛开的季节，正是他们扫墓祭奠亡灵的时候。因此，意大利人非常忌讳菊花。

本章小结

本章介绍了涉外礼仪的基本概念、适用范围、适用环境和时代背景，以增强学生对涉外礼仪重要性的理解；通过对涉外礼仪基本原则和规范的介绍，了解涉外礼仪的基本知识，以便更好地指导涉外活动；通过对国际礼宾次序的介绍，了解礼宾次序、国际惯例在涉外交往中的重要意义；通过对世界各地的礼仪习俗的介绍，掌握涉外交往中常见的不同国家的礼节、礼俗和禁忌，本着平等互利，互通有无，合作共赢的目标更好地为涉外交往服务。

思考与练习

1. 什么是涉外礼仪？有何特点？
2. 什么是国际惯例？遵守国际惯例有何意义？
3. 涉外礼仪的发展趋势如何？
4. 国际礼宾次序中，需要注意哪些问题？
5. 国旗的悬挂惯例是什么？
6. 涉外交往礼仪原则中，当遵守“入乡随俗”的当地礼仪与来宾国礼仪发生严重冲突时，应如何处理？
7. 澳大利亚的禁忌有哪些？
8. 美国、英国等国家的主要见面礼是什么？有何禁忌？

案例分析

案例：梅汝璈刚柔并济争席位

梅汝璈1946年代表中国出任远东国际军事法庭法官，参与了举世闻名的东京审判。第二次世界大战中，中国是同盟国中受侵略最严重的战胜国之一，但审判长由澳大利亚韦伯法官担任。关于美国、中国、英国、苏联、澳大利亚、加拿大、法国、荷兰、印度、新西兰、菲律宾11国法官的座次问题，开庭前预演时就发生了争议。因为庭长韦伯宣布入场的顺序为美国、英国、中国、苏联、澳大利亚、加拿大、法国、荷兰、印度、新西兰、菲律宾，把中国法官的座次排在英国之后。梅汝璈立即对这一安排提出强烈抗议："如论个人之座位，我本不在意。但既然我们代表各自国家，我认为法庭座次应该按日本投降时各受降国的签字顺序排列才最合理"。首先，今日系审判日本战犯，中国受日本侵害最烈，且抗战时间最久、付出牺牲最大，因此，有八年浴血抗战*历史的中国理应排在第二。再者，没有日本的无条件投降，便没有今日的审判。按各受降国的签字顺序排座，实属顺理成章。接着，梅汝璈脱下象征着权力的黑色丝质法袍，拒绝"彩排"，他说："今日预演已有许多记者和电影摄影师在场，一旦明日见报便是既成事实。既然我的建议在同仁中并无很大异议，我请求立即对我的建议进行表决。否则，我只有不参加预演，回国向政府辞职。"由于梅汝璈据理力争，庭长当即召集法官表决，最终入场顺序和法官座次按日本投降各受降国签字顺序安排。

请问：

1. 梅汝璈为何要争取改变原有席位？
2. 东京审判中的"席次之争"对你有何启发？

* 八年抗战是指中华民族从 1937 年"七七事变"到 1945 年 8 月这 8 年的抗战。

附录

1 我国主要传统节日

1.1 除夕

每年农历十二月的最后一天——大年三十晚上叫“除夕”，又叫“大年三十”。除夕是中国传统节日中最为重大的节日之一，其地位与西方传统节日中的圣诞节相当。除夕最早源于先秦时期的“逐除”。据记载，中国古人在新年的前一天，用击鼓的方法来驱除“疫疠之鬼”，来年才会无病无灾，这就是“除夕”节的由来。“除”意思是“交替”，有除旧布新之意，“夕”的意思是“夜晚”。故除夕之夜，含有“旧岁到此而除，祛病消灾，明日另换新岁”的意思。

除夕这一天，是人们吃喝玩乐的日子，北方人包饺子，南方人做年糕。因水饺形状似元宝，年糕音似“年高”，所以都是吉祥如意的好兆头。人们往往通宵不眠，叫“守岁”。除夕之夜，全家人都会围坐在一起吃丰盛的“团年饭”(“年夜饭”)。“鱼”是团年饭中必不可少的一盘菜，因为“鱼”与“余”谐音，寓意“年年有余”，象征来年的“富裕与幸运”。团年饭过后是孩子们最开心的时刻，这时，长辈们会分发事先准备好的压岁钱，人们还会一起张贴春联和门神，然后守岁迎接新的一年的到来。到了晚上12点，人们会以燃放爆竹、烟花的形式迎接新年，同时会用电话、短信的方式给自己的亲朋好友送去祝福。

1.2 春节

农历正月初一即春节。是农历的一岁之首，俗称“大年”。是我国民间最热闹、隆重的传统节日之一。古代的春节，是指农历二十四个节气中的“立春”时节，南北朝以后才将春节改在一年岁末，这时大地回春，万象更新，人们便把它作为新的一年的开始。到了辛亥革命后的民国初年，改农历为公历（阳历）后，便将正月初一定为春节。直到1949年中国人民政治协商会议才正式把正月初一的新年定为“春节”，至今仍有许多人将过春节叫“过年”。

其实，“年”的最初含义来自民间传说。据说古时候，有一种最凶恶的野兽叫“年”。它一出来，见人吃人，见畜伤畜，人们生命安全受到严重威胁。天神为了惩罚“年”，把它锁进深山，只许它一年出山一次。人们发现“年”有“三怕”——怕红颜色、怕响声、怕火光。于是，有一年腊月三十晚，大伙在门口贴上红纸，不断地敲锣打鼓、放鞭炮，晚上屋子里彻夜点上灯，“年”来了一看，家家灯光通明；一听，处处放炮声，吓得它不敢进村。白天它又偷偷下山来，见还是户户门上红，遍地咚咚响，吓得它胆战心惊，调头又跑回去了。从此后，“年”一直没敢再来，据说饿死在深山老林里了。后来，人们才把“防年”“驱年”，变成安安稳稳地过年了。风俗活动主要有：放爆竹、吃饺子、走亲戚、拜年等。

1.3 元宵节

农历的正月十五日，是中国重要的传统节日——元宵节，又称“上元节”。我国的古代历法和月相有密切的关系，正月十五，迎来一年中第一个月圆之夜，这一天被看作是吉日。早在汉代，正月十五已用作祭祀天帝、祈求福佑的日子。后来古人把正月十五称“上元”，七月十五称“中元”，十月十五称“下元”。在南北朝早期，三元是要举行大典的日子，在三元中，又以“上元”最受重视。到后来，中元、下元的庆典逐渐废除，而庆祝上元则一直经久不衰。

“上元”夜称“元夜”“元夕”或“元宵”，并且“元宵”这一名称一直沿用至今。我国民间有元宵节吃元宵的习俗，吃元宵象征家庭像月圆一样团圆，寄托了人们对生活的美好的愿望。元宵在南方称“汤圆”“圆子”，由糯米制成，或实心或带馅，馅料有豆沙、芝麻、花生、白糖等，煮、煎、炸均可。在元宵节这一天还有张灯、看灯的习俗，所以民间也称为“灯节”。“猜灯谜”是自南宋元宵节开始的一项活动，人们将谜语写在纸条上，贴在五颜六色的彩灯上供人猜，为元宵节平添了智慧的乐趣，在流传过程中受到民众的欢迎。

1.4 清明节

清明节原是指春分后第15天，1935年“中华民国”政府将公历的4月5日定为清明节，也叫作民族扫墓节。现在清明节指二十四节气之一的清明，一般在每年的4、5或6日。2006年5月20日经国务院批准，清明节被列入第一批国家级非物质文化遗产名录。

清明节又叫踏青节，是我国最重要的祭祀节日，是祭祖和扫墓的日子。扫墓俗称上坟，是祭祀死者的一种活动。清明扫墓的俗例，自汉代承袭下来而普及民间，历经两千多年不衰，汉族和一些少数民族大多都是在清明节扫墓。按照旧的习俗，扫墓时人们要携带酒食果品、纸钱等物品到墓地，将食物供祭在亲人墓前，再将纸钱焚化，为墓地除草，并培上新土，折几枝嫩绿的新枝插在坟上，然后叩头行礼祭拜，最后吃掉酒食回家。踏青是陪衬清明的活动，扫墓之余，一家大小可顺便在山野间游乐踏青，欣赏春景。

1.5 端午节

农历的五月初五日为“端午节”，又称端阳节、端五节、五月节等，是我国有着两千多年历史的一个重要传统节日。“端午”本名“端五”，端是“初”的意思，“五”与“午”互为谐音而通用。

我国古代最早的爱国诗人屈原遭谗言被放逐后，目睹楚国政治日益腐败，又不得实现自己的政治理想，无力拯救危亡的祖国，于是自投汨罗江以殉国。人们为了不使鱼虾吃掉其尸体，纷纷用糯米和面粉做成糯米饭或粽糕投入江中，这便成为后来端午节人们吃粽子、炸糕的来源。“粽子香，香厨房。艾叶香，香满堂。桃枝插在大门上，出门一望麦儿黄。这儿端阳，那儿端阳，处处都端阳。”这是旧时流行甚广的一首描写过端午节的民谣。总体上说，各地人们过端午节的习俗大同小异，而端午节吃粽子，古往今来中国各地都一样。不仅如此，赛龙舟也是端午节的一项重要活动，在中国南方十分流行，尤其是广东地区。赛龙舟历史悠久，最早是古越族人祭水神或龙神的一种祭祀活动，也是中国民间传统水上体育娱乐项目，多是在喜庆节日举行，是一种多人集体划桨竞赛。当今这一项目也传至海外，特别是华人聚居的地方，并深受各国人民的喜爱，形成了国际比赛。

1.6　七夕节

农历的七月初七称“七夕”，又名乞巧节、七巧节，发源于中国，也是华人地区以及东亚各国的传统节日。2006 年 5 月 20 日，七夕被国务院列入第一批国家非物质文化遗产名录。

七夕节来源于民间传说——牛郎织女阴历七月初七在天河鹊桥相会，后有妇女于此夜向着织女星穿针乞巧等风俗。所谓“乞巧”，即女子在月光下用彩线穿针，如能穿过七枚大小不同的针眼，就算很“巧”了。七夕节表达的是男女之间不离不弃、白头偕老的情感，恪守的是双方对爱的承诺。随着时间演变，七夕现已成为“中国情人节”。但在中国大陆，七夕节被商家作为商业促销的一大良机，而传统的七夕习俗则呈现失落。

1.7　中秋节

农历的八月十五日，这一天正当秋季的正中，故称“中秋”或“仲秋”。八月十五的月亮比其他几个月的满月还要圆、还要明亮，所以又叫“月夕”“八月节”。

中秋节，人们都尽可能和家人团聚，取“人月双圆”的意义，因此八月十五也是团圆节。据传说，元朝末年，广大人民为了推翻元朝残暴的统治，把发起暴动的日期写在纸条上，放在月饼馅里，以便互相秘密传递，号召大家在八月十五日起义，后来终于在这一天爆发了全国规模的农民大起义。此后，中秋吃月饼的风俗就更加广泛地流传开来。在中秋节的晚上还有祭月、拜月的活动，人们在晚上设香案，备上各种瓜果和熟食，赏月，吃月饼。中秋节的习俗很多，形式也各不相同，但都寄托着人们对生活无限的热爱和对美好生活的向往。

1.8　重阳节

农历九月初九，二九相重，称为“重九”，又因为我国古代以九为阳，阴历九月九日正是阳月阳日，故名“重阳”。

重阳节的起源，最早可以推到汉初，据说在皇宫中，每年九月九日都要佩戴茱萸，食蓬饵，饮菊花酒，以求长寿。民间在该日还有登高的风俗，所以重阳节又叫

“登高节”，一般是登高山、登高塔；因“高”与“糕”音同，所以还有吃“重阳糕”的习俗。唐代诗人王维著名的《九月九日忆山东兄弟》一诗写道：“独在异乡为异客，每逢佳节倍思亲。遥知兄弟登高处，遍插茱萸少一人”，说的正是重阳节风俗的写照。

此外，九九重阳，因为与“久久”同音，“9”在数字中又是最大数，所以重阳节还有“长久长寿”的含义，人们就常在此日祭祖和推行敬老崇孝的活动。2012 年 12 月 28 日，我国法律明确规定了每年的农历九月初九为“老人节”，以表示对老人的重视和尊重。

1.9 冬至

在我国古代对冬至很重视，在二十四节气中，冬至也最受重视，曾有“冬至大如年”的说法，而且有庆贺冬至的习俗。《汉书》中说：“冬至阳气起，君道长，故贺。”人们认为到了冬至，虽然还处在寒冷的冬天，但春天已经不远了。这时外出的人要回家过节，表示年终有所归宿。冬至是一年中白昼最短，夜晚最长的一天，此后白天将逐渐变长。北方有冬至吃羊肉、吃饺子、吃馄饨的习俗，南方则有吃冬至米团、冬至长线面的习惯。有些地区在冬至这一天还有祭天祭祖的习俗。

1.10 腊八节

农历腊月初八这一天俗称“腊八”。古代十二月祭祀“众神”叫“腊”，因此农历十二月又叫“腊月”。从先秦起，腊八节都是用来祭祀祖先和神灵，祈求丰收和吉祥。据说，佛教创始人释迦牟尼的得道成佛之日也在十二月初八，因此腊八也是佛教徒的节日，称为“佛成道节”，寺院每逢这一天煮粥供佛，并施粥予百姓，以后民间相沿成俗，直至今日。在这一天，自古以来人们有喝腊八粥(也叫“七宝五味粥”，由五谷杂粮加各种干果熬制而成，可甜可咸)，腌制腊八蒜，敬神供佛，欢庆五谷丰登和驱疫禳灾的习俗。腊八节是中国民间重要的传统节日，历史上许多文人墨客争相咏颂腊八节，留下了不少脍炙人口的名篇佳作。

2 我国部分少数民族节日及禁忌

2.1 蒙古族

2.1.1 传统节日

蒙古族的传统节日主要有春节，蒙古语为“查干萨仁”，意为“白色的月”，因为蒙古族人民崇尚白色，以白色为纯洁、吉祥之色，故称春节为“白节”，称农历正月为“白月”。此外还有那达慕、马奶节等。

“那达慕”大会是蒙古族历史悠久的传统节日，在蒙古族人民的生活中占有重要地位。每年农历六月初四开始的为期5天的那达慕，是人们为了庆祝丰收而举行的文体娱乐大会。那达慕大会的内容主要有摔跤、赛马、射箭、套马、下蒙古棋等民族传统项目，有的地方还有田径、拔河、篮球等体育项目。2006年5月20日，那达慕经国务院批准列入第一批国家级非物质文化遗产名录。

2.1.2 禁忌

骑马坐车接近蒙古包时要轻骑慢行，马鞭须放在门外，以示对主人的尊敬；来客不坐西炕，因为西炕为供佛的神位；忌在火盆上烤脚、鞋、袜、裤子等；主人献茶时，客人要欠身双手去接；赠送礼品忌单数；出蒙古包后，要步行一段路，等主人回去后再上车或上马。牧民家有重病号或病危的人时，一般在蒙古包左侧挂一根绳子，并将绳子的一端埋在东侧，说明家里有重病者，不待客。蒙古族妇女生孩子不让外人进产房。一般在屋檐下挂一个明显的标志：比如生男孩时挂弓箭，生女孩时挂红布条；客人见到此类标志，则不再进入产房。禁止打骂守门的狗和猎犬，否则视为对主人的不礼貌。

2.2 藏族

2.2.1 传统节日

藏族的节庆活动很多，几乎每月都有一个节日，而且民间节日和宗教节日互相穿插。传统节日中以藏历新年、沐浴节、雪顿节和望果节最有规模、最具特色。此外还有达玛节、赏花节、上九节、郎扎热甲节、俄喜节、罗让扎花、沐浴节、驱鬼节、响浪节、酥油花灯节、转山会等。

上述藏族节日中最为隆重、最具有藏民族意义的要数“藏历新年”。藏历新年相当于汉族的春节，是一年中最大的节庆。从藏历十二月中旬开始，人们就准备过年吃、穿、用的节日用品。成千上万的农牧民涌入拉萨城，购买各种年货。此时是拉萨一年中最为繁忙的季节，藏民族过年是从藏历十二月二十九日开始的。此外，转山会也是藏族传统的盛大节日之一，又称沐佛节、敬山神。流行于甘孜、阿坝藏族地区。每年农历四月八日这一天，甘孜藏区远近群众身着民族服装，汇集到跑马山上和折多河畔。人们先到寺庙里燃香祈祷，焚烧纸钱。然后转山祭神，祈求神灵保佑。转山后，支起帐篷进行野餐，演藏戏，唱民间歌谣，跳锅庄舞、弦子舞，骑手们还进行跑马射箭比赛。在此期间，人们还要举行物资交流活动和其他文化体育活动。

2.2.2 禁忌

藏族忌讳捕杀野生动物；不吃驴、马、骡肉，忌食飞禽及鱼虾等水生动物；忌讳在寺庙内吸烟、摸佛像、翻经书、敲钟鼓及动手抚摸喇嘛随身佩戴的护身符、念珠等宗教器物；不得在寺院附近砍伐树木、大声喧哗；忌单手接递物品；进入房间后，男坐左边，女坐右边，不得混杂而坐；饮食用的碗和茶具忌扣着放置；妇女生育时，忌外人进入；忌讳在别人面前对自己的孩子过分夸奖。

2.3 回族

2.3.1 传统节日

回族是中国分布最广的少数民族。回族有三大节日，即开斋节(伊斯兰教历九月三十日)、古尔邦节、圣纪节。这三个节日都是宗教节日。

开斋节，阿拉伯文 Id al-Fitr 的意译，音译“尔德·费图尔”，在新疆还有“肉孜节”的叫法。在伊斯兰教历每年九月，从见新月到下月见新月的一个月里都要斋戒，即从日出后到日落前不得进食，直到伊斯兰教历十月一日开始为“开斋”，届时要欢庆三天，家家宰牛羊等招待亲友庆贺，并要做油香、馓子、油果等节日食品。

古尔邦节，开斋节后第 70 天，即伊斯兰教历的 12 月 10 日。古尔邦节也称“献牲节”，是穆斯林赴麦加(麦加：伊斯兰教的圣地)朝觐的最后一天。节日当天回族民众不吃早点，斋戒半天，而且要沐浴净身，室内焚香，去清真寺参加礼拜之后，请阿訇宰牲，将所宰牛、羊肉的一部分分赠亲友、济贫施舍以及留给自己食用，但不能出售。

圣纪节，是纪念先知穆罕默德诞生的日子，这天是伊斯兰教历3月12日，也是穆罕默德逝世的日子。纪念活动一般在清真寺举行，在活动中要听阿訇诵经演说，讲述先知圣绩。有的地方还在这天举行盛大的尔麦里会（善事宴会），宴请宾客。

2.3.2 禁忌

回族忌食猪肉、狗肉、马肉、驴肉、骡肉，不吃未经信仰伊斯兰教者宰杀的和自死的禽畜肉，不吃动物的血等。

2.4 维吾尔族

2.4.1 传统节日

维吾尔族的传统节日基本上都是伊斯兰教的宗教节日，主要有肉孜节（即开斋节）、古尔邦节和诺鲁孜节。前两个源于伊斯兰教，日期是按回历计算的，每年都有变动，有时是在冬季，有时则是在夏天或其他季节。维吾尔族在节日及喜庆的日子里举行“麦西莱甫”等各种娱乐体育活动。

诺鲁孜节，距今至少已有3 000年的历史，内容与汉民族的春节相似，是维吾尔族最为盛大的节日。每年公历3月20～22日，全世界有30多个民族与维吾尔族人同一时间庆祝诺鲁孜节。每年昼夜时差相等时分，即3月20～22日夜晚零点击打诺鲁孜节鼓，普告天下节日来临，听到鼓声的人们自发地汇集到击鼓地点唱歌跳舞，直至天明。这是诺鲁孜节麦西莱甫开幕的标志。第二天，从日落开始至次日太阳冉冉升空为止，这是琴师、歌手、舞手显示才能的最好舞台。次日，维吾尔族人们洗浴净身，换下冬装，吃诺鲁孜节饭，邻里间相互赠送诺鲁孜节饭以示祝贺新年。节日期间，家家户户还要进行一次彻底的大扫除，上坟祭奠祖先；还会动员全村老小，植树造林，美化环境。因为是在初春，诺鲁孜节又称为踏青节，许多学校还开展体育比赛、趣味智力竞赛、诺鲁孜诗比赛。总之，诺鲁孜节是维吾尔族在历史发展进程中产生出来的系统的迎新年节日，是为促进春耕生产，绿化、美化、净化环境做准备的节日，是艺术的节日，也是体育的节日。

2.4.2 禁忌

维吾尔族禁吃猪肉、驴肉、狗肉、骡肉及自死的牲畜；住宅大门忌向西开；衣着忌短小，上衣一般要过膝，裤腿达脚面，户外忌着背心短裤；室外活动时，男子必须戴帽子，女子必须戴头巾或帽子；屋内就座时，要跪坐，忌双腿伸直，脚底朝人；接受物品或请茶要用双手，忌用单手；探望病人时忌站在病人的头或脚的方向。

2.5 满族

2.5.1 传统节日

满族历史悠久，1644年清军入关统一了中国，形成满汉长期杂居的局面。受汉文化的影响，满族的很多节日与汉族相近，重视过农历新年，除夕这天守岁至半夜，要吃饺子或手扒肉；正月十五过上元节，即元宵节；正月二十五祈求来年过“添仓节”，农历二月二是“龙抬头”的日子；还有农历五月端午节，但满族的端午节并非纪念屈原，而是祈祷解瘟，这一天满族家家屋檐及门楣都插上艾蒿，还用红黄彩纸剪成宝葫芦贴在缸上，意在解瘟。此外农历六月六有“虫王节”，以及和汉族相同的八月十五中秋节等。

最具满族本民族特色的是“颁金节”，该节日是满族“族庆”之日。1635年农历十月十三日，皇太极发布谕旨，正式改族名“女真”为“满洲”，这标志着一个新的民族共同体形成。1989年10月，在丹东“首届满族文化学术研讨会”上，正式把每年的12月3日定为“颁金节”，各地满族同胞在农历十月十三日满族命名日自发地举行纪念活动，以示纪念满族的诞生。但活动时使用的名称不尽相同，或称“命名日”，或称“诞生日”，或称“纪念日”等。另外，添仓节在每年正月二十五日，满族农村家家讲究煮黏高粱米饭，放在仓库，用秫秸秆编织一只小马插在饭盆上，意思是马往家驮粮食，丰衣足食，这个节至今在东北农村保留着；虫王节，六月天易闹虫灾，过去居住在辽宁省岫岩、凤城一带的满族在六月初六这天，一户出一人到虫王庙朝拜，杀猪祭祀，求虫王爷免灾，保证地里的收成好。如今不搞虫王节祭祀活动，但家家要在这一天晾晒衣物，以防虫蛀。

2.5.2 禁忌

满族将西墙作为供奉祖先的神圣部位，因此忌坐西炕，不准在此挂衣物，张贴年画；满族有“义狗救主”的传说，所以忌食狗肉，也不穿用狗的毛皮做成的衣物或防寒用品。丧事期间，忌讳交谈中说“死”字，要说“走”字；老人故去，百日之内要“服重孝”，在此期间男人不能剃头，女人三年内不穿红色衣饰或戴花，三年内室中不贴年画和春联，不放鞭炮。

2.6 壮族

2.6.1 传统节日

壮族是中国少数民族中人口最多的民族，传统节日有三月三歌节、春节、陀螺节、陇端节、吃立节、娅拜节等。

三月三歌节，是壮族人民盛大的传统节日，因以唱歌为其活动的主要内容而得名，又名“三月三歌圩”。广西壮族自治区政府将每年农历“三月三”定为广西公众假日，自治区全区放假两天。青年男女对唱山歌是歌圩的主要活动。对歌分组有男对男，女对女，男对女三种，以第三种最吸引人。各地对歌的程序大同小异，常见的有游歌、相见歌、求歌、初交歌、深交歌、盘答歌、离别歌。歌圩期间，除对唱山歌外，还有抛绣球、碰蛋、抢花炮、打扁担、演壮剧、唱师公戏或唱采茶等项传统项目。现代歌圩还增加了物资交流、文娱体育比赛和经贸洽谈等活动。“三月三”不仅是广西壮族的重要节日，也是当地汉、瑶、苗等民族的重要节日，在广西各族群众心目中的地位不亚于春节。每年，广西12个世代居住民族中有2 700多万人采取不同方式欢度“壮族三月三”，占全区总人口的54%。

2.6.2 禁忌

壮族人忌食牛肉和蛙肉；忌讳用脚踩踏锅灶，禁止在灶上煮狗肉；夜间行走禁止吹口哨；禁忌坐在门槛中间；门口悬挂草帽时，暗示房内有产妇，外人不得入内。

2.7 苗族

2.7.1 传统节日

苗族也属于我国少数民族中人数较多的一个民族，其传统节日有鲜明的民族特点，如苗年、四月八、龙舟节、吃新节、赶秋节、花山节、敬桥节等。

其中以过“苗年”最为隆重，苗年相当于汉族的春节，一般在秋后举行。自古以来，苗族就使用着与汉族农历不同的历法——苗历。苗历的岁首，即为苗年。过“苗年”的日子，时间在农历的10月、11月期间，这种习惯也使得不同的苗寨在各自不同的“苗年”日子里，轮流成为各苗族区域的狂欢中心。“苗年”是苗族人庆祝丰收的日子，是一年里劳作的结束与欢乐的开始。每到苗年，人们喜爱的芦笙和铜鼓就可以搬出来尽情欢跳了。从这天开始，苗族人便开始了走村串寨，你迎我往，一寨又一寨的芦笙盛会一直欢乐到春天二月里的“翻鼓节”。苗年的主要活动，包括杀年猪、打糯米粑、祭祖、吃团年饭、“串寨酒”、跳芦笙等，部分地区还举行斗牛、斗鸟、赛歌等活动。2008 年 6 月 7 日，苗年经国务院批准列入第二批国家级非物质文化遗产名录。

2.7.2 禁忌

苗家人最忌外人以“苗子”相称，他们认为这是一种侮辱，苗族人喜自称“蒙”；禁杀狗、打狗，不吃狗肉；不能坐苗家火炕右边靠中柱的祖先神位的地方，火炕上三脚架不能用脚踩；不许在家或夜间吹口哨；不能拍了灰吃火烤的糍粑；嬉闹时不许用带捆苗家人；遇门上悬挂草帽、树枝或婚丧祭日，不要进屋；路遇新婚夫妇，不要从中间穿过等。

2.8 彝族

2.8.1 传统节日

彝族是我国西南地区人口最多的一个少数民族，比如四川的凉山彝族自治州就是最大的彝族聚居区。

彝族的民族节日主要有火把节、彝族年、拜本主会、密枝节、跳歌节等。“火把节”是彝族地区最普遍、最隆重的传统节日，一般多在农历六月二十四日或二十五日。每到火把节，彝族男女老少，身穿节日盛装，打牲畜祭献灵牌，尽情跳舞唱歌、斗牛、赛马、摔跤。夜晚，各村各寨都要燃起火把，人们擎着火把，朝火把上洒松香，转绕住宅和田间，人们相互祝福；然后大家相聚在一起烧起篝火，围着火堆载歌载舞，气氛热烈。

2.8.2 禁忌

彝族人把火塘看作是火神居住的神圣之地，因此严禁触踏或跨越，不许用手摸火塘上的三脚架；彝族男子头顶上蓄有一蓬头发，他们认为这是人最高贵的地方，忌旁人用手触摸；宰杀家禽、家畜时，忌外人在场；忌在家中吹口哨和大声喧哗；忌外人骑马进彝寨，到寨门的竹篱笆前必须先下马，忌长驱直入；彝族人热情好客，常以酒待客，若主人敬酒不喝，则被视为看不起主人，所以即使不胜酒力，也要少喝一点表示尊重；彝族人忌讳客人将食品带走。

3 西方国家主要节日

3.1 平安夜(Silent Night)

公历的12月24日为平安夜,是圣诞节的前一天,又有圣诞夜(Christmas Eve)之称,是西方的传统节日,跟中国的除夕类似。如今由于中西文化的交流和融合,平安夜也慢慢成为世界性的节日。

平安夜前,千千万万的欧美人风尘仆仆地赶回家中团聚,就像亿万中国人春节赶回家过年一样。基督教社会中,平安夜这天每家按传统都要摆放一棵圣诞树,当晚全家人团聚在客厅中,共进丰盛的晚餐,围在圣诞树旁唱圣诞歌曲,互相交换礼物,彼此分享生活中的喜怒哀乐,表达祝福与爱,并祈愿来年的幸福;父母们还会趁孩子睡着的时候,悄悄将为他们准备的圣诞礼物放在长筒袜里,等孩子一早醒来,收获一份看到礼物的惊喜。

3.2 圣诞节(Christmas)

公历的12月25日为圣诞节,也就是平安夜的第二天,它原本是耶稣基督(Jesus christ)的诞辰纪念日,是基督教徒的节日,但由于人们格外重视,后来就演变为全民性的节日,因此圣诞节成为西方国家一年中最重要、最盛大的节日。在这一天,世界所有的基督教会都会举行特别的礼拜仪式,而圣诞节节期(Christmas Season)往往持续二周。这段时间里,人们交换礼物,寄圣诞贺卡,或通过网络传递相互间的祝福和问候;大街小巷粉饰一新,商店橱窗前大减价、大拍卖的广告格外醒目;到处可见人们拎着大包小包的节日用品,到处可听见欢快的歌声和笑声。圣诞节也是家人团聚的日子。

3.3 新年(New Year's Day)

公历的1月1日是西方很多国家的新年(New Year's Day),晚会是庆祝新年到来必不可少的活动,化装晚会特别受欢迎。来宾们把尊严和谨慎藏在面具之后,打扮得稀奇古怪;在英美两国,午夜钟声一响,参加晚会的人们还要手拉手高唱“友谊地久天长”这首著名的苏格兰民歌。

3.4 情人节(Valentine's Day)

公历的 2 月 14 日,是西方的传统节日——情人节,又叫瓦伦丁节。情人节是欧美各国尤其是青年人喜爱的节日,时至今日,在世界上很多国家也越来越流行,并成为商家促销的一种方式。

在情人节这天,夫妻或情侣精心准备送给对方的礼物,互诉爱意和衷肠。许多情侣还选择在这一天求婚、订婚和结婚。一些学校、团体、俱乐部会主办热闹非凡的情人节舞会;商店里推出各种表达柔情蜜意的礼品,剧院里演出以爱情为主题的戏剧节目,报刊刊登永志史书的罗曼史……在情人节的习俗中,晚餐约会是十分重要的节日仪式,特别是对未婚情侣来说,是二人关系发展的关键;玫瑰花和巧克力则是庆祝情人节时必不可少的礼物,也是男性送女性最经典的礼物,表达爱情的专一、活力、甜蜜和浪漫。特别是玫瑰花,它代表爱情是众所周知的,而且不同颜色、不同朵数的玫瑰还有着不同的寓意。

3.5 愚人节(April Fool's Day)

愚人节也称万愚节,节期在每年 4 月 1 日。较普遍的说法是该节日起源于法国,18 世纪初愚人节习俗传入英国,接着又被英国的早期移民带到了美国。在 4 月 1 日一天,最典型的活动是大家可以名正言顺地说谎,互相开玩笑,用假话作弄对方。不仅如此,谁编造的谎言最离奇,最能骗人,那么他就会荣获“桂冠”。在这个尽情开玩笑的日子里,有些玩笑甚至开得很过火,近乎恶作剧。现在,人们在愚人节这天的愚弄欺骗已不再像过去那样离谱,而是以轻松快乐为目的。

3.6 复活节 (Easter Sunday)

复活节是为了纪念耶稣被钉死在十字架之后第三天死而复活的基督教节日,具有重生和希望的象征意义。是每年 3 月 21 日起月圆之后的第一个星期日。如果月圆正值星期日,则要顺延至下一个星期日。历年复活节的实际日期最早可在 3 月 22 日,最晚则要延到 4 月 25 日。

一般来说,大学都从复活节开始放春假,假期长达三四周,短的也有一两周。过去,在多数西方国家里,复活节一般要举行盛大的宗教游行。游行者身穿长袍,手持十字架，赤足前进。他们打扮成基督教历史人物，唱着颂歌欢庆耶稣复活。如今在美国，游行队伍中既有身穿牛仔服踩高跷的小丑，也有活泼可爱的卡通人物米老鼠。在英国，游行多以介绍当地的历史和风土人情为主，游行者化装成为苏格兰风笛乐队以及皇宫卫士，吸引了众多的游客。复活节的到来还使人们纷纷换上新衣。过去基督教教徒会在节前去教堂行洗礼，然后穿上自己的新袍，庆祝基督的新生。穿戴一新的习俗保留至今，因为人们认为节日里不穿新衣是要倒运的。复活节期间，人们还喜欢彻底打扫自己的住处，表示新生活从此开始。由于鸡蛋孕育着新的生命，在复活节，人们常以彩蛋、兔子形状的巧克力或糖果作为礼品和吉祥物。

3.7 万圣节(Halloween)

每年公历的 11 月 1 日为万圣节，又称为西方的“鬼节”，是西方的传统节日。万圣节起源于基督诞生前的古西欧国家，主要包括爱尔兰、苏格兰和威尔士。传说当年死去的人，灵魂会在万圣节的前夜即 10 月 31 日造访人世，据说人们应该让造访的鬼魂看到圆满的收成并对鬼魂呈现出丰盛的款待，因此所有篝火和灯火，一是为了吓走鬼魂，同时也是为鬼魂照亮路线，引导其回归。

欧洲传统认为万圣节是鬼魂最接近人间的实践，因此这个节日通常与另一类的事物联系起来。通常与万圣夜扯上关系的事物有鬼魂、食尸鬼、巫婆、蝙蝠、黑猫、猫头鹰、僵尸、精灵、骷髅和恶魔等，还有虚构人物如吸血鬼和科学怪人。万圣节的典型装扮是孩子们穿上化妆服，戴上千奇百怪的面具，提上南瓜灯(也叫“杰克灯”)出去玩。南瓜灯的做法是将南瓜掏空，外面刻上形态各异的笑眯眯的眼睛和大嘴巴，然后里面插上一支点燃的蜡烛，孩子提着南瓜灯挨家挨户去“讨糖果”，人们在很远的地方就能看到这张憨态可掬的笑脸。

3.8 感恩节(Thanksgiving Day)

每年 11 月的最后一个星期四是感恩节。感恩节是美国的一个传统节日，也是美国人合家欢聚的节日，因此美国人提起感恩节总是倍感亲切。感恩节也是加拿大的传统节日，不同的是加拿大的感恩节是在每年 10 月的第二个星期一，目的都是为了感谢上天赐予的好收成。感恩节大餐必须以“烤火鸡”为主菜，并将火鸡里填上丰富的馅料；人们还可以吃到南瓜馅饼、葡萄干布丁、碎肉馅饼，苹果、橘子、栗子、葡萄等，这些菜和水果一直是感恩节中最富于传统和最受人喜爱的食品。同时，好客的美国人也忘不掉这一天邀请好友、单身汉或远离家乡的人共度佳节，体会“感恩”的意义。

3.9 开斋节

开斋节是伊斯兰教的两大节日之一，是整个穆斯林世界普天欢庆之日，斋月结束的第二天，便是穆斯林的开斋节。开斋节既是对圆满完成斋月的庆祝，又是穆斯林家庭合家团聚、聚会相见的良宵美辰。在这一天，穆斯林男女要沐浴、燃香、更新衣，前往清真寺做礼拜，听阿訇讲经，共同感赞真主的恩典和慈悯，庆祝斋戒与斋月结束。人们见面互致问候，许多青年男女也特意安排在此时举行盛大婚礼，更为节日增添了喜庆气氛。

这一日，伊斯兰教还规定每个穆斯林在举行宗教仪式的同时，须完成一项社会方面的义务——开斋捐，即开斋节的施舍，让每个穆斯林过一个幸福而愉快的节日，用开斋捐赈济贫困者，填补此日的不足，使他们不要为节日的生活而奔波，无法与穆斯林同胞共享节日的快乐，使每个穆斯林都享受到宗教的温暖和穆斯林之间的亲情友爱与帮助，体现出人类社会的文明。

4 世界部分国家国花、国鸟、国树、国兽

4.1 印度

（1）国花　莲花。印度自古盛产莲花，在古老的宗教和文学文献《吠陀》中，在上古印度人崇拜的自然物中，都提到莲花。印度莲花主要有七种，故有“七宝莲花”之称。其中两种是荷花，其他五种都是睡莲。在植物学中，荷花和睡莲均属睡莲科，因此荷花也称莲花。印度人民用莲花作为吉祥、平安、光明的象征，还把莲花比喻为英雄和神佛。总之，一切美好的理想皆以莲花表示。

（2）国鸟　蓝孔雀，又叫印度孔雀，1963 年 1 月，印度政府宣布蓝孔雀为国鸟。这使蓝孔雀受到了来自宗教和法律的双重保护，位尊而高贵。孔雀是一种象征吉祥如意的幸福鸟，在古代印度的梵文书里，称孔雀为“摩由逻”。据文献记载，早在远古时代的印度人民就将孔雀的形象雕刻在花坛、器皿上，绣在锦帛上，或雕塑在庙宇里。印度古代著名诗人迦梨陀娑，对孔雀高度赞美，尊称它为“印度民族之鸟”。

(3)国树　菩提树，又叫阿唎多罗、毕钵罗树、思维树等。“菩提”一词为古印度梵文“Bodhi”的音译，意思是觉悟、智慧，用以指人忽如睡醒，豁然开悟，顿悟真理，达到超凡脱俗的境界。据传说，2 500多年前，佛祖释迦牟尼年轻时为摆脱生老病死的轮回之苦，解救受苦受难的众生而放弃继承王位和舒适的生活，出家修行，寻求人生真谛，后经过多年修炼，终于在菩提树下静坐了七天七夜，在天将拂晓，启明星升起的时候，获得大彻大悟，终成佛陀之身。所以佛教一直都将菩提树视为圣树，印度则将其定为国树。

(4)国兽　老虎。印度虎在种类上属于孟加拉虎，也称为南亚虎。印度将老虎定为国兽，并率先开展保护运动，为世界自然物种保护做出了重要贡献。

4.2　日本

(1)国花　樱花、菊花。日本誉称为“樱花之国”，是日本普遍栽种的重要观赏树种。日本的神话里也常出现樱花。4月花开，盛花期只有六七天，在日本从南向北陆续开放。由于樱花凋谢干净利落，人们又常把它与武士精神联系在一起，充分体现了日本古都独特雅致的风情。此外，由于日本皇室的家徽上有菊花，所以菊花也是日本的国花。

(2)国鸟　绿雉。1947年，绿雉被定为日本国鸟，这种鸟是日本特有的鸟，在神话和传说中常提到；雌雄之间的大小、色彩都差异明显。雄雉脸部为红色，颈、胸、腹部为暗绿色，有很多黑色带状羽毛；雌雉为淡褐色，身上带黑色斑纹，尾部短。绿雉多生活在草原或农田附近的灌木丛中，巢建在地面上，以果实、昆虫为食。

(3)国树　杉树。

4.3　韩国

(1)国花　木槿。韩国又称无穷花，无穷花生命力强，象征着大韩民国历经磨难而矢志弥坚的民族性格，每年7—10月，是无穷花吐蕊绽放的季节。

(2)国鸟　喜鹊。韩国人认为喜鹊是喜庆吉祥的象征。

(3)国树　松树。

(4)国兽　老虎。东北虎在朝鲜半岛称为“高丽虎”“朝鲜虎”，生存历史很悠久。朝鲜半岛山多，古时老虎非常多，当地人不敢夜出，尊崇它们为“山君”“山神”。直到今天，老虎在韩国文化中的地位都是国兽、国宝级的。老虎是避邪的象征、山神的使者以及灵物信仰的存在，甚至连韩国都被通俗叫作“太极虎”。韩国学者自豪的称:“没有什么地方的虎故事比朝鲜更多,没有哪国人比朝鲜人更爱听虎故事。”总之,韩国人在老虎身上寄托了深沉的感情。

4.4 泰国

(1)国花 睡莲。睡莲是水生花卉中名贵花卉,虽与荷花相似,但其叶子和花朵都浮在水上,具有白天开放晚上闭合的特性,又被誉为“花中睡美人”。泰国是佛教国家,而莲又与佛有着千丝万缕的联系,因此信佛之人,必深爱莲花,它象征着圣洁、庄严和肃穆。在佛教中,睡莲等也通称为莲花。目前,泰国旅游局的官方宣传册说睡莲是国花。

(2)国鸟 戴氏鹇。戴氏鹇又名暹罗火背鹇,是一种中等大小,身长约有 80 厘米的雉鸡。现在其栖息地遭到人类破坏并被捕猎,处境堪忧。《世界自然保护联盟》(IUCN) 将其列入 2012 年濒危物种红色名录,低危级。

(3)国树 桂树。桂花树又名汉桂,东南亚各国以及现今的许多欧美国家都普遍栽培,是重要的香花植物。

(4)国兽 白象。白象即白色的大象。古代暹罗国(今泰国)盛产大象,但白象非常稀少,所以被视为珍宝,古时泰国人以此作为国运昌盛的吉祥之兆。泰国大城王朝 16 世王时期,曾因获白象七头而以“白象王国”自称,泰国以此美名蜚声中南半岛。据《明史》记载,白象还被作为友好使者送给中国。曼谷王朝拉玛二世时,曾因喜获白象三头而在国旗中加入了白象图案。因此,人们就把白象看成是泰国的象征。

4.5 英国

(1)国花 玫瑰花。在英国及许多欧美国家,都把玫瑰(月季)定为国花,以表示爱与浪漫;又因玫瑰的花茎有刺,表示严肃与伤感。基督教中传说耶稣被叛徒出卖后,被钉在十字架上,他的鲜血滴在泥土中,十字架下便生长出了鲜艳的玫瑰花。

(2)国鸟 红胸鸲,又名知更鸟。红胸鸲被称为“上帝之鸟”,是英国人最熟悉、最喜欢的一种小鸟,1960 年,英国国民投票将其选定为国鸟。

(3)国树 英国栎,又名夏栎。英国栎是落叶乔木,树高能达 30 多米,树冠达 20 多米,树形伸展,树干表皮较为粗糙呈灰褐色,有裂纹;树叶深绿色,呈卵形,先端钝圆,基部小耳状,果实为大卵形坚果。

(4)国兽 狮子。狮子是英国的国兽,是英帝国的象征,因此被印在国徽上,意喻着威严不可侵犯，是英国权威与力量的象征。

4.6 法国

(1)国花　鸢尾花。法国人视鸢尾花为国花，因为相传法兰西王国第一个王朝的国王克洛维在受洗时，上帝送给他的礼物就是鸢尾花。在法国，鸢尾花是光明和自由的象征。鸢尾花为蓝紫色，花形似翩翩起舞的蝴蝶。五月，是鸢尾花开的季节，仿佛一只只蓝色的蝴蝶飞舞在绿叶间，传递着春天的气息。

(2)国鸟　公鸡。公鸡是法国的国鸟，古代罗马帝国把今天的法国叫作高卢(Gallia)，把高卢人——凯尔特人的一支叫作 Gallus，而在拉丁语里，高卢和公鸡是同一个词。法国人喜爱公鸡，不仅由于它的观赏价值和经济价值，更主要的是喜欢它勇敢、顽强的性格；公鸡还会报晓，是黎明的朋友。于是后来公鸡图案出现在了法国军队的制服中，以及人物版画与钱币里，并渐渐成为法兰西文化的一部分。直到文艺复兴时期，雄鸡才正式成为法国的象征。从 20 世纪 80 年代起，高卢雄鸡还被当作法国足球队和橄榄球队的标志，由此使得高卢雄鸡举世闻名。很多体育解说员就把法国队称为"高卢雄鸡"。

4.7 德国

(1)国花　矢车菊。矢车菊又名蓝芙蓉、荔枝菊，属于菊科。经过德国人多年的培育，这种原本开在原野上的小花已经有了浅蓝、蓝紫、深紫、雪青、玫瑰红、淡红、白色等多种颜色。矢车菊的头状花序生长在纤细的茎秆顶端，仿佛一位俊秀的少女，向着生命之光的太阳，祈祷幸福与快乐。矢车菊是德国的名花，德国人用它来象征日耳曼民族爱国、乐观、顽强、简朴的特征，并认为它有吉利之兆，因此被誉为国花。

(2)国鸟　白鹳。它是著名的观赏珍禽，也是德国的国鸟。德国白鹳与东方白鹳是有区别的。自古以来，欧洲白鹳就被德国人认为是上帝派来的天使，是带来幸福的鸟，白鹳筑巢更被看作是吉祥的象征，为此，德国人就将其选为国鸟。不少德国家庭还特地在烟囱上筑造了平台，供白鹳筑巢用。

(3)国树　爱支栎。爱支栎是橡树的一种，并成为德国的国树。在古代欧洲的宗教神话传说中，橡树是一种神圣的树，一棵橡树竟能经历 300～400 年岁月沧桑的考验，也是永恒的象征。

4.8 意大利

(1)国花　雏菊。雏菊别名长寿菊,又叫干菊、白菊,是菊科植物的一种,属于多年生草本植物。雏菊原产于欧洲,原本是丛生的杂草,开花在春季。雏菊深得意大利人的喜爱,因而推举为国花。雏菊的种植历史很悠久,有白色、粉色、红色等,也可以作为药用植物。其花语为:纯洁之美、天真、和平、希望以及“深藏于心底的爱”。

(2)国树　五针松。五针松又名石松、意大利松,其祖籍在欧洲的南部伊比利亚半岛,因五叶丛生而得名。五针松的品种很多,其中以针叶最短,枝条较为紧密的大板松最为名贵。五针松有一个非常有特色的伞状外形,树干短,圆形,树冠广阔而平坦,成拱状,针叶绿色而柔软,树皮厚,呈红褐色,树高可高达20多米。

4.9 美国

(1)国花　玫瑰。像很多欧美国家一样,玫瑰花深受美国人民喜爱,并于1985年经过参议院通过而被定为国花,象征着美丽芬芳、热情和爱情。

(2)国树　橡树。橡树是美国分布最广的硬材阔叶树,主要有白橡、黑橡、蓝橡、大果橡、大红橡、常绿橡等60多个品种,树高为10～40米,寿命可达数百年,各个品种都以冠盖如云而引人瞩目。

(3)国鸟　白头海雕(秃鹰)。美国是世界上最先确定国鸟的国家。白头海雕最早出现于美国的旗帜上是在独立战争期间。1776年7月4日在第二次大陆会议上发表了《独立宣言》,并决定了新生的美利坚合众国要有一个特殊的国徽。1782年6月20日,美国国会通过决议,将北美洲特有的白头海雕作为国鸟,并把这种鸟作为美国国徽图案的主体。白头海雕外观美丽,性情凶猛,头上有丰满的羽毛,它的最大特点就是白头和白尾,它是力量、勇猛和胜利的象征。

4.10 加拿大

(1)国花　枫叶。枫树是加拿大的常见树种。深秋时节呈现出热情似火的红色,寒冬以后则转为绿色。枫叶象征着团结、忍耐与和平。所以加拿大人将枫叶作为国旗上的标志,象征和彰显了加拿大人热爱和平、团结和谐与坚忍顽强的国民精神。

(2)国树　枫树。加拿大素有“枫叶国”的美誉。加拿大各省都有省花，有的省还有省树，但没有官方认定的国花和国树。但事实上，枫树、枫叶已被加拿大人民视为国树和国花来珍爱，同时也是加拿大国家、国民性格的象征。

(3)国鸟　加拿大黑雁。加拿大黑雁是加拿大的国鸟，为鸭科黑雁属的鸟类，为典型的冷水型海洋鸟，耐严寒，喜栖息于海湾、海港及河口等地。主要以青草及水生植物的嫩芽、茎、叶及植物种子为食。迁徙时常集结为大群，白天飞翔，傍晚降落到湖泊等水域休息或觅食，常发出高叫声，十分嘈杂。

(4)国兽　河狸。河狸是目前北美洲最大的啮齿类动物，加拿大人自古以来就喜欢河狸，把它当作国家的代表动物和象征。1851 年 4 月，加拿大发行了第一枚邮票，就把河狸作为邮票上的图案。

4.11　巴西

(1)国花　毛蟹爪兰。巴西位于哥伦比亚东北部，赤道从它的东南穿过，因而巴西全年气候湿热，适合热带兰花的生长。毛蟹爪兰是一种原产于巴西、墨西哥的热带雨林中的附生植物，体色鲜绿，茎多分枝，常呈簇状悬垂下来。一条枝干由若干节组成，每节呈长椭圆形，数节连贯似蟹爪，因而得名。它的根紧紧攀附在巨树的高枝或悬崖峭壁上，十分坚固不为风雨所动摇。毛蟹爪兰以株形优美，花色艳丽深受花卉爱好者欢迎。巴西人民之所以选择它作为国花，是因为其花朵鲜艳，大而美丽，象征着巴西人民的热情；花瓣和根系坚实，象征着巴西人民的坚毅与刚强；颜色多样而富于变化，象征着巴西人民生活的多姿多彩。巴西还曾经将此花赠予中国，从而丰富了中国兰花的珍贵品类。

(2)国鸟　大嘴鸟。作为巴西的国鸟，大嘴鸟的身体不大，但却有一只宽宽长长的嘴，有点像啄木鸟的嘴，但比啄木鸟的嘴更宽更长。大嘴鸟的身体羽毛有黑色，也有彩色，大嘴呈黄色或白色。

(3)国树　巴西木。巴西木是巴西的国树，巴西的国名就因它而来。巴西木的色泽虽有深浅的差异，但都呈红色。当年葡萄牙人来到南美洲大陆，看到这种树后称它为巴西木，因为在巴西语与葡萄牙语中“发红的灰烬”一词发音相似，所以很可能巴西木是由于此树的颜色而得名的。巴西木主要生长在巴西的伯南布哥州，所以当地土著印第安人也称它为“伯南布哥木”，是“红木棒”的意思。巴西木的树高一般都有 30 多米，树干直径 1 米左右，长到 20 米以上后，又会出现十几米高的分枝，树杈枝繁叶茂，四季常绿，树干为暗红色。巴西木生长速度十分缓慢，30 年以上才能成材，因而巴西政府十分重视对该树的保护，并已明令对巴西木的贸易实行国家垄断，限制出口。巴西的法律规定，没有政府当局颁发的砍伐许可证，不允许私自砍伐，违者必究；准许开发的，也要承担再植的责任，即砍伐多少棵就要栽种多少棵，以使巴西木的林木面积不会减少。

4.12 墨西哥

(1)国花　仙人掌、大丽菊。墨西哥主要居民是印第安族的阿兹特克人。相传最初受部族神灵的指引，阿兹特克人向南迁移，并说，当看到一只老鹰站在仙人掌上啄食一条蛇的地方，就证明是富足、吉祥的地方，可以定居下来，繁荣兴旺。阿兹特克人走到墨西哥时，果然看到了神灵预示的景象，于是在这里定居下来。所以仙人掌成为他们坚强不屈，为捍卫民族利益而英勇斗争的标志，墨西哥人一向奉仙人掌为民族和文化的象征。仙人掌还富含丰富的维生素，也因此成为墨西哥人餐桌上的美食。

大丽菊是墨西哥的第二国花，又叫大丽花、天竺牡丹、大理花、西番莲和洋菊。大丽菊是菊科植物中美貌非常出众的一个品种，其花朵大，花色艳丽，姿态华贵典雅，可与我国国色天香的牡丹相媲美。大丽花如今已经有 7 000 多个品种，几乎囊括了所有颜色；另外它还以抗污染而著名。大丽菊原产于墨西哥的高原上，现在在墨西哥随处可见，墨西哥人把大丽花视为大方、富丽的象征，尊它为国花。

(2)国树　落羽杉。墨西哥落羽杉，为杉科落羽杉属的一种常绿或半常绿乔木，是原产于墨西哥南部和美国西南部的一种柏科大树，当地印第安人称为“阿胡胡特”。落羽杉可高达 50 米，胸径可达 4 米；树干尖削度大，基部膨大，树皮裂成长条片脱落；枝条水平开展，形成宽圆锥形树冠。其生长迅速、树形美观、耐湿、耐盐碱、绿叶期长、抗污染、抗风力强、病虫害少，适应性强，抗腐蚀性强。既是理想的绿化树种，能起到保护水土流失，涵养水源的作用；同时也是理想的木材加工树种。

(3)国鸟　凤头卡拉鹰。凤头卡拉鹰俗称长脚鹰。传说在几千年前，墨西哥土著居民的祖先——阿兹特克人奉太阳神的神谕，寻找立国之地，他们穿越炎热的沙漠，看见一只嘴衔毒舌的长脚鹰立在仙人掌上，四周湖水如镜，于是就在湖边建立了特诺奇蒂特兰城，以及后来的墨西哥城。现在墨西哥的国徽、国旗上的图案就源自这个传说，因此凤头卡拉鹰也成为墨西哥的国鸟。

4.13 埃及

(1)国花　莲花。埃及人对莲花情有独钟,它是埃及的国花。莲花是世界上最早的植物之一,甚至已有上亿年的历史。莲花有着飘逸的清香,是高雅和圣洁的象征,很多宗教都将其作为圣物。有学者认为,埃及境内的尼罗河曾是莲花的故乡。

早在金字塔诞生之前,尼罗河两岸的水塘里就长满了莲花,古埃及人认为,太阳每天从水中一朵最美最大的莲花中升起,在神力的佑助下来到空中,用万丈光芒普照大地。所以,莲花在古埃及人心目中象征着轮回与复活,它可以使人起死回生,于是在木乃伊里常放置莲花。古代尼罗河畔有红、白、蓝三种莲花,现白莲花较多见,又被称为"睡莲",被埃及人称为"埃及的百合花"。莲花象征着纯洁的节操和高尚的品格,成为忠贞与爱情的代名词,埃及的青年男女将莲花作为爱情的信物。此外,埃及人还举办莲花节,赏莲花、吟诵有关莲花的诗歌,交流对莲花的喜爱。埃及的不少建筑都可以建成莲花的造型,比如最著名的开罗标志性建筑,高 187 米的开罗塔就是其中之一。今天莲饰仍然很流行,被广泛运用在地毯花纹、帐篷布面、建筑物的墙壁和柱子上。

(2)国鸟　雄鹰。埃及的国徽为一只金色的鹰,称为萨拉丁雄鹰。雄鹰身姿威严挺立,双翼舒展,它象征着勇敢、忠诚与胜利,是埃及人民不为风暴艰险,在高空自由飞翔的化身。

(3)国兽　猫。埃及人的国兽是猫,埃及人宠爱猫,敬猫如神,并视猫为神圣的精灵。猫在古埃及是圣兽,传说夜晚时,太阳所发出的生命之光被藏在猫眼里保管。古代埃及人还把猫奉为月亮女神 Bast 的化身和象征,这是因为月亮女神 Bast 强大无比,是专门掌管月亮、生育和果实丰收之神,是幸运的吉祥物。现存几千年前古埃及的壁画、墓碑和纸卷上都有猫的图形和文字记载。

4.14 澳大利亚

(1)国花　金合欢。金合欢别名又叫相思树,多年来是澳大利亚民间公认的国花,于 1988 年被正式宣布为国花。金合欢树高 2～8 米,每年冬天和春天开花,花香浓郁,可用作香精和香水的制作。其树干可用作染料的制作。澳洲政府重视环保,首都堪培拉家家户户的庭院都用金合欢树做篱笆,因此还有人称它为"篱笆树",金合欢树的金黄色绒球花,在绿叶衬托下格外美丽,花开时节,屋边路旁到处一片金黄翠绿，绚丽夺目，仿佛花园一般。

（2）国鸟　鸸鹋和琴鸟是澳大利亚的民间选定国鸟，澳大利亚官方并没有规定国鸟。鸸鹋是鸟纲鸸鹋科唯一物种，以擅长奔跑而著名，是澳洲的特产，也是世界上第二大的鸟类，仅次于非洲鸵鸟，因此也被称作“澳洲鸵鸟”，栖息于澳洲森林和开阔地带，吃树叶和野果等植物及昆虫、蜥蜴等小动物为食。其特别的气管结构在繁殖期可发出巨大的隆隆声，翅膀比非洲鸵鸟和美洲鸵鸟的更加退化，足三趾，是世界上最古老的鸟种之一。

（3）国树　桉树。澳大利亚气候十分干旱，土地是世界上最贫瘠的，但桉树却能在这样艰苦的自然环境中茁壮成长。桉树的树叶含芳香油，有杀菌驱蚊的作用，可提炼芳香精油；其嫩枝和树皮中含有单宁，可提炼栲胶，也是制药的重要原料，还可以做糖果原料，树皮和木材可用来造纸浆，其树干有丰富的含水能力，被土著人当存水罐。桉树还是疗养区、住宅区、医院和公共绿地的良好绿化树种，是澳大利亚的“土地卫士”。据研究，澳大利亚的桉树有 500 多种，高的可长到 100 多米，矮的只有一两米，呈灌木状。桉树花呈缨状，为粉红色，同时桉树花的产蜜量也很高，可以说桉树浑身都是宝。

（4）国兽　袋鼠。在澳大利亚袋鼠享有国兽的美誉和殊荣，因此出现在国徽上。袋鼠前腿短小，后腿粗壮，弹跳力极强，在跳跃式奔跑时，时速可达 60 多千米。袋鼠身前还有一个育儿袋，幼鼠出生后在袋中哺育成长。据统计，该国袋鼠有 50 多个品种，总数 3 500 多万只，遍地可见。公路旁还插有画着袋鼠的牌子，以此警告司机，此地为袋鼠常出没的地方，行车要减速。

4.15　新西兰

（1）国花　银蕨，也叫宽蕨，是新西兰国花。它新生出的嫩蕊呈弯曲状，毛利人称之为初露。在毛利传说中，银蕨本来是在海洋居住的，其后被邀请来到新西兰的森林生活，从前的毛利猎人和战士都是靠银蕨银闪闪的叶子背面的反光，来照亮穿越森林的路径，因此新西兰人认为它指引着本国人民，体现了新西兰的民族精神，这种植物因此就成了一种国家标志和荣誉代表。在很多徽章和标志上，都可找到银蕨的图样。

（2）国鸟　几维鸟又译为鹬鸵。几维鸟因其尖锐的叫声“keee—weee”而得名。它其貌不扬，新西兰人却视若珍宝，将它定为国鸟，并作为国徽、硬币的标志。几维鸟身材小而粗短，嘴长而尖细，腿部粗壮，羽毛细如发丝，由于翅膀退化，因此无法飞行。大部分活动时间在夜间，以蚯蚓、蜘蛛及其他小昆虫为食，寿命可达 30 年。几维鸟的生存已有上千万年历史，目前为数已不多，通常只能在动物园里才能见到它，十分珍贵，是新西兰的特产及象征。

(3)国树　四翅槐。在新西兰的沿河流域较为集中，多见于山谷、路旁、村落附近。四翅槐喜光，生长迅速，木材坚硬而有弹性，可以用来制作船舶、车辆、器具和雕刻使用；花蕾和果实可入药，花蕾称为“四翅槐花”，性凉、微苦，有凉血、止血功能；花可以作为染料；其果实称为“四翅槐角”，根皮可以煎汁，治疗烫伤，并且还可作为优良的绿化树木、蜜源树木。

参考文献

鲍秀芬.现代社交礼仪修养.北京:机械工业出版社,2017.

北京植物学会.国树与国花[EB/OL].北京:北京科普网,2011-04-21[2011-04-21].http://www.bjkp.gov.cn/bjkpzc/tszr/zwdg/zwygs/gsygh.

陈萍.最新礼仪规范.北京:线装书局,2004.

第16届亚洲运动会组织委员会.现代礼仪.广州:中山大学出版社,2009.

段建国,李莉.旅游接待礼仪.北京:中国人民大学出版社,2001.

冯宝琴,张运玲.礼仪规范教程.北京:国家行政学院出版社,2008.

高邑.HR不会告诉你的那些面试技巧.北京:中国华侨出版社,2011.

各国国鸟[EB/OL].百度网:百度文库,2011-04-20[2011-04-20].http://baike.baidu.com/view/622844.htm.

关彤.社交礼仪.海口:海南出版社,2003.

郭学贤.现代礼仪.北京:北京大学出版社,2013.

郭学贤.现代实用礼仪:北京:首都师范大学出版社,2008.

国英.现代礼仪:北京:机械工业出版社,2003.

何伶俐.高级商务礼仪指南:北京:企业管理出版社,2003.

黄曼青.社交礼仪教程.广州:广东高等教育出版社,2004.

姜桂娟.公关与商务礼仪.北京:北京大学出版社,2005.

蒋璟萍.现代礼仪.北京:清华大学出版社,2009.

金正昆.服务、涉外礼仪教程.北京:中国人民大学出版社,2002.

金正昆.礼仪金说.西安:陕西师范大学出版社,2008.

金正昆.社交礼仪.2版.北京:北京联合出版公司,2019.

金正昆.社交礼仪教程.5版.北京:中国人民大学出版社,2016.

金正昆.职业礼仪.2版.北京:中国人民大学出版社,2015.

李斌.国际礼仪与交际礼仪.北京:民族出版社,1993.

李飞.别说你懂职场礼仪.沈阳:沈阳出版社,2018.

梁新,韦振墨,吕麟.礼仪规范教程.北京:航空工业出版社,2009.

刘佩华.中外礼仪文化比较.广州:中山大学出版社,2005.

刘青,邓代玉.世界礼仪文化.北京:时事出版社,2010.

刘逸新.礼仪指南.北京:中国纺织出版社,2004.
刘毅政.实用礼仪大全.呼和浩特:内蒙古人民出版社,2000.
路小静.礼仪规范教程.北京:北京人民邮电出版社,2008.
麻美英.现代实用礼仪.杭州:浙江大学出版社,2006.
穆清.职场礼仪.长春:吉林教育出版社,2019.
潘洁,郭宗娟.职业礼仪.北京:人民邮电出版社,2013.
宋薇.中外礼仪大全.济南:山东美术出版社,2010.
孙玉梅.实用社交礼仪.北京:中国文史出版社,2005.
王玉苓,徐春晖.商务礼仪.北京:人民邮电出版社,2014.
韦克俭.现代礼仪教程.2版.北京:清华大学出版社,2016.
萧芳芳.洋相:英美社交礼仪.武汉:湖北科学技术出版社,2015.
邢颖,等.社交与礼仪.北京:民族出版社,1993.
熊卫平.现代公关礼仪.2版.北京:高等教育出版社,2007.
徐辉.现代商务礼仪.北京:清华大学出版社,2014.
[英]亚当·斯密.道德情操论.蒋自强,译.北京:中国社会科学出版社,2003.
闫秀荣,张立华.现代社交礼仪.2版.北京:中国工信出版集团,人民邮电出版社,2015.
严冬根,陈洁欣.面试技巧与训练.杭州:浙江大学出版社,2012.
炎黄风俗网,网址 www.fengsuwang.com
游明谦.中外民俗.郑州:郑州大学出版社,2002.
于向英,邝金丽.现代礼仪教程.北京:中国科学技术出版社,2003.
张百章,何伟祥.公关礼仪.大连:东北财经大学出版社,2005.
张敬慈,罗健,刘一民.公关礼仪.3版.成都:四川大学出版社,2005.
张世满.旅游与中外民俗.天津:南开大学出版社,2002.
张岩松.现代礼仪教程.北京:清华大学出版社,2015.
张怡,刘奕.礼仪教程.上海:东华大学出版社,2009.
赵关印.中华现代礼仪.北京:气象出版社,2002.
中国国家地理杂志社.中国国家地理.北京:中国国家地理杂志社编辑部,2004.
周芙蓉.礼仪教程.北京:中国长安出版社,2003.
朱力.商务礼仪.北京:清华大学出版社,2016.
朱立安(台湾).国际礼仪.台北:扬智文化事业股份有限公司,2001.
[日]竹内宏.好礼仪带来好人缘.徐华瑛译.东京:雅书堂文化事业有限公司,2000.
https://www.360kuai.com/pc/976bdc1cf07af2dba?cota=4&tj_url=so_rec&sign=360_57c3bbd1&refer_scene=so_1.